国家社会科学基金项目（项目编号：12BZS040）

清代陆王心学发展史

杨朝亮　著

商务印书馆
创于1897　The Commercial Press
2018年·北京

图书在版编目（CIP）数据

清代陆王心学发展史 / 杨朝亮著. — 北京：商务
印书馆，2018
ISBN 978-7-100-15774-2

Ⅰ.①清… Ⅱ.①杨… Ⅲ.①陆王学派－研究－中国
－清代 Ⅳ.①B248.25

中国版本图书馆CIP数据核字（2018）第017553号

清代陆王心学发展史

杨朝亮 著

商 务 印 书 馆 出 版
（北京王府井大街36号 邮政编码 100710）
商 务 印 书 馆 发 行
三 河 市 尚 艺 印 装 有 限 公 司 印 刷
ISBN 978 - 7 - 100 - 15774 - 2

2018年7月第1版 开本 710×1000 1/16
2018年7月第1次印刷 印张 20 1/2

定价：80.00元

"清代泾王心学发展史" 序

聊城大学杨朝亮教授新著"清代泾王心学发展史"，爬梳文献，纂撰艰辛。欣悉行将送请商务印书馆出版，谨摘采往日恭读钱宾四先生"清儒学案序目"札记数则，奉赆骥尾，以志祝贺。

上个世纪四十年代初，钱宾四先生受命撰"清儒学案简编"。稿成，先生择大要刊诸"四川省立图书馆图书集刊"，题为"清儒学案序目"。文中，先生于该书宗旨有云："本编所录，一以讲究心性义理，沿续宋明以来理学公案者为主，其他经籍考据，概不旁及。庶以附诸黄、全两家之后，备晚近一千年理学升降之全。"依钱先生之所见，观察清代学术，尤其是一代理学，有两个特点最宜注意。第一，"理学本包孕经学为再生"，清代并非"理学之衰世"；第二，清代理学"无主峰可指，难寻其脉络筋节"。

秉持此一基本主张，钱先生以四阶段述一代理学演进。第一阶段为晚明诸遗老，第二阶段为顺康雍三朝，第三阶段为乾嘉两朝，第四阶段为道咸同光四朝。

明清更迭，社会动荡，学术承随世运而变迁。钱先生认为，这是一个承先启后的时代，晚明诸遗老在其间做出了不可磨灭的贡献。先生就此指出："当明之末叶，王学发展已臻顶点，东林继起，骎骎有由王返朱之势。晚明诸志，无南无朔，莫不有闻于东林之传响而起者。故其为学，或向朱，或向王，或调和折衷于斯二者。要皆先之以慎听而并观，博学而明辨。故其运思广而取精宏，固已胜夫南宋以来之仅知有朱，与晚明以来之仅知有王矣。抑且孤臣孽子，操心危而虑患深，其所躬修之践履，有异夫宇明平世之践履，其所想望之治平，亦非宇明平世之治平。故其所讲为学，有辨之益精，可以为理学旧公案作最后之定论者；有探之益深，可以自超于理学旧疆畔，而别辟一崭新之蹊径者。"

顺治、康熙、雍正三朝，钱先生谓之理学为清廷所用，以为压制社会利器之时代。一如三百年前黄梨洲之评明初理学，"此亦一述朱，彼亦一述朱"。先生进而云："往者杨园、语水诸人谨守程朱矩矱者，宁有此乎？克其极，尚不足追步许衡、吴澄，而谓程朱复生，将许之为护法之门徒，其谁信之？其转而崇陆王者，感激乎意气，磨荡乎俗伪，亦异于荨之为陆王矣。"

乾嘉时代，经学考据之风甚盛，俨然一时学术主流。面对理学之落入低谷，钱先生拨去表象，直指本质，做出了别具只眼的揭示："理学本包孕经学为再生。今徽、歙间学者，父寝馈于经籍之训诂考据间，还以视古宋明而有所献替，亦岂遽得自逃于宋明哉！故以乾嘉上拟晚明诸遗老，则明遗之所得在时势之激荡，乾嘉之所得在经籍之沉浸。斯二者实足以上补宋明之未逮，弥缝其缺失而增益其光耀者也。"

晚清七十年，理学一度号称复兴，然而俄尔之间，已成历史之陈迹。中国古代学术，尤其是宋明以来之理学，何以至在迈入近代社会门槛的时候，形成这样一种局面？钱先生以为，问题之症结乃在不能因应世变，转而求进。相反，路愈走愈窄，直至无以应变迎新而为历史潮流淘汰。先生主张："继今而变者，势当一切包孕，尽罗众有，始可以蓋进而再得其新生。"

近三四十年间，沿着钱宾四先生开启的路径，一代又一代学人后先相继，究心清代理学，创获甚多，令人纫服。朝亮教授集众家之长，凭以深入探讨，专就一代陆王心学源流进行梳理，大纲已得，可喜可贺。深盼矢志以往，精进不已，以期取得更多更大业绩。

陈祖武　谨识
二〇一七年十月四日

目　录

引　言

　　陆王心学，即指以南宋陆九渊（象山）心学与明代王守仁（阳明）心学为代表的学术流派。"它是宋明理学中由程颢发其端而与后来被定为官方哲学的程（颐）、朱（熹）理学相对立的学派，也是中国哲学史、儒学史上，继先秦孟子'尽心、知性、知天'和'万物皆备于我'的思想之后，经长期思想流变而形成的以心为本体的哲学派别。陆王心学由陆九渊创立，至王守仁集大成，中经南宋杨简，明代陈献章、湛若水等重要代表人物的发展，形成一个中国哲学特有的、以儒家伦理道德学说为核心的、庞大、严密的主观唯心主义哲学体系。"[1] 此说一语中的，简明扼要地道出了陆王心学产生及其发展脉络和特点。

　　到了明朝末叶，陆王心学盛极而衰，走向下坡道。入清之后，王阳明心学"空谈误国"成为学者一时舆论的主流，于学术界遭到猛烈的批判、指责与抨击。清朝初期，清朝最高统治者采取"崇儒重道"的基本国策，尊崇朱熹，把朱子之学确立为官方哲学，由此，导致了清代陆王心学思想中理性思维的暗淡无光。尽管这样，清代的陆王心学并没有成为绝学，在清初政策的夹缝中，在清初诸大儒们的努力之下，依然按照其内在逻辑规律向前曲折发展，"经历了由隐蔽走向公开、并再度演进为高潮的流变过程"[2]。经历了清初百余年的低落期之后，陆王心学又在清朝晚期被人们所重视而焕发青春，再次出现了"中兴"的局面并重新发挥作用。由此，也使得陆九渊、王守仁的心学成为中国儒学发展史上的一朵奇葩。

---

[1]　刘宗贤：《陆王心学研究》"前言"，山东人民出版社 1997 年，第 1 页。
[2]　陈居渊：《清代的王学》，《学术月刊》1994 年第 5 期。

第一节 陆王心学在宋代的产生

中国封建社会演进到宋代之时，已进入成熟期，到了此时，随着封建时代社会政治、经济的发展，以及自然科学成就的不断积累和进步，与之相对应的思想文化领域内也发生着巨大的变化，出现了诸多不同于此前思想文化的现象和特点，共同推动着中华民族大家庭向前坚实地迈进，缔造了辉煌的中华民族发展史。

唐朝末年，由于封建帝王统治的严重腐朽，全国各地爆发了大规模的农民起义，尽管这些起义都以失败而告终，但其作用和影响却是巨大的。农民起义不仅沉重地打击了唐王朝封建统治阶级的腐朽势力，而且为当时封建生产关系的进一步发展扫除了障碍。于农业生产领域内，新的先进生产工具的大量出现，农业耕作技术的普遍提高，为当时经济的迅速发展提供了物质前提；而当时的统治阶级亦清楚意识到社会下层阶级力量的巨大，采取了"不抑兼并"的土地经济政策。由此，使得许多个体农民和一般地主的土地私有制得到进一步发展。到了北宋之时，体现较为明显的是当时的造船业，造船技艺亦是相当先进和发达，宋神宗时所造"万石船"，能够装载钱二十万贯，米一万二千石之多，载重量约达六百六十吨；还有江西景德镇成为当时著名的瓷都；江南纺织业进一步超迈前代，使得海上丝绸之路更加繁盛。随着经济的发展，科学技术也取得了巨大进步；与之相适应，在北宋之后，手工业和商业也较前代有所前进。如矿冶业，有的铜矿、铅矿则"常募集十余万人，昼夜采凿，得铜、铅数千万斤"[1]。大体而言，中国在明朝中期以前，许多领域内科学技术当时都处于世界领先的地位，如火药、指南针、活字印刷术三大发明，还有如与之相适应而出现的宋应星的《天工开物》，徐光启的《农政全书》，以及李时珍的《本草纲目》等科学巨著，皆反映了当时中国科学技术发展的高度远超前代。

面对这样一种新的形势，统治阶级却并不能够真正为社会、为民族、为

---

[1] （清）徐松：《宋会要辑稿》三十四，《食货》之二十七，《坑冶》，中华书局1957年，第5402页。

国家的发展去着想，其所做的一切只是为了一己之私利。因此，各种社会矛盾没有随着经济与科学技术的发展与进步而消除或者弱化，相反，各种社会矛盾相互交织在一起，且大有进一步恶化之趋势。诚然，其根本原因是这一统治制度的痼疾，此时的统治阶级也根本意识不到真正的缘由。所以，随着土地兼并的日益加剧，贫富分化迅猛，封建制度固有的矛盾便随之逐渐暴露出来。

而与之相适应的思想文化领域内，自"北宋以来，程朱理学家虽然不乏独立思考的精神，而且践履也相当笃实，可是仍然有支离烦琐、皓首穷经的毛病。士子们以往循着程朱理学的路径，仍然有沉迷于经书的义理、重内圣修养而轻外王事功的弊端。针对这种情况，陆九渊提出'收拾精神，自作主宰'的口号，号召士子们率性而行，摆脱六经传注和仕宦利禄的束缚，简易直接地去行那圣人之事，做堂堂正正的大丈夫"①。针对程朱理学的种种弊端，大思想家陆九渊挺身而出，提倡自作主宰，强调主观精神之作用，开创了一个超迈传统的崭新学术思想体系。

我们知道，自汉唐以来，由于历代统治阶级大力提倡和神化孔子与六经，且常常使用行政手段或者高压政策硬性规定六经传注的标准答案，于是，六经及其相关的儒家典籍便成了只能信从而不能有任何怀疑的"述而不作"的封建信条。其最终结果，一方面禁锢了其他各种文化学术的发展，而另一方面则导致了儒家学者哲学思辨的禁锢，扼杀了儒生们的主体性，士子们仿佛成了一种被动接受的机器，使得士子们只是迷信六经的言辞，盲从先儒们的传注，不能也不敢开动脑筋和独立思考去逾越藩篱一步。还有更为重要的一点，就是在当时的社会大背景之下，有相当一部分士子们"头悬梁，锥刺股"，十年寒窗苦读圣贤书，只是为了博取功名利禄，并非真心实意地想学习圣人和做圣人，成为一个道德高尚的人。因此，到了北宋之时，正统的学术思想走向了一条歧路。在这一情形之下，北宋初期，尽管有如"宋初三先生（即胡瑗、孙复、石介。——引者）"和"北宋五子（即周敦颐、程颢、程颐、张载、邵雍。——引者）"等一大批有识之士，再加之其后一些志士仁人，尤其是到了南宋之时，出现了著名的理学集大成者朱熹及其他一

---

① 　陈志良等：《中国儒家》第四章，"心学：儒家学说之变异"，宗教文化出版社 1996 年，第 152 页。

大批著名学者，在他们先后相继的不断努力之下，却依然没有找寻到一种解决这一矛盾的最佳方案和办法。于是，改变这一局面的任务便历史性地留给了心学大家陆九渊。

陆九渊（1139—1192），字子静，自号存斋，抚州金溪（今江西抚州临川县）人。他生活在南宋中叶，与理学大家朱熹同时而且齐名，晚年曾讲学于贵溪象山。象山原名应天山，因其形似巨象，陆九渊便改其名曰"象山"，且自称"象山居士"，故学者习称"象山先生"，是宋明理学中陆王心学一派的创始人。据史料记载，金溪陆氏家道整肃，以诗书传家，州里闻名，宗法伦理十分严格。其八世祖陆希声曾为唐昭宗之相，五代末，避乱迁居金溪，于此"解囊中资装，买田治生，赀高闾里"①，遂成为当地著名的豪门大族。陆九渊出生之时，陆家已经是一个九世同居、阖门百口的封建大家庭。其父陆贺能够"究心典籍，见于躬行"，且用先儒之礼"行之家"，使得"家道之整，著闻州里"。就连宋孝宗也十分钦佩陆家，称赞陆氏"满门孝悌"，陆贺则被赠"宣教郎"。这种优良传统及和谐美好环境的熏陶，对陆九渊的成长和学术思想的形成起到了较大的作用。

陆九渊自幼颖悟，性若天成。三四岁时，就曾问父亲"天地何所穷际"，以至于"深思至忘寝食"，极善于发问。七八岁时，他便开始读《论语》、《孟子》等儒家典籍。一次，当听到有人诵读程颐语录时，便问："伊川之言，奚为与孔孟之言不类？"②从此，对程颐的理学思想产生怀疑。到他十一岁时，更是常常在秉烛夜读，他读书从不苟简，且能勤于思考。到了十三岁再读《论语》时，就曾经发出这样的议论："夫子之言简易，有子之言支离。"③二十岁时，陆九渊便能够完全理解传统经典的深刻含义，且对其融会贯通了。有一天，当他读到古人对"宇宙"二字的注解："四方上下曰宇，往古来今曰宙"时，恍然大悟道："原来无穷！人与天地万物，皆在无穷中者也。"二十四岁时，以《周礼》中举，三十三岁时又以《易经》中举。四十三岁时，他进京赴国学，讲习《春秋》。四十七岁时，他离开京城，回到家乡从事讲学。陆九渊在家乡讲学之时，听者甚众，据说"时乡曲长老，

---

① （宋）陆九渊著，钟哲点校：《陆九渊集》卷三十六，《年谱》，中华书局1980年，第479页。
② （宋）陆九渊著，钟哲点校：《陆九渊集》卷三十六，《年谱》，第481页。
③ （宋）陆九渊著，钟哲点校：《陆九渊集》卷三十六，《年谱》，第483页。

亦俯首听诲。每诣城邑，环坐率二三百人，至不能容，徙寺观。县官为设讲席于学宫，听者贵贱老少，溢塞途巷"①。五十岁时，开讲于象山，名其讲堂曰"精舍"，又于山间增设方丈，使得四方学子云集于此。陆九渊居象山五年，先后来见求学者逾数千人。此时，他的心学思想经过不断深化和完善，已经达到了一个成熟阶段。

陆九渊对朱熹哲学结构中的最高范畴进行了改造，建立了以"心即理"为核心的"心学"体系，强调心的主观作用。陆九渊把封建的伦理纲常说成是人人所固有的"本心"。他曾说："四方上下曰宇，往古来今曰宙。宇宙便是吾心，吾心即是宇宙。"②他认为充塞宇宙的万物之理即在每个人的心中，"道，未有外乎其心者"；"万物森然于方寸之间，满心而发，充塞宇宙，无非此理"③，其思索的范围也超出了社会伦理，而跨向了整个宇宙。他将自己的人生观、世界观和方法论加以综合，提出其心学的主旨在于"明理、立心、做人"，这也是其心学方法论所要达到的终极目标。在确认世界皆是"理"的产物或体现的前提下，体认万事万物皆心所生。

"明理"在于"立心"，这都是人们扩充主观自我的思维过程，最后落实到"做人"上来。基于此，陆九渊反对从客观事物中寻求知识和认识真理，认为"此心此理，我固有之"，"人皆有是心，心皆具是理"。从自身来找寻，不必外求。同时他还认为："汝耳自聪，目自明，事父自能孝，事兄自能弟，本无欠缺，不必他求，在自立而已。"④为此，陆九渊还提出了"存心"、"去欲"的道德修养方法，将所谓"良心"与"物欲"对立起来，认为："虽在贫贱患难之中，心自亨通，正人达者观之，即是福德。"⑤从以上所语，我们可以清楚地知道，陆九渊的思想学说不仅仅继承了程朱"心是理"的命题，而且也远承了亚圣孟子的"尽心"学说，他充分发挥了孟子的一系列思想学说，认为首先应该"先立其大"，然后再反身内求，这样就能达到自我反省、自我认识、自我完善的功夫。

---

① （宋）陆九渊著，钟哲点校：《陆九渊集》卷三十六，《年谱》，第499页。
② （宋）陆九渊著，钟哲点校：《陆九渊集》卷二十二，《杂著·杂说》，第273页。
③ （宋）陆九渊著，钟哲点校：《陆九渊集》卷三十四，《语录上》，第423页。
④ （宋）陆九渊著，钟哲点校：《陆九渊集》卷三十四，《语录上》，第399页。
⑤ （宋）陆九渊著，钟哲点校：《陆九渊集》卷二十三，《讲义·荆门军上元设厅皇极讲义》，第285页。

不仅如此，在陆九渊的心学思想形成过程中，还受到了佛教禅学的较大影响。他认为人不应受外物所牵累，要"收拾精神，自作主宰"，成为"似个无所不知无所不能之人"。陆九渊反对人们从事社会实践活动，公然主张"安坐瞑目"，他自己也时常夜以继日，"修心养性"。不仅他自己这么做，同样他也教人这样来养心，显然，这是受到了佛教禅宗"顿悟"修习方法的启示。他自己也承认这一点，曾经说："某虽不曾看释藏经教，然而《楞严》、《圆觉》、《维摩》等经，则尝见之。"①对佛学著作的涉猎，必然使其受到较大的影响。

陆九渊的心学思想与以朱熹为代表的程朱理学是有明显差异的。朱熹认为，宇宙万物都是由"理"和"气"两者构成的，"气"是构成一切事物的材料，而"理"则是事物的本质和规律，理先于气而存在。在认识论上，朱熹则发展了程颐的"格物穷理"论。在知行观上，则提出"知先行后"的观点，同时，他也强调"知"和"行"二者不可偏废，缺一不可。在修养功夫方面，朱熹则主张"主敬涵养"，强调"未发"，即人在无所思虑及情感未发生之时，仍须保持一种收敛、谨畏和警觉的知觉状态，最大程度平静自己的思想和情绪，这样就可以涵养一个人的德性了。这显然与陆九渊心学思想不同。陆九渊心学思想从其哲学基础到方法，以至于最终目标，都始终贯穿着主观唯心主义精神。也正因为如此，朱熹与陆九渊二人在一系列问题上存在着很大的分歧。当时，著名历史学家吕祖谦为了调和二人在方法论等方面的分歧，于淳熙二年（1175）四月，写信给陆九渊兄弟，邀请他们来江西信州铅山鹅湖寺相聚，希望通过他们之间的自由讨论，使两个分歧的学派能够统一起来。但经过三天的集会辩难，双方各执己见，互不相让，对于所争执的问题并未明定结果，没能消除歧见，最终不欢而散。从此，朱、陆的信奉者各为一派，朱学被称之为"理学"，而陆学则被称之为"心学"，形成了中国儒学发展史上的两大著名派别。

总之，"朱陆之争加剧了理学体系的分化，使其两派各自按照自己的思维方式构建发展理论的体系。另一方面，也使理学与心学在争辩中相互交流、各自深化，在总体上促进了中国古代理论思维的思辨程度和发展水

---

① （宋）陆九渊著，钟哲点校：《陆九渊集》卷二，《书·与王伯顺》，第19页。

平"①。可以说，鹅湖之会使得陆九渊心学进一步得以阐发，成为儒学的一个重要派别，对此后的中国思想界产生了极其深远的影响。

第二节　明代中后期的王阳明心学

元代，南北一统，程朱理学亦开始向北方传播开来。此时，学界当中朱子学几成官方哲学，而陆九渊学说则受到压抑。但"陆学并未衰竭，不但陆学的主要思想为不少朱学的人物所兼取，使陆学借朱学得以薪传，而且陆学也兼取朱学的致知、笃实工夫，使陆学不至于'谈空说妙'，流入禅门。因此出现了朱陆之间的'兼综'、'和会'，这是理学发展到元代的一段复杂情况，也为后来明代王守仁的学说创立起了直接、间接的孕育作用。故元代理学是宋、明间的过渡环节"②。的确如此，元代可谓是心学由陆九渊到王守仁的"过渡环节"，而且这是一个至关重要、不可或缺的环节。元代理学家们在发展程朱理学的同时，也发展了陆九渊的心学，尤其是他们把宋代的朱陆之争日趋转向朱陆融合，为此后明清时期程朱理学和陆王心学的进一步融合与发展奠定了坚实基础。换言之，即他们在发展程朱理学的同时也发展了陆九渊心学。正因如此，清朝初期著名的陆王心学家李绂在为陆九渊编纂学谱时，把元代的吴澄、虞集、元明善等诸多学者皆归入陆学传人是有一定道理的。

明朝号称以理学开国，程朱理学占据着统治地位。开国之初，为强化中央集权和加强思想领域的控制，明太祖便制定了以朱熹传注的儒家经典为基准的科举考试内容，即依照朱熹对儒家经典的解释演绎成文，不允许任意发挥自己的主张和见解。明成祖继位后，又命儒臣纂修《五经大全》、《四书大全》和《性理大全》等书颁行天下，作为钦定教科书。可见，此时理学的独尊地位已达到极点。然而，自元代以来，由于其自身的不足，程朱理学空泛、僵化的弊端已渐渐显现。尽管明朝初期一些理学家力图对其进行修正，纠其偏枉，但终究未能冲破传统"述朱"框子的束缚，无力扭

---

① 王云等：《中国古代思想史稿》（宋元篇），《理学思想体系的分化》，山东友谊出版社1997年，第338页。

② 王云等：《中国古代思想史稿》（宋元篇），《理学思想体系的分化》，第350页。

转程朱理学日渐衰微的态势。从明朝中叶起，长期默默无闻的陆九渊心学则悄然兴起。如陈献章、王守仁等人先后继起，提出"致良知"之学，以救学术之不振。

《明史·儒林传》序中讲道："学术之分，则自陈献章、王守仁始。宗献章者曰江门之学，孤行独诣，其传不远。宗守仁者曰姚江之学，别立宗旨，显与朱子背驰，门徒遍天下，流传逾百年，其教大行，其弊滋甚。嘉、隆而后，笃信程朱，不迁异说者，无复几人矣。"① 同样，黄宗羲在其所著《明儒学案》一书中，亦表达了这一观点，认为："有明之学，至白沙（即陈献章。——引者）始入精微。其吃紧工夫全在涵养，……故出其门者，多清苦自立，不以富贵为意，其高风之所激，远矣。"② 并说："先生（即陈献章。——引者）学宗自然，而要归于自得。自得故资深逢源，与鸢鱼同一活泼，而还以握造化之枢机，可谓独开门户，超然不凡。"③

陈献章（1428—1500），字公甫，号石斋，广东新会白沙村人，学者习称"白沙先生"。陈献章"自幼警悟绝人，读书一览辄记"。可以说，陈献章是明代心学关键人物之一，其一生历经三次大的波折，即科举不第，静养以求心；济世不成，隐居而施教；应征未起用，便屡荐不起。由于科场与政坛的双重打击，情绪一落千丈，他开始对当时的社会现实越来越不满，这也使他在学术上完全背离传统的朱子学而转向封闭的个人内心世界。陈献章"独开门户"，开启了明代心学的大门，故《明史·儒林传》中语："原夫明初诸儒，皆朱子门人之支流余裔，师承有自，矩矱秩然。曹端、胡居仁（曹端，字正夫，号月川，河南渑池人；胡居仁，字叔心，号敬斋，江西余干人。二人皆为明初著名的学者、理学家。——引者）笃践履，谨绳墨，守儒先之正传，无敢改错。学术之分，则自陈献章、王守仁始，……嘉、隆而后，笃信程朱，不迁异说者，无复几人矣。"④ 陈献章在朱子学说处于独尊和极盛的一统局面下，一改学者谨守绳墨之风，于逆转中承继陆九渊之学，倡导"自

---

① 《二十五史》（第十册），《明史》卷二百八十二，列传卷一百七十，上海古籍出版社、上海书店出版社 1986 年，第 787 页。
② （清）黄宗羲著，沈芝盈点校：《明儒学案》卷五，《白沙学案上》，中华书局 1985 年，第 79 页。
③ （清）黄宗羲著，沈芝盈点校：《明儒学案》卷首，《师说·陈白沙献章》，第 4 页。
④ 《二十五史》（第十册），《明史》卷二百八十二，列传卷一百七十，第 787 页。

得"之学。他的学说肯定了陆九渊的心学路线,而又不完全因袭陆学。总之,陈献章承宋代理学之风,而在体系和思想上又都表现出了不同于宋代理学的思想特色。

同时,陈献章还吸收了道家思想,他把道家的"道"变成一种天人一体的宇宙境界,这一境界除吸收了道家"自然无为"的特色外,其中又包含有儒家"生生之仁"的内容。陈献章以自然来概括"道",实际上是从两个方面来看的。从自然界来看,万物化生是自然的,其中体现了道的"一元"作用;而从社会来看,人心运用也是自然的,千变万化的人事关系及社会活动都是君子和圣人"任心之仁自巧"而自然运用的最终结果,在自然界与人类社会之间,是天地"一气"的流行,人的精神的无限作用。他认为人的精神与自然是同体的,这种精神所能达到的最高境界即是"道",给"道"赋予了一种独特的新的内涵,成为由"理"向"心"过渡的桥梁。

由于陈献章把"道"作为人的精神境界,这样就把"道"拉向主体。他认为:"道也者,自我得之,自我言之,可也。"[①]他把"道"直接与"我"连接在一起,认为道对于人来说只是认识的来源"理"和人生的涵养目标"心",道可以不由言传而来,然而却绝不可离开主体的亲身体验。他批评宋儒用支离的言辞对"道"进行过严的规定,而使"道"流于形式,反而脱离了主体。他说:"世之学者,不得其说,而以用心失之者多矣。斯理也,宋儒言之备矣,吾尝恶其太严也,使著于见闻者,不睹其真,而徒与我哓哓也。"[②]在对宋儒持批判态度的基础之上,陈献章提出了自己新的主张,他说:"此心通塞往来之机,生生化化之妙。"[③]认为人虽然只是生生宇宙秩序中的一个个体,但由于他所处的人生主体地位,使其自然成为宇宙的核心,人心联系着万物的"通塞往来",因此,从人心的活动特性之中,我们便可以窥见万物"生生化化之妙"之状况。同时,他又说:"天命流行,真机活泼。"[④]把人的心性看作是一种非常活泼的天性,万物生化的道理正蕴藏在这活活泼泼的心性之中,人只要把握住自己心性中所蕴含的内在

① (明)陈献章:《陈白沙集》卷二,《复张东白内翰》,四库全书本,第13页。
② (清)黄宗羲著,沈芝盈点校:《明儒学案》卷五,《白沙学案上》,第83—84页。
③ (明)陈献章:《陈白沙集》卷一,《送李世卿还嘉鱼序》,第20页。
④ (明)陈献章:《陈白沙集》卷八,《示湛雨》,第69页。

生机，并加以扩充，便可以把天地万物运转于自己的意识活动之中，从而成为宇宙生化的主宰者。

陈献章还认为人应以自然境界为最高境界，他说："人与天地同体，四时以行，百物以生，……学者以自然为宗，不可不著意理会。"① "自然之乐，乃真乐也。宇宙间复有何事？"② "以自然为宗，以忘己为大，以无欲为至。"③ 也就是说陈献章认为以自然为宗，人才会不滞于具体的事物当中，才能够充分发挥自我意志，真正实现其精神自由，这就是"自然之乐"。"以自然为宗"，说明了人生应以自然之道为行为准则，只有"忘己"，才能形成包容一切的博大胸怀，与宇宙同大；只有"无欲"，才能泯除现实的各种等级与差别，体验到自然之乐的至高境界。

陈献章把"自得"作为求学的门径，想摆脱从朱熹沿袭下来的渐进、积累的求知方法，而以涵养为主，自立门户，把"求心"作为涵养的基本方法，他曾经说："学者苟不但求之书而求诸吾心，察于动静有无之机，致养其在我者，而勿以闻见乱之，去耳目支离之用，全虚园不测之神，一开卷尽得之矣。非得之书也，得自我者也。"④ 同时，陈献章还希望把现实人生及伦理活动的内容归纳到心本体的范畴之中，他曾经这样讲道："文章、功业、气节，果皆自吾涵养中来，三者皆实学也。惟大本不立，徒以三者自名，所务者小，所丧者大。虽有闻于世，亦其才之过人耳，其志不足称也。学者能辨乎此，使心常在内，到见理明后，自然成就得大。"⑤

如何养成虚静的本体之心呢？陈献章提出了"静中坐养出个端倪来"和"静坐以养其善端"的办法。十分明显，于此，陈献章是借鉴了佛教的坐禅方法，把它用之于心性修养和道德实践之中。同时，陈献章还主张在日常行为和认识活动中来扩充自己的心体，使心体的存在得到确证，这就是"日用"和"体认"。所谓"日用"，即发挥心的意志对人行为的支配和主宰作用，使"日用间种种应酬，随吾所欲"；而"体认"即是发挥心体的认识和

① （清）黄宗羲著，沈芝盈点校：《明儒学案》卷六，《白沙学案下》，第86页。
② （清）黄宗羲著，沈芝盈点校：《明儒学案》卷六，《白沙学案下》，第86页。
③ （清）黄宗羲著，沈芝盈点校：《明儒学案》卷六，《白沙学案下》，第95页。
④ （明）陈献章：《陈白沙集》卷一，《道学传序》，第26—27页。
⑤ （清）黄宗羲著，沈芝盈点校：《明儒学案》卷五，《白沙学案上》，第89—90页。

扩充机能。

总之，陈献章以"道"为本体境界，以"心"为实现境界的主体，通过人生修养功夫以证悟"心"与"道"、"主体"与"本体"合一的思路，同时又融汇了佛教禅宗的思辨方法，这样兼收道佛，使他能在程朱学派一统天下的局面之中，开启了心学发展之风气。

陈献章的思想后来由其弟子湛若水影响到余姚学者王守仁。陈献章对湛若水传播自己的思想寄予厚望，而最终湛若水也没有让师父陈献章失望，他同王守仁同倡心学，使得陆九渊心学得以传播下去。因此有人说，明代心学是由陈献章开端的，有其道理。

此后，浙江余姚学者王守仁继承了陆九渊的心学思想，批评程朱通过事事物物追求至理的"格物致知"之方法，反对其分"心"、"理"为二，"知"、"行"为二，把人们引向烦琐的道路。王守仁提出了以"良知说"为核心的心学学说，从自己内心之中去寻找"理"，"理"全在人们心中。认为心之本体即是"良知"，"良知"即是"天理"、"心外无物"、"心外无理"。他的"良知说"和"知行合一说"，达到了心学理论的最高峰，创建了一个系统而完备的主观唯心主义思想体系，遂使思想界发生了由理学向心学的转变，王守仁心学成为当时世之显学。由此，人们在中国儒学发展史上把陆九渊与王守仁思想学说合称为"陆王心学"。

王守仁（1472—1528），字伯安，谥文成，故又称"王文成公"，祖籍是浙江绍兴余姚（今属宁波）。青年时，随父迁家于山阴（越城），后来，他结庐于距越城不远的会稽山阳明洞，自号"阳明子"，故学者习称其"阳明先生"，他是明代心学的集大成者。王守仁的主要著作为《传习录》，后人把他的思想材料合编为《阳明全书》，共三十七卷。

明末清初大思想家黄宗羲在其所著《明儒学案》一书中，高度概括了王守仁思想的发展历程，他说："先生之学，始泛滥于词章，继而遍读考亭之书，循序格物，顾物理吾心终判为二，无所得入。于是出入于佛、老者久之。及至居夷处困，动心忍性，因念圣人处此更有何道？忽悟格物致知之旨，圣人之道，吾性自足，不假外求。其学凡三变而始得其门。"[1] 黄宗羲明

---

[1] （清）黄宗羲著，沈芝盈点校：《明儒学案》卷十，《姚江学案》，第 180 页。

确揭示出了王守仁建立"心"、"理"合一思想体系的曲折历程。青年时代的王守仁曾经在朱熹思想的影响下尝试从事"格物穷理"的功夫。有一次，他想到朱熹曾经说过一草一木都有"理"，都应"格"过，由此逐步变成圣人，于是，他便天真地和一位朋友以庭前的竹子为对象，面对翠竹，冥思苦想地"格"了七天，结果没有穷到"理"，两人反而被累倒。直到后来，王守仁被贬谪到贵州龙场（贵阳西北七十里，修文县治。——引者），这里是一处"万山丛薄，苗、僚杂居"的未开化之地，在极其艰难困苦的环境条件下，王守仁静心思考圣人处此将何所为，终于，他大悟"圣人之道，吾性自足"，史称"龙场悟道"。这次悟道，引导王守仁得出一个实质性的结论，"理"本来不是存在于外部事物，而是完全地内在于我们每个人的心中，于是，他提出了"心即理"、"心外无理"和"心外无物"的思想。

关于"心外无理"，王守仁说："心即理也，天下又有心外之事，心外之理乎？"同时还说："理也者，心之条理也。是理也，发之于亲则为孝，发之君则为忠，发之于朋友则为信。千变万化，至不可穷竭，而莫非发于吾之一心。"①也就是说，"心"即是"理"，在一定意义上可以表述为"心之条理即是理"，是指人的感知活动的展开有其自然的条理，这些条理也就是人们行为的道德准则，"理"之根源不在人们的心之外，道德原则是人心所固有的。

由"心外无理"的理论外推便是"心外无物"的观念。王守仁说："身之主宰便是心，心之所发便是意，意之本体便是知，意之所在便是物。"②但是，这里王守仁所说的"物"主要是指"事"，因为他说："如意在于事亲，即事亲便是一物；意在于事君，即事君便是一物；意在于仁民爱物，即仁民爱物便是一物；意在于视、听、言、动，即视、听、言、动便是一物。所以某说无心外之理，无心外之物。"③也就是说"物"并不是泛指自然界人们所能够直观感觉到的山川草木等物，"心外无物"之"物"主要是指事而言。

王守仁在"心"、"理"合一的基础上提出了"知行合一"的人生理论。

① （明）王守仁撰，吴光等编校：《王阳明全集》卷八，《文录五》，《书诸阳伯卷》，上海古籍出版社1992年，第277页。
② （明）王守仁撰，吴光等编校：《王阳明全集》卷一，《语录一》，《传习录上》，第6页。
③ （清）黄宗羲著，沈芝盈点校：《明儒学案》卷十，《姚江学案》，第200页。

他说："知之真切笃实处即是行，行之明觉精察处即是知，知行工夫，本不可离。……外心以求理，此知、行之所以二也。求理于吾心，此圣门知行合一之教。"①在这里，王守仁的"知"只是主观形态的知，"行"则包括人的实践行为和心理行为，二者是不能割裂开来的。王守仁明确强调："真知即所以为行，不行不足谓之知。"②于此，首先是说，当我们用"知"来说明人的道德知识水平时，必然意味着这个"知"是与"行"相联结的。其次是说，"不行不足谓之知"是强调人的认识来源于人们的实践活动，离开了实践活动也就无所谓"知"。

关于知行关系，王守仁还说："知是行之始，行是知之成。若会得时，只说一个知，已自有行在；只说一个行，已自有知在。"③这个说法是从动态的过程来了解"知"、"行"相互联系、相互包含的意义。意识属于"知"，若就意识活动是外部行为的开始来说，在此意义上，它是行为过程的一部分，从而可以说就是"行"。同理行为属"行"，但就行为是思想的实现或实践是观念的完成来说，"行"可看成整个知识过程的终结，即知识过程的最后阶段，从而可以说就是"知"。所以"知"中有"行"的因素，"行"中有"知"的成分，二者应当是一体的。

王守仁还曾经说："某尝说知是行的主意，行是知的工夫。"④在这里，他强调的"行是知的工夫"，是指"知"以"行"为自己的实现手段。这样没有什么独立的先于"行"或与"行"割裂的"知"，要达到"知"就必须通过"行"。同时"行"也不是一匹瞎马狂奔，它有"知"作为指导。所以，"行"不能无主意，故"行"不离"知"；"知"不能无手段，故"知"不离"行"。"知"和"行"二者是不可分离开来的。

王守仁用"心理合一"和"知行合一"来论证"心"本体，而他对"心"本体的全部探讨，最终都落实到"致良知"的思想层面上来。"致良知"不仅具有道德修养方法的意义，而且更为重要的是它成为王守仁"心"学思想的核心，并由此出发形成其心学本体论体系。王守仁认为，"良知"即是

① （明）王守仁撰，吴光等编校：《王阳明全集》卷二，《语录二》，《传习录中》，第42—43页。
② （明）王守仁撰，吴光等编校：《王阳明全集》卷二，《语录二》，《传习录中》，第42页。
③ （明）王守仁撰，吴光等编校：《王阳明全集》卷一，《语录一》，《传习录上》，第4页。
④ （明）王守仁撰，吴光等编校：《王阳明全集》卷一，《语录一》，《传习录上》，第4页。

"天理"，是人的内在理性的凝聚，他说："良知是天理之昭明灵觉处，故良知即是天理。""天理在人心，亘古亘今，无有终始，天理即是良知。"①

如何"致良知"呢？王守仁说："致吾心之良知者，致知也。""致至、至也，……'知至'者，知也；'至之'者，致也。'致知'云者，非若后儒所谓充广其知识之谓也，致吾心之良知焉耳。"②也就是说，一方面人应当不断地扩充自己的内心"良知"，扩充到最大限度；另一方面把"良知"所知实实在在地付诸到行动中去，总之，是指加强"为善去恶"的道德实践。

王守仁在其晚年提出了"四句教法"。这四句教法即："无善无恶心之体，有善有恶意之动，知善知恶是良知，为善去恶是格物。"王守仁在去世的前一年，即嘉靖六年（1527）秋天，被命令赴广西平息思恩、田州的卢苏、王受等领导的少数民族"暴乱"，临行前的一天晚上，他在越城天泉桥上应弟子钱德洪、王畿之请，详细阐发了这四句话的内涵，对自己的心学思想体系进行了高度概括和总结。四句教法作为王守仁的"心学"宗旨是讲本体与功夫、道德的内心体验与日用常行的修养、悟与修的关系问题。首句"无善无恶"讲本体，而本体即是人在道德修养过程中对自性本质的体验。后三句"有善有恶"、"知善知恶"、"为善去恶"是讲功夫，而所谓功夫并不是指人在接触外物时得到的知识，及由此产生的是非观念，做事的动机意愿，仅仅是指良知内部的心（身）、意、知、物（事物）等自身的调节机制。

王守仁的"四句教法"为他的"心"学思想体系画上了一个圆满的句号，他的弟子只能在他所画定的圆圈内徘徊，虽然由于其内在的矛盾，可能导致近代的自然主义人性论和宗教式的禁欲主义两种思想倾向，但这已不是心学体系应有之义。因此，可以说王守仁是心学的集大成者。

王守仁心学思想还包含其他一些庞杂的内容，但其主要思想倾向还是极力主张"致良知"、"反求诸心"等，人为地夸大了人的主观精神作用，将人们的注意力进一步引向内心世界的净化，可以说在某种程度上起到思想启蒙的作用，但同时，他过分强调人的主观能动性使得其后学由于种种原因渐渐脱离了对于客观事物的探讨和研究，使其陷入了空疏的境地，不仅使其后学

① （明）王守仁撰，吴光等编校：《王阳明全集》卷三，《语录三》，《传习录下》，第110页。
② （明）王守仁撰，吴光等编校：《王阳明全集》卷二十六，《续编一》，《大学问》，第971页。

解说不同，各执一端，导致心学学派发生分化，而且也助长了明朝之后不务实际的空疏学风。"但总的看来，王学是在朱熹理学走到困境时，力挽狂澜于既倒的独具特色的思想体系，他抛弃了许多理学的正统观念，力图高扬人的主体精神，来确立人在天地间的位置以及人在世界上的价值，具有反传统的意味。这对于晚明到明清之际的思想发展都产生了积极的启迪作用。然而王学也同封建时代的其他思想体系一样，不能摆脱历史和文化的局限，在理论上不可避免地存在着诸多矛盾。这些矛盾在王守仁之后的王学的传播过程中，日渐明显地表现出来。他的弟子们根据各自的理解去发挥师说，歧义纷出，于是形成了大大小小的王学流派。"①

王守仁生前长期从事讲学，培养了众多的弟子，刘宗周曾语："阳明先生门人遍天下。"② 依照黄宗羲《明儒学案》一书中的分类，依照后学所处地域的不同划分成七个派别，即浙中王门学派、江右王门学派、南中王门学派、楚中王门学派、北方王门学派、闽粤王门学派及泰州王门学派。可见，王守仁弟子遍布天下，形成了一个庞大的学术团体。王守仁去世之后，其主张虽然在政治上受到排斥，学术思想上遭受攻击，而其心学思想学说却广泛传播开来。王守仁心学之所以能够流传光大，除王守仁学说自身原因外，其弟子的传播之功是不容忽视的。王守仁弟子众多，由于王学自身的原因以及在传布师说时各有侧重，他们各自又具有不尽相同的学术风格和成长背景。如浙中学派的王畿，他及门日久，到处讲学，影响极大，不仅以王守仁之后"宗盟"座主的地位"挟师说以杜学者之口"，而且"挤阳明而为禅"，把王守仁的主观唯心主义推向了极端。

再如泰州学派的王艮，从王守仁问学，在王守仁去世之后，回归泰州，从事授徒讲学。王艮的学术宗旨与王守仁的心学是有一定差别的。其一，王艮把"良知"当成"现现成成，自自在在"的。他认为"良知"是"现成"的，每个人都现成地具有"良知"，人只要按照这个"良知"自然而行，就有成圣成贤的功夫；其二，王守仁拘泥于心性善恶的讨论，王艮则发挥了他的"乐是心之本体"的思想，并且自创《乐学歌》。他认为心之本体的根本

---

① 王云等：《中国古代思想史稿》（宋元篇），《理学思想体系的分化》，第 368 页。

② （清）黄宗羲著，沈芝盈点校：《明儒学案》卷首，《师说》，第 7 页。

特质是"乐",是私欲蒙蔽了"乐"的本体,于是人才会有忧惧愤怒。人有良知,私欲发萌时,只要良知自觉,私欲就会消除,人心就会自然恢复到本然之乐。此外,和王守仁思想相较而言,王艮的思想更具有激进的色彩,所以,王艮处处表现出"狂者"的态度。他要学孔子周游天下,化神龙以救万鳝,宣称"大丈夫存不忍人之心,而以天地万物依于己,故出则必为帝者师,处则必为天下万世师"①,处处反映出强烈的自信心。

清代浙东著名学者全祖望曾经这样说:"吾观阳明之学,足以振章句训诂之支离,不可谓非救弊之良药也。然而渐远渐失,遂有堕于狂禅而不返,无乃徒恃其虚空知觉,而寡躬行之定力耶?夫阳明之所重者行也,而其流弊乃相反,彼其所谓诚意者安在耶?盖其所顿悟者原非真知,则一折而荡然矣。是阳明之救弊,即其门人所以启弊者也。"②全祖望认为王守仁之学应当是拯救朱子学之病的"良药",但意想不到的是,陆王心学朝着另外一个方向发展,没有成为其"救弊者",反而成了"启弊者"。

到了明朝末期,随着中国晚期封建社会总危机的出现和资本主义生产关系的萌芽,人们对于脱离实际、空疏无用的陆王心学渐渐失去了信心,开始不断进行反思,于学术界出现了一股反省既往、面向现实的社会批判思潮,即所谓的"实学思潮"。面对当时国难当头,民不聊生的社会现实,一些思想家开始从"皓首穷经"、"空谈心性"中逐渐觉醒过来,意识到王学末流的"空虚玄妙"之学肯定于社会无补,无法挽救这摇摇欲坠、破败了的河山。于是,他们把注意力转向了"有用之学",把学术思想与社会政治、经济思想相联系,从理论上和实践上批判抵制"空言之弊",试图从中找寻出一条续亡继绝的新路子。对此,黄宗羲曾经总结说:"今日知学者,大概以高(即高攀龙。——引者)、刘(即刘宗周。——引者)二先生,并称为大儒,可以无疑矣。"③高攀龙为东林学派的健将,而刘宗周则为蕺山学派创始人。他们开始从各自不同角度对王学流弊进行深刻思考、批判和修正,谋求新的学术出路,以期为国家找寻出一条可发展道路。

---

① (明)王艮著,陈祝生主编:《王心斋全集》卷三,《年谱》,江苏教育出版社2001年,第13页。
② (清)全祖望撰,朱铸禹汇校集注:《全祖望集汇校集注·鲒埼亭集外编》卷十六,《槎湖书院记》,上海古籍出版社2000年,第1058页。
③ (清)黄宗羲著,沈芝盈点校:《明儒学案》卷六十二,《蕺山学案》,第1509页。

第三节　清代陆王心学研究之回顾

新千年伊始，我有幸考入中国社会科学院历史研究所，师从清史专家、学部委员、中央文史馆员陈祖武先生攻读历史学博士学位，方向为清代学术史。入学之后，在陈先生的建议之下，我选取了清代陆王心学作为自己今后的学习和研究领域。随后，陈先生为我制定了详细的读书计划，于是，我便从梁启超先生的《清代学术概论》和《中国近三百年学术史》，以及钱穆先生的《中国近三百年学术史》读起，开始了在清代学术史领域内的学习与探索，先后通览了诸多清代专史，由博闻到专精，逐渐掌握了清代学术发展之大势。后来，我的毕业论文选取了《李绂与〈陆子学谱〉》这一题目，作为我攻读博士学位阶段学习的毕业总结和汇报。李绂为清代最具代表性的陆王学者之一，钱穆先生称其为"清代陆王学术最后一重镇"，在清代学术史上尤其是清代陆王学术发展史上具有重要的历史地位。

在研读清代学术发展史的过程中，自己清楚地了解到，对于清代陆王学术史的研究和总结，自清代之时就已经开始，如清代著名学者江藩即著有《国朝汉学师承记》和《国朝宋学渊源记》二书。江藩于此旨在分辨汉学与宋学，陆王学术则被涵盖在宋学之中。而方东树则为了同江藩进行争论而专门撰述了《汉学商兑》一书，开启了当时汉、宋学之佳话。唐鉴则著《国朝学案小识》一书，其中设一《心学学案》，对陆王学术持否定态度。由于历史的局限性，他们尚都不能正确地认识和看待陆王心学学术。而系统论述清代陆王学术的专著则如梁启超先生所著《中国近三百年学术史》一书，其中有《阳明学派之余波及其修正》一节，对清代的陆王心学学术进行了梳理。整体而论，其对于清代陆王学术的梳理仍是十分简单扼要，如对于李绂本人，则介绍得较为简略，而关键之处则是梁启超先生认为清代陆王学术到了李绂之时便已告结束，这一结论亦有待进一步商榷。后来，钱穆先生著《中国近三百年学术史》一书，对清代陆王心学学者进行了论述，但仍只算是一部个案研究著作，不能够全面而深刻地认识陆王心学于整个清代学术发展之状况。而徐世昌著《清儒学案》和杨向奎著《清儒学案新编》两部学案体清代学术史著作，二书最大特色就在于对史料的梳理和集中，为后人学习和研究清代学术史奠定基础，但对于整个清代陆王学术发展脉络的探讨则略显不足。

另外，在清代陆王学术的研究方面较具代表性者，尚有陈居渊先生撰《清代的王学》一文，陈先生于该文中指出：明清之际，对王阳明心学的批判已成为时髦的社会风尚，虽然还有黄宗羲、孙奇逢、李颙、李绂等学者以讲学方式对王阳明心学予以修正和张扬，但王学已是流风余韵。尽管如此，陈居渊先生认为，"王学在清代不仅没有销声匿迹，而是经历了由隐蔽走向公开、并再度演进为高潮的流变过程"。其"具体表现在三个方面：尊德性与道问学之辨；天理人欲之辨；重自我与尚心力的推崇"①。这是有其道理的，陈先生看到了陆王心学在清代发展的内在逻辑。对于这一观点，史革新先生所撰《晚清陆王心学复苏的若干考察》一文就是明证。史革新先生也同样认为：陆王心学，尤其是王学，在清代曾经长期受到压抑，直到晚清方始复兴。②诚然，对于清代陆王学术思想的探讨和研究，总体而言，目前还仍处于薄弱环节，诸多成果仍是具体的、微观的，只是侧重于某个方面的个案研究，尚不能够全面地了解和认识陆王心学于整个清代学术发展之状况，无法探讨其内在发展逻辑规律，更加无从把握清代陆王学术与清代社会之关系。

但不管怎样，经过一个多世纪前哲时贤的辛勤耕耘，陆王学术史的研究成就斐然，硕果累累。具体到清代陆王学术史的探研，或散见于一些中国哲学通史论著中，或散见于一些中国思想通史和中国学术史论著中，或附于清史研究论著中，还有众多短篇散论等。诸多论著难免只见树木，不见森林，于清代陆王学术史的研究可谓缺乏会通之作。而另一方面，对于清代陆王心学的认识，至目前仍然没有达成共识。"学术界一般认为，王学及其影响在清代由衰落而逐渐消失。"还有学者认为，"王学在清代不仅没有销声匿迹，而是经历了由隐蔽走向公开、并再度演进为高潮的流变过程"③。两种截然相反的观点并存，值得人们深思。诚然，二者之中，必然有一种是站得住脚

---

① 陈居渊：《清代的王学》，《学术月刊》1994 年第 5 期。
② 参见史革新：《晚清陆王心学复苏的若干考察》，《徐州师范大学学报》2005 年第 1 期。
③ 陈居渊：《清代的王学》，《学术月刊》1994 年第 5 期。

的，这亦值得并促使我们去思考和探索，寻求其正确答案。

　　预计本课题研究要达到这样几个目的。其一，通过对本课题的研究，可以解决一系列具体问题。如前人对陆王学术的整体评价，孙奇逢学术思想倾向，江藩《国朝宋学渊源记》的写作意图，尧祖韶《江西理学编》的初探，浙东邵氏王学发展脉络，康有为、梁启超对陆王心学的继承与发展等诸多问题，皆是亟待解决的学术问题。其二，通过本课题的研究，可以引发诸多相关问题的思考。如清代陆王心学学术与清代政治的关系；清代陆王心学与清朝程朱理学之间的关系；清代陆王心学学术与乾嘉考据学之间的内在逻辑，以及清后期今文经学盛行下的陆王心学状况等。其三，能够使人们清楚地了解整个清代陆王学术发展之轨迹。陆王学术于清王朝新的形势下，其发展可谓一波三折，尽管最终没有成为主流学术，但也没有因此而成为一种绝学，依然是按照自己的内在发展逻辑艰难地向前迈进。在清代不同的历史时期内，陆王学术的发展亦是各具特色。其四，在对本课题的研究过程中，扩大搜集、利用文献资料的视野。其五，通过对本课题的研究，还将有助于人们深化理解中国传统文化的某些精义，通过对中国传统文化的深入了解，更好地为现代社会服务。

　　基本思路与方法：坚持历史唯物主义和辩证唯物主义相结合的基本观点。第一，从社会史与学术思想史相结合的角度研究清代陆王学术。把清代陆王学术置于当时的社会大背景中加以考察，通过对当时社会的政治、经济、学术等方面变迁的分析，才能把握其学术的时代精神及特色。第二，运用比较和考证的方法。通过比较研究，更能突出和显现清代陆王学术发展之规律。于清代陆王学术的研究，至今仍有诸多具体问题尚未明了，尚需花大力气进行详细地考证与辨析。第三，微观与宏观相结合的研究方法。通过个案研究，追根溯源，把细小问题搞清楚，再结合宏观的整体把握，来透视清代陆王学术的发展理路。

　　研究的重点难点：首先，本课题尝试将整个清代陆王学发展的梳理划分三个时期：即清朝初期、乾嘉时期（即清朝中期）和清朝后期。首先，依时间顺序，就每时期著名陆王学者的学术思想进行梳理、探讨和研究，从中寻找其特点和规律。其次，清代陆王学术与当时政治的关系，清代陆王学术与程朱理学之间的关系，清代陆王学术与乾嘉考据学之间的内在逻辑，以及清后期今文经学盛行情况下的陆王心学状况等亦是本课题的重点和难点。最后，是对每个具体的陆王学者的研究，也是本课题的难点，如对孙奇逢、李颙、李绂、康有为、梁启超等人陆王心学思想的定位，还有如对江藩所著《国朝宋学渊源记》一书的梳理，对尧祖韶《江西理学编》和戴震《孟子字义疏证》的研究等诸多问题，可以说都是初次尝试。

主要观点及创新：本研究在前哲时贤研究的基础上，着力探讨清代陆王学术发展的内在逻辑，尝试在以下几个方面有所推进：第一，多层面地考析清代陆王学者是如何致力于陆王学术的发展及其学术思想的来源；第二，对相关的典籍进行全面系统的剖析，尤其是前人没有涉及或涉猎较少者，如《理学宗传》、《国朝宋学渊源记》、《孟子字义疏证》、《万木草堂小学学记》、《湖南时务学堂学约》等；第三，强调其会通，把陆王学者及其思想置于当时社会背景下加以透视，整理出陆王心学在整个清代学术发展之线索；第四，希望较为客观地论证和评价陆王心学学术在清代学术史上的地位，进而展示其在整个中国古代学术史尤其是在中国儒学发展史上的历史地位，给后人以启迪。

第一章　清初陆王心学的历史命运

明末清初，国破家亡，一片衰败景象。于思想文化领域内，王守仁心学崩解，当时的学术界出现了一股"由王返朱"的巨大声浪。一时学者多对陆王心学持不认可的态度，他们认为"神州荡覆，宗社丘墟"[1]的罪魁祸首就是王阳明心学。王阳明心学因之而成为众矢之的，抨击王学、推尊朱子，逐渐成为一种风气。这一风气由张履祥、吕留良诸人开其端，经陆陇其辈而渐入庙堂，至熊赐履、李光地以朱学获官卿相而推波助澜，遂有康熙朝日渐隆盛的崇奖朱学之举，最终程朱理学被定为官学。尽管如此，陆王心学并没有成为绝学，在清初诸陆王后学的努力之下，陆王心学依然按其内在逻辑向前发展。

第一节　晚明以降学术之演进

至明朝中叶以后，由于社会现实使然，程朱理学已成为强弩之末。整个晚明时期学术表现为王学一统，"今之谈良知者盈天下"[2]，因而，晚明时期理学的没落，便集中表现为王守仁心学的深刻危机。在这种情势之下，当时的学术界涌现出一股由王学向朱子学回归的学术倾向，一时儒林中人反对已经逐渐变质、禁锢了的宋明理学，呼唤一种新的思想出现。但是，在当时社会现实状况中，以及当时人们的思想认知水平条件下，尚不可能找寻到一种崭

---

[1]　（清）顾炎武著，黄汝成集释：《日知录集释》卷七，《夫子之言性与天道》，上海古籍出版社 2006 年，第 402 页。

[2]　（清）黄宗羲著，沈芝盈点校：《明儒学案》卷五十八，《东林学案一》，第 1381 页。

新的思想依据，于是，在经过激烈的思想交锋之后，最终还是不得不回归到传统儒学那里，去重新建构儒家精神。

当时，这一运动主要是以东林书院为中心。东林书院，亦名龟山书院，位于现在的江苏省无锡市，是我国古代著名书院之一。东林书院创始于北宋时期，是当时著名理学家程颢、程颐的嫡传高足，知名学者杨时长期讲学之地。杨时离开后，东林书院便逐渐荒废被弃。到了明朝万历年间（1573—1620），东林学者顾宪成等人重新修复并在此聚徒讲学，倡导"读书、讲学、爱国"之精神，一时声名大著，成为当时江南地区文人荟萃之区和议论国是的主要舆论中心。到了明王朝中叶之时，国家社会现实是宦官专权，政治黑暗，党争激烈，土地高度集中，农民濒临绝境，大有东汉末年之气象。顾宪成、高攀龙等人聚集东林书院，他们于讲会研讨学问之余，积极参与政治活动，反对宦官专权，讽议朝政，裁量人物。于学术思想上，他们更多地墨守二程、朱熹传统理学，批评陆九渊、王守仁心学，尤其是王学末流谈空说玄、引儒入禅的学风，大力倡导治国救世的务实之学。

东林学派的著名学者应首推顾宪成。顾宪成（1550—1612），字叔时，号泾阳，无锡泾里人，著名思想家，因创办东林书院而被尊称"东林先生"，也是东林党精神领袖。他早年曾潜心于王学，后来又返向朱学。其学术倾向是企图折中朱熹和王守仁，但最终由于不满王学，且又找寻不到其他出路，结果不得不又折回到朱子学的传统老路上去。他曾说："以考亭（即朱熹。——引者）为宗，其弊也拘；以姚江（即王守仁。——引者）为宗，其弊也荡。拘者有所不为，荡者无所不为。……昔孔子论礼之弊曰：'与其奢也，宁俭。'然则论学之弊亦应曰与其荡也宁拘，其所以逊朱子也。"[1] 但是有一点我们应当清楚，顾宪成于此所指责的王学之弊，并非是指王守仁本人，而是指王学末流。相反，他对王守仁思想学说本身，则给予了高度评价，他曾经这样说："当士人桎梏于训诂辞章间，骤而闻良知之说，一时心目俱醒，恍若拨云雾而见白日，岂不大快！"[2] 他认为在当时学人都拘泥于儒家经典烦琐的训诂与辞章之学的时候，王守仁拨开乌云见青天，另辟蹊径，别开生面

① 转引自侯外庐：《中国思想史纲》（下）第四编，《东林、复社的活动及其社会思想》，中国青年出版社1981年，第45页。

② （明）顾宪成：《小心斋札记》卷三，四库全书存目丛书本。

地倡言"良知"之说，彻底打破传统圣贤偶像，使得人心豁然开朗，岂不是大快人心之事。顾宪成还毫不讳言地说，自己"少尝受阳明先生《传习录》而悦之"①。"然而王学的问题也在于此，即当良知说风行天下之时，其后学也就远离其原初的宗旨，往往凭虚见而弄精魂，任自然而藐兢业。等而下之，议论益玄，习尚益下，高之放诞而不经，卑之顽钝而无耻。连带所及，自然要对王学进行一番清算。而这种清算简单地说，就是王门后学的放荡空谈，而纠正的办法也就是以朱补王。"②最终又走到传统学术道路上来。

相较而言，东林学派的另一创始人高攀龙则走得更远。高攀龙（1562—1626），字存之，又字云从，号景逸，世称"景逸先生"，江苏无锡人，明朝著名思想家，东林党领袖。高攀龙认为，明中叶以后学术界的诸多弊端，皆由王守仁的"致良知"说造成，他说："自'致良知'之宗揭，学者遂认知为性，一切随知流转，张皇恍惚。甚以恣情任欲，亦附于作用变化之妙，而迷复久矣。"③又说："吾儒学脉有二，孔、孟微见朕兆，朱、陆遂成异同，文清（即薛瑄。——引者）、文成（即王守仁。——引者）便分两歧。我朝学脉惟文清得其宗。百年前，宗文清者多；百年后，宗文成者多。宗文成者，谓文清病实，而不知文成病虚。毕竟实病易消，虚病难补。今日虚病见矣，吾辈稽弊而返之于实。"④由此可见，高攀龙认为王学"致良知"存在有"病虚"之状况，而"虚病难补"，所以，他以纠正当时"虚病"为己任，反对王守仁"致良知"之学，而提倡薛瑄的"实"学，于是他提出了"学反其本"的主张，极力主张由王学向朱学回归。如他曾经指出："圣学正脉，只以穷理为先。"⑤还说："学孔子而不宗程朱，是望海若而失司南也。"⑥

除东林学派一干学者外，在晚明学术界中与他们的思想倾向相一致的还

① （明）顾宪成：《泾皋藏稿》卷四，《复方本庵》，文渊阁四库全书本，台湾商务印书馆1983年，第49页。
② 庞朴主编：《中国儒学》第一卷，《明代：理学的式微与心学的崛起》，东方出版中心1997年，第307页。
③ （明）高攀龙：《高子遗书》卷九上，《尊闻录序》，文渊阁四库全书本，台湾商务印书馆1983年，第551页。
④ 《东林书院志》整理委员会整理：《东林书院志》卷七，《高景逸高先生行状》，中华书局2004年。
⑤ （明）高攀龙：《高子遗书》卷五，《会语》，第411页。
⑥ （明）高攀龙：《高子遗书》卷首，《高子遗书自序》。

有许多，其中，较著名者要数刘宗周。刘宗周（1578—1645），初名宪章，字东起，号念台，浙江山阴（今绍兴）人。因讲学于山阴县城北的蕺山，学者习称"蕺山先生"。刘宗周是黄宗羲的老师，他所开创的蕺山学派在当时以及后世都产生了较大的影响。

对于王守仁心学，刘宗周思想上有一个较大的演变发展过程。刘汋曾说："先君子学圣人之诚者也。始致力于主敬，中操功于慎独，而晚归本于诚意。"[①] 黄宗羲亦曾经概述说："先生于新建之学（指王守仁心学。——引者）凡三变：始而疑，中而信，终而辩难不遗余力。"[②] 可见，刘宗周早年并不喜象山、阳明之学，对王守仁心学持有一种怀疑态度，相反，他倒是对程朱之学十分感兴趣。只不过是到了中年，他才转向陆王心学。久而久之，他则认为天下无心外之理，无心外之学，而倾心于陆王心学，并著有《心论》一书，来阐明自己"万化复归一心"的王学观点。他认为达到"万化复归一心"的最终目的，就必须要做到"慎独"，所以他说："君子之学，慎独而已矣！"[③] 还曾说："慎独之外，别无学也。"[④] 在他看来，"学问吃紧工夫全在慎独，人能慎独便为天地间完人"[⑤]。

刘宗周的"慎独"说，与王守仁的"良知"说具有一定的关联。他的学生陈确曾经这样讲道："独者，本心之谓，良知是也。慎独者，兢兢无负其本心之谓，致良知是也。"[⑥] 这就说明了"独"乃是指人的主观意识，源自于人自身，也就是"心"。这和王守仁的"良知"论应该说是一致的。不过，王守仁的"致良知"乃是指人在因接触具体物象，产生私欲后加以反省，摈弃邪念。而刘宗周以为"至善之体，而统于吾心者也"，"本心"或"独体"是至善不恶的，不能等有了邪念之后再加以检查，像王守仁等那样做道德修养功夫，而应防患于未然，在恶的念头还没有出现之前就加以"慎独"的功夫。由此可见，刘宗周的"慎独"说，是在"良知"之说出现弊端、趋于宗

① （明）刘宗周著，何俊点校：《刘宗周全集》（第九册）附录二，《蕺山刘子年谱》，浙江古籍出版社 2007 年，第 168 页。
② （明）刘宗周著，何俊点校：《刘宗周全集》（第九册）附录一，《子刘子行状》，第 41 页。
③ （明）刘宗周著，何俊点校：《刘宗周全集》（第五册）卷二十一，《书鲍长孺社约》，第 598 页。
④ （明）刘宗周著，何俊点校：《刘宗周全集》（第二册）卷三十八，《大学古记约义》，第 611 页。
⑤ （明）刘宗周著，何俊点校：《刘宗周全集》（第三册）语类十五，《证人社语录》，第 510 页。
⑥ （清）陈确：《陈确集》，《文集》卷十，《辑祝子遗书序》，中华书局 1979 年，第 240 页。

禅之时提出来的，目的就是为了纠正王学末流空谈心性的颓势，为了提倡一种具有实践意义的道德学说，正如浙东著名学者邵廷采所说："蕺山虽不言良知，然补偏救弊，阳明之学，实得蕺山益彰。"[①]一语中的。

刘宗周讲学蕺山，不仅享誉浙东，而且风动大江南北，据史料记载，从其学者以数百计，形成一个庞大的学术团体，即"蕺山学派"。其高足黄宗羲就曾如是说："先生讲学二十余年，历东林、首善、证人三书院，从游者不下数百人。然当桑海之际，其高第弟子，多归风节。又先生在当时，不欲以师道自居，亦未尝取从游姓氏而籍之。……尝考索至三百七十六人，尚有遗者。"[②]其中，较著名者就有黄宗羲、史孝咸、邵曾可、陈确、张履祥等浙东学术健将，可以考见其于后来学术思想之影响状况。

总之，到了晚明时期，在日益加剧的社会危机面前，陆王心学已是强弩之末，盛极而衰，无法寻求到挽救亡国的良策。尽管在晚明学术界，顾宪成、高攀龙、刘宗周等出于对王学末流的不满，他们或试图重振没落的程朱理学，或试图修正即将流于宗禅的陆王心学，从不同的路线以挽救明王朝的命运。但这已是无济于事，明王朝的覆亡已成定局，不可逆转。尽管政局不可逆转，但他们所提出的"慎独"及务实学风，显示出陆王心学学说在新的历史条件下发展变化的某些新动向，即"学风已渐趋健实"[③]，也就是说，在明末诸学者的努力之下，陆王心学并没有沿着不归路一步步继续滑向深渊，而是朝着一个更加"健实"的方向发展。

第二节　清廷文化政策的调整

清朝前期是中国古代历史上的一个重要时期，它不仅一度呈现出经济、政治上的鼎盛，而且在学术思想文化上也做出了极其重要的贡献。清初最高

---

① （清）邵廷采著，祝鸿杰点校：《思复堂文集》卷七，《候毛西河先生书》，浙江古籍出版社 2010 年，第 308 页。

② （清）黄宗羲：《黄宗羲全集》（第十一册），《蕺山同志考序》，浙江古籍出版社 1985 年，第 58—59 页。

③ 梁启超著，朱维铮校注：《梁启超论清学二种》，《中国近三百年学术史》（五），《阳明学派之余波及其修正》，复旦大学出版社 1985 年，第 138 页。

统治者采取"崇儒重道"的基本国策，尊崇二程和朱熹，把朱子学确立为官方哲学，作为统治方术。一方面，清政府的这一文化政策，对于稳定当时的社会秩序，促进政治、经济、思想文化诸方面的恢复和发展，起到了至关重要的作用。但另一方面，也因与封建文化专制的合流，导致了清前期陆王心学思想中理性思维光辉的暗淡无光。可以说，在清初，陆王心学学说地位极其低下，不被统治者所重视，尽管如此，陆王学术并没有成为绝学，依然按照其内在逻辑向前迈进。

诚然，作为上层建筑重要内容的思想文化政策的制定和实施，有多方面的因素。一方面有其对思想文化起重大作用的学术发展的内在逻辑的制约，体现出学术发展的基本规律；而另一方面它必然要受到经济基础的制约，又无不为统治集团的根本利益所左右。顺治一朝，天下大势尚未定局，依然是戎马倥偬，而未遑文治，各种有关文化政策皆草创未备，基本上还是一个沿袭明代旧制的粗犷格局。到了康熙初叶，南明政权残余势力扫荡殆尽，清廷统治渐渐趋于稳固。圣祖亲政之后，随着经济的逐渐恢复，政局的逐渐稳固，文化建设亦相应得以加强，各种基本国策随之确定下来。康熙二十三年（1684）以后，平定三藩，台湾回归，清初历史进入一个相对稳定的发展时期。伴随清廷文化政策的调整，学术文化事业亦蒸蒸日上，渐臻繁荣。

总体而言，顺治一朝，是清朝入主中原后的初始时期，尽管在思想文化统治措施中，也采取了诸如世祖"临雍释奠"，鼓励太学师生们笃守"圣人之道"[1]；诏谕礼部把"崇儒重道"定为基本国策；还谕礼部，曰："帝王敷治，文教是先，臣子致君，经术为本。……今天下渐定，朕将兴文教，崇经术，以开太平。"[2] 并举行经筵盛典；于弘德殿祭祀圣人孔子等一系列的文化举措。但是此时，战火尚未完全熄灭，以军事征伐巩固统治，依然是其大局所在，故而于文化建设方面尚无暇顾及，乃处于一种守成状态。

圣祖亲政以后，随着政权的进一步稳固，统治政策上发生了很大的变

---

① 《清世祖实录》卷六十六，"顺治九年九月"条，中华书局影印本。
② 《清世祖实录》卷九十一，"顺治十二年三月"条。

化。圣祖作为一个出身于少数民族的封建帝王，却十分了解和熟谙中原儒家传统文化之精髓，他对儒学极为尊崇，确立以"崇儒重道"为基本的文化国策，这在中国古代历史上是比较典型的。康熙六年（1667），圣祖亲政，又过两年，清除了权臣鳌拜，才使文化建设重新走向正轨。这一年，圣祖亲临太学释奠孔子。康熙九年（1670）八月，恢复翰林院；十月，圣祖又提出了以"文教是先"的十六条治国纲领；从十一月起，相继举行"日讲"和"经筵"大典。康熙十七年（1678）正月，颁谕吏部："自古一代之兴，必有博学鸿儒振起文运，……我朝定鼎以来，崇儒重道，培养人才，四海之广，岂无奇才硕彦，学问源通，文藻瑰丽，可以追踪前哲者？"[①] 于是，诏举"博学鸿儒"，以备顾问著作之选，罗致天下名士学者共一百四十三人参加，经过次年春天的大考，最终录取一等二十人，二等三十人，俱入翰林院供职。圣祖诏举"博学鸿儒"之举措具有十分重要的意义，它标志着清廷"崇儒重道"的国策已经得以实施，奠定了奖掖儒学的基本格局。此后，在康熙二十三年（1684）冬，圣祖在南巡返京途中，专程到曲阜孔子故里拜谒孔庙，在大成殿为先圣孔子行三跪九叩大礼，亲书"万世师表"四个大字，而且还与衍圣公孔毓圻及孔子后裔孔尚任等讲论儒学。由此，也标志着康熙一朝文化政策的最终方向。

诚然，圣祖这一文化政策的最终确立，并非是一蹴而就的，而是有一个从学习到体认，到最终形成的漫长过程。其中，起到重要作用的是几位满腹经纶的儒学近臣。可以说，把清圣祖引入儒学之门，对他影响最深的则是儒臣熊赐履。熊赐履从康熙十年（1671）二月至十四年（1675）三月之间充任日讲官，在他的循循善诱之下，年轻的圣祖对程朱理学产生了浓厚的兴趣。他以朱子注《论语·学而》篇的讲解为始，在这四年时间内，向圣祖进讲朱子之学，为清圣祖奠定了坚实的程朱理学基础。

圣祖在学习二程、朱子学说的同时，自然也不可能逃避陆王心学学说，所以，在这一过程中也会不断地接触到陆王心学学说。譬如他自己就曾经说过，"朕常读朱子、王阳明等书"，可见，圣祖于陆王心学不仅理解而且亦有相当研究和看法。由于熊赐履笃信理学，这使得他在日讲中所偏重的方向，

---

① 《清圣祖实录》卷七十一，"康熙十七年一月"条，中华书局影印本。

自然也是程朱理学而非陆王心学。但这就给圣祖提出了一个难以回答的问题，使得清圣祖在提倡儒学时必须首先要做出回答：是尊朱还是尊王？理学到底是什么？这一系列的问题不得不使年轻的清圣祖去思考，去进行比较和体认并找寻答案。随着时间的推移，加之宫廷内一连串事件的不断发生，清圣祖最终下定决心，确立了自己的思想文化政策方向。

在这诸多事件之中，有两位人物的事件最具代表性。其一，为崔蔚林事件。崔蔚林（1634—1687），字夏章，号定斋，又号玉阶，直隶新安（一说属河北；一说属江苏新沂）人，清初著名学者。康熙十八年（1679）十月十六日，清圣祖把崔蔚林召入宫中，君臣之间就"格物"、"诚意"诸范畴进行了问答和辩论。崔蔚林学主陆王，其依据自然是王守仁的心学学说，解释"'格物'是格'物'之本，乃穷吾心之理也"，而"朱子解作天下之事物，未免太泛，于圣学不切"，对朱子学说进行了抨击和批判。崔蔚林对于"诚意"的阐释也是如此，他对圣祖这样说道："朱子以意为心之所发，有善有恶。臣以意为心之大神明，大主宰，至善无恶。"[1] 他提出了自己的观点。十天以后，君臣二人就前此问题再次进行讨论，圣祖依据程朱理学对崔蔚林的观点进行了辩驳，说："天命谓性，性即是理。人性本善，但意是心之所发，有善有恶，若不用存诚工夫，岂能一蹴而至？行远自迩，登高自卑，学问原无躐等，蔚林所言太易。"[2] 并且，圣祖还指出："蔚林所见，与守仁相近。"[3]圣祖鲜明地阐述了自己的观点。

崔蔚林主张王守仁思想学说，且能够在圣祖面前慷慨陈词，但是，他的所作所为却与此大相径庭，言与行极不相符，还有就是居乡又颇招物议，这更加引起圣祖的不满。所以，当在后来议及崔蔚林职位升迁之时，圣祖就发表了对崔氏这样的看法，说："朕观其为人不甚优。伊以道学自居，然所谓道学未必是实。闻其居乡亦不甚好。"[4] 由此，崔蔚林不仅没有得到升迁，反而更加引起圣祖的反感。在一年之后，也就是康熙二十二年（1683）的十月，圣祖就理学真假问题发表了自己的看法，说："日用常行，无非此理。

---

① 《康熙起居注》"十八年十月十六日"条，中华书局1984年。

② 《康熙起居注》"十八年十月二十六日"条。

③ 《康熙起居注》"十八年十月二十六日"条。

④ 《康熙起居注》"二十一年六月初二日"条。

自有理学名目，彼此辩论，朕见言行不相符者甚多。终日讲理学，而所行之事全与其言悖谬，岂可谓之理学？若口虽不讲，而行事皆与道理吻合，此即真理学也。"[①] 对于圣祖所言，吾师陈祖武先生曾经进行分析，其中语："这段话包含有三层意思，第一层是说理学有真假之分；第二层是说理并非玄虚的精神实体，无非就是规范人们言行的道理；第三层是说言行如一与否，是检验理学真伪的试金石。"[②] 陈先生之言可谓一语中的，道出了清圣祖之所以推尊理学的实质所在。

果然，到了后来，圣祖就是以他的标准来对待崔蔚林的。当崔蔚林上疏请求告病还乡时，圣祖便向他开了刀，他向臣下这样讲道："崔蔚林乃直隶极恶之人，在地方好生事端，干预词讼，近闻以草场地土，纵其家人肆行控告。又动辄以道学自居，焉有道学之人而妄行兴讼者乎？此皆虚名耳。又诋先贤所释经传为差讹，自撰讲章甚属谬戾。彼之引疾乃是托词，此等人不行惩治，则汉官孰知畏惧！"[③]

其二，为李光地事件。李光地（1642—1718），字晋卿，号厚庵，别号榕村，福建泉州人，清朝理学名臣。康熙三十三年（1694）四月，李光地母亲病逝，按照清朝传统礼制，官员遭父母丧时应弃官家居守制，但当李光地上疏请求离职回乡奔丧时，圣祖未应允，由于他并没有再三坚持疏请，因而招致言官的弹劾。一时之间，朝廷上下一片哗然，最后，圣祖不得不出面平息。一次，在九卿会议时，圣祖责问参与弹劾李光地的大臣彭鹏说："我留他在任，自有深意，不然朕岂不晓得三年之丧，古今通礼？我所以留李光地之意，恐一说便难以保全。九卿如要我说，我便说。不要我说，我便包容。"[④] 由此可见，并非是李光地夺情，而是圣祖有意为之。醉翁之意不在酒，他是想利用这一"夺情"事件，对于当时日趋激烈的廷臣党争进行整治。所以，此后不久，他便以《理学真伪论》为题目，对翰林院全体人员进行考核。考试一结束，圣祖又借熊赐瓒于考试中所出现的问题加以发挥，对行径

① 《清圣祖实录》卷一百一十二，"康熙二十二年十月"条。
② 陈祖武：《清初学术思辨录》三，《清初文化政策批判》，中国社会科学出版社1992年，第39页。
③ 《康熙起居注》"二十三年二月初三日"条。
④ （清）李光地撰，陈祖武点校：《榕村全书》（第十册），《榕村谱录合考》卷下，"五十三岁"条，福建人民出版社2013年，第231—232页。

不轨的理学诸臣指名道姓地大加鞭挞。被他指责的大臣当中不仅有李光地、熊赐瓒二人，而且还有已经谢世了的魏象枢、汤斌等人，就连熊赐履也在其内。

经过上述一系列事件后，圣祖最终确立了自己的儒学观，这就是："果系道学之人，惟当以忠诚为本。"① 圣祖目的十分明确，也就是要求臣下必须以封建伦理道德为规范，忠诚于国家，切实地去身体力行，要言行一致，绝不能阳奉阴违。也正如圣祖晚年所语："理学之书，为立身根本，不可不学，不可不行。朕尝潜玩性理诸书，若以理学自任，则必至于执滞己见，所累者多。反之于心，能实无愧于屋漏乎？宋、明季代之人，好讲理学，有流入于刑名者，有流入于佛老者。昔熊赐履在时，自谓得道统之传，其没未久，即有人从而议其后矣。今又有自谓得道统之传者，彼此纷争，与市井之人何异！凡人读书，宜身体力行，空言无益也。"②

圣祖经过长期的学习体认，最终确立朱子学说为官方哲学。康熙四十年（1701）之后，圣祖下诏以"御纂"的名义，令理学名臣汇编《朱子全书》。康熙五十一年（1712）正月，圣祖更加明确地说道："朱子注释群经，阐发道理，凡所著作及编纂之书，皆明白精确，归于大中至正，经今五百余年，学者无敢疵议。朕以为孔孟之后，有裨斯文者，朱子之功最为弘巨。"③ 他随即颁谕，将朱子在孔庙中的祭祀之位加以升格，由东庑的先哲先贤之列，提升至大成殿的十哲之次，成为配祀孔子的"四配十二哲"之一。我们应当知道，在孔庙大成殿内配享的四配十二哲之中，其中十一哲皆为孔门弟子，唯有朱熹为后世儒者，由此可见朱子于儒学史上之地位。至此，朱子学的正统地位确立起来，同时，也标志着清初文化政策的最终确立。

圣祖最终确立朱子学为官方哲学，对崔蔚林、李光地辈皆大加指责和批判，但同时，这一事实至少也能够充分说明：其一，在当时位居权要的朝臣之中，不仅仅有宗程朱理学者，而且亦不乏信奉陆王心学者，程朱理学和陆王心学两者同时并存，共存于高高的庙堂之上。其二，既然有宗陆王学者的大臣存在，那么，他们的学术思想就会影响到圣祖，而对于崔氏、李氏的指

---

① 《清圣祖实录》卷一百六十三，"康熙三十三年闰五月"条。
② 《康熙起居注》"五十四年十一月十七日"条。
③ 《清圣祖实录》卷二百四十九，"康熙五十一年正月"条。

责和训斥，实事求是地讲，皆不是因为他们的学术倾向使然，而是他们的所言、所作和所为，在圣祖看来，即是言行不一，算不上一位一心一意、忠心耿耿之人。其三，从一个侧面也说明了清初统治政策之状况，可以考见，最高统治者对陆王心学采取的是一种不加干涉的态度。

诸如明崇祯十二年（1639），余姚人沈国模、管宗圣、史孝咸等人讲学于半霖，因建义学，奉祀先贤王守仁，名"姚江书院"。邵廷采于"康熙初，从毛奇龄游，主讲姚江书院十七年"①。康熙五年（1666），"贵州水西建开元寺，寺中有王公祠，奉祀王阳明"②。康熙十二年（1673），"贵州巡抚曹申吉捐资重新建筑阳明书院，落成后，置图书千余卷于其中"③。康熙二十二年（1683），邵廷采等推荐史标主持姚江书院。④康熙三十六年（1697），王材成"任江西南康知县，建阳明书院"⑤。康熙五十四年（1715），"绍兴知府俞卿重修王阳明墓"⑥。如果仅仅从上述史事来看，不可能看出圣祖对于陆王心学采取禁锢的态度，反而给人一种陆王心学在清初仍然得到统治阶级认可的深刻印象。

清初曾经出现过几次大的文字狱事件，细细分析开来，亦值得我们深思。例如毛重倬案，顺治五年（1648），大学士刚林举发武进毛重倬为坊刻制艺所写文字中沿用南明年号，这在当时是一个十分敏感的话题，可以说是犯了清廷大忌，是关系国家正统的严重问题。最终结果是毛重倬被处以极刑。又如乌程庄廷鑨《明史》一案。庄氏一心想学习和效法春秋时期著名史学家左丘明编写一部能够传世的史学著作，于是不惜花费重金购买到明朝大学士朱国桢撰作的《明史》一书遗稿，然后再加以整理编辑修补成书，接着他又遍访江浙一带名士"列名参阅"，以壮大声势，且为之刊刻印行。只是，该书中在叙述历史史实时仍然沿用了南明隆武、永历年号，显然是在表明其不承认清朝的正统地位，同时，该书中还涉及满族先祖旧事这一清廷大忌，因此，在是书刊刻印行之后，遂被他人告发，最终，庄廷

① 俞樟华：《王学编年》"世祖顺治五年"条，吉林大学出版社 2010 年，第 608 页。
② 俞樟华：《王学编年》"圣祖康熙五年"条，第 628 页。
③ 俞樟华：《王学编年》"圣祖康熙十二年"条，第 640 页。
④ 俞樟华：《王学编年》"世祖顺治三年"条，第 607 页。
⑤ 俞樟华：《王学编年》，《附：1677 年至 1911 年有关王学的人事》，第 663 页。
⑥ 俞樟华：《王学编年》，《附：1677 年至 1911 年有关王学的人事》，第 666 页。

鑶被剖棺戮尸，家庭成员中十六岁以上男子皆斩首，女子发配边疆，牵连者达数百人之多。

清初文字狱的出现，有其深刻的时代背景和原因。1644 年，清朝入关，取代明朝而王天下，具有浓厚华夷之辨传统的汉族百姓从骨子里是无法接受这一现实的，尤其是具有清醒头脑的一大批汉族士人知识分子更是存在着强烈的民族反抗意识。在他们的心目中，这便是"乾坤反覆，中原陆沉"，现实社会将是"天昏地暗，日月无光"，而"华夏"之族亦将被"夷狄"所统治，是一件不得了的头等大事。可以说，当时的民族矛盾成为主要矛盾且空前尖锐起来，人们的反清思想和情绪通过各种形式表现出来，并与恢复明朝为目的的反清事件结合在一起，使清王朝的统治面临着极大威胁和严峻考验。文字狱事件便是在这样一种情形之下作为一种镇压反清情绪的工具随之产生的。因此，可以清楚地看出，当时文字狱事件的不断出现主要是针对汉族士人百姓的反清情绪，并非是上升到具体的统治思想是程朱理学还是陆王心学的层面。

总之，清初统治者于思想文化领域内，虽没有像对程朱理学那样对陆王心学进行大力表彰和鼓励，但对于陆王心学及其他一些学说也并没有大张旗鼓地进行排挤和施行高压政策，而是采取了一种相对宽松的态度和政策。

第三节　清初学界之价值取向

到了清朝初期，王学崩解，学术界对陆王心学进行了猛烈的批判。思想大家顾炎武、王夫之二人对当时学风由空疏向笃实转变起到了关键性的作用。顾炎武痛斥王守仁之学是"置四海之穷困不言，而终日讲'危微精一'之说"，严重脱离社会现实。他在《日知录》一书中说："以一人而易天下，其流风至于有百余年之久者，古有之矣，王夷甫（即王衍。——引者）之清谈，王介甫（即王安石。——引者）之新说。其在于今，则王伯安之良知是也。"[1] 王夫之针对王守仁学说末流弊端，指出："姚江王氏阳儒阴释诬圣之邪说，其究也，为刑戮之民，为阉贼之党，皆争附焉，而以充其'无善无恶圆

---

① （清）顾炎武著，黄汝成集释：《日知录集释》卷十八，《朱子晚年定论》，第 1068 页。

融事理'之狂妄。"① 他对王守仁心学进行了不遗余力的批判。至其后，王守仁心学成为众矢之的，抨击王学，推尊朱子，在学界逐渐成为一种风气。与此同时，学术界亦渐渐出现一股研究古学的暗流，诚然，这与清初经世实学密切相关，只不过不被人重视而已。

顾炎武对明清之际的理学持明显的反对态度。他说："古之所谓理学，经学也；……今之所谓理学，禅学也。"② 他认为研究经学需要长时期的不懈努力，而当时一些讲理学之人，连最起码的古代经典都不曾细读，只是抱着近儒的几本语录，空谈心性，妄想一朝顿悟，这种所谓的理学不过只是禅学而已。所以，他曾引用南宋黄震的话，说："夫子述《六经》，后来溺于训诂，未害也；濂洛言道学，后来者借以谈禅，则其害深矣。"③

顾炎武在反对理学的同时，亦激烈地抨击陆王心学。他认为王学的兴起，造成了社会上空谈良知心性的学风，他曾说："今之君子，……聚宾客门人数十百人，与之言心言性。舍多学而识，以求一贯之方；置四海之困穷不言，而讲危微精一。"④ 他甚至认为王守仁的"良知"说是造成明朝覆亡的一个原因，他还说："刘石乱华（即刘渊与石勒在西晋末期八王之乱后起兵反叛。——引者），本于清谈之流祸，人人知之，孰知今日之清谈有甚于前代者？昔之清谈谈老庄，今之清谈谈孔孟，未得其精而已遗其粗，未究其本而先辞其末。不习六艺之文，不考百王之典，不综当代之务，举夫子论学、论政之大端一切不问，而曰'一贯'，曰'无言'。以明心见性之空言，代修己治人之实学，股肱惰而万事荒，爪牙亡而四国乱，神州荡覆，宗社丘墟。"⑤ 于是，顾炎武把明朝覆亡的责任归罪于王守仁的心学，甚至认为其罪责"深于桀纣"⑥。

王夫之与顾炎武不谋而合，他直斥王学为"新学邪说"，甚至把宋明的灭亡都归咎于陆九渊、王守仁之心学，认为："人心之坏，世道之否，莫不

① （清）王夫之：《张子正蒙注》卷首，《张子正蒙序论》，中华书局1975年，第1页。
② （清）顾炎武：《亭林诗文集》，《与施愚山书》，中华书局1959年，第58页。
③ （清）顾炎武著，黄汝成集释：《日知录集释》卷七，《夫子之言性与天道》，第402页。
④ 《二十五史》（第十二册），《清史稿》卷四百八十，《儒林传》卷二，第1504页。
⑤ （清）顾炎武著，黄汝成集释：《日知录集释》卷七，《夫子之言性与天道》，第402页。
⑥ （清）顾炎武著，黄汝成集释：《日知录集释》卷十八，《朱子晚年定论》，第1068页。

由之。"① 他还指出："王氏之学，一传而为王畿，再传而为李贽。无忌惮之教立，而廉耻丧、盗贼兴，皆惟怠于明伦察物而求逸获，故君父可以不恤，名义可以不顾。陆子静出而宋亡，其流祸一也。"② 把一切罪责皆归咎于陆王心学。

张履祥曾受学于刘宗周，早年对王守仁、王畿之著述"深信而服膺之"，但是，他在读了朱子《近思录》后，便开始背弃陆王心学，由服膺王学转向批评王学。他认为晚明空疏习气，皆由《传习录》一书造成。于是，他便辑录了《刘子粹言》一书，汇集了刘宗周修正阳明学的思想言论，系统地批评王学流弊。③ 吕留良则受张履祥的影响较深，也曾经这样说："弟之痛恨阳明，正为其自以为良知已致，不复求义理之归。非其所当是，是其所当非，颠倒庚妄，悍然信心，自足陷人于禽兽非类，而不知其可悲。乃所谓不致知之害，而弟所欲痛哭流涕，为天下后世争之者也。"④ 在这里，吕留良认为正是王守仁的"致良知"学说才"陷人于禽兽非类"。其"陷人于禽兽非类"，自然是暗示明朝灭亡，清朝入主中原，中原大地被"夷狄"所统治。陆世仪对阳明学派倡导的"心性"、"致良知"等学说也深为不满。他认为王学反对"穷理"，主张不学不虑的"悟性"是类似于禅学，缺乏真正的道德实践，从而流于"狂"、"粗"。他尽管对陆王学说多有批评，但他却不做无意义的门户之争，曾宣称自己所学"实无宗旨"⑤。

顾炎武、王夫之、张履祥、吕留良、陆世仪等皆从不同方面对陆王心学进行了批判，而且还都进行了学术思想上的反思，寻求儒学复兴的途径。"顾炎武虽然没有去走向朱学复归的老路，但是，历史的局限，却又使他无法找到比理学更为高级的思维形式。于是他只好回到传统的儒家学说中去，选择了复兴经学的途径。"⑥ 顾炎武在对宋明理学的批判过程中，建立起他的以"经学济理学之穷"的思想。王夫之则不同于顾炎武，他不仅否定了陆王

① （清）王夫之：《船山遗书》十三，《礼记章句》卷三十一，金陵湘乡曾氏清同治四年（1865）版。

② （清）王夫之：《张子正蒙注》卷九，《乾称篇下》，第232页。

③ （清）张履祥著，陈祖武点校：《杨园先生全集》附录，《张杨园先生年谱》崇祯十七年，"三十四岁"条，中华书局2002年，第1496—1497页。

④ （清）吕留良：《吕晚村先生文集》卷二，《与某书》，国家图书馆出版社2003年。

⑤ （清）陆世仪：《思辨录辑要》前集卷二，四库全书本。

⑥ 陈祖武：《清初学术思辨录》四，《务实学风的倡导者顾炎武》，第62页。

之学，而且也否定了程朱理学，走向了另外一条道路，这就是"发展了古代朴素唯物主义，并把它提高到新的水平。……经过'推故而别致其新'，显得更加绚丽多彩了"①。

在极力维护程朱理学方面，相较而言，陆世仪远不及张履祥和吕留良。张履祥在经历了明清更迭之后，对于自己先前所推尊的王学进行了深刻反思。他从读朱熹所辑《小学》和《近思录》入手，开始了修正王学的道路。他认为"诚意"二字，没有必要再讲"意"，只有一个"诚"字就可以了。他言及此的目的是针对其师刘宗周所语之"慎独"。他为了表彰朱子学，向王学发动了猛烈的攻击，因为他是从王学内部而来，对于王学的批判，往往都是切中要害。他说："姚江以异端害正道，正有朱紫、苗莠之别。其弊至于荡灭礼教。今日之祸，盖其烈也。"②他还把王学与禅学相提并论，说："姚江之教，较之释氏，又所谓'弥近理而大乱真'也。"③晚年，应聘到吕留良家做塾师，他这种恪守朱子学的为学取向，深深地影响到吕氏父子。吕留良在抛却时文后，"与桐乡张考夫（即张履祥。——引者）、盐官何商隐（即钱商隐。——引者）、吴江张佩葱（即吴品珩。——引者）诸先生及同志数人，共力发明洛闽之学，大声疾呼，不顾世所讳忌"④。走向了"尊朱辟王"的学术道路。因为他认为："救正之道，必从朱子。"⑤所以他说："某平生无他识，自初读书即笃信朱子之说。"⑥还说："凡朱子之书，有大醇而无小疵，当笃信死守，而不可妄置疑凿于其间。"⑦因此，他大量刊刻印行程朱遗著，来维护和弘扬朱子之学。

在清初回归朱子学的风潮中，成为理学中坚人物的还有陆陇其。陆陇其一生推崇程朱，力辟王学，把力尊朱子学看成"起敝扶衰"的最佳良方，所以，他认为当时的学者应该把"尊朱子而黜阳明"作为首要任务。

---

① 任继愈：《中国哲学史》（第七篇）第四章。转引自陈祖武《清初学术思辨录》五，《王夫之的博大学术体系》，第 93 页。
② （清）张履祥著，陈祖武点校：《杨园先生全集》卷四，《答沈德孚二》，第 85 页。
③ （清）张履祥著，陈祖武点校：《杨园先生全集》卷三十九，《备忘一》，第 1073 页。
④ （清）吕留良：《吕晚村先生文集》卷末附录，《行略》。
⑤ （清）吕留良：《吕晚村先生文集》卷一，《与张考夫书》。
⑥ （清）吕留良：《吕晚村先生文集》卷一，《答吴晴岩书》。
⑦ （清）吕留良：《吕晚村先生文集》卷一，《与张考夫书》。

在陆陇其看来，朱学就是孔学，尊奉朱熹乃是尊奉孔子，因为"非周、程、张、邵则洙泗之学不明；非朱子则周、程、张、邵之学不明。……朱子者，周、程、张、邵所自发明，而孔子之道所自传也。尊朱子即所以尊周、程、张、邵，即所以尊孔子"①。陆陇其把朱子学看成为孔孟之学的门户，认为"学孔孟而不由朱子，是入室而不由户也"②。他向清最高统治者建议，让人们像汉代推尊孔子那样来尊崇朱子，因为朱熹是秦汉以后孔学的最好继承人，他集秦汉以后诸儒之大成，故"朱子之学即孔子之学"③。因此，陆陇其也像西汉的董仲舒建议汉武帝"罢黜百家，独尊儒术"那样，建议清统治者"尊朱子，而非朱子之说者，皆决其道，勿使并进"④，定程朱于一尊。因为在他看来，"继孔子而明六艺者，朱子也。非孔子之道者皆当决，则非朱子之道者亦皆当决。此今日挽回世道之要也"⑤。只有朱子学才能够挽救国家，挽救世道，可以说，陆陇其要求人们恪守朱子学门户。

陆陇其还曾经说："自阳明王氏倡为良知之说，以禅之实而托儒之名，且辑《朱子晚年定论》书，以明己之学与朱子未尝异。龙溪（即王畿。——引者）、心斋（即王艮。——引者）、近溪（即罗汝芳。——引者）、梅汀（即周汝登。——引者）之徒，从而衍之。王氏之学遍天下，几以为圣人复起。而古先圣贤下学上达之遗法，灭裂无余。学术坏而风俗随之。其弊也，至于荡轶礼法，蔑视伦常，天下之人恣睢横肆，不复自安于规矩绳墨之内，而百病交作。……故至于启祯之际，风俗愈坏，礼义扫地，以至于不可收拾。其所从来，非一日矣。故愚以为，明之灭亡，不亡于寇盗，不亡于朋党，而亡于学术。学术之坏，所以酿成寇盗、朋党之祸也。"⑥明朝之所以灭亡，皆是由于王学造成的，所以，王守仁的心学就应该要彻底排除。很显然，陆陇其的观点是偏颇的。尽管如此，陆陇其还是受到清初统治者的格

---

① （清）陆陇其：《三鱼堂外集》卷四，《策·道统》，清同治七年（1868）刊本，台湾商务印书馆，第 242 页。

② （清）陆陇其：《三鱼堂文集》卷五，《答嘉善李子乔书》，第 61 页。

③ （清）陆陇其：《三鱼堂外集》卷四，《策·经学》，第 240 页。

④ （清）陆陇其：《三鱼堂外集》卷四，《策·道统》，第 242 页。

⑤ （清）陆陇其：《三鱼堂文集》卷八，《四书集义序》，第 24 页。

⑥ （清）陆陇其：《三鱼堂文集》卷二，《学术辨》（上），第 15—16 页。

外赏识，他不但被誉为"千秋理学正宗"[1]，而且在清代诸儒中，他还是在去世之后被皇帝批准从祀孔庙的第一人。高宗在亲自为他撰写的碑文中，称赞陆陇其"研精圣学，作洙泗之干城；辞辟异端，守程、朱之嫡派"，"蔚为一代之醇儒"[2]。

在野学者如此，当朝儒臣亦然。于康熙一朝，其中最具代表性者有两位，一位是熊赐履，另一位即是李光地。熊赐履著有《学统》一书，在该书中，他把陈亮、王守仁等不赞同朱子之学的学者排斥在儒家学统之外。尤其是对王守仁学说多有批评和指责，他认为王守仁的学术"霸"和"禅"杂之。他说："文成之学术，杂乎禅者也，文成之事功，纯乎霸者也。唯其禅也故霸，唯其霸也故禅，二者一以贯之也。无善无恶，分明祖述告子。百余年来，斯文披靡，世道灰烬，实文成提宗误人之咎。更复何辞！"[3]攻击王学，尤为不遗余力。

熊赐履尽管学识不足以论孟子、论王守仁，但对圣祖的影响却是很大，作为宫中日讲官，能够有更多的机会接触到圣祖。因为，他的目的是要帮助最高统治者重新恢复被明末心学破坏了的"天理人伦"，所以，在经筵日讲的日子里，他不断地"向圣祖讲'读书切要之法'，讲'天理人欲之分'，讲'俯仰上下，只是一理'，讲'本然之性与气质之性'，讲'辟异端，崇正学'，讲朱熹的知行观，斥王守仁的'知行合一'说。总之，既博及致治之理，又广涉用人之道，为年轻的圣祖奠定了坚实的儒学基础"[4]。因此，清人彭绍升曾经说，从"康熙十年，始举经筵之典于保和殿，以公为讲官、知经筵事。……盖自应诏上书，即力言圣学为第一要务。……盖尽心于尧舜孔之道，周、程、张、朱五子之书。其端绪实自公发之"[5]。对熊赐履所著《闲道录》一书，四库馆臣评价道："赐履……力辟王守仁良知之学，以申朱子之说，故名曰'闲道'。盖以杨墨比守仁也。……而动詈象山、姚江为异类，殊少和平之意，则犹东林之余习也。"又说："至谓'学不闻道，虽功弥六

---

① （清）陆陇其：《三鱼堂文集》附录，《崇祀名宦录》。
② （清）吴光酉：《陆清献公年谱》卷首，乾隆三年《御制碑文》，中华书局1993年。
③ （清）熊赐履：《经义斋集》卷九，《答杨同年收学书》，四库全书存目丛书本。
④ 陈祖武：《清初学术思辨录》三，《清初文化政策批判》，第38页。
⑤ （清）钱仪吉辑：《碑传集》卷十一，《东阁大学士吏部尚书熊文端公事状》，清人传记丛刊本。

合，泽及两间，止是私意'，以阴抑姚江之事功，尤为主张太过，转以心性为玄虚矣！"① 此可谓一语中的，道出了熊赐履之所以推尊程朱理学的实质。

李光地在当时朝廷功令所在，士子风气所趋的情况下，作为一个从科场角逐中跻身仕途的知识分子，他是从学习四书开始的。但他在学习"性理之学"②的同时，又"看陆王之书及诸难书"③。尤其是陆九渊、王守仁的著述，曾一度深深地吸引了他，为此，花费了整整五年的功夫④。可见，他的为学宗旨是兼收并蓄的。尽管他在中进士入翰林院后，曾经向圣祖明确表示："臣之学，则仰体皇上之学也，近不敢背于程朱，远不敢违于孔孟。"⑤但在党争中被撤销掌院学士时，圣祖还是当众指斥他为"冒名道学"⑥。后来，更是把他归入廷臣中的王学一派。只是到了再次充任掌院学士后，才发生大的变化。于学术取向方面，李光地一改先前兼收并蓄的特点，转而笃信朱子之学。这一点值得深思。李光地充分发挥理学家的"理"、"气"之辨，张扬朱熹"理先气后"学说。认为"慎独"与"涵养自省"是《中庸》的主要思想，通过"持敬"功夫，能达到"义"存于心的境界。他还认为，自孔子以来，儒家学说都未能真正倡明，只有程颐与朱熹才是"继绝学，承圣统"的圣人，因为程颐、朱熹才真正使儒学得以倡明光大。李光地经过自己的努力，终于以恪守朱子学的面貌出现于朝野，再次博得圣祖的宠信而荣登相位。

由上可见，李光地"尊崇朱学的学术宗尚的确立，并不是建立于踏实而严密的学术基础之上的。相反，以帝王好尚、政治得失为转移依据的投机色彩则十分浓厚。因此，尽管李光地在其晚年竭力表彰朱学，但无非是朱熹学术主张的复述而已，在理论思维上则是苍白无力的。他没有，也不可能对朱

---

① （清）永瑢等：《四库全书总目》卷九十七，《子部》，《儒家类存目》，"闲道录"条，中华书局1981年，第825页。

② （清）李光地著，陈祖武点校：《榕村全书》（第十册），《榕村谱录合考》卷上，"十八岁"条，第119页。

③ （清）李光地著，陈祖武点校：《榕村全书》（第十册），《榕村谱录合考》卷上，"二十五岁"条，第122页。

④ （清）李光地著，陈祖武点校：《榕村全书》（第七册），《榕村续语录》卷十六，《学》，第336页。

⑤ （清）李光地著，陈祖武点校：《榕村全书》（第八册），《榕村全集》卷十，《进读书笔录及论说序记杂文序》，第256页。

⑥ 《康熙起居注》"二十八年五月初七日"条。

熹的学术体系做出任何发展。从历史角度而言，在清初学术史上，李光地的贡献并不在于理学，而是他顺乎潮流，对经学研究的提倡和身体力行。……清初，在王学已成众矢之的，朱学在封建统治者的提倡而高踞庙堂的历史条件下，李光地学术宗尚的转换实在就是当时理学界状况的一个缩影"①。

尽管在清初理学界，王学已是强弩之末，但是此时主持学术坛坫风会者，一度依然是王学大儒。其中较著名的有李颙、孙奇逢、黄宗羲，三人并称为"清初三大儒"。他们分别居于关中、中州和东南三地，在明清易代之际，都抱有高尚的民族气节，不肯低首臣服于清廷。而且，面对"阳儒阴释"的抨击，他们以编纂学术史的努力，积极地去为陆王学术争立正统地位，在学术造诣上亦各具特色。梁启超在其所著《中国近三百年学术史》一书中，说他们"三人皆聚集生徒，开堂讲道，其形式与晚明学者无别。所讲之学，大端皆宗阳明，而各有所修正"②。

第四节　陆王学术著作的刊印

清初，尽管清廷确立朱子学为官方学术，但于文化政策层面上除了几次文字狱外，并没有明令禁止包括陆王学术在内的其他学说的传承与发展，因此，在清初学术界仍有学术大家如孙奇逢、黄宗羲等活跃于学术舞台，坚持陆王学术阵地，不断地修正和发展陆王学术，使得陆王学术在清朝初期，能够继续依自己的内在逻辑向前迈进。陆王学术于清初之所以能够继续向前一步步迈进，还有一个不容忽视的原因，即是陆王学术著作的不断大量刊刻和传布。学术典籍的刊刻布印，其主要目的就是供给学人们用来学习、传播和研究，尤其是当时的书院中，应当说存有大量陆王心学方面的书籍。陆王学术著作的刊刻印行和传播，在整个清初并没有被禁止断绝，反而一度呈现出繁荣景象。

---

① （清）李光地著，陈祖武点校：《榕村语录　榕村续语录》（上），《点校说明》，中华书局1995年，第11页。

② 梁启超著，朱维铮校注：《梁启超论清学二种》，《中国近三百年学术史》（五），《阳明学派及其修正》，第138页。

陆王学术典籍的刊印，在顺治时期即已开始。顺治三年（1646），"王应昌著《王阳明先生传习录论》，有自序"①。顺治四年（1647），"孙奇逢，五月始纂《理学宗传》"②。顺治十八年（1661），"秦云爽著《紫阳大旨》8 卷成书，有自序"③。2007 年 2 月 7 日，于江西省永新县沙市镇上埠村，发现明末清初时期的大思想家贺贻孙后裔保存下来的《王阳明先生全集》，计六本三十八卷，每本为三十二开，由黄草纸印刷。据说像类似保存完好、整套皆由清代印制的目前存世不多。由上可知，从顺治初直至顺治末，陆王学术著作一直是在不断地刊刻印行和传布。可以说明，在清朝初期，在统治思想的学术领域内并没有实行学术思想文化禁锢，包括陆王学术在内的理学是可以任意刊刻印行和研习的。

王应昌，字亮之，号雪园，明末清初河南柘城人，明朝天启四年（1624）中举，曾任河北交河令。他为人正直，能够替他人着想，体恤下属；不畏权贵，能够依法办事；亲率兵卒，剿灭盗匪；革除火耗捐、以钱赎罪等弊政，并重建交河驿站等。同时，他又倡建关帝庙，将生徒聚集在庙中，为他们讲授《春秋》大义。崇祯十六年（1643），考核官吏，王应昌考绩第一，在即将调京补缺之时，因天下大乱失去机会。清朝定鼎北京之后，因其为官清正而被启用，封为御史，巡按浙江。于任内，他惩治贪官污吏、铲除黑恶奸猾；解救贫民，除去摊丁入户之差役，罢去卖官鬻爵之弊政。后来巡按上江，除安徽无为州贪官，并用收缴赃银创建王文成公书院。王应昌生平精研理学，著有《定志论》、《书籍志》和《王阳明先生传习录论》等书。他作为明末遗民，又在清朝担任御史、巡按地方的大员，却在清初一片批判王守仁心学之时，敢于撰写关于陆王心学方面的《王阳明先生传习录论》一书，可见当时的学术氛围并非像某些人所想象的那样严峻。

康熙一朝，圣祖尽管对某些近臣倾向陆王学术持否定态度，但于陆王学术则采取不加禁止的政策，而且圣祖自己也曾经接触和了解陆王心学学说。如浙东大儒邵廷采，于康熙初年，从名儒毛奇龄游，后主讲姚江书院达十七年之久，著有《思复堂文集》二十卷，《姚江书院志略》四卷，及

---

① 余樟华：《王学编年》"世祖顺治三年"条，第 607 页。

② 余樟华：《王学编年》"世祖顺治四年"条，第 608 页。

③ 余樟华：《王学编年》"世祖顺治十八年"条，第 624 页。

《明儒传》、《王门弟子传》、《刘门弟子传》、《和平县重修王文成公祠碑记》等关于陆王心学方面的著述。邵廷采"幼读刘宗周《人谱》，曰：'吾知王氏所学。'始师事矣"①。可以看得出来，康熙时期，孩童接触和学习陆王心学是不加禁止的。总之，由上可见，邵廷采自小便开始接受陆王学术思想教育，为其后来的学术取向奠定了坚实基础，而其主讲姚江书院十七年，并写作大量陆王学术方面的著作而行世，其影响可想而知，邵廷采也因此成为浙东一代名儒。由此，也同样可以折射出康熙一朝于陆王学术传播之态度。

再如，康熙五年（1666），"孙奇逢自序所著《理学宗传》，汤斌、张沐为序。十月，《理学宗传》26 卷刻于内黄"②。康熙十一年（1672），"黄宗羲选编《姚江逸诗》15 卷"③。康熙十二年，"俞嶙编《阳明全集》刻于江西九江匡山书院，其中有俞嶙编《王阳明先生年谱》1 卷"④；"李绂字巨来，号穆堂，江西临川人。著有《朱子晚年全论》8 卷、《陆子学谱》20 卷、《阳明学录》等"⑤。康熙十五年（1676），"黄宗羲著《明儒学案》成书，凡 62 卷"⑥。"王阳明五世孙王贻乐，1680 年（康熙十九年）编《王阳明先生全集》刊行，有序"⑦。"1684 年（康熙二十三年），明史馆拟定《修史条议》，徐元文等主张《明史》仿《宋史》体例，设立《道学传》。王守仁拟入《名卿列传》，王学弟子归入《儒林列传》"⑧。"徐元文 1685 年（康熙二十四年）作《王阳明先生全集序》。马士琼 1685 年作《王阳明先生全集序》"⑨；"张问达编《阳明文抄》20 卷 1689 年（康熙二十八年）刊行"⑩；"邵廷采弟子陶作英 1691 年（康熙三十年）刻《姚江书院志略》于绍兴，并作《刻姚江书院志略书后》"⑪；

① 《二十五史》（第十二册），《清史稿》卷四百八十，《儒林传》卷一，第 1497 页。
② 余樟华：《王学编年》"圣祖康熙五年"条，第 628 页。
③ 余樟华：《王学编年》"圣祖康熙十一年"条，第 638 页。
④ 余樟华：《王学编年》"圣祖康熙十二年"条，第 640 页。
⑤ 余樟华：《王学编年》"圣祖康熙十二年"条，第 641 页。
⑥ 余樟华：《王学编年》"圣祖康熙十五年"条，第 649 页。
⑦ 余樟华：《王学编年》附，《1677 年至 1911 年有关王学的人事》，第 656 页。
⑧ 余樟华：《王学编年》附，《1677 年至 1911 年有关王学的人事》，第 659 页。
⑨ 余樟华：《王学编年》附，《1677 年至 1911 年有关王学的人事》，第 661 页。
⑩ 余樟华：《王学编年》附，《1677 年至 1911 年有关王学的人事》，第 662 页。
⑪ 余樟华：《王学编年》附，《1677 年至 1911 年有关王学的人事》，第 662 页。

"贾醇庵 1692 年（康熙三十一年）刊刻黄宗羲所著《明儒学案》62 卷，有自序。仇兆鳌为黄宗羲作《明儒学案序》"①。

康熙二十三年（1684），明史馆拟定《修史条议》，当时对于《王守仁传》的归属及其学术评价问题展开了激烈争论，徐元文等主张设立《道学传》。但其最终结果是《明史》不设立《道学传》，把《王守仁传》归入大传，而不入《儒林列传》，把王学弟子皆归入《儒林列传》。当然争论的背后隐含了明史馆内存门户之见及其尊崇程朱理学的官方主流思想。而另一方面也表明，能够给王阳明立传且引起了强烈的讨论和争辩，说明了当时朝廷内部及其最高统治者对于王阳明及陆王心学思想并没有绝对禁止，而是不加干涉地任其发展，只不过当时陆王心学学说不再是主流思想，而是处于一种弱势状态而已。

孙奇逢、黄宗羲和李绂皆为当时著名的王学大家；王贻乐为王守仁五世孙；徐元文则曾任《明史》总裁，后升国子监祭酒，充经筵讲官，后任左都御史，文华殿大学士兼翰林院掌院学士；马士琼，字书湖，四川西充人，举人出身，曾先后任直隶南皮县和山东滕县知县，清朝著名学者。他赞誉王守仁是中国历史上罕见的立德、立功、立言的"三不朽"式的伟大人物，且曾经刊刻《王阳明先生全集》一书并写有序言。上述所涉及诸位，既有当时著名学者，还有王守仁后世子孙，亦有为官显赫者，还有中下层官僚，可以说涵括了社会各阶层，具有一定的代表性。

和顺治朝一样，从康熙初至康熙末，陆王学术著作的大量刊刻印行，尤其是关于王学著作的刊刻印行是从未间断过。我们可以想象，随着陆王学术著作的不断刊刻印行，陆王思想学说亦不能不随之而传播开来，被人们了解、学习和探研，只不过是由于受到理学正统派的抵制，而不被众多学人所重视而已。我们从《明史》纂修之时，对于王守仁该入哪一"列传"的激烈争论当中，即可窥见一斑。

除此之外，在一些清人文集及地方志中，亦同样有对陆九渊、王守仁诗文集摘抄收录者。如清顺治《潮州府志》卷十一，《古今文章部·诗部》即载有王守仁《游阴那山》（正德十二年，即 1517 年）一诗，其中有语曰："路入

① 余樟华：《王学编年》附，《1677 年至 1911 年有关王学的人事》，第 662 页。

丛林境，盘旋五指巅。……风幡自不定，予亦坐忘言。"① 当时，王守仁正备兵征讨赣、闽诸地"贼寇"。乾隆《池州府志》和光绪《贵池县志》均载有王守仁《游齐山赋并序》（弘治十五年，即 1502 年）。康熙《九华山志》卷九，载有王守仁《石庵和尚像赞》（弘治十四、十五年，即 1501、1502 年。——引者）。清人褚人获《坚瓠首集》卷一《棋落水》，载有王守仁《象棋诗》（成化十五年，即 1479 年）。《太平府志》卷三十九《艺文五》（康熙十二年刻本，即 1673 年；光绪二十九年重印，即 1903 年。——引者），载有王守仁《清风楼》诗（弘治十五年，即 1502 年），同时还载有王守仁《谪仙楼》诗（正德十五年，即 1520 年）。我们仅从对王守仁诗文的刊载中亦可以清楚地看出这一点。

也正是由于有了清初统治阶级对陆王学术的不加干涉，以及清初一大批学者致力于陆王学术的努力，还有诸多陆王学术著作的不断刊刻布印及传播，使得陆王学术得以不断地向前发展，经过了清中期艰苦的发展历程，到了晚清之时才得以爆发，最终出现了陆王学术的复苏，并再度演进为高潮。其中体现之一，即是到了嘉庆、道光年间，大量的陆王学术著作得以刊刻和流行。如嘉庆三年（1798），刘永宦刊行一部八卷本的《王文成公集要》。嘉庆十九年（1814），湖南巡抚广厚与汤金钊重订刊刻彭定求的《儒门法语》。道光初年，重修《陆象山先生文集》，于同治十年（1871）重刻出版。道光五年，张恢等人修补刻印了清初学者范镐鼎编辑的《广理学备考》，其中收有《王阳明集》、《王心斋集》、《罗近溪集》、《王龙溪集》、《罗念庵集》等著述。道光六年（1826），萧名哲等将其师陶浔霍、柳廷方所整理而成的《王阳明先生全集》刊刻出版。道光十一年（1831），曹溶等人编辑出版的《学海类编》收录有王阳明的《传习则言》、《阳明先生乡约法》和《阳明先生保甲法》，以及王艮的《心斋约言》。道光二十五年（1845），李祖陶所辑《金元明八大家文选》和《明文选》两书，均收录有《王阳明文选》。道光二十九年（1849），山东巡抚徐泽醇重刊《儒门法语》。咸丰八年（1858），胡泉曾刊刻《王阳明先生疏证》和《王阳明先生经说弟子记》两种。也正是有了清初陆王学术著作的不断刊刻印行，再加之晚清社会现实，才使得陆王学术开始在潜移默化中渐渐复苏。

---

① 顺治《潮州府志》卷十一，《古今文章部·诗部》，中国地方志集成本。

第二章　清初陆王心学之修正

明清之际的社会动荡，引起学术界巨大震动，兴起一股经世思潮，批判王学之声一片，陆九渊王守仁心学学说一度成为众矢之的。到了清朝初期，清最高统治者经过反复考量，最终采取了"崇儒重道"的基本国策，尊崇朱熹，把朱子之学确立为官方哲学。这一文化政策的制定，导致了陆王心学思想中理性思维的光辉暗淡。尽管如此，陆王心学并没有成为绝学，在清初统治政策的夹缝之中，在诸陆王后学的不断努力和修正之下，依然按照自己的内在逻辑艰难向前迈进。

第一节　清初的陆王学术

世祖入主北京，标志着一个庞大帝国的建立。顺治一朝，戎马倥偬，于思想文化建设方面并没有时间来得及细细思考，只是采取了一个守成的态度。不过到了康熙一朝，随着清政权的逐步稳固，经济的不断复苏，文化建设和经济、政治建设同样亦被提上议事日程。为了进一步稳固清政权的统治，清初统治者于文化政策方面，较之入关之前有了较大的改变，"作为上层建筑的文化政策，一方面它必然要受所有已形成的经济基础的制约，从而打上鲜明的时代烙印。另一方面各种具体政策的制定，其根本目的首先就在于维护现政权的统治"[①]。

[①] 王戎笙等主编：《清代全史》（第二卷）第七章，"清初的思想文化"，辽宁人民出版社1991年，第427页。

清初，经过反复思考和辩论，清朝统治者最终选定了程朱理学，"崇儒重道"作为封建国家的一项基本文化国策确定下来。不过，在清初理学界，尽管陆王学术思想已是强弩之末，程朱理学成为统治阶级的治国理念，但是，此时主持学术坛坫风会者，一度依然是王学大儒。所以，在清初学术界，出现了程朱理学和陆王心学共存的局面。近代学者萧一山先生曾经这样总结过清初学术之状况，他说："清初之学术，几无一不为明学之反动；故其时之理学家，亦大抵力排明季学风者也。而其实承姚江余绪，为之收拾残局者，尚有孙奇逢、李颙及姚江书院一派，如沈国模、史孝咸、管宗圣、王朝式、韩孔当、邵曾可、邵廷采等。"① 只不过，最终程朱理学成了统治阶级的治国思想并占据统治地位，但陆王心学也没有由此而消沉下去。

清初之所以出现了程朱理学和陆王心学共存的局面，这与世祖和圣祖亦有密切关系。"崇儒重道"是清初之时世祖和圣祖为封建政权所制订的基本文化国策。这一国策是以康熙十七年（1678）的诏举"博学鸿儒"为标志，然后才在全国实行，而这一文化政策的实施，走过了一条将尊孔具体化而趋向尊朱的曲折道路。事实上，圣祖在这一道路的选择和执行过程中，也并非是严格而坚决的，即使是到了康熙十七年的诏举"博学鸿儒"以后也是如此。整体而论，清初陆王心学与程朱理学可以说是并存而向前发展的。

圣祖八岁即位，十四岁亲政。可以说，圣祖是一位尤其刻苦好学又善于思考的封建帝王，再加之当时这一特定的时代大背景，促成了他在政治、经济和思想文化诸方面的过早成熟。圣祖儒学观的形成也是经历了一个长期的复杂过程。早期对圣祖影响最深的是儒臣熊赐履。当时，熊赐履任圣祖的日讲官，而熊赐履"学程朱之道"，可见，圣祖首先接触到的为程朱理学思想，这也为圣祖奠定了坚实的儒学基础，是熊赐履把年轻的圣祖引向了程朱理学。

后来的崔蔚林、李光地也给予圣祖较大的影响。崔蔚林精研诸经，尤潜心于《易》，曾著书论述致知格物说，反对朱王之论，认为义利、毁誉、死生是治学大关。他曾经问学于孙奇逢，孙奇逢是当时朝臣中王学的信奉

① 萧一山：《清代通史》（上卷）第三十三章，"清初之理学"，中华书局 1985 年，第 994 页。

者。他曾经撰述《大学格物诚意辨》讲章一篇进呈圣祖。后于康熙十八年（1679）十月十六日在宫中同圣祖进行了问答论辩。在这次君臣论辩中，崔蔚林依据王守仁的学说，对朱熹学说进行了批驳。对于"格物"，崔蔚林认为"格物"是格"物"之本，是穷吾"心"之"理"也，而朱子则把其解作天下之事物，未免太泛不能确指，于圣学则"不切"。而对于"诚意"，他则认为朱子以"意"为心之所发，有善有恶，这也是不对的，而"意"则为心之"大神明、大主宰"，是"至善无恶"的。崔蔚林面对圣祖能够慷慨陈词，可见崔蔚林于陆王学术之根底。应当说，崔蔚林这种精神是难能可贵的。至于说崔蔚林居乡颇招物议，则又另当别论。可以说，尽管圣祖不赞成陆王心学，但是，在同崔蔚林的辩论过程中并没有占据上风，而且后来崔氏之命运结局归根结底也并非是因为他的王学主张所导致。况且，在最初的论辩中，圣祖也并没有说服崔氏。

继崔蔚林之后，李光地给予圣祖的影响也是较大的。李光地也是有争议却又深得圣祖信任的人物之一。如前所言，李光地为学早年并不是"非程朱不敢言"，而是在读书之时，"则为陆九渊、王守仁的著述所吸引"[1]，曾经用了整整五年的时间来攻读陆王之书。不仅如此，李光地还曾把自己早年所纂辑的《朱子学的》和《文略内外编》二书，分别改名为《尊朱要旨》和《榕村讲授》，并对其内容进行了通盘修订。后来，圣祖把李光地归入廷臣中的王学一派。可见，李光地对于陆王心学还是有所心得的。只是后来，即康熙三十三年（1694），当时任顺天学政的李光地母亲病故，由于他没有坚持疏请离任回乡守丧，因而遭致廷臣的弹劾。即使在这种局面之下，圣祖出面进行了干预，使得这一风波迅速平息下来。从这一点也可以清楚地看到，尽管李光地到了这种境地，也并没有彻底被扫地出门。可见，圣祖并不是以学问和学术来对一个人进行评价、任用或罢黜的。崔蔚林和李光地二人皆是以王学为宗，但二人皆能够立足于朝廷。这说明圣祖从根本上并不反对陆王心学，而圣祖标榜以程朱理学来治国，其最终目的还是"惟当以忠诚为本"，否则是不可以的，可见其并非是以学术好尚为其选择依据的。

---

① 陈祖武：《清儒学术拾零》九，《〈榕村语录〉发微》，湖南人民出版社1999年，第151页。

因此，著名清史研究专家郭松义先生曾经就一针见血地指出："清初统治者对社会凝聚力的选择，并没有把朱熹学说作为一个博大的思想体系去进行系统的研究，相反，却因维护自身统治的狭隘需要而加以曲解。"①此说一语中的，道出了清初统治者选择程朱理学的真正意图和目的。可以说，包括圣祖在内的统治者们，并没有真正的理解什么是程朱理学，同样，他们也并没有真正理解什么是陆王心学。只不过是为了维护自己的统治，而不得不寻求一个"旗帜"或"招牌"而已。可以说，"他们抹杀了理学的哲学思辨，将其归结为僵死的封建伦理道德学说。同时，把经朱熹阐发的丰富思想，也仅仅视为约束人们行为的封建道德教条"②。

综上所述，圣祖十分清楚学术思想文化对于政权统治的重要作用和价值，因此，在这种情形之下，他最终选择了程朱理学作为其统治思想，也"正是这种文化上的短视，导致清初统治者否定了王守仁思想中的理性思维光辉"③。而在这一政策选择的过程当中，圣祖不仅了解到程朱理学，而且还接触到陆王心学，可以说，二者对于圣祖而言并没有什么特别的偏爱可言，只不过是把它们当成了自己的统治法术而已。由此，也使得陆王心学不仅在当时的社会下层当中，即使是在当时的社会上层，甚至宫廷内部，陆王心学还是据有一席之地的。

总之，清初学者们为了追究亡明之责，几乎众口一词地谴责王学末流空谈误国，对陆王心学进行了不遗余力地批判和清算。随即，王守仁学说成为众矢之的，抨击王学、推尊朱子，逐渐形成为一种风气。在这一情势之下，诸多学者便重新强调"道问学"的重要性。诚然，也有这样一些学者，他们在强调"道问学"的同时，也强调"尊德性"，意识到了程朱理学和陆王心学二者不可偏废，企图对其进行修正，使二者有机地结合在一起，共同担负起治理国家和巩固政权的责任。

如清初著名学者施闰章（1619—1683），江南宁国宣城人，字尚白，一字屺云，号愚山，晚号矩斋。施闰章作为与王学有着深厚渊源的学者，肯定王学的价值在于事功与实行，而不取王守仁玄虚的形而上学。于学术思想

---

① 郭松义等主编：《清代全史》（第三卷）第九章，"康熙中叶以后的学术文化"，第408页。
② 郭松义等主编：《清代全史》（第三卷）第九章，"康熙中叶以后的学术文化"，第408页。
③ 郭松义等主编：《清代全史》（第三卷）第九章，"康熙中叶以后的学术文化"，第408页。

上，他不仅充分肯定王守仁的"良知"之学，而且认为道德修养必须建立在广博的学识之上，他说："不尊德性，所学何事。不道问学，德性安在？"①他认为程朱理学和陆王心学都是道学的一支，二者不可偏废。可以说，在其评论中并没有表现出当时盛行的门户之见。

施闰章曾经对孙钟元（即孙奇逢。——引者）说："致良知语本孔孟，姚江从万死一生中体验得来。学者循声失实，空说本体，咎在不致其知，非良知之罪也。杨□□曰：'识得本体，不用功夫。'语亦有病。姚江之说曰：'所恶于上是良知，毋以施于下是致知，何等知行合一。'但单提此说便觉一切记诵学问可废，未免偏枯，此是朱陆之辨。"此后，得出结论，曰："其实尊德性未有不道问学者。"②他指出阳明之学与后来的王学末流是有一定区别的，于此，可以看出他不赞成空说本体，也不同意一切记诵之学可废。他还曾说："今后学或侈言性语，全薄躬行，遂有打七坐禅之说。"③这又说明了施闰章不属于王学中的狂禅，实际上他是主张躬行实践。事实上，施闰章这一观点本与陆九渊、王守仁思想学说是一致的。总之，可以说施闰章之言无疑是公允的。如果真的要说他倾向于王学，这也应当是王学在清初的面貌之体现。

黄宗羲亦同样认为王守仁的"致良知"说与朱熹的"格物致知"说，足以"并垂天壤"④。黄宗羲针对明末空疏学风，特别强调读书穷经的重要性，他说："今之言心学者，则无事乎读书穷理；言理学者，……封己守残，摘索不出一卷之内。"⑤还说："读书不多，无以证斯理之变化；多而不求之于心，则为俗学。"⑥所以，他严格要求门人弟子要多读经史之书。也就是说，黄宗羲认为"尊德性"和"道问学"二者"各有千秋"，不可偏废。同样，私淑黄宗羲的全祖望也曾语："朱子之学出于龟山，其教人以穷理为始事，

---

① （清）施闰章：《施愚山集·愚山文集》卷二十五，《朱陆异同论》，文渊阁四库全书本，台湾商务印书馆 1983 年，第 304 页。

② （清）施闰章：《施愚山集·愚山文集》卷二十七，《复孙钟元书》，第 337 页。

③ （清）施闰章：《施愚山集·愚山文集》卷二十八，《复王便朴》，第 347 页。

④ （清）黄宗羲：《南雷文定》前集卷一，《留别海昌同学序》，丛书集成初编本，第 16 页。

⑤ （清）黄宗羲：《南雷文定》后集卷一，《先师蕺山先生文集序》，第 3 页。

⑥ （清）全祖望撰，朱铸禹汇校集注：《全祖望集汇校集注·鲒埼亭集外编》卷十一，《梨洲先生神道碑文》，第 219 页。

积集义理，久当自然有得，至其以所闻所知，必能见诸实行，乃不为玩物丧志，是即陆子践履之说也。陆子之学近于上蔡，其教人以发明本心为始事，此心有主，然后可以应天地万物之变，至其戒束书不观，游谈无根，是即朱子讲明之说也。斯盖其从入之途，各有所重，至于圣学之全，则未尝得其一而遗其一也。"[1] 全祖望同样也看出了这一点。

李颙的得意门生王心敬（1656—1738），字尔缉，号澧川，诸生，鄠县（今西安鄠邑区）人。王心敬主张调和程朱、陆王学术，认为二者只是路径不一，但最终皆可到达圣学境域，他说："伊川、紫阳道问学之意重，象山、阳明尊德性之旨多，高明、沉潜不同，故从入异途，要其望道而归，视心为主，则一也。"[2] 还有浙江"三毛"之一的毛先舒。毛先舒（1620—1688），原名骙，字驰黄，后改名先舒，字稚黄，仁和（今浙江杭州）人，明末诸生。入清，与毛奇龄、毛际可齐名，时人称"浙中三毛，文中三豪"。尽管他是著名王学家刘宗周的弟子，也研究过"性命"之学，但他并没有沿着老师的思路向前走去，而是转变方向，对王学现成"良知说"进行了深入探讨和大肆吹捧，他认为："人生适意，书不必求甚解。多观佛书，少溺文字。"[3] 总之，由上述诸学人思想倾向可以清楚地知道：在清初，无论是宗主程朱理学者还是宗主陆王心学者，皆十分注重对"尊德性"和"道问学"等思想范畴的深入探求，他们对"尊德性"和"道问学"范畴的理解和探讨，正是蕴含了他们维护王学传统的深层次意义。

"心"与"理"之辨亦是清初学者重要的话题。朱熹曾说："性即理也，在心唤做性，在事唤做理。"[4] 认为"理"是"心"外之物，"理"要靠"心"去体验、去认识，二者之间既相互联系又相区别。而陆九渊则认为："盖心，一心也；理，一理也。至当归一，精义无二，此心此理，实不容有二。故夫子曰：'吾道一以贯之。'孟子曰：'夫道一而已矣。'"[5] 明显看出，陆九渊

---

① （清）全祖望撰，朱铸禹汇校集注：《全祖望集汇校集注·鲒埼亭集外编》卷十四，《淳熙四先生祠堂碑文》，第1003页。

② （清）钱仪吉辑：《碑传集》卷一百二十九，《王徵君先生心敬传》，清人传记丛刊本。

③ （清）毛先舒：《巽书》卷六，《与孙无言书》，清代诗文集汇编本（第72册），上海古籍出版社2011年。

④ （宋）朱熹撰，黎靖德编，王星贤点校：《朱子语类》（第1册）卷五，中华书局1986年，第82页。

⑤ （宋）陆九渊著，钟哲点校：《陆九渊集》卷一，《书·与曾宅之》，第4—5页。

的观点则为"心即理"。清初张烈（约 1623—约 1686），字武承，顺天大兴（今北京大兴）人，累官左春坊左赞善。张烈批评陆九渊、王守仁把"心"与"理"混为一谈，他说："事事物物，皆有定理，所谓有物必有则也。如阳明说，宜云有心有则。……天下无心外之事，故求诸事，正所以尽此心；无心外之理，故求诸理，正所以尽此心。今直求诸心，而欲事理之无不尽，虽大贤不能也。……理义悦我心，犹刍豢悦我口。若曰心即理，是口即刍豢也，目即色也，耳即声也。"① 否定了王守仁"心即理"的说法。随即引起尊朱论者与崇王论者之间的争论。

同样，清初诸学者们对于长久以来的"天理"和"人欲"之辨也是十分关注。陈确（1604—1677），字乾初，初名道永，字非玄，浙西海宁人，曾受业于蕺山先生刘宗周。据史料记载："其学无所倚傍，无所瞻顾，……多惊世骇俗之论。"② 陈确对于"天理"、"人欲"之辨，有着自己的独到之处。他曾指责周敦颐，说："周子无欲之教，不禅而禅，吾儒只言寡欲耳。圣人之心无异常人之心，常人之所欲，亦即圣人之所欲也。"同时，又说："确尝谓人心本无天理，天理正从人欲中见，人欲恰好处，即天理也。向无人欲，则亦并无天理之可言矣。"③ 这在当时确实是惊世骇俗之论。他还曾说："饮食男女，皆义理所从出，功名富贵即道德之攸归。……人心本无天理，天理正从人欲中见。"④ 对于理学家的"天理"、"人欲"不可并存说，陈确是持反对态度的，以为"人欲"的存在不仅是客观的事实，而且具有其必然性和合理性，是人人所固有的生理属性，普遍存在于包括圣人在内的每一个人的身上。因此，他强调"天理"只能从"人欲"中见，"人欲"恰到好处，则即是"天理"。针对这一观点，遭到固守朱子学说的张履祥的强烈指责与批驳，说他是"一种傲然自为是"，"于王氏之书，读之熟而信之深"⑤，深陷其中而不能自拔。

黄宗羲也对"天理"与"人欲"进行了深入的思考和探讨，在与陈确

① （清）张烈：《王学质疑》卷一，《心即理也》，中华书局 1985 年，第 1 页。
② （清）陈确：《陈确集》卷首，《陈乾初先生墓志铭》（丁巳初稿），第 3 页。
③ （清）陈确：《陈确集·别集》卷五，《无欲作圣辨》，第 461 页。
④ （清）陈确：《陈确集·别集》卷五，《无欲作圣辨》，第 461 页。
⑤ （清）张履祥著，陈祖武点校：《杨园先生全集》卷二，《答陈乾初书一》，第 29 页。

的讨论中，认为："老兄此言，从先师道心即人心之本心，义理之性即气质之本性，离气质无所谓性而来。然以之言气质，言人心则可；以之言人欲则不可。气质人心是浑然流行之体，公共之物也。人欲是落在方所，一人之私也。天理人欲正是相反，此盈则彼绌，彼盈则此绌，故寡之又寡，至于无欲，而后纯乎天理。若人心气质恶可言寡欲耶？枨也欲，焉得刚，子言之谓何？无欲故静。……必从人欲恰好处求天理，则终身扰扰，不出世情，所见为天理者，恐是人欲之改头换面耳。"[①] 他发表了自己对"天理"和"人欲"的看法。

注重"自我"、崇尚"心力"，也是清初陆王心学最为显著的特征之一。在清初诸学者中最肯定"自我"的学者应当说是廖燕。廖燕（1644—1705），初名燕生，字柴舟，韶州曲江（今广东韶关）人，清初具有异端色彩的思想家、文学家。因其为一介布衣，既无显赫身世，又乏贤达奥援，所以生前死后，均少人知晓。他曾语："我生天地始生，我死天地亦死。我未生以前不见有天地，虽谓之至此始生可也。我既死以后亦不见有天地，虽谓之至此亦死可也。非但然也，亦且有我而后有天地，无我而亦无天地心。"[②] "廖燕这种对'自我'形象的描绘与充分的肯定，正是王学强调人的主体精神在清初学术领域的投影。"[③]

除上述几种思想范畴外，清初诸学者围绕着"居敬穷理"、"道统论"、"躬行实践"等诸多基本思想范畴也进行了激烈地论争。可以说，整个清初的程朱、陆王之争，宗程朱者占据着优势，而宗陆王者衰退趋势日益明显。无论是毛奇龄与张烈关于王学之论争，还是汤斌与陆陇其就学术论辩的讨论，以至于后来的彭定求极力为王学回护，皆是在坚持学术发展理路，挽救日益衰微的陆王心学学说。

汤斌与陆陇其的论争发生在康熙二十二年（1683）。在京城期间，二人或会面或书札往来，相互间切磋和探讨学问不断。陆陇其认为："阳明之学

① （清）黄宗羲著，沈善洪主编：《黄宗羲全集》（第十册），《南雷诗文集》上，《与陈乾初论学书》，第 153 页。
② （清）廖燕：《二十七松堂集》卷三，《三才说》，清代诗文集汇编本（第 164 册），上海古籍出版社 2010 年。
③ 陈居渊：《清代的王学》，《学术月刊》1994 年第 5 期。

不息，则朱子之学不尊。"① 其立场鲜明地站在朱子一边。汤斌则回复曰："来谕云：'阳明尝比朱子于洪水猛兽，是诋毁先儒，莫阳明若也，今亦黜。'夫毁先儒者耳，庸何伤？窃谓阳明之诋朱子也，阳明之大罪过也，于朱子何损？今人功业文章，未能望阳明之万一，而止效法其罪过，如两口角骂，何益之有？恐朱子亦不乐有此报复矣！故仆之不敢诋斥阳明者，非笃信阳明之学也，非博长厚之誉也，以为欲明程朱之道者当心程朱之心，学程朱之学。穷理必极其精，居敬必极其至，喜怒哀乐，必求中节；视听言动，必求合礼；子臣弟友，必求尽分。久之人心咸孚，声应自众。即笃信阳明者，亦晓然知圣学之有真也，而翻然从之。若曰能谩骂者即程朱之徒，则毁弃坊隅，节行亏丧者，但能鼓其狂舌，皆将俎洙泗之堂矣，非仆之所敢信也。"② 汤斌认为当年孟子辟杨朱、墨翟之时，"并未同今人一味用大话压人，而是深究'知言、养气、性善、尽心之学，为能发明圣人之蕴也'，而最终达到'辟杨、墨'的目的，委婉地批评'尊朱黜王'者有违'亚圣'用意，不知'自重'"。"对于程朱与陆王之间的异同，他不主张用'论辩'的方式加以解决，'如两口角骂，何益之有？'况且还有'诋毁先儒'的不恭；与其争辩不休，倒不如在学程朱之学上下一些真功夫，给尊阳明学者做出榜样，使其'晓然知圣学之有真也'。"③ 汤斌不仅为宗陆王者鼓足了气，而且也为宗陆王者指明了前进的方向。对于此，邵廷采在致毛奇龄的书信中对其称赞有加，曰："向见潜庵先生（即汤斌。——引者）答陆稼翁（即陆陇其。——引者）札，与吾师（即黄宗羲。——引者）有同契也。"④ 又曰："本朝大儒如孙徵君（即孙奇逢。——引者）、汤潜庵，皆勤勤阳明。"⑤

彭定求曾师事汤斌，于陆王心学有较深的渊源，尤其是其归家后斋居，系统学习并接受了陆王心学思想，据史料记载："读阳明《传习录》，自谓'警发倍昔时信好'。愈笃矣。"⑥ 他把陆王之学视为孔孟正脉，说："若象山陆子鹅湖

① （清）陆陇其：《三鱼堂文集》卷五，《学术辨》，清同治七年（1868）刊本。
② （清）汤斌：《汤斌集》上册，《答陆稼书书》，中州古籍出版社 2003 年，第 190 页。
③ 史革新：《清代以来的学术与思想论集》，《明末清初陆王心学变化趋向探究》，社会科学文献出版社 2011 年，第 56—57 页。
④ （清）邵廷采著，祝鸿杰点校：《思复堂文集》卷七，《候毛西河先生书》，第 305 页。
⑤ （清）邵廷采著，祝鸿杰点校：《思复堂文集》卷七，《候毛西河先生书》，第 308 页。
⑥ （清）钱仪吉辑：《碑传集》卷四十四，《彭公定求行状》，清人传记丛刊本。

之会，讲君子喻义，小人喻利章，淋漓痛快，闻者为之流涕。阳明王子著拔本塞源论，直接孟子正人心之义，未尝不深切著明。"①有一点，彭定求尊崇陆王心学，但却并不完全排斥程朱之学，他曾这样讲道："程朱之言居敬也，穷理也，未尝不知行一贯，博约同归，动静互摄也。相沿相习于帖括训诂之徒，支分节解，脉络壅阏，浸失程朱之本意。至于姚江喟然为拔本塞源之论，揭致良知以为宗，孜孜教人扫荡人欲，扩充天理，则本体工夫包罗统扩直接简易。始知程朱所谓居敬穷理者，初非区为之途，繁为之迹。正使程朱复生，必当引为同心之助。"②当此时，正值"尊朱黜王"思潮流行，陆陇其著《学术辨》一书，在社会上风靡一时。于是，彭定求撰作《姚江释毁录》一书，针对陆陇其"黜王"之观点，进行反驳和责难，极力回护陆王心学。他认为："自《三鱼堂集》出，而奉为枕秘者，益复恣簧鼓，逞戈矛，若非排击文成不为功者。然文成之绪言几绝，而朱子之学卒未有明也，是尝侍御初志哉！呜呼，良知丧而害之中于世道人心者深矣。"③他指出，如果过于偏激的辟驳王学，所造成的直接后果就是既毁坏了王学，同时亦败坏了朱学，对哪派学术都没有任何的好处。总之，"在清初的程朱、陆王争论过程中，彭定求的言论在宗陆王士人中是比较激烈的。他不仅正面为王阳明辩护，而且对在学界风头正劲的陆陇其等理学正统派点名叫阵，据理反驳，不可谓不大胆"④。他一语中的，可谓有其道理，值得深思。

　　综上所述，可以清楚地发现陆王心学在清代初期学术层面上的诸多体现，可以使我们了解到清初学术思想发展的横断面上所能见到的纵向历史发展所遗留下来的陆王心学之痕迹。通过诸多体现，我们还可以清楚地了解到陆王心学在清初之时并没有销声匿迹成为绝学，而是在诸多信奉陆王学术的学者们的大力倡导、推行和修正之下，依然以自己的内在发展逻辑向前发展着。"然而，由于明末兴起的反思、批评王学思潮的影响，以及入清出现的崇朱黜王思想趋势，使得王学的颓势显露，以至一些研究者用'余波'、'残局'这样的词汇来描述清初王学的处境。"⑤

---

① （清）彭定求：《南畇文稿》卷三，《与林云翥书》，康熙年间刻本。
② （清）彭定求：《南畇文稿》卷七，《汤潜庵先生文集节要序》。
③ （清）彭定求：《姚江释毁录》卷二，清光绪六年（1880）刻本。
④ 史革新：《清代以来的学术与思想论集》，《明末清初陆王心学变化趋向探究》，第61页。
⑤ 史革新：《清代以来的学术与思想论集》，《明末清初陆王心学变化趋向探究》，第42页。

第二节　北学重镇孙奇逢

孙奇逢为明末清初理学大家，晚年讲学于河南辉县夏峰村，对清初程朱理学和陆王心学两派持调和态度，努力融诸儒学说于一炉，提出"以慎独为宗，体认天理为要，日用伦常为实际"[①]的一整套学习内容和方法，同时，尤其是注重践履，反对清谈。他一生培养了诸多弟子，河南辉县夏峰村亦成为当时著名的学术胜地之一，被人目为"北学重镇"。

一　孙奇逢生平学行

孙奇逢（1584—1675）字启泰，号钟元，晚号岁寒老人，直隶保定容城人，享年92岁。又因其晚年徙居河南辉县夏峰村讲学授徒，学者习称"夏峰先生"。孙奇逢幼年时家境比较贫困。其祖父曾举乡贡，官沭阳（今属江苏宿迁）令，后至河东盐运司运判，父亲为诸生，所以，他还可以在父祖的教育下与兄弟们相互砥砺，一起读书学习。这种环境，也培养了他的坚强意志，他就曾经说："饥饿穷愁困不倒，声色货利浸不倒，死生患难考不倒。"[②]在他眼中，贫、病、忧愁等皆是不可避免的，但读书人正好可以在这种苦难中磨炼自己，锻炼自己的意志，所以说克服困难本身便是一门大学问。所以他认为，君子是永远不会被困难所吓倒，应当能够忍辱负重，努力战胜一切，应该"能处人所不能处之事，能忍人所不能忍之辱，能堪人所不能堪之忧"[③]。实际上，孙奇逢也正是这样一位正人君子。

早在明朝末年，孙奇逢就已经以"节侠"而闻名乡里。据史料记载，十四岁时，他曾拜一位名叫杨补庭的先生为师。当时，先生杨朴庭曾经问他这样一个问题：如果当一个人被围困在城中，外无救援，内无粮草，应该做

---

① （清）孙奇逢著，朱茂汉点校：《夏峰先生集》卷四，《理学宗传序》，中华书局2004年，第136页。
② （清）孙奇逢：《孙征君日谱录存》卷三十三，续修四库全书本。
③ （清）孙奇逢著，朱茂汉点校：《夏峰先生集》卷十三，《语录》，第560页。

何打算？孙奇逢毫不迟疑地回答道："效死勿去。"[1]因此，他赢得了先生的赏识和器重。能够使孙奇逢受到当时士大夫特殊尊重的，还是他的不避危难，竭力营救东林党人左光斗、魏大中等人的动人义举。明朝天启年间，宦官魏忠贤把持朝政，荼毒正人，无恶不作，东林党人左光斗、魏大中等同其斗争，于天启五年（1625）遭逮捕，被押送至京师。当时，魏氏阉党势力正"虐焰方张"，即使与东林党素有往来交好之人，也都是键户遁迹，左躲右闪，无人敢过问此事。但孙奇逢却"不独破家不恤，亦且身命不顾"，奋不顾身，与其好友鹿善继等人倾身营救，义声动天下，轰动朝廷内外。[2]

崇祯九年（1636），清兵大举进攻，入关抢掠，畿辅一带的城镇先后被攻陷，随即逼近孙奇逢家乡容城。于是，孙奇逢与兄弟率领宗族乡党入城保卫家乡。在其影响之下，邻邑亲友相告奔集，依奇逢者达数十百家，形成一股不小的抗清力量。后来，他又调解官绅，劝人捐输，同舟共济，以保身家。最终，清兵久攻不下，弃城而去，众人得以幸免于难。其后，形势每况愈下，天下更加多事，人无安枕，孙奇逢便率领子弟门人进入易州五公山避乱，由于其威望远播，远近闻风来依者甚众，于是，他便立"山居约"以相规束。与此同时，孙奇逢一边率领大家整饬武备，加紧备战，为守御之策；而另一边则又从容不迫讲学于山中，每日带领弟子们诵读诗书，勤学不辍。

清朝建立之后，孙奇逢仍家居讲学。但后来清廷实施圈占土地之策，畿辅周边大量田产，被无偿圈占赏给东来旗员作为采地，孙奇逢家乡的田园庐墓也被占去。为了生计，孙奇逢不得不举家南迁，最后，在河南辉县的夏峰村安顿下来。这里原是北宋著名理学家邵雍曾经生活和讲学过的地方，水部郎马光裕遂赠孙奇逢以田庐，以供生计，此后，孙奇逢便在此躬耕讲学，终老一生。

由于孙奇逢的高操品行闻名遐迩，所以在明、清两代计有十数次受人荐举，并屡蒙诏书特征，而他却始终坚辞不就，一生躬耕田亩，从事讲学和著述，并写下了大量的著作。孙奇逢一生以理学家自处，在其讲学和著述中阐述自己的思想学说，表明自己的学术观点。他先后在京师讲学五六年；徙居河南辉县夏峰村后，辟"兼山堂"，读《易》其中，并带领弟子们躬耕自给。

---

[1]　（清）汤斌：《清孙夏峰先生奇逢年谱》卷上，"十四岁"条，台湾商务印书馆1982年，第2页。

[2]　（清）汤斌：《清孙夏峰先生奇逢年谱》卷上，"四十二岁"条，第11页。

当时，四方来拜求学者，凡是愿意留下来的，皆分给一份田地，让他们一边劳动一边学习，所以，夏峰村随着来投者的增多日见兴隆，成为当时的学术圣地。孙奇逢在夏峰讲学长达二十五年之久，门人弟子众多。可以说，孙奇逢在清初诸儒中是人们最受敬重的学者之一，而他"晚年加以学养，越发形成他的人格之尊严，所以感化力极大，屹然成为北学重镇"[1]。一时间，北方学者大都出于他的门下，且有位高权重者，孙奇逢遂成了当时一位颇有影响的儒学宗师。其一生著述颇丰，主要有：《理学宗传》、《四书近指》、《读易大旨》、《书经近指》、《圣学录》、《北学编》、《洛学编》等。

二　孙奇逢学术取向

孙奇逢的前半生处在明朝末年，他不仅同明末阉宦进行过生死斗争，而且还组织义勇坚持抗击清兵。明朝灭亡后，被迫离开家乡河北容城，举家南迁至河南辉县苏门山，多次拒绝清廷的征召，在苏门山夏峰村课徒授业，著书立说，致力于学术。明清更迭的沉重打击，使他深深地意识到这一切都是由于明末王学的空谈造成的，但是，历史的局限性又使他无法寻找到一种新的、先进的思想依据，于是，他便沿着他所服膺的东林学派"以朱补王"之旧辙，走向合会朱、王学术的道路。

孙奇逢曾著《道一录》一书，"以证道之一"[2]。他认为："朱、王入门，原有不同，及其归也，总不外知之明、处之当而已。"[3] 他曾经说："文成之良知，紫阳之格物，原非有异。"[4]"两贤之大旨固未尝不合也。"[5] 他还说："陆、王乃紫阳之益友忠臣，有相成而无相悖。"[6] 由此可见，程朱理学和陆王心学两派之学，实际上是同源而异流，殊途而同归。所以，孙奇逢极力合朱、王

---

① 梁启超著，朱维铮校注：《梁启超论清学二种》，《中国近三百年学术史》（五），《阳明学派及其修正》，第141页。
② （清）孙奇逢著，朱茂汉点校：《夏峰先生集》卷四，《道一录序》，第137页。
③ （清）孙奇逢著，朱茂汉点校：《夏峰先生集》卷二，《答常二河》，第71页。
④ （清）孙奇逢：《四书近指》卷一，《大学之道章》，转引自陈祖武《清儒学术拾零》一，《蕺山南学与夏峰北学》，第5页。
⑤ （清）孙奇逢著，朱茂汉点校：《夏峰先生集》卷二，《复魏莲陆》，第70页。
⑥ （清）孙奇逢著，朱茂汉点校：《夏峰先生集》卷二，《与魏莲陆》，第69页。

于一堂。因此，他曾大力倡言，曰："我辈今日要真实为紫阳，为阳明，非求之紫阳、阳明也。各从自心、自性上打起全副精神，随各人之时势身份，做得满足无遗憾，方无愧紫阳与阳明。"①

孙奇逢历时三十年，三易其稿，著成《理学宗传》一书，凡二十六卷。他在是书《自叙》中说："此编已三易，坐卧其中，出入与偕者，逾三十年矣。……初订于渥城，自董江都而后五十余人，以世次为叙。后至苏门，益二十余人。后高子（即高鐈。——引者）携之会稽，倪（即倪元瓒。——引者）、余（即余增远。——引者）二君复增所未备者，今亦十五年矣。"②其门人汤斌也在此书序中称："八十年中躬行心得，悉见于此。"③张沐于序中也说："盖八十年中，下学上达，有不可以告诸人，人亦终不得而知者，悉著诸此。"④可见，孙奇逢于是书倾注了大量的心血。

《理学宗传》一书以北宋五子（即周敦颐、程颢、程颐、张载、邵雍。——引者），南宋的朱熹、陆九渊，明代薛瑄、王守仁、罗洪先、顾宪成等理学大师共十一人为宗主；辅以汉、唐、宋、明诸儒考，共计一百四十六人。另外辟有"补遗"，共载宋、明儒者六人。孙奇逢通过对宋明（实际上，其中也包括汉、唐诸儒，但该书是以宋、明诸儒为主）理学史的梳理、归纳和总结，试图寻找出儒学发展的新途径。他利用《周易》中"元、亨、利、贞"的循环轨迹，来归纳总结数百年间的理学发展史。孙奇逢于卷首《自叙》中这样讲道："近古之统，元其周子，亨其程、张，利其朱子，孰为今日之贞乎？"他随即回答道："盖仲尼殁，至是且二千年，由濂洛而来，且五百有余岁矣，则姚江岂非紫阳之贞乎！"其后他断言："接周子之统者，非姚江其谁与归？"⑤可见，孙奇逢从儒学道统观出发，为王守仁学术争正统，肯定王守仁是继朱熹之后的道统传人。

孙奇逢治学"原本象山、阳明，以慎独为宗，以体认天理为要，以日用伦常为实际"⑥。早年信奉王守仁的心学，他曾经这样说："阳明是说心之体，

---

① （清）孙奇逢著，朱茂汉点校：《夏峰先生集》卷二，《与魏莲陆》，第69页。
② （清）孙奇逢著，朱茂汉点校：《夏峰先生集》卷四，《理学宗传序》，第136页。
③ （清）孙奇逢：《理学宗传》卷首，"序"，山东友谊书社1989年。
④ （清）孙奇逢：《理学宗传》卷首，"序"。
⑤ （清）孙奇逢著，朱茂汉点校：《夏峰先生集》卷四，《理学宗传序》，第136页。
⑥ 清国史馆编，王钟翰点校：《清史列传》卷四百八十，《孙奇逢》，中华书局标点本。

非说性之本。继善成性，性自是善。心有人心、道心，人心危而道心微，可谓皆善乎！此只在阳明自信得及，我辈何为置辩邪？"①他认为"心"和"性"其实是一体的，天命之"性"，只在人们心中，"性"本来就是善的，"心"则没有善恶之分。这正是王守仁的心性一元论。

但是，孙奇逢对王门后学则颇多微词，他曾指出："慈湖正以传象山，龙溪正以传阳明，而无声无臭，无善无恶，夫岂谬于师说？而虚无之教，食色之性，又未尝不借口焉。堂邑所谓传象山者失象山，传阳明者失阳明。甚矣，言之不可不慎也。"②尤其是对王门后学引佛入儒的做法更是十分反感，比如，他批评王守仁的大弟子王畿等人"亦佛亦仙"，指出："更有以理为入门之障而以顿悟为得道之捷者，儒释未清，学术日晦，究不知何所底极也。"③因此，孙奇逢著《理学宗传》一书，于卷末特辟"补遗"一类，将杨简、王畿等皆归入此。他在是书《义例》中这样说："补遗诸子皆贤，乌忍外？尝思墨子固当世之贤大夫也，曾推与孔子并，何尝无父？盖为著《兼爱》一篇，其流弊必至于无父，故孟子昌言辟之。愚敢于补遗诸公效此忠告。"④

从学术取向上来看，王守仁心学是孙奇逢的学术根本。孙奇逢的父亲曾经受学于王守仁弟子邹守益，父亲对儿子的影响是可想而知的。同时，他的好友鹿善继也专门服膺王守仁之学，所以，孙奇逢的学问当得力于王守仁之学者为最为深。于此，我们似乎明白了当年孙奇逢多次应试而不第的深层原因了。诚然，明朝提倡程朱学说，孙奇逢最早也当接触到了程朱之学，但对王守仁心学也很有好感。他曾经这样讲道："某幼而读书，谨守程、朱之训，然于陆、王亦甚喜之。"可见，孙奇逢虽以王学为本，实又兼采了程朱之学。他曾对弟子崔蔚林说："子既有嗜于阳明，要得阳明与程、朱相剂为用之意，而非有抵牾也，得其相剂之意，则《宗传》中诸儒无一而不供吾之用。五味调而成羹，八音谐而成乐，四时备而成岁。智廉勇艺文之以礼乐而始为成人，故川流敦化，识大识小，莫不有文武之道

---

① （清）孙奇逢著，朱茂汉点校：《夏峰先生集》卷二，《与魏莲陆》，第69页。

② （清）孙奇逢：《夏峰先生集补遗》卷上，《答问》，清道光二十五年（1845）大梁书院刻本。

③ （清）孙奇逢著，朱茂汉点校：《夏峰先生集》卷四，《理学宗传》，第136页。

④ （清）孙奇逢：《理学宗传》卷首，"义例"。

焉。"[1] 他意识到学术不能只讲一家之言，即只讲陆王心学是不全面的，也是不可以的，同时，还要吸收程朱之学之精华，使二者"相剂为用"，才真正能够悟到圣道之精髓。可以看出，孙奇逢的学术思想之倾向是调和程朱、陆王的。

明末清初，王守仁的姚江之学也在发生变化，或出于王而非王，或出于王而转向朱，当此转变之际，孙奇逢"不欲判程朱、陆王为二途"[2]，无异同门户之见，而是对于程朱、陆王各道其长而不讳其短。孙奇逢不仅切于实际，躬行实践，不像晚明人那样空谈心性，而且对于朱、王两派也不是模棱两可地调停。他相信王守仁所谓"朱子晚年定论"说，这虽使得孙奇逢走向了以朱注王，其说亦固非朱非王，但他毕竟认为陆王与程朱之间无大异同可争，而喋喋不休的争论亦无谓，应该说，这是孙奇逢的独到之处。

孙奇逢著成《理学宗传》后，曾将书寄送黄宗羲。据黄炳垕辑《遗献梨洲公年谱》卷下康熙十二年（1673）六十四岁条记："太夫人八十寿辰，孙征君夏峰先生（原注：奇逢，时年九十矣）寄到《理学宗传》一部，并寿诗一章。"[3] 这就是说，至迟于康熙十二年，《理学宗传》已传至浙东。又据黄宗羲著《明儒学案》卷五十七《孙夏峰学案》记："所著大者有《理学宗传》，特表周元公（即周敦颐。——引者）、程纯公（即程颢。——引者）、程正公（即程颐。——引者）、张明公（即张载。——引者）、邵康节（即邵雍。——引者）、朱文公（即朱熹。——引者）、陆文安（即陆九渊。——引者）、薛文清（即薛瑄。——引者）、王文成（即王守仁。——引者）、罗文恭（即罗洪先。——引者）、顾端文（即顾宪成。——引者）十一子为宗，以嗣孟子之后，诸儒别为考以次之。可谓别出手眼者矣。岁癸丑，作诗寄羲，勉以蕺山薪传，读而愧之。时年九十矣，又二年卒。"[4] 该书于案主小传后，且辑有《岁寒集》中论学语录计十八条。可见，此时不唯《理学宗传》刊本南传，而且孙夏峰诗文集亦已为黄梨洲读得。可谓二人北南遥相呼应，

---

① （清）汤斌：《清孙夏峰先生奇逢年谱》卷下，"八十四岁"条，第37页。

② 徐世昌著，陈祖武点校：《清儒学案》卷一，《夏峰学案》，河北人民出版社2008年，第2页。

③ （清）黄炳垕著，王政尧校：《黄宗羲年谱》卷下，"六十四岁"条，中华书局1993年，第38页。

④ （清）黄宗羲著，沈芝盈点校：《明儒学案》卷五十七，《诸儒学案下五》，第1371—1372页。

唱为同调。也正是在这时期，黄宗羲结撰《明儒学案》一书。

综上所述，孙奇逢虽以陆王学术为本，实又兼采了程朱之学，晚年则又服膺刘宗周之学，这在其众多弟子们的为学倾向上体现得十分明显。孙奇逢一生重视教育，研讨学问，并积极创办书院讲堂，培养出一大批优秀弟子。在其众多弟子中，汤斌、崔蔚林、陈澔等皆为学宗陆王者，而耿介、冉觐祖、申涵光等则皆为学宗程朱者。据学者考证，"孙门弟子尽管众多，但是从他们的为学趋向来看，学宗陆王，坚持心学定见者，已居弱势，即有宗王学者也要打出调和程朱、陆王的旗帜，而学宗程朱者则占了优势。这种情况表明了陆王之学衰落的趋势"。总之，"清初北学在孙奇逢时尚可维持王学门面，到孙氏之弟子一辈，就已经发生了学术走向上的分化，主陆王者固然有人，主程朱者、主经世实学及其他各学者亦大有人在。陆王之学的印记随着时间的推移在北方学界中逐渐淡去"①。

三　孙奇逢学术取向再审视

至目前，学术界对于北学重镇孙奇逢的学术取向仍无定论，众说纷纭，争论颇多。有学者认为孙奇逢之学初从程朱理学，而到了其中年则转向陆王心学，至其晚年则又吸收了刘宗周之学，"遂以修正王学，合朱、王于一堂为归宿"；有学者则把孙奇逢的学术取向划分为两个大的阶段，即早年由崇尚程朱之学转向阳明心学，和中年之后直至晚年则转向并致力于程朱理学的研究；有学者认为孙奇逢的学术初以王守仁为宗，后来则转向和会朱熹；有学者认为孙奇逢自始至终恪守陆王心学路线而不贰。除上述几种观点外，还有其他不同的种种说法。②仁者见仁，智者见智，诸多学者从各自不同的角度及自己的认知对其进行梳理和研究，得出不同的结论，各有其道理。面对诸多结论，可以看出，孙奇逢的学术取向有待于进一步的梳理和深入探讨。

孙奇逢的确为明末清初著名学者、思想家和教育家，同当时的李颙、黄

---

① 史革新：《清代以来的学术与思想论集》，《明末清初陆王心学变化趋向探究》，第44—45页。

② 请参见陈瑞波：《孙奇逢理学思想研究》，《引论：从朱熹王阳明间挺立起来的孙夏峰》，山东大学博士学位论文 2012 年。

宗羲并称"清初三大儒"①。相较而言，在清初诸儒中，为人所熟知者如黄宗羲、顾炎武和王夫之等人，而孙奇逢则相对逊色许多，其影响亦远不及他们。诚然，个中原因是多方面的，而其中较为最重要的原因，一则为其思想倾向，一则为当时社会现实所使然。

从学术趋向上来看，王守仁心学是孙奇逢的学术根本。孙奇逢的父亲曾经受学于王守仁弟子邹守益，父亲对儿子的影响是可想而知的。同时，他的好友鹿善继也专门服膺王守仁之学，所以，孙奇逢的学问得力于王守仁之学者最为深厚。诚然，明王朝提倡程朱学说，孙奇逢幼年之时也定当接触到了程朱理学。二者相较而言，孙奇逢更加对陆王心学有好感。他曾经这样讲道："某幼而读书，谨守程、朱之训，然于陆、王亦甚喜之。"②可见，孙奇逢虽以王学为本，实又兼采程朱之学。他曾对弟子崔蔚林说："子既有嗜于阳明，要得阳明与程、朱相剂为用之意，而非有抵牾也，得其相剂之意，则《宗传》中诸儒无一而不供吾之用。五味调而成羹，八音谐而成乐，四时备而成岁。智廉勇艺文之以礼乐而始为成人，故川流敦化，识大识小，莫不有文武之道焉。"③他深刻地意识到学术不能只讲一家之言，即只讲陆王心学是不全面的，同时，还要吸收程朱理学之精华，使二者"相剂为用"，才能真正体悟到圣道之精髓。由此可以看出，孙奇逢的学术思想倾向是调和程朱、陆王的。

当然，我们亦不能忽略孙奇逢在青少年时期所受到的教育和其所接触到的思想，以及其生活和成长的环境因素，因为任何一个人，尤其是孩童之时，受其影响更大。同时，我们亦不应忽略孙奇逢晚年之时思想上的巨大变化。可以说，一个人，尤其是学问臻深之大家，对于问题的思考会更加的深入、细致和全面，而体现出来的思想倾向则又不能不被人所重视。总之，一个人的思想倾向并不能用简单的几句话来加以归纳概括和下结论。

可是，至目前为止，对于孙奇逢的思想倾向存有不同认识。陈瑞波先生

---

① "清初三大儒"之说，目前学界有两种说法：其一，全祖望撰，朱铸禹汇校集注《全祖望集汇校集注·鲒埼亭集》卷十二，《二曲先生窆石文》，第237页。全祖望认为孙奇逢、黄宗羲、李颙三人为清初三大儒；其二，20世纪以来，人们便普遍以顾炎武、王夫之、黄宗羲为清初三大儒。此外，尚有"四大儒"、"五大儒"之说。

② （清）孙奇逢著，朱茂汉点校：《夏峰先生集》卷二，《寄张蓬轩》，第61页。

③ （清）汤斌：《清孙夏峰先生奇逢年谱》卷下，"八十四岁"条，第37页。

撰文指出："陈祖武认为夏峰之学初从朱子学，中年转向王学，晚年吸收刘宗周之学；卢广森把夏峰学术渊源划分为两个阶段，即由崇尚程朱之学转向阳明心学，中年直至晚年再次转向并致力于程朱理学的研究；张显清提出，夏峰学初以王守仁为宗，以后转向和通朱熹；李之鉴则认为夏峰逢‘始终属守陆王心学路线不贰’。"[1]诚然，陈瑞波先生对于夏峰学术归宗，在其论著中开列许多，而其主要者则为上述几种。我们仅仅从上述所列几种观点来看，则存在的争议颇多。即使是两种观点相近者，其中也存有较大的分歧。至于分歧的原因，有学者对其进行了梳理、分析和研究[2]，于此，不再赘述，吾只想就自己的理解和认识，对孙奇逢的学术取向进行详细地分析和阐释。

孙奇逢生于明万历十二年（1584），卒于清康熙十四年（1675），享年九十有二，可谓高寿。在这漫长波折的人生历程中，孙奇逢经历了明朝的衰败和明清朝代的更替，这使得他的人生经历更加丰富，而随着时代的变迁，其思想也在不断地变化和发展。总体而言，孙奇逢一生的学术取向，可以划分为三个大的阶段。

第一阶段，孙奇逢青少年时期的刻苦好学，使其接触更多的正统教育，遂使其思想倾向于程朱理学。对于孙奇逢早期的经历，学术界并不存在争议，皆认可其是由朱子学起步的。但关于其详细的论述则没有，是其不足。为了说明这一点，在此，我们仔细梳理一下孙奇逢早期的为学经历，能够使我们更加清晰地了解其早期学术取向。

孙奇逢出生在一个耕读世家。据史料记载："祖臣，嘉靖辛酉（1561）乡试，由沭阳令历官河东盐运司运判。居官以廉著乡里，有长者称。父丕振，邑庠生，学使者以文行授儒官。公兄弟四人，兄奇儒、奇遇著名胶序，弟奇颜为武城宰。兄弟相师友，皆砥砺名行。"[3]其父孙丕振亦曾语曰："家世容城之士族，仕官不显居家睦。书香一脉逾百年，生平良友西江鹿。"[4]总体来看，其先祖家境尚算殷实，书香传家，从学为官，和睦相处，十分融洽，

---

[1] 陈瑞波：《孙奇逢理学思想研究》，《引论：从朱熹王阳明间挺立起来的孙夏峰》，第16页。

[2] 请参见陈瑞波：《孙奇逢理学思想研究》，《文献综述》，第13—14页。

[3] （清）孙奇逢著，朱茂汉点校：《夏峰先生集》卷首，《夏峰先生本传》，第1页。

[4] 冯文达、郭齐勇主编：《新编中国哲学史》（下），人民出版社2004年，第1268页。

这一环境可谓造就人才。

孙奇逢七岁之时，进入学堂，开始接受启蒙教育。尽管在汤斌所著《清孙夏峰先生奇逢年谱》中并未详细介绍孙奇逢所读何书，但我们是可以想象得到的。在当时，孩童的教育内容主要是识字、写字、习经史、学六艺等，像《急就章》、《千字文》、《百家姓》和《三字经》，以及四书五经等儒家经典都曾是启蒙教育教材，也可以说他平生第一次正式接触到传统教育。到了十一岁时，跟随邑庠生"始学文"。十四岁入邑庠，跟随"提学御史为周公孔教"。孙奇逢自十四岁之时，所接受到的皆为传统儒家教育，也可以说是正统的程朱理学。因为在当时，程朱理学是人们接受教育，将来步入仕途的必读之书。当然，孙奇逢也不会例外。

孙奇逢在邑庠中刻苦学习，勤于思考，成绩突出。他于十七岁那年应顺天乡试中举，考官在见到他的文章时，夸赞其曰："疾徐丰约，一准程朱。"[1]翌年春，孙奇逢举进士不第，但"益自奋勉"。此后，他虽更加努力学习，再举进士亦未中。据《年谱》载，万历三十二年（1604），孙奇逢二十一岁，下第归来。"肯轩公谓先生曰：国朝重制科，不举南宫者，谓之半截功名，未免降志。后当路累，荐举，先生每引此言，坚谢不出。"[2]孙奇逢自己亦曾说："七岁入小学，十四游宫墙，十七举孝廉，二亲喜非常。'勉之以成立，勿以浅近尝，国家重制科，作官需贤良。'不谓连见背，形枯而神伤。"[3]从上述话语中，能够清楚地看到，经过多次的失败落第，他身心疲惫，心灰意懒，对科举考试不再感兴趣。孙奇逢应乡试中举，十分顺利，且得到考官的大加称赞，可以见其才华，可后来多次举进士却未中，是值得深思的。是其才华不够，还是其文章内容使然，不得而知。

第二阶段，在其丁父母忧之时，其思想发生了大的变化，开始着意于陆王心学，并最终成为阳明学的笃信者。张枫林先生在其硕士学位论文《孙奇逢〈理学宗传〉》中曾经说："22岁时，孙奇逢居父丧，25岁居母丧，前后守丧6年，这六年没有文字记载，一般研究者也没有很好地注意这六年。虽然在这六年中孙奇逢并没有拿出很重要的作品来，但是笔者却认为这六年正

---

[1]（清）汤斌：《清孙夏峰先生奇逢年谱》卷上，"十七岁"条，第3页。

[2]（清）汤斌：《清孙夏峰先生奇逢年谱》卷上，"二十一岁"条，第3页。

[3]（清）孙奇逢著，朱茂汉点校：《夏峰先生集》卷十一，《病起述往示诸儿暨孙曾》，第430页。

是对孙奇逢影响很大的六年，也可以说是其思想的一个转折。从他 28 岁开始后的学术活动可见，这六年是苦读的六年，是日益进取的六年。居孝期满，孙奇逢带着自己读书所得和疑问走向了游学之路。"[1] 这一看法是有道理的。可以说，孙奇逢在居丧的六年时间里，其思想发生了较大的变化。一是连续六年的守墓，有更多的时间阅读大量典籍，与朋友进行切磋，使其学问大进；一是风餐露宿的艰苦生活，使其能够静下心来反思从前的人生经历，造就了他坚定的意志。

自从双亲相继离世，其"少年妄意功名"之念"顿灰"。在有意于场屋的前些年，皆以落第而告终，应当说孙奇逢对于科举考试已经渐渐失去信心。在其为父母丁忧期间，发生的一件事情，可谓雪上加霜，更加使其心灰意冷。万历三十五年（1607）九月，父忧服阕。冬，邑绅梁如星为宦寺所窘辱，在孙奇逢等人的陈情之下得以表白昭雪。其中曰："梁孝廉薛茂才之事，天理王法真是大变。夫薛琦一小竖子耳，余皆小竖子之奴隶耳，遂敢鞭箠孝廉，幽囚士子，于奉诏入试之日，尚可谓有世道哉！阉人之炽，恶斯文之丧气也。明公风教攸握值此非常异恶，察其主谋者何人？当恶者何人？严讯而置之法。"[2] 就此一件小事，而引起孙奇逢如此的想象，可以考见，此时孙奇逢的思想发生了很大的变化。

《清孙夏峰先生奇逢年谱》载有其门人汤斌按语，其中曰："先生志学，当自此始。忆友人问曰：先生自考志学以何时为可持循之日？先生云：少年妄意功名，自两亲见背，此念顿灰。与鹿伯顺为友，初以名节相砥砺，未免走入气质之偏处，暗然一念，自证生人面目，其实从哀恸穷苦中得来。"[3] 据此，孙奇逢基本上明确告诉人们，他此时的思想已发生了大的变化，而这一变化正是"从哀恸穷苦中得来"的。

当然，我们不能仅仅从这一件小事来看。孙奇逢思想上的巨大变化是否与当时的社会现实有着密切的关联呢？此时处于明神宗统治的后期，总体而言，神宗即位之初期，国家局面还算可以。如在这期间，尤其是于内阁首辅张居正主持政务之时，实行了一系列的改革措施，使社会经济有了

---

① 张枫林：《孙奇逢〈理学宗传〉研究》卷首，"绪论"，河南大学硕士学位论文 2007 年，第 3 页。
② （清）汤斌：《清孙夏峰先生奇逢年谱》卷上，"二十四岁"条，第 4 页。
③ （清）汤斌：《清孙夏峰先生奇逢年谱》卷上，"二十八岁"条，第 6 页。

很大的稳定和好转，人民生活也有所提高。神宗亲政后，更是励精图治、生活节俭，有勤勉明君之风范，开创了"万历中兴"之局面。但是，到了其晚期，则出现了截然相反的状况，由于其好酒色过度，身体极为虚弱，几乎很少上朝，一些政务主要通过谕旨的形式向下传达。再到后来，甚至连大臣所上奏章也不再批复下达，而是直接"留中"不发。在这一局面之下，不仅整个政府机构的运转不能正常进行，陷于停顿状态，而且朝廷百官党争于庭，官僚队伍中党派林立，门户之争日甚一日，互相倾轧。正如《明史》所载："台省空虚，诸务废堕，上深居二十余年，未尝一接见大臣，天下将有陆沉之忧。"[①] 国家如此局面，对于有思想有抱负的孙奇逢不能不有大的影响。从前述梁孝廉薛茂才事件就能够清楚地看到这一点，诚然，还有其十四岁之时回答其师杨补庭时"效死勿去"之语，都能够表明自小立有大志的他，面对如此的社会现实肯定是忧心忡忡，不能不对其进行深刻的反思。

再一点，对于孙奇逢的学术思想起到重要作用的还有鹿善继。鹿善继（1575—1636），字伯顺，号乾岳，直隶定兴（今河北定兴）人。万历四十一（1613）年进士，授户部山东主事，后补河南，主管辽饷。鹿善继由于上书朝廷以帑银补辽饷而降职减俸，并外调他职，后归故里；光宗时复官，改任兵部职方主事，跟随孙承宗抗清；崇祯时擢太常少卿，管光禄寺丞事，后因病归家。崇祯九年（1636）七月，清兵围攻定兴，鹿善继自动入城守卫，与军民共同抗敌，最后城陷而死。鹿氏家学宗主陆王，善继少不就塾师，而以祖父为师，深受家学的熏炙。善继继承家学，亦宗主陆王，而于阳明学尤为心契，著有《四书说约》、《认理提纲》和《寻乐大旨》等书。

鹿善继与孙奇逢友善，交往甚密，且对其影响较大。汤斌所著《清孙夏峰先生奇逢年谱》载："念衰朽少承家学，自先祖沐阳公与阳明高第邹东廓之子讳美者同举京兆，得闻其家学。故平生口无伪言，身无妄动，以躬行教子若孙。老夫奉父命从季父成轩公学，此渊源之所自，而尤得良友鹿伯顺夹助之力居多，伯顺深得阳明之学者也。"[②] 由此可以看出，孙奇逢有着深厚的

---

① 《二十五史》（第十册），《明史》卷二十一，《本纪》卷二十一，第42页。
② （清）汤斌：《清孙夏峰先生奇逢年谱》卷下，"九十岁"条，第37页。

家学渊源，同时，还受到阳明学者邹东廓之子和鹿善继的影响。二位当中，尤其是受到鹿善继影响较深。还有，如孙奇逢二十八岁正月服阙，于秋天进京，隔年，即万历四十一年（1613），仍下第，而其好友鹿伯顺则中进士。在京师"同鹿伯顺读王文成《传习录》"，并语："先生初守程朱甚笃，鹿先生讲次，每举姚江语先生，因读《传习录》知行合一，跃然有得，自是寝食其中焉。"[1] 可以考见，鹿善继对孙奇逢由程朱理学向陆王心学的转变起到催化剂作用。自此以后，孙奇逢的学术思想开始了由程朱理学向陆王心学转变。

第三阶段，进入清朝之后，也正是孙奇逢耳顺之年，此时，他较多地接触到刘宗周思想，遂使其思想进入成熟期。刘宗周（1578—1645），字起东，号念台，浙江山阴（今绍兴）人。天启初年，为礼部主事，历右通政。因弹劾魏忠贤和客氏，被削籍归；到了崇祯初年，起顺天府尹，奏请不报，谢疾归。后再起授工部侍郎，累擢左都御史，则又以论救姜采、熊开元等，革职归；福王监国，起原官。痛陈时政，并极力上书弹劾马士英等，后又复争阮大铖必不可用，皆不听，遂乞骸骨请归；杭州失守，绝食二十三日卒；因讲学于山阴蕺山，学者称"蕺山先生"，被人们称之为明代最后一位儒学大师和宋明心学之殿军。其著作甚丰，弟子众多，开创了著名的"蕺山学派"，在中国思想史特别是儒学史上影响巨大。

刘宗周"早年不喜象山、阳明之学"[2]，认为陆王心学"皆直信本心以证圣，不喜言克己功夫，则更不用学问思辨之事矣"[3]，容易导致禅学化。所以他曾说："王守仁之学良知也，无善无恶，其弊也，必为佛老顽钝而无耻。"[4] 但到了中年，他的学术主张发生了大的变化。万历四十年（1612）被解职后，他更是闭门读书，"悟天下无心外之理，无心外之学"[5]，转向了陆王心学，著《心论》一文，阐发了自己的心学观，认为"只此一心，散为万化，

---

[1] （清）汤斌：《清孙夏峰先生奇逢年谱》卷上，"三十岁"条，第7页。

[2] （明）刘宗周著，吴光主编：《刘宗周文集》（第九册），"附录"上，《蕺山刘子年谱》，浙江古籍出版社，2012年，第59页。

[3] （明）刘宗周著，吴光主编：《刘宗周文集》（第九册），"附录"上，《蕺山刘子年谱》，第59页。

[4] （明）刘宗周著，吴光主编：《刘宗周文集》（第四册），"文编"上，《修正学以淑人心以培国家元气疏》，第17—18页。

[5] （明）刘宗周著，吴光主编：《刘宗周文集》（第九册），"附录"上，《蕺山刘子年谱》，第67页。

万化复归于一心"，"大哉心乎，原始要终，是故知死生之说"。① 教学之余暇，刘宗周又撰述《论语学案》和《曾子章句》两书。在《论语学案》中，刘宗周强调"学字是孔门第一义"，指示"君子学以慎独，直从声外立根基"，"视听言动，一心也；这点心不存，则视听言动到处皆病，皆妄矣。若言视思明，听思聪，言思忠，动思敬，犹近支离"②。这反映出刘宗周的学术思想既由心学中脱胎，又希望矫正心学之失的特征。这一切皆表明了刘宗周对阳明心学开始了由"中而信"到"终而辨难不遗余力"的转变。

据史料可知，孙奇逢与刘宗周可谓同辈人，年龄相近。只不过刘宗周于明亡后绝食而去，而孙奇逢则离乡背井，过着流浪的生活。苟活在世的孙奇逢对去世的刘宗周则是"高山仰止，追随恐后"，从其笔下即能窥见一斑。其一，孙奇逢对刘宗周之忧国忧民，志节耿然的态度和做法高度赞扬。如孙奇逢为纪念东宫讲官刘理顺和兵部主事金铉分别撰有《刘文烈遗集序》和《金忠节公传》，在两著述中，皆论及刘宗周。对于刘宗周以身殉国，更是著有《五人传忠录》，其中曰："刘念台叙明理学，引方正学为首，非谓其为读书种子乎？"③ 给予了他高度评价，可见其钦佩之情。其二，不唯如此，孙奇逢对刘宗周之学问亦是钦佩之至。"在孙夏峰看来，刘蕺山不惟以忠烈名垂史册，而且也是卓然成家的理学大师。于是在孙夏峰历时 30 年而精心结撰的《理学宗传》中，刘蕺山便以'理学而以节死'的大家著录"④，此论是有其道理的。因而，业师陈祖武先生得出结论，曰："由对刘蕺山志节的敬仰，引为同志，进而服膺其学说，以致潜移默化，不期而然，接受蕺山学术主张，走向合会朱王学术的道路。在孙夏峰的笔下，此一线索若隐若现，依稀可辨。"⑤

综上所述，孙奇逢的一生及其学术取向，则可大致划分为三个阶段：青少年时期的刻苦学习和游学四方，此时则是锐意于科举，较多地涉猎官方学术即程朱理学。在其丁父母忧之时，孙奇逢思想发生了较大的变化，开始着

①　（明）刘宗周著，吴光主编：《刘宗周文集》（第九册），"附录"上，《蕺山刘子年谱》，第 67 页。
②　（清）黄宗羲著，沈芝盈点校：《明儒学案》卷六十二，《蕺山学案》，第 1598 页。
③　（清）孙奇逢：《孙征君文稿三种》之二，《五忠序序》。转引自陈祖武著《清儒学术拾零》一，《蕺山南学与夏峰北学》，第 2 页。
④　陈祖武：《清儒学术拾零》一，《蕺山南学与夏峰北学》，第 3 页。
⑤　陈祖武：《清儒学术拾零》一，《蕺山南学与夏峰北学》，第 3 页。

意于陆王心学。到了清朝顺治之时，进入耳顺之年，其思想达到一个新的高度，也就是说到其晚年，尤钦佩刘宗周学行，遂以修正王学，合朱、王学术于一堂为归宿。孙奇逢的学术思想的这一发展理路，也恰恰正如业师陈祖武先生所语："夏峰之学，早年由朱子学起步。中年受同乡学长鹿善继影响，朝夕潜心《传习录》，成为阳明学笃信者。晚而钦仰刘蕺山学行，遂以修正王学，合朱、王于一堂为归宿。"[①]

第三节 "悔过自新"的李颙

清初，也即是在顺治及康熙初叶的三四十年时间内，主持学术坛坫风会者，一是以李颙为代表的关学，一是以孙奇逢为代表的北学，一是以黄宗羲为代表的南学。可以说，不仅在整个清初治陆王学术者之间，而且在整个清初学术界，他们都是最具代表性的。因此，理顺了三大家的学术思想倾向，基本上就能够了解到整个清初学术发展理路，尤其是清初陆王心学发展的脉络。

一 李颙生平学行

李颙（1627—1705），字中孚，陕西盩厔（今陕西周至）人。山曲曰盩，水曲曰厔，李颙因号二曲，故学者习称其为"二曲先生"。李颙自幼家境贫寒，其父随明军征剿明末农民起义军时，为起义军杀害。李颙母子二人含辛茹苦，相依为命，备受煎熬。然而，就是这样的生活困境，不但没有影响其学习之志，反而使他踏上了发奋自学的路程。他努力博览经史，旁及诸子、佛道学说，得其而会通之，年龄未到四十岁，便于关中地区小有名气，关中学子纷纷慕名前来从学受业。后来，常州知府骆钟麟，初为周至令，敬仰先生学问，于是便造庐请业，事之为师，恭敬有加。后来，李颙被迎至常州讲学，以慰学者之望。在常州、无锡、江阴、靖江等地，所至，在明伦堂讲

学，听者甚众，甚至于一些地方的上层人物也慕名而至。李颙此行，为江南学界所倾倒，被誉为"江左百年来未有之盛事"①，同时，自然而然也扩大了他的理学思想的影响。

康熙五年（1666）十月，西安知府叶承桃以重修关中书院，遣人致意李颙，意欲聘主教席，为他所拒绝。康熙十二年（1673）四月，陕西总督鄂善复修关中书院，又虔诚致聘。李颙经过再三推辞，未果，始就聘。关中书院，始建于明万历三十七年（1609）。当时，正值名儒兼名臣冯从吾（1557—1627，字仲好，号少墟，西安府长安人，著名思想家、教育家，为关学在明代的重要传人。——引者）直谏招忌，削籍家居，讲学于西安古刹宝庆寺。是年十月，陕西地方当局遂以寺东园囿建关中书院，聘请冯从吾主持书院讲席。②天启元年（1621），冯从吾复出，讲会随即中断。旋魏忠贤矫诏禁毁天下书院，关中书院遂罹此大厄，从此一蹶不振。尔后，明清易代更迭之际，战火连绵不断。直到康熙初叶，关中及全国局势渐渐趋于稳定，始有重修关中书院之壮举。③在李颙登台讲学之初，一时"德绅名贤、进士举贡、文学子衿之众，环阶席而侍，听者几千人"④，不能容，几致爆棚。由此，关中书院为之一振。"令人惋惜的是，李颙在关中书院的讲学，未能长久持续下去。三个月之后，便因鄂善等人煽起的荐举风波，逼使他与书院永远绝缘。从此，他杜门不出，以课徒授业，终老乡里"⑤，享年七十有九。

二 "悔过自新"说和"明体适用"说

李颙一生的学术思想大体可分为前后两个阶段。前一阶段重在经世致用，而后一阶段则侧重于心性义理和返身悔过之学。李颙为学之始，即非以仕进为意，面对当时动荡不安的社会现实，他志存经世，"甫弱冠，即以康济为心"⑥。而后，他开始著书立说，以期"开物成务，康济时艰"，以期有

① （清）李颙著，陈俊民点校：《二曲集》卷十，《南行述》，中华书局1996年，第75页。
② （明）冯从吾：《冯少墟集》卷十五，《关中书院记》，台湾商务印书馆1986年。
③ （清）乾隆朝《西安府志》卷十九，《学校》，中国地方志集成本。
④ （清）惠霖嗣：《二曲历年纪略》，"康熙十二年癸丑"条，台北广文书局1966年。
⑤ 陈祖武：《清儒学术拾零》六，《从关中、漳南二书院看清初的关学与北学》，第92页。
⑥ （清）李颙著，陈俊民点校：《二曲集》卷十二，《匡时要务序》，第103页。

用于国家和社会。他曾经这样讲道："天地民物，本吾一体，痛痒不容不关，故学须开物成务，康济时艰。"①他一生当中，曾先后著成《经世蠡测》、《时务急著》、《十三经注疏纠谬》、《二十一史纠谬》等书，但到了后来，他以为此乃口耳之学，无当于身心，所以，这些典籍有的被他亲自焚毁掉，没有被焚毁者也从此不再拿出来以示人。真是十分可惜，他的诸多著作都没有存留下来。在他的这些著作中，有的是"天德王道，悲天悯人，凡政体所关，靡不规划"②。与此同时，他还一度究心兵法。由此可见，李颙从开始就不是一位雅意林泉之士，他真心希望的是经世致用，能够为国家和社会效力，但是，随着清政府政权逐渐趋于稳定，再加之自己与清政府的不合作态度，才使得他后来专意于返躬实践，"悔过自新"。

"悔过自新"范畴的提出，是李颙对明清更迭进行历史反思的产物。他曾经说："若夫今日吾人通病，在于昧义命，鲜羞恶，而礼义廉耻之大闲，多荡而不可问。苟有真正大君子深心世道、志切拯救者，所宜力扶义命，力振廉耻，使义命明而廉耻兴，则大闲借以不逾，纲常赖以不毁，乃所以救世而济时也。当务之急，莫切于此。"③明清更迭，是一场巨大的社会动荡与变革。当明朝的统治彻底无法挽回，清朝统治渐渐趋于稳固之时，对明朝灭亡的历史教训进行沉痛反思和总结，便成为当时学术思想界的一个共同课题。"作为对社会负责任的学者和思想家，李颙从当时知识界的现状出发，也把自己的思索集中到这一课题上来。'悔过自新'说的提出，就是他进行这种历史反思的最早尝试。"④他针对知识界的寡廉鲜耻，试图通过"力扶义命，力振廉耻"的途径，来达到"救世济时"之目的，这便是李颙萌生"悔过自新"说的社会依据。

如何才能"悔过自新"呢？李颙认为必须"存心复性"。李颙一生可谓是"坚苦力学，无师而成"⑤，虽然自称"兼采众长，未尝专主一家"，走的是会通一路，但实则渊源有自，尤其是受到明代王守仁及其后学之说影响甚

---

① （清）惠灵嗣：《二曲历年纪略》，"顺治四年丁亥"条。
② （清）李颙著，陈俊民点校：《二曲集》卷十二，《匡时要务序》，第103页。
③ （清）李颙著，陈俊民点校：《二曲集》卷十，《南行述》，第76页。
④ 陈祖武：《清初学术思辨录》八，《李颙与关学》，第156页。
⑤ （清）顾炎武著，张兵选注评点：《顾炎武文选》，《广师》，苏州大学出版社2001年，第198页。

深。可以说，李颙是学宗陆、王，以"尊德性"为本体，以"道问学"为工夫，以"悔过自新"为始基，以"静坐观心"为入手。他说："人生吃紧要务，全在明己心，见己性，了切己大事。诚了大事，焉用著述？如其未也，何贵著述？口头圣贤，纸上道学，乃学人通病。"①强调"明己心"、"见己性"，不断地反躬自省，去除"物诱"，恢复自己的"良知良能"。只要这样，无论资禀高下，皆可成为圣贤，处事无不咸宜。李颙公开表彰王守仁的"致良知"学说为"千载绝学"，他曾经指出："人若无良知，则满身成僵尸，安能视听言动？"②他又说："阳明出而横发直指，一洗相沿之陋，士始知鞭辟著里。"③与之相一致，李颙极力反对"舍本趋末"，他说："能先立乎其大，学问方有血脉，方是大本领。若舍本趋末，靠耳目外索，支离葛藤，惟训诂是耽，学无所本，便是无本领。即自谓学尚实践，非托空言，然实践而不先立乎其大者，则其践为践迹，为义袭，譬诸土木被文秀，血脉安在！"④

　　在提出"悔过自新"说的同时，李颙还提出"明体适用"的思想主张。何谓"明体适用"？李颙曰："穷理致知，反之于内，则识心悟性，实修实证；达之于外，则开物成务，康济群生。夫是之谓'明体适用'。明体适用，乃人生性分之所不容已，学焉而昧乎此，即失其所以为人矣！"⑤可见其"明体"即修德以明圣道，从而获立大本，而"适用"即是将所明之"本"施于有用。这也正如李颙自己所语："明道存心以为体，经世宰物以为用，则'体'为真体，'用'为实用，……苟内不足以明道存心，外不足以经世宰物，则'体'为虚体，'用'为无用。"⑥李颙早年生活在极为窘迫的环境中，亲身经历和目睹了战乱所带来的民间疾苦，尤其痛恨"道学而无用，乃木石而衣冠耳"，主张"学须开物成务，康济群生"，因此，他除了研讨学术之外，更加关注经济与军事。

　　李颙认为"明体适用"是儒家的光辉传统，他说："儒者之学，明体适用之学也。"又说："德合三才之谓儒。天之德主于发育万物，地之德主于资

① （清）李颙著，陈俊民点校：《二曲集》卷十六，《答徐斗一第二书》，第158页。
② （清）李颙著，陈俊民点校：《二曲集》卷三，《两庠汇语》，第28—29页。
③ （清）李颙著，陈俊民点校：《二曲集》卷十六，《答张敦庵》，第139页。
④ （清）李颙：《四书反身录》卷七，《孟子下·告子》，四库全书存目丛书本。
⑤ （清）李颙著，陈俊民点校：《二曲集》卷十四，《周至答问》，第120页。
⑥ （清）李颙著，陈俊民点校：《二曲集》卷十六，《答顾宁人先生》，第149—150页。

生万物，士顶天履地而为人，贵有以经纶万物。果能明体适用而经纶万物，则与天地生育之德合矣，命之曰'儒'，不亦宜乎！能经纶万物而参天地谓之'儒'，务经纶之业而欲与天地参谓之'学'。"① 相反，如果说达不到"明体适用"，则就不是真儒，"明体而不适于用，便是腐儒；适用而不本明体，便是霸儒。既不明体，又不适用，徒灭裂于口耳伎俩之末，便是异端"②。他又说："六经、四书，儒者明体适用之学也。"③ 然而，李颙又同时提出，秦汉以降，这样的传统已经遭到破坏。沿及清初，文人学士更是"所习惟在于词章，所志惟在于名利，其源已非，流弊又何所底止"④。他对这样的局面深感忧虑和不安。

如何才能改变这一现状呢？李颙认为应当从读"明体适用"之书开始，他说："'体'，非书无以明；'用'，非书无以适。欲为明体适用之学，须读明体适用之书，否则，纵诚笃虚明，终不济事。"⑤ 随之，李颙开列了一系列的"明体"、"适用"之书。在"明体"类书目中，第一部书便为陆九渊的《象山集》，他说："先生在宋儒中，横发直指，一洗诸儒之陋；议论剀爽，令人当下心豁目明；简易直捷，孟氏之后仅见。"⑥ 对陆九渊可谓推崇备至。其后，即是王守仁的《阳明集》，李颙奉王守仁之学为圭臬，他认为："其书……句句痛快，字字感发，当视如食饮裘葛，规矩准绳可也。"⑦ 对于王守仁的"致良知"之说，李颙更认为是"千载不传之秘"。他说："象山虽云'单传直指'，然于本体犹引而不发。至先生始拈'致良知'三字，以泄千载不传之秘。一言之下，令人洞彻本面，愚夫愚妇，咸可循之以入道，此万世功也。"⑧ 继陆九渊、王守仁著述之后，李颙依次开列的著作为：王畿的《龙溪集》，罗汝芳的《近溪集》，杨简的《慈湖集》和陈献章的《白沙集》等书。有一点，李颙在这些书目之后，又特别注明"右数书，明体中之明体

---

① （清）李颙著，陈俊民点校：《二曲集》卷十四，《周至答问》，第120页。
② （清）李颙著，陈俊民点校：《二曲集》卷十四，《周至答问》，第120页。
③ （清）李颙著，陈俊民点校：《二曲集》卷十五，《富平答问》，第125页。
④ （清）李颙著，陈俊民点校：《二曲集》卷十二，《匡时要务》，第105页。
⑤ （清）李颙著，陈俊民点校：《二曲集》卷十六，《答王天如》，第163页。
⑥ （清）李颙著，陈俊民点校：《二曲集》卷七，《体用全学》，第49页。
⑦ （清）李颙著，陈俊民点校：《二曲集》卷七，《体用全学》，第49页。
⑧ （清）李颙著，陈俊民点校：《二曲集》卷七，《体用全学》，第49页。

也"① 几个字，可见李颙之用意。

此后，李颙又开列了二程、朱熹、薛瑄、吴与弼，一直到吕柟、冯从吾等程朱派学者的著述，计有：程颐、程颢的《二程全书》，朱熹的《朱子语类大全》和《朱子文集大全》，吴与弼的《吴康斋集》，薛瑄的《薛敬轩读书录》，胡居仁的《胡敬斋集》，罗钦顺的《罗整庵困知记》，吕柟的《吕泾野语录》，冯从吾的《冯少墟集》等。同样，李颙在这类书目之下亦注明"右明体中之工夫也"②。我们从上述李颙所开列的这两大类书目来看，李颙如此划分，虽然有尊陆王之意，但也并无贬抑程朱之心。所以，李颙在评价《二程全书》时说："二程中兴吾道，其功不在禹下。其书订于朱子之手，最为精密，此孔孟正派也。"③ 同样，在《朱子语类大全》的题语中，指出："订偏厘弊，折中百氏，巨细精粗，无一或遗，集诸儒之大成，为万世之宗师。"④

可见，李颙之学虽出于王守仁，但并不坚持门户之见，他曾说："学者当先观象山、慈湖、阳明、白沙（即陈献章。——引者）之书，阐明心性，直指本初，熟读之，则可以洞斯道之大源。然后取二程、朱子以及康斋（即吴与弼。——引者）、敬轩（即薛瑄。——引者）、泾野（即吕柟。——引者）、整庵（即罗钦顺。——引者）之书，玩索以尽践履之功，收摄保任，由工夫以合本体，下学上达，内外本末，一以贯之。"⑤ 他教学者入手工夫，说要先观陆九渊、杨简、王守仁、陈献章之书，阐明心性，"以洞斯道大源"，然后，再取程颢、程颐、朱熹以及吴与弼、薛瑄、吕柟、罗钦顺之书，以尽践履之功。他在对"明体"类书目所作按语中也强调了这一观点，其中语："自象山以至慈湖之书，阐明心性，和盘倾出，熟读之则可以洞斯道之大源。夫然后日阅程朱诸录，及康斋、敬轩等集，以尽下学之功。收摄保任，由功夫以合本体，由现在以全源头，下学上达，内外本末，一以贯之，始成实际。"⑥

---

① （清）李颙著，陈俊民点校：《二曲集》卷七，《体用全学》，第50页。
② （清）李颙著，陈俊民点校：《二曲集》卷七，《体用全学》，第52页。
③ （清）李颙著，陈俊民点校：《二曲集》卷七，《体用全学》，第50页。
④ （清）李颙著，陈俊民点校：《二曲集》卷七，《体用全学》，第50页。
⑤ （清）全祖望撰，朱铸禹汇校集注：《全祖望集汇校集注·鲒埼亭集》卷十二，《二曲先生窆石文》，第234—235页。
⑥ （清）李颙著，陈俊民点校：《二曲集》卷七，《体用全学》，第52页。

李颙认为，朱陆学术各有所长，不应当"抑彼取此"。他曾说："陆之教人，一洗支离锢蔽之陋，在儒中最为徼切，令人于言下爽畅醒豁，有以自得；朱之教人，循循有序，恪守洙泗家法，中正平实，极便初学。要之，二先生均大有功于世教人心，不可以轻低昂者也。"① 他指出陆、王之弊在"空寂"，程、朱之弊在"支离"。因此，他不赞成当时方兴未艾的"辟陆尊朱"之风气，认为："今人亦知辟象山，尊朱子，及考其所谓'尊'，不过训诂而已矣，文义而已矣；其于朱子内外本末之兼诣，主敬褆躬之实修，吾不知其何如也。"②

同时，李颙也对晚明王学家之专好谈玄加以批评和指责，他说："姚江当学术支离蔽锢之余，倡'致良知'，……大有功于世教。而末流多玩，实致者鲜，往往舍下学而希上达，其弊不失之空疏杜撰鲜实用，则失之恍惚虚寂杂于禅，故须救之以考亭。"③ 进而，李颙认为治学者应当通过讲学而"立人达人"、"移风易俗"和"拔乱返治"，甚至于"旋转乾坤"，为国家和社会做出自己的应有贡献。

综观李颙的上述见解，可以看出李颙进行了会通朱、陆学术的努力，对其具有修正之意。之所以如此，是因为他认为朱、陆学术就像一辆车子的两个轮子，他说："学术之有程朱，有陆王，犹车之有左轮，有右轮，缺一不可。尊一辟一，皆偏也。"④ 二者相畏相承，同等重要，缺一不可。由此出发，李颙主张合会程朱、陆王之学，并提出了"学问两相资则两相成，两相辟则两相病"的深刻见解。所以，他说："必也以致良知明本体，以主敬穷理、存养省察为工夫，由一念之微致慎，从视听言动加修。庶内外兼尽，姚江、考亭之旨，不至偏废，下学上达，一以贯之矣。"⑤

这一点，在其弟子的思想主张方面上亦有所体现，如其得意门生王心敬，基本上接受了李颙的学术思想。他主张调和程朱、陆王学术，认为二者只是路径不一，但最终都可到达圣学境域，他曾经这样说："伊川（即程

① （清）李颙著，陈俊民点校：《二曲集》卷四，《靖江语要》，第36页。
② （清）李颙著，陈俊民点校：《二曲集》卷十五，《富平答问》，第126页。
③ （清）李颙著，陈俊民点校：《二曲集》卷十五，《富平答问》，第129页。
④ （清）李颙：《四书反身录》卷七，《孟子下·告子》。
⑤ （清）李颙著，陈俊民点校：《二曲集》卷十五，《富平答问》，第129页。

颐。——引者）、紫阳道问学之意重，象山、阳明尊德性之旨多，高明、沉潜不同，故从入异途，要其望道而归，视心为主，则一也。"[1] 而李颙另一位弟子王宏撰，则在具体问题的研究上各有侧重，如对于"格致"、"无极"这些问题，他认为："格物致知之训，朱子为正；无极太极之辨，陆子为长。"[2] 可以看出，不论是李颙，还是其弟子皆为适应时世发展而对于陆王心学多有修正。但有一点，到了此时，"清初关学大儒李颙等已经先后凋谢，关中陆王心学已经走上衰落的道路"[3]。

　　综上所述，经历明清更迭的政治变动，李颙满怀家国之痛，立足陆王心学，会通朱、陆，以"明体达用"学说和"道学即儒学"的主张，重倡儒学经世传统，对宋明理学进行积极地修正。李颙"以讲求变通，'酌古准今'为特色。较之门户勃溪者的'道统'之争，显然要通达得多，同虚幻的'三代之治'的憧憬相比，亦较少泥古之见。然而，由于历史和阶级的局限，这种'酌古准今'，则是以折中旧说的形式来进行的，带着浓厚的调和色彩。李颙虽然看到了理学的深刻危机，但是他却没有勇气去否定这一业已陈腐的学说，尤其是作为他的学说直接渊源的陆王心学。这样，在学术主张上变通的结果，无非就是植根王学，合会朱陆的折中。因此，从这个意义上说，近代学者梁启超先生就学术分野而论，将李颙归入清初'王学后劲'，并没有错。有必要补充说明的是，李颙并没有如同梁启超先生所评，'为旧学坚守残垒'，他的为学风尚也非'由明而渐返于宋'。李颙一生的学术实践表明，他是试图通过对儒学经世传统的还原，以寻找一条发展学术的新途径。这样的努力，不能说是守旧，而应当说是在折中中求新"[4]。

第四节　浙东学者黄宗羲

　　浙东著名学者黄宗羲为明末清初经学家、史学家、思想家，与顾炎武、

---

① （清）钱仪吉辑：《碑传集》卷一二九，《王徵君先生心敬传》，清人传记丛刊本。
② （清）王宏撰：《正学隅见述》卷首，文渊阁四库全书本电子版。
③ 史革新：《清代以来的学术与思想论集》，《明末清初陆王心学变化趋向探究》，第47页。
④ 陈祖武：《清初学术思辨录》八，《李颙与关学》，第176—177页。

王夫之并称"明末清初三大思想家"，与弟黄宗炎、黄宗会号称"浙东三黄"，有"中国思想启蒙之父"之称。黄宗羲治学领域博大，涉及经学、史学、天文历法、数学、律吕、舆地、诗文，以及版本、目录等多门学问，尤其是在史学方面造诣更深，他"以自己在历史编纂学和史料学上的成就，努力转变着明末的空疏学风，为清代浙东史学的发展开启了风气"[①]。同时，黄宗羲于宋明理学和陆王心学亦有自己独到的见解和卓识。

一 黄宗羲生平学行

黄宗羲（1610—1695），字太冲，号南雷，又号梨洲，浙江余姚人，学者习称其为"梨洲先生"。黄宗羲出生于一个官宦家庭，他的父亲黄尊素，在明朝天启年间曾任山东道监察御史，是东林党名士，因反对魏忠贤专权而被迫害致死于狱中。由此，也使得其家道中衰。崇祯帝即位，惩治阉党，十九岁的黄宗羲，袖藏铁锥进京为父伸冤，疏请严惩魏氏余孽，在公堂之上，痛击了魏忠贤余党许显纯、崔应元等，并联合一批被迫害志士的子弟们，杀死了两个曾迫害他父亲的牢卒，随后，护送父亲灵柩南归。崇祯二年（1629），黄宗羲遵照父亲的遗命，从学于浙东著名学者刘宗周。当时，江南文人结社之风盛行，也影响到了年轻的黄宗羲，他往来于南京、苏州、常熟、安庆、杭州、绍兴等地，与几社、复社、读书社等社团成员广泛结识。在这期间，他参加过科举考试，又秉承父亲遗训，通读明十三朝实录和二十一史，同复社成员一起进行了反对宦官的斗争，曾联名著文来揭露阉党余孽阮大铖之罪行。崇祯十五年（1642），于北京参加礼部试，结果未中，时大学士周延儒有意荐举他为中书舍人，力辞不就，随后南归。由于时局动荡不安，此后便再无意举业。

清兵入关南下后，黄宗羲怀着满腔的爱国热情，跑到南京城上书南明朝廷，结果遭到阮大铖的逮捕而下狱，后得以脱逃。顺治二年（1645）四月，黄宗羲由南京经浙江嘉兴，到达四明山。是年六月，清廷于全国颁布剃发令，"京城内外，限旬日，直隶各省地方，自部文到日，亦限旬日，尽

令剃发"①，一时间，大江南北，人们纷纷起而抗争。闰六月，故明官员熊汝霖、孙嘉绩等以钱塘为屏障，画江而守。黄氏兄弟起而响应，召集族党子弟数百人，在余姚黄竹浦组织了抗清队伍"世忠营"，继而随军至浙江钱塘进行抗清斗争。后来，他又曾入太湖招募抗清义兵，失利后，退据浙江四明山，结寨防守御敌。南明鲁王政权任命黄宗羲为职方主事，晋监察御史，在这期间，他曾经多次对鲁王监国政权内的许多重大问题提出过自己的意见和建议。但由于清军的步步进逼，黄宗羲等人不得不东徙西迁，漂泊不定，但为了抗击清军，他不惜出生入死。直到顺治六年（1649）八月，黄宗羲真的感到依靠鲁王政权抗清没有希望，便以清廷要"录其家口"为由，潜归故里。

在返回家乡后，黄宗羲仍然与四明山及海上抗清力量有往来，这件事被人告发，随即清廷下令悬赏捉拿。在此后的几年时间里，黄宗羲皆过着东徙西迁，到处流浪的生活，以此来逃避清政府的追逃。到顺治十六年（1659）夏天，郑成功、张煌言部兵败，黄宗羲举家避居化安山龙虎山堂。于此，他与家人过着"数间茅屋尽从容，一半书斋一半农。左手犁锄三四件，右方翰墨百千通"②的隐居生活。在这期间，他还曾西游庐山，北抵南京，寓居杭州。直至看到恢复明朝的希望彻底破灭，他才于顺治十八年（1661）冬，奉母返回故居。

在抗清斗争失败之后，他也意识到自己"老冉冉其已至"③。此后，黄宗羲于慈溪、绍兴、宁波、海宁等地设馆授徒讲学，探望故友，访求古籍，并研讨学问和从事著述。康熙十七年（1678），清廷议修《明史》一书，征召天下"博学鸿儒"，黄宗羲亦被征召在内，其弟子陈锡嘏代为力辞。康熙十九年（1680），徐元文又向黄宗羲发出邀请参与修史，结果，他"以老病坚持不行"④，最后不得已，只好让儿子黄百家北上修史。康熙二十九年（1690），又召其进京充任顾问，徐乾学又以"老病恐不能就道"为其代辞。到康熙三十一年（1692），黄宗羲病势加重，但他仍然抱病写作不辍。于康

① 《清世祖实录》卷十七，"顺治二年六月"条。
② （清）黄宗羲：《黄宗羲全集》（第十一册），《南雷诗历》卷一，《山居杂咏》之六，第235页。
③ （清）黄宗羲：《南雷文定》前集卷十一，《避地赋》，丛书集成初编本，第176页。
④ （清）黄宗羲：《南雷文定》三集卷一，《与李郡侯辞乡饮酒大宾书》，第18页。

熙三十四年（1695）病逝，享年八十有六。

黄宗羲博学多才，于经史百家及天文、历算、乐律以及释、道等均有高深的造诣。尤其在史学上成就较大，而在哲学和政治思想方面，更是堪称中国思想启蒙第一人。总之，黄宗羲学问广博，思想深邃，著作宏富，一生著述多至五十余种，计三百多卷，其中最为重要者计有：《明儒学案》、《宋元学案》、《孟子师说》、《易学象数论》、《葬制或问》、《明夷待访录》、《破邪论》、《思旧录》、《明文海》、《行朝录》、《今水经》、《大统历推法》、《四明山志》、《南雷文定》等。他生前还曾自己整理编定了《南雷文案》一书，又删订为《南雷文定》和《文约》两书。

二 黄宗羲学术思想

黄宗羲为学之始，初从王守仁、刘宗周学术入手。其后，他经历明清易代，立足于"天崩地解"的社会现实，逾越心性之学的樊篱，将王守仁、刘宗周之学进一步廓而大之。他认为："儒者之学，经天纬地。"[1]主张合"学问"与"事功"为一，以期"救国家之急难"。黄宗羲学术思想的最大特点就是反对空疏无用之学，主张"受业者必先穷经"，并且"兼令读史"，因为在他看来，"经术所以经世，方不为迂儒之学"[2]。可以说，"经世应务"乃是黄宗羲的"一以贯之"之道。所以，全祖望曾说黄宗羲"既治经，则旁求之九流百家，于书无所不窥者。……既尽发家藏书读之，不足则抄之同里世学楼钮氏，澹生堂祁氏，南中则千顷斋黄氏，吴中则绛云楼钱氏。穷年搜讨，游屐所至，遍历通衢委巷，搜罗故书，薄暮一童肩负而返，乘夜丹铅，次日复出，率以为常"[3]。为了大量地搜集各方面的资料，黄宗羲还设立一间名为"续钞堂"的房舍专门用来抄书。据黄百家在其所编《续钞堂书目》序文中语："壬寅以来，余家所得野史遗集，绝学奇经殆不胜纪，

---

① （清）黄宗羲：《南雷文定》后集卷三，《赠编修弁玉吴君墓志铭》，第 31 页。
② （清）全祖望撰，朱铸禹汇校集注：《全祖望集汇校集注·鲒埼亭集内编》卷十一，《梨洲先生神道碑文》，第 219 页。
③ （清）全祖望撰，朱铸禹汇校集注：《全祖望集汇校集注·鲒埼亭集内编》卷十一，《梨洲先生神道碑文》，第 214 页。

道虽穷矣，书不可谓不富。而家大人方将旁搜遍采，不尽得不止，则是目所未见，世所绝传之书，数百年来沉没于故家大族而将绝者，于今悉得集于续钞，使之复得见于世。"① 可见，他为了搜集文献资料和著述花费了不少心血。

黄宗羲的不少学术见解与宋明理学家的主旨有所不同，大都贯穿着"经世应务"的根本精神，体现出他强烈的时代责任感。他所著《明儒学案》和《宋元学案》两书，开创了中国古代学术史上学案体史籍撰写体例之先河。在这两部学术史专著中，他全面考察了宋、元、明三代学术思想史的发展脉络，在对宋明理学史的总结中，他指出人们不应被旧说所束缚，认为"学问之道，经各人用得着者为真"，而不应以"先儒之语录"为成说定论盲目加以崇拜。由于学术倾向之不同，对真理应该能够大胆认识，敢于怀疑，不断地努力探求，因为"道非一家之私"，只要认真读书，努力钻研，反复思考，就有可能求得到真知灼见，"求之愈难，则得之愈真"②。显然，这对于人们摆脱宋明理学的传统束缚，解放思想，有着积极的现实意义。

黄宗羲潜心经史等研究，大量搜罗各家文集等资料，选择其精华，摘录其要旨，大致在康熙中叶③ 著成《明儒学案》一书，全书共计六十二卷，于卷首列《师说》，上起明初的方孝孺，下至明末的许孚远，他区分类聚，依照时间之先后，共列十九个学案，对有明一代二百余名儒者的生平学行及思想特点加以评论，揭示了明代二百余年儒学思想发展的脉络，使一代学术源流得以明晰地展现出来。

《明史·儒林传》中语："明初诸儒，皆朱子门人之支流余裔，……学术之分，则自陈献章、王守仁始。宗献章者曰江门之学，孤行独诣，其传不远。宗守仁者曰姚江之学，别立宗旨，显与朱子背驰，门徒遍天下，流传逾百年，其教大行。"④ 黄宗羲之学出于王守仁，于学术思想上，他具有明显

---

① （清）黄宗羲：《黄宗羲全集》、《南雷文集》附《学箕初稿》卷一，《续钞堂藏书目序》。
② （清）黄宗羲：《南雷文定》三集卷二，《御史余公墓志铭》，第 26 页。
③ 关于《明儒学案》一书的成书时间说法不一，对于这一问题，业师陈祖武先生曾有详细的阐述，请参见《清初学术思辨录》六，《黄宗羲与浙东学术》，中国社会科学出版社 1992 年，第 122—123 页。
④ 《二十五史》（第十册），《明史》卷二百八十二，列传卷一百七十，第 787 页。

的"尊王抑薛"之倾向。他在《明儒学案》一书的《姚江学案》中曾经这样说："有明学术，白沙（即陈献章。——引者）开其端，至姚江（即王守仁。——引者）而始大明。"其所论述，以王守仁为学术正统。他又说："无姚江，则古来之学脉绝矣。"①可见，黄宗羲赞成陆、王"盈天地皆心"的心性观，认为人既禀气而生，人身便俱备万理，因而可以不假外求。而他对于薛瑄一派的议论，则持一种低调的态度。

正因为黄宗羲对王守仁心学的尊崇，所以《明儒学案》一书中所收学者及其学术观点和思想渊源，无论是其内容，还是其分量，都是以王守仁学说为中心。其中，反映王守仁学说的除了王守仁个人的专传《姚江学案》之外，还有"浙中王门学案"、"江右王门学案"、"南中王门学案"、"楚中王门学案"、"北方王门学案"和"粤闽王门学案"六大学案，而其中的"止修学案"和"泰州学案"两学案也可以算得上王学学派，只是稍稍有些变化而已，因此，王门学案几乎占据了整个"明儒学案"的一半以上。

朱子之学发展到明朝之时，已经暴露出种种弊端，程朱理学此时已经成了统治阶级教化臣民的僵死教条。恰恰相反，王守仁心学则提倡反对权威，强调个人的主观能动性，如王守仁认为，人的良知是判断正确与错误的标准，而不能以孔子或者朱熹的言论来作为判断标准。这种敢于否定权威，以自己本来具有的道德准则来作为判断是非标准的说法，在当时环境下，无疑是一剂强心针，可谓令人耳目一新，客观上起到了推动人们思想解放的巨大作用。显然，王守仁的思想学说有一定的合理性。正因为如此，陆王学说才发展成为当时声势浩大的一学派。从此意义上讲，《明儒学案》以王守仁为明代的学术中心骨干人物，也是当时思想学说客观实际的反映。

诚然，黄宗羲的王学与王守仁当年所传王学学说已有很大不同，发生了较大的变化，因此，说他是王学的修正者也未尝不可。黄宗羲早年从刘宗周受学，而终身奉为依归，所以他又被人目为王学嫡派。但是，对于明朝末期的王学流弊，黄宗羲甚为了解，所以其尽力克服。他曾经说："明人讲学，袭语录之糟粕，不以六经为根底，束书而从事于游谈。"正因为如此，他才大力提倡学者要以读书为重，所以，"凡受公（即黄宗羲。——引者）之教

---

① （清）黄宗羲著，沈芝盈点校：《明儒学案》卷十，《姚江学案》，第178页。

者，不堕讲学之流弊"①。他还批评"言心学者，则无事乎读书穷理；言理学者，其所读之书，不过经生之章句，其所穷之理，不过字义之从违"，"封己守残，摘索不出一卷之内"。②认为学者不仅要读书，而且要多读书，只有这样，才能够明白事理，把握其变化。不然的话，抱残守阙，则其见识难广，"读书不多，无以证斯理之变化"。在"读书证理"的同时，黄宗羲还要求人们"求理于心"，认为读书"多而不求于心，则为俗学"③。由此可见，他仍然没有摆脱王学之藩篱，诚然，他也不可能偏离得太远。所以，梁启超就曾经指出，说："梨洲黄子之教人，颇泛滥诸家，然其意在乎博学详说以集其成。而其归究于蕺山（即刘宗周。——引者）慎独之旨，乍听之似驳，而实未尝不醇。"④

业师陈祖武先生曾经总结《理学宗传》和《明儒学案》二书之关系，说："学如积薪，后来居上。取《明儒学案》与《理学宗传》并观，无论是史料的翔实，体例的严整，还是对不同学派渊源传承的梳理，《明儒学案》皆胜过《理学宗传》。然而，始为工者难，继成之者易，这亦是情理中事。唯其如此，尽管在《明儒学案》卷首《发凡》中，黄梨洲对《理学宗传》颇有微词，评为：'钟元杂收，不复甄别，其批注所及，未必得其要领，而其闻见，亦犹之海门（周汝登，撰有《圣学宗传》。——引者）也。'但是，宗羲亦在书中辟出专节，表彰孙夏峰学行，赞许《理学宗传》'别出手眼'。以往，论者每每取梨洲《发凡》语，而不及其夏峰学按语，故而忽略了从《理学宗传》到《明儒学案》之间，存在一个后先相承的关系。"陈先生还说："其实《明儒学案》之与《理学宗传》，不惟因同属学案体史籍而体例略同，而且由于著者学术宗尚的相近而立意亦类似。一言以蔽之，皆旨在为阳明学争正统。所以，孙夏峰把周敦颐经朱熹到王阳明，视为宋明理学的必然发展

① （清）全祖望撰，朱铸禹汇校集注：《全祖望集汇校集注·鲒埼亭集内编》卷十一，《梨洲先生神道碑文》，第219页。
② （清）黄宗羲：《南雷文定》前集卷一，《留别海昌同学序》，第16页。
③ （清）全祖望撰，朱铸禹汇校集注：《全祖望集汇校集注·鲒埼亭集内编》卷十一，《梨洲先生神道碑文》，第219页。
④ 梁启超著，朱维铮校注：《梁启超论清学二种》，《中国近三百年学术史》引陈汝咸语。语见（清）全祖望撰，朱铸禹汇校集注：《全祖望集汇校集注·鲒埼亭集内编》卷十六，《大理悔庐陈公神道碑铭》，第295页。

过程，断言：'接周子之统者，非姚江其谁与归？'而黄梨洲亦以阳明学为明代理学大宗，宣称：'无姚江则古来之学脉绝矣。'所不同者，只是二书起止时间范围各异。《理学宗传》通古为史，《明儒学案》则断代成书。通古为史而仅 26 卷，断代成书而竟达 62 卷，详略悬殊，不言而喻。"[1]先生之言，可谓一语中的，道出了个中原委。

黄宗羲在完成《明儒学案》一书之后，就准备着手编撰《宋元学案》一书。他多方收集资料，撰文作序，但遗憾的是未竟而卒，仅仅完成十七卷。其后，由其子百家，以及私淑弟子全祖望等继续增补撰写，再经过后人的校勘补正，最后将全书正式厘定为一百卷，遂成今本。此书将宋、元两代的学术思想，依照不同的流派加以系统的总结，书首置《序录》，使人概见其大略，对宋元两代的学术流变可了如指掌。以下分列安定、泰山、高平、庐陵、古灵、百源、濂溪、明道、伊川、横渠、晦翁诸学案；又立新学、蜀学、屏山诸略，"以著杂学之纷歧，大都重辟禅学"[2]；最后列元祐、庆元党案与两宋道学的兴废相关。每一个学案都是先列一表，列举师友弟子传承，以明学术师承之渊源；继而阐述传主之生平学行、思想主张和著作，又附逸事及后人的评论。此外，书中还有许多作者的按语，内容大多是史实考证和校勘说明等。

总体而论，黄宗羲对于程朱、陆王两派学术之态度，在其所著《宋元学案·象山学案》一部分当中，可以窥得一二。在本卷按语中，其对朱陆学术的异同进行了充分的梳理、比较和分析，从其中所反映出的实际情况来看，黄宗羲是持调和态度的。一言以蔽之：和会朱陆而右陆。

黄宗羲语曰："嗟呼！圣道之难明，濂洛之后，正赖两先生继起，共扶持其废堕，胡乃自相龃龉，以致蔓延今日，犹然借此辨同辨异以为口实，宁非吾道之不幸哉！虽然，二先生之不苟同，正将以求夫至当之归，以明其道于天下后世，非有嫌隙于其间也。道本大公，各求其是，不敢轻易唯诺以随人，此尹氏所谓'有疑于心，辨之弗明弗措'，岂若后世口耳之学，不复求之心得，而苟焉以自欺，泛然以应人者乎！况考二先生之生平自治，先生之

---

① 陈祖武：《清儒学术拾零》一，《蕺山南学与夏峰北学》，第 15 页。

② （清）黄宗羲著，陈金生等点校：《宋元学案》卷首，《校刊宋元学案条例》，中华书局 1986 年，第 22 页。

尊德性，何尝不加功于学古笃行，紫阳之道问学，何尝不致力于反身修德，特以示学者之入门各有先后，曰'此其所以异耳'。"① 可见，在黄宗羲的心目中，朱陆两派学术只是入门途径不同，如一车之两轮，可以相辅相成，尽管有所差异，但其终极目的是相同的。二者虽然不同，但并不是绝对对立，而是相互兼容的。

黄宗羲还说："然至晚年，二先生亦俱自悔其偏重。稽先生之《祭东莱文》，有曰：'比年以来，观省加细。追维曩昔，粗心浮气，徒致参辰，岂足酬义！'盖自述其过于鹅湖之会也。《与诸弟子书》尝云：'道外无事，事外无道。'而紫阳之亲与先生书则自云：'迩来日用功夫颇觉有力，无复向来支离之病。'其别《与吕子约书》云：'孟子言，学问之道，唯在求其放心。而程子亦言，心要在腔子里。今一向耽著文字，令此心全体都奔在册子上，更不知有己，便是个无知觉、不识痛痒之人，虽读得书，亦何益于我事邪！'《与何叔京书》云：'但因其良心发见之微，猛省提撕，使此心不昧，则是做工夫底本领。本领既立，自然下学而上达！若不见于良心发见处，渺渺茫茫，恐无下手处也。'又谓：'多识前言往行，固君子所急，近因反求，未得个安稳处。却始知此，未免支离。'《与吴伯丰书》自谓：'欠缺涵养本原工夫。'《与周叔谨书》：'某近日亦觉向来说话有太支离处，反身以求，正坐自己用功亦未切耳。因此减去文字功夫，觉得间中气象甚适。每劝学者亦且看《孟子》道性善、求放心两章，着实体察，收拾此心为要。'又《答吕子约》云：'觉得此心存亡，只在反掌之间，向来诚是太涉支离。若无本以自立，则事事皆病耳，岂可一向汩溺于故纸堆中，使精神昏蔽，而可谓之学！'又书：'年来觉得日前为学不得要领，自身做主不起，反为文字夺却精神，不为小病。每一念之，惕然自惧，且为朋友忧之。若只如此支离，漫无统纪，辗转迷惑，无出头处。'观此可见二先生之虚怀从善，始虽有意见之参差，终归于一致而无间，更何烦有余论之纷纷乎！且夫讲学者，所以明道也。"② 于此可知，在黄宗羲看来，朱陆学术之不同，只是发生在早年，而到了晚年，二人观点则"归于一致"。

---

① （清）黄宗羲著，陈金生等点校：《宋元学案》卷五十八，《象山学案》，第 1886 页。
② （清）黄宗羲著，陈金生等点校：《宋元学案》卷五十八，《象山学案》，第 1886—1887 页。

尽管黄宗羲对于程朱陆王学术持调和态度，但并不是居中持平的，而是表现出其右陆的倾向。例如我们上段所引内容，在其材料的取舍和编排上，是详陆而略朱的，其比重显然是不一的，述朱者仅仅有《祭东莱文》和《与诸弟子书》两篇，而述陆者则多达六篇之多，并且，有的一则资料还曾经引用两次，可见其右陆倾向。对于朱子晚年的看法，则是直接沿袭王守仁《朱子晚年定论》之成说，黄宗羲认为王守仁是书，尽管"虽或有出于早年者"，但"其大意则灼然不失也"①，所以，对其一概不加辨别是非地予以肯定。

综上所述，陆王学术到了明末清初，已是强弩之末，盛极而衰，王学"空谈误国"，成为一时学者舆论的主流所在。王学大儒李颙、孙奇逢、黄宗羲等先后通过讲学和著述来维护陆王学术在封建儒学中的正统地位。尤其是黄宗羲，先后著述《明儒学案》和《宋元学案》，来修正陆王心学，为陆王学术力争正统地位。可以说，黄宗羲于学术史上的巨大贡献，不仅仅是体现在其学术思想上，而且亦体现在其学术史编纂体例上，为后世留下了宝贵的遗产。

第五节　浙东余姚邵氏王学

明清交替之际，社会动荡，仍有一些士人、知识分子在陆王心学思想中寻求心灵的慰藉，浙江余姚邵曾可即是其中学者之一。邵曾可在此时将陆王心学学说引入邵氏家学，从此，开启了浙东余姚邵氏王学。诚然，浙东余姚邵氏王学的发展可以说是受当时政治、经济和文化的影响，在不同时期表现出不同的特点：邵曾可把陆王心学全盘地引入邵氏家学，将王守仁"良知"之学作为其终生信条；其后，邵廷采在其父祖的影响下兼采各家学说，进一步丰富和发展了邵氏王学之内涵；后来的邵晋涵在恪守"良知"说的前提之下，更加倾向于"格物"。但无论怎样变化，浙东余姚邵氏学人都坚守着王守仁心学的"良知"本旨。清朝中期以降实行严苛的思想文化政策，迫于政

---

① （清）黄宗羲著，陈金生等点校：《宋元学案》卷四十八，《晦翁学案》，第 1555 页。

治方面的压力，邵氏王学逐渐走向隐匿，以一种新的面目呈现在世人面前。总之，浙东余姚邵氏王学有着自己独特的思想特点，其思想的重心一直是在"性理"与"格物"之间摇摆。这恰恰反映出了当时他们所处社会的现实，这一现象可谓当时学术发展的真实写照。

一　浙东余姚王学脉络

浙东余姚是明代大儒王守仁的祖籍，陆王心学学说氛围自然尤为浓厚。在余姚，有诸多学者和官员选择笃信陆王心学思想学说，且将陆王心学作为终身信仰，奉为圭臬。王守仁的众多弟子及其再传弟子亦是如此，对王守仁心学学说的传播和发展起到了重要的作用。王守仁的余姚籍弟子中较著名者有徐爱、钱宽、胡瀚、夏淳等人，他们对陆王心学学说的传播和发展做出了重大贡献。他们作为王守仁的亲传弟子，所得到的皆是纯正的王学思想，同样，也正是在他们的努力之下，极大地丰富和发展了陆王心学，使得陆王心学进一步发展和传衍。

徐爱（1487—1518），字曰仁，号横山，正德三年（1508）进士。徐爱是王守仁最早的入室弟子之一，也是王守仁的妹婿。他一生笃信王守仁的"良知"之学，生前曾经整理《传习录》一书，惜未能刊刻，后来王守仁另一弟子钱德洪完成其遗愿。在王守仁心学学说尚未得到社会普遍认可之时，他帮助王守仁阐释并进一步完善了王守仁的"良知"学说，且帮助其料理授课的事业。只可惜，天不假年，他去世时年仅三十一岁，可谓英年早逝。徐爱对于王守仁心学学说的贡献就是他作为王守仁最亲近之人，"性深纯开徹，善发师门旨意"[①]，对王守仁的思想学说进行了阐释和完善，传授给其他门徒，王守仁称其为"吾之颜渊也"[②]。可见，徐爱在王守仁心目中的地位。

钱宽（1496—1574），字德洪，号绪山，人称"绪山先生"，王守仁弟子，嘉靖十一年（1532）进士及第，后罢官归野，在野三十年，无日不讲

---

① （明）邵廷采著，祝鸿杰点校：《思复堂文集》卷一，《王门弟子所知传》，第 42 页。
② （清）黄宗羲著，沈芝盈点校：《明儒学案》卷十一，《浙中王门学案一》，第 220 页。

学,著有《绪山会语》、《绪山集》和《濠园记》等书,又编写刊刻了《传习录》和《阳明先生年谱》等书。钱宽认为王守仁的"致良知"是在事物上磨炼的工夫,是渐修的工夫,与同为王门"教授师"的王畿讲求"悬崖撒手"①的顿悟学问形成鲜明的对比。在天泉证道之时,王守仁充分肯定了钱宽的修养工夫②,由于钱宽的渐修工夫更加贴合传统儒学,因此,传播的范围也更为广泛。钱宽在余姚坚持讲学三十年之久,将王守仁心学思想学说洒遍余姚的山山水水,滋养了余姚的阳明后学。

胡瀚(1381—?),字川甫,幼承家学,曾著有《心箴图》一书,后向王守仁问学,王守仁曾称年少的胡瀚为"小友"③。其学以求心为宗,谓:"心无内外,无动静,无寂感,皆心也,即性也。其有内外动静,寂感之不一也,皆心之不存焉故也。"④他曾在天真书院会讲。在王守仁去世之后,"王学"门户渐分,胡瀚极力反对,说:"道也者,天下之公道;学也者,天下之公学也,何必列标宗旨哉!"⑤当时,朱子学仍然是主流学说,许多学者都在攻击新生的王守仁心学,这也使得王学内部有些学人对王守仁心学思想心生疑虑,产生动摇。于是,胡瀚便不厌其烦地为同学一一论证王守仁心学的正统性,可见其为了陆王心学真的是不遗余力。

夏淳(生卒年月不详),字惟初,别号复吾,奉侍继母以孝闻于里,明代学者,也是王守仁的弟子。当时,魏庄渠(即魏校,字子才,一作子材。——引者)主"天根"、"天机"之说,夏淳曰:"指其静为天根,动为天机,则可;若以静养天根,动察天机,是歧。动静而二之,非所以语性也。"⑥他指出"天根"和"天机"本是一物,"静"则为"天根",而"动"

---

① (清)黄宗羲著,沈芝盈点校:《明儒学案》卷十二,《浙中王门学案二》,第239页。
② 《王阳明年谱》中关于"天泉证道"一节,王阳明的话叙述得十分清楚:"我今将行,朋友中更无论证及此(四句教义)者。二君之见,正要相取,不可相病;汝中须用德洪功夫,德洪须透汝中本体,二君相取为宜,吾学更无遗念矣。"
③ 据邵廷采的《思复堂文集》中《王门弟子所知录》记载:"其从父支湖召语曰:'孺子愿学乎?学在心,心以不欺为主。'乃著《心箴图》就正文成,文成曰'吾小友也'。"
④ (清)黄宗羲著,沈芝盈点校:《明儒学案》卷十五,《浙中王门学案五》,第329页。
⑤ 转引自朱赟:《新发现的黄宗羲佚文一篇〈姚江书院志略〉:"姚江书院配食附议"》,《今日论坛》2015年第6期(下),第124页。
⑥ 转引自朱赟:《新发现的黄宗羲佚文一篇〈姚江书院志略〉:"姚江书院配食附议"》,第124页。

则为"天机"，与其师王守仁提出的"万物一体"有异曲同工之妙。①夏淳在余姚广兴社学，并将礼教看作是第一要务。

王门弟子中还有一些专以讲学授徒为业者，他们讲学过程中，对王守仁心学思想的讲习使得王学在更广阔的范围内得以传播，如范引年和柴凤等人皆是如此。范引年，字兆期，号半野，王守仁弟子。他在福建青田授徒讲学，将陆王心学思想学说传播到青田地区，受到青田当地士子们的认可，因此，青田人还为王守仁建祠祭祀，以示纪念。柴凤，字后愚，王守仁弟子。他曾经主天真书院教席，以治学严谨而著称，从学者甚众，亦传播和发展了王守仁心学学说。

还有一些浙东余姚籍官员，因笃信陆王心学，而成了王门弟子，如孙应奎、闻人铨和赵锦等人。孙应奎，字文卿，号蒙泉，嘉靖己丑（1529）进士，曾任江西参政、右副都御史等职，后来辞官居家三十年，从事讲学授徒，教授学生王守仁的"良知"之学，一生以《传习录》为规范。闻人铨，字邦正，别号北江，嘉靖丙戌（1526）进士，知宝应县，后擢御史。他曾与钱德洪等人共同编撰《阳明文录》一书，其中有他与王守仁论学三书。是书对于保存王守仁的思想学说起到一定的作用。赵锦，字元朴，号麟阳，嘉靖甲辰（1544）进士，知江阴县，后擢御史。赵锦师事王守仁，一生皆笃信王守仁心学学说，教人以躬行为本，曾经上疏建议朝廷将陈白沙和王守仁二大儒从祀文庙，以提高他们的地位。

上述王门弟子无一例外都接受了王守仁心学思想学说，衷心聆听其教诲，并终生恪守和传播师说，这对王学思想学说的发展和传播，以及对王学典籍的刊刻印行和保护皆做出了巨大的贡献。同样，他们也丰富和发展了陆王心学思想学说，使之更加符合当时社会现实的需求，为王学学说成为明朝中后期的主流思想做出了巨大贡献。

在明末清初的复杂形势下，王门弟子不仅恪守师说，而且根据社会现实需要修正和丰富王学思想学说内涵。余姚自王守仁倡"致良知"说以来，王学的发展便不绝如缕，到了崇祯初年，学者沈国模、管宗圣、史孝咸等人讲学于半霖（即姚江书院。——引者），因建义学，祀先贤王守仁，讲习"致

① （清）邵廷采著，祝鸿杰点校：《思复堂文集》卷一，《王门弟子所知传》，第45页。

良知"学说。此后，姚江书院便成为传播王守仁心学思想的主阵地。当时，初建姚江书院，正值佛释之说对王守仁心学浸染深厚之时，一些士大夫及文人学者对王学颇多微词。于是，沈国模"愤举业陷溺天下之人不知圣学，奋然弃诸生、倡明之"①，建姚江书院以传播光大王学。与沈国模同时的管宗圣则"以躬行实践为则，一言一行准乎礼"②，以实践为原则，以礼法为准绳来治学。而史孝咸则认为"令学者鞭辟近里，以立诚为第一步"③，主张做学问首要的是要"立诚"。

沈国模（1575—1656），字叔则，号求如，因其晚年曾居住在横岙的石浪山，又号"石浪老樵"，是晚明著名王学传人之一，也是姚江书院的首创者之一。余姚自王守仁讲授"致良知"之学，弟子遍及各地。同乡传授王学的，首推徐爱、钱德洪、胡瀚、闻人诠等人，再传就到了沈国模。沈国模年少之时，不满举业陷溺天下学子，于是弃诸生而好读《传习录》，以明儒道为己任。曾参与刘宗周的证人讲会，回来后即与管宗圣、史孝咸等志同道合者创建了半霖义学，讲授王守仁的"良知"之学说。半霖义学一时成为浙东王门后学汇聚之地和学术传播的主阵地。沈国模信奉王学，宣扬王守仁"良知"学说，教人当下拾取。因此，当时尚有人误以为其学说近于禅道，但沈国模言行敦厚高洁，品行诚笃，世人推其为"醇儒"。明朝灭亡，当闻听刘宗周以死殉国，沈国模则痛哭不止，进而讲学愈勤。到了清初，隐居石浪，不重著述。于顺治十三年（1656）卒，享年八十有二。

管宗圣（1577—1641），字霞标，号允中，晚明王学传人之一。其为人孝友忠亮，在明末纷乱的社会环境下，管宗圣深刻认识到"人心不正，在学术不明"④，因而与沈国模、史孝咸等志同道合者会讲阳明之学，阐述"良知"之说。管宗圣尤为重视躬行实践，将礼法作为言行的准则。于崇祯十四年（1641）卒，享年六十有四。

史孝咸（1582—1659），字子虚，号拙修，亦是晚明王学著名传人之一。

---

① （清）邵廷采著，祝鸿杰点校：《思复堂文集》卷一，《姚江书院传》，第52页。
② （清）邵廷采著，祝鸿杰点校：《思复堂文集》卷一，《姚江书院传》，第53页。
③ （清）邵廷采著，祝鸿杰点校：《思复堂文集》卷一，《姚江书院传》，第54页。
④ （清）邵廷采著，祝鸿杰点校：《思复堂文集》卷一，《姚江书院传》，第53页。

史孝咸在沈国模之后主姚江书院，他曾说："良知非致不真。"[1] 又曰："空谈易，对境难。于'居处恭，执事敬，与人忠'三语，精察而力行之，其庶几乎！"[2] 他认为学者学宗孔孟，教遵先哲，不需要从禅学那里寻求捷径。总体看来，他的思想倾向与钱德洪相类似，与沈国模的思想可谓相得益彰。据史料记载，史孝咸"家贫，日食一粥，泊如也"[3]，但其仍能安贫乐道，固守着作为儒者的志向，终生坚持"君子食无求饱，居无求安"的信条。于顺治十六年（1659）卒，享年七十有八。

　　沈国模、管宗圣、史孝咸等主持姚江书院时，书院内王学学术氛围十分浓厚，四方学子慕名而至者甚众，于此会谈讲学、探讨学问，碰撞出思想火花。姚江书院一时间成为浙东地区的王学大本营。举办证人学会的刘宗周曾评价道："求如（即沈国模。——引者）之斩截，霞标（即管宗圣。——引者）之笃实，子虚（即史孝咸。——引者）之明快，一时共相伯仲。"[4] 刘宗周认为姚江书院内诸先生各有其特点：沈国模主张"良知说"，管宗圣主张"躬身亲为"，史孝咸则主张"修身见性"，可见，他们皆力主王学思想学说，大力传播和发扬光大陆王心学思想。

　　韩孔当（1599—1671），字仁父，沈国模高足之一。其学问以"致知"为宗，修正改过为辅。韩孔当早年曾经学禅，深深了解禅学之危害，于是，力挽坠绪，剖析佛学之害，并劝导学生，曰："圣人天地万物一体，学者无自狭小。"[5] 又说："佛氏与圣人异，大端在君父上。"[6] 这一点，可以说是承袭了王守仁对佛教的观点，"只是成就他一个私己的心"[7] 而已。他认为佛学所讲"一切归于虚空"是不可取的，圣人之道是为了把握心性本体的大公境界，实现"修身、齐家、治国、平天下"的伟大理想。韩孔当对于佛教的态度，对后来的邵廷采影响很大。他认为囊括了天地万物的儒学才是学人们一

① 《二十五史》（第十二册），《清史稿》卷四百八十，《儒林传》卷一，第 1497 页。
② 《二十五史》（第十二册），《清史稿》卷四百八十，《儒林传》卷一，第 1497 页。
③ （清）江藩著，钟哲整理：《国朝汉学师承记·附国朝经师经义目录国朝宋学渊源记》，《国朝宋学渊源记》附记，《史孝咸》，中华书局 1983 年，第 181 页。
④ （清）邵廷采著，祝鸿杰点校：《思复堂文集》卷一，《姚江书院传》，第 54 页。
⑤ （清）邵廷采著，祝鸿杰点校：《思复堂文集》卷一，《姚江书院传》，第 55 页。
⑥ （清）邵廷采著，祝鸿杰点校：《思复堂文集》卷一，《姚江书院传》，第 55 页。
⑦ （明）王守仁撰，吴光等编校：《王阳明全集》卷一，《语录一》，《传习录上》，第 26 页。

生应该追寻的，一个人应该不断的追求人与天地万物的和谐统一，不断完善自身，让万物一体归于"我心"，看透名利仅是个"小歇脚"而已。韩孔当对王守仁心学的一腔热忱，至死不休，即使是在重病之际，仍对其弟子说："吾于文成宗旨，梦醒觉有新得。"①

姚江书院自沈国模、史孝咸、管宗圣三先生创建以来，讲授王学之风气逐渐浓厚，在姚江书院内形成了自己一整套的王学思想特点和风尚。当时，余姚邵曾可师从史孝咸，深得王守仁思想学说之宗旨，随即将王学思想学说引入邵氏家学，得以进一步发扬光大，因此，其也成为浙东邵氏家学中的重要组成部分。其后，邵曾可之子邵贞显亦在姚江书院问学多年，其孙邵廷采更是自幼深受姚江书院王学思想学说的熏陶，且能够兼采各家学说，丰富和发展了王学思想，使邵氏家学中的王学思想达到顶峰。再到后来的邵晋涵，此时由于社会大环境的巨大变迁，使得邵氏家学受当时的社会现实和学术风气之影响，其学术表现为不离"良知"的考据，由性理到训诂，且以史为重，对性理的探讨则相对减少了许多。但是，王守仁心学作为邵氏家学的一个重要组成部分，不可能完全消失殆尽，而是随着社会的变迁，以另外一种面目呈现出来，并为后学发扬光大。

二 余姚邵氏王学的产生

浙江余姚邵氏王学发端于明末清初的邵曾可。邵曾可师从当时著名的浙东王学家史孝咸，学于姚江书院。邵曾可开始将王学学说引入邵氏家学，其子贞显，其孙廷采皆受其影响而笃信王学学说，使得邵氏王学学说进一步光大。邵曾可、邵贞显于当时还收集整理了大量余姚当地的王学文献，为后人学习和研究王学思想提供了丰富的资料和极大的便利，以另外一种方式传播和发展了王学思想学说。邵曾可生活在一个动荡不安的时代，明王朝局势江河日下，随后，清军大举南下，余姚当地军民展开全面的抗清斗争，为余姚邵氏打下了深深的时代烙印，这也明显地反映在他们的思想学说当中。

---

① （清）邵廷采著，祝鸿杰点校：《思复堂文集》卷一，《姚江书院传》，第54页。

大明王朝自正统朝（1436—1449）开始，渐渐走向下坡道。当时，朝廷上下，一片混乱不堪，无人过问朝政；内侍宦官专权，更加使得政治黑暗；边疆防备松弛，蒙古兵不停南下骚扰；再加之封建社会固有的地主阶级与农民阶级之间的矛盾，随着土地兼并之风的加剧而日炙。总之，明中叶的政治压迫和经济剥削更加严重，再加之北方少数民族的不断袭扰，使得百姓无法继续生活下去，百姓们不得不起而反抗，随着时间的推移，人民的反抗也大规模的爆发开来，这种外部袭扰和内部起义猛烈地折磨着明王朝。

明世宗昏聩不堪，痴迷于道教，不理政事。奸臣严嵩弄权，招财纳贿，甚至贪污军饷，造成边防空虚。明神宗时，尽管有了张居正的改革，试图力挽狂澜，整顿吏治，改革经济，修治边防，延缓政治危机的爆发。但是，到了万历十年（1582），随着张居正的去世，他的改革也如同大明朝的迷梦一样幻灭。而后的明光宗、明熹宗以及明思宗三帝，尽管亦想方设法挽救大明王朝之颓势，却已经没有足够的力量来扭转乾坤。

在经济方面，明代自嘉靖、万历以来，商品生产与交换已经相当发达，资本主义生产关系的萌芽在这一时期产生，尽管只是幼小的新芽，但是已经显露出强大的生命力。明朝对下层百姓的横征暴敛加重了下层百姓的负担，同时也摧残了工商业的发展，严重损害了商人、手工业者以及农民的利益，迫使各阶层的人民纷纷起而反抗，不断掀起群众性的斗争风暴。如万历二十七年（1599），山东临清等地爆发了百姓反对矿监税使的斗争。

明朝廷内部犹如一个巨大的毒瘤在日夜吞噬着明王朝的生命力；于外部，亦有较大的压力，倭乱①给东南沿海地区的社会经济和人民生活造成了极大的破坏，北方蒙古的俺答部不断南下侵扰，东北的建州女真亦在迅速崛起。这些都给本已风雨飘荡的明王朝更大的困扰。面对内忧外患，最高统治者并没有采取相应措施，反而使得明朝政府内部的争权夺利更加白热化，党派林立，各个政治派别之间为了政治权利和经济利益等不惜相互拆台，相互打压，钩心斗角，党争激烈。

此时的明朝，从内到外已经乱作一团，没有足够的精力去关心百姓的死活，下层民众纷纷揭竿而起。在天启和崇祯年间，一场震撼全国的农民大起

---

① 明朝嘉靖（1522—1566）年间的倭患特别猖獗。

义势如破竹,迅猛异常。明帝国终于在这场暴风骤雨中土崩瓦解。大顺农民军攻陷北京的消息传到江南,为了使旧王朝能够苟延残喘,同时又能借机获取自己的政治地位,统治阶级内部迅速拥立了朱由崧为新帝,建立了弘光政权。由于农民军的阶级狭隘性,李自成的大顺军并没有巩固其胜利成果,随着吴三桂引领清军入关,刚刚占领的北京便毫不费力地落入到清朝的手中。清军大举南下,遭到了江南人民的拼死反抗。弘光政权覆亡后,士大夫又相继拥立鲁王、唐王和桂王为帝,继续与清朝抗衡。

大明江山被满洲贵族所取代,这被时人看作是"天下皆亡"的大事件,深受儒家文化浸染的汉族士人从骨子里不愿被他们称之为"蛮夷"的外族所统治。加之,清入主中原之后推行的"剃发易服"等政策,对那些敢于抵抗的汉族百姓进行血腥镇压,这些不仅给予汉族士人国破家亡的伤痛,而且是对其心灵的巨大震撼。在这场血雨腥风的杀戮过程中,激荡出了清初士人独特的士风品格。

首先,耿介清高,交游慎重。清初的士人群体,包括明遗民在内的士人,将儒家的忠孝观看的极为重要,头可掉而发不可剃,言行中往往流露出对明朝覆亡的痛心以及悲天悯人的伤感情调。

清初的几十年,经历了晚明的层层盘剥,农民起义的打击,外族的蹂躏以及三藩战火的波及,财政匮乏,物资短缺,百姓流离失所,朝不保夕。清初士人所处的生存状况可窥见一斑,许多士人的家产或是被洗劫一空,或是散尽于奔波逃命的途中。社会动荡不安,生活艰难困苦,士人或隐居市井,或渔耕采樵,或讲学游幕来获得微薄的薪金以勉强糊口。文人学士生活穷苦惨淡,捉襟见肘。如"往日之穷,以不举火为奇;近日之穷,以举火为奇"①。连"举火"都成了稀罕事,清初士人生计可见艰难如此。然而,国仇家恨,山河破碎依旧激发着士人的铮铮傲骨;安贫乐道,不苟富贵的儒家思想仍然使这些清贫士人不坠青云之志。他们甘心过着居陋巷、箪食瓢饮却依然不改其志的清苦生活;保持着不愿为五斗米折腰的气节;有着乐天知命、忧道不忧贫的心理。

清初士人这样一种生存境遇和精神境界,也体现在他们的交游观和处世

①　（清）王晫原著,陈太庚译注:《今世说》卷二,《言语》,东方出版社 1996 年,第 16 页。

态度上——淡泊名利，不喜仕途。他们蔑视权贵，性不喜俗，"丈夫处世，固不当为贤士大夫所弃，亦不当为庸众人所容"①，由此可见，当时士人超越世俗的心理。士人坚持自己的交游原则，不受馈赠，君子之交淡如水。这与他们保持高尚的气节，特立独行的品质是严格一致的。尽管生活清苦，内心郁结，他们往往也只接受朋友的帮助，结交的也是学术上的师友，或是情投意合的知己。

其次，恢复传统，恪守礼制。明朝中后期，王学思想兴起，强调个性，肯定狂放。当时的士人不拘小节，放浪不羁。明末的一些思想家提倡实学，主张经世致用，力主恢复忠孝节义。而明亡清兴的社会现实，给士人的不仅是家国沦丧的痛苦，更有着震撼心灵的文化危机。满洲贵族对汉人的服饰和风俗的强制改变，更大程度上是对儒家文化的冒犯，而汉族士人誓死捍卫的就是这种民族道义，他们赖以生存的就是这深厚的民族文化。对于清初士人来说，维护民族文化就是延续祖宗留下来的"血脉"。

随着清朝统治的逐渐稳固，士人们意识到复明无望，转而著书立说和讲学授徒，力图振兴儒家文化，将文化、道义、学术发扬光大。他们不能选择为明朝尽忠，就会选择为父母尽孝，兄友弟恭，尊师爱友，致力于传统道德的恢复。这一点，在邵曾可身上亦充分得到印证，史孝咸病了，作为弟子的邵曾可就每日走十余里去老师家看望，侍奉汤药，这样尽心尽力照顾先生。如此连续的半月时间，自己实在是挺不住，终于累倒生病，不久便去世了。这便是当时士人的"事师如父"。在那种动荡困窘的年代，朋友更是不可少。他们高歌，"良朋樽酒，吾故借以生者"②，他们相互扶持，患难与共，朋友有难，慷慨解囊。

再次，纵情山水，放浪形骸。明代的遗民与以往各代的遗民一样都有着同样的悲凉与苦楚，于是，他们在处世态度和价值取向上皆会自觉的采纳和效仿前人的做法。他们或是学习前人高尚的人格，爱国的精神；或是学习他们甘居清贫的恬然；或是学习他们忧国忧民的胸襟。而且，清初的士人也效仿了隐士的习性，多狂傲怪诞。

---

① （清）王晫原著，陈太庚译注：《今世说》卷二，《言语》，第15页。
② （清）王晫原著，陈太庚译注：《今世说》卷七，《任诞》，第26页。

明清之际，朝代更替，历次战争践踏，外族压制，这不仅加深了他们的痛苦，更加激发了士人的气节，使得他们的性格趋于超越和隐逸。沧桑巨变的阴影，国家命运的悲戚让士人们焦虑不安，他们面临着生存的窘迫和清高气节之间的矛盾之中，面临着赖以生存的文化信仰被破坏摧残的悲痛与迷茫。为了舒缓这种种痛苦与不安，他们亦常常会借酒消愁，借诗抒怀①。除了借酒浇愁，他们有时会纵情于山水之间，结友赋诗，抒发内心的郁塞。纵情山水成为当时士人知识分子们实现社会交往的一种很重要的方式。这可在邵廷采那里得到充分的印证。

最后，回归经典，广泛涉猎。明末实学的兴起，使得一些士人纷纷开始放弃空疏的学风，转而致力于各种经世致用的学问，如涉及的领域还有天文地理、农田水利、军事边防等方面。自明朝末年起，一些著名学者如杨慎、张溥和钱谦益等人就大力提倡回归经典，复兴古学。顾炎武则发出"经学即理学"②的倡议，黄宗羲也指出"守业者必先穷经"，以及"兼令读史"③的号召。邵廷采深受这一号召的影响，成为其忠实的拥趸。在顾炎武和黄宗羲等人的引导之下，一大批士人将目光投向传统典籍，探求经世治国之良策。清初士人沉湎于书籍，以读书立德，潜心修养。可以说，此时的士人将眼光放得更加宽广，涉猎更加广博。

国破家亡给予士人的震撼激发了他们的民族思想和情感，唤醒了他们身上的人格，他们奋起，意图恢复传统道德和传统文化。当时的时代和儒家的传统煅塑了清初独特的士人品格和风尚，甘于清贫的恬然，正气凛然的民族气节，谨慎的交游原则，以及笃行敦孝的行为。这一点在邵曾可身上体现得淋漓尽致。清朝统治者在刚刚入关之时，为了能够在中原站稳脚跟，随即实行了一些笼络汉人的文化政策，如依皇帝礼仪安葬崇祯帝，同时宣布废除"三饷"，允许百姓束发。但在农民起义军的步步失败，和清政府政权的逐步稳定，形势发生巨大变化的情况之下，他们便逐渐改变了此前的文化策略，

---

① 请参见王晫原著，陈太庚译注《今世说》卷七，《任诞》，第 26 页。
② （清）全祖望撰，朱铸禹汇校集注：《全祖望集汇校集注·鲒埼亭集内编》卷十二，《亭林先生神道表》，第 227 页。
③ （清）全祖望撰，朱铸禹汇校集注：《全祖望集汇校集注·鲒埼亭集内编》卷十一，《梨洲先生神道碑文》，第 219 页。

强制推行一些民族压迫和歧视政策。如圈占汉人的土地房屋，强迫失地农民为奴；屠城以维持其民族压迫；强迫汉人剃发易服，遵从满人风俗；制定逃人法，扼制人口的逃亡等。

浙江余姚，这块出产过"十八学士"[①]、"三阁老"[②]的土地，与明王朝有着千丝万缕的联系，当明朝覆亡之际，这些当时的名士怀着"皇恩必报"的信念与"同国存亡"的决心参与到抗清斗争的行列中，竭力扶助南明政权，幻想有一天能够王朝重建。虽然他们这种"忠君爱国"的思想和行为具有一定的阶级狭隘性，但在外族入侵之时所表现出来的民族气节依然是难能可贵的。据邵廷采所著《东南纪事》一书中记载，邵一梓及其兄弟在四明山中屯驻了数万人进行抗清活动，直至最后战败被俘，仍然是"仰首，骂，不跪"。

总之，明代的余姚，硕儒辈出，文风盛行，知识分子队伍庞大，人才辈出。他们都坚守着"士可杀不可辱"的传统思想信条，清兵对他们强制剃发，无疑是比杀头还要大的侮辱，毕竟传统的儒家思想是"身体发肤，受之父母；不敢毁伤，孝之始也"[③]。中国古代的读书人将气节看得尤其重要，"宁为玉碎，不为瓦全"，"饿死事小，失节事大"，在国难当头之际，他们认为这是对自身气节的考验。同时，榜样的作用是巨大的，明末巨儒刘宗周为明朝死节，对余姚士人也产生了极大的影响，刘宗周弥留之际留给熊汝霖一个"鲁"字，其含义是希望熊汝霖能扶佐鲁王，坚持抗清，结果，熊汝霖至死没有辜负其师嘱托。同为刘宗周弟子的黄宗羲，在孙嘉绩、熊汝霖起兵抗清之时，亦变卖自己的家产，组织"世忠营"积极响应抗清，后来，又曾经前往日本乞兵，

---

① 嘉靖十四年（1536），余姚应试考中进士者共有十七人，他们是韩应龙、孙升、邹绚、诸燮、顾廉、钱立扬、卢麟、徐方、胡崇德、黄齐贤、吴辕、郑寅、王乔龄、邵基、张元、郑炯、罗恩。同年，韩应龙又为状元。由此，遂称"十八学士"。

② 余姚在明代时期曾有三位阁老，谢迁、吕本、孙如法。谢迁（1449—1531），字子乔，号木溪，又号木斋，余姚泗门镇人。著有《谢文正公集》《木溪归田稿》等。善书，明王世贞《国朝名贤遗墨》有录。吕本（1504—1587），字汝立，号南渠，又号期斋，余姚南城人，生于玉兰堂。嘉靖十一年（1532）进士。诗文有《期斋集》十四卷，《四库总目》大抵为应酬之作。孙如游（1549—1624），字景文，是忠烈公孙燧的曾孙，明代余姚三阁老之一。赠"太子太保，文渊阁大学士"。

③ 叶绍钧编：《十三经注疏》十一，《孝经注疏》第一卷，《开宗明义章》，中华书局1983年，第2545页。

无果而反。当沈国模听闻刘宗周死节，则痛哭不止，讲学日勤，其目的无非是想将明朝的正统思想通过讲学而传承下去。他是在以另一种方式同清朝抗争。邵贞显则"有哭刘宗周百殇，遂绝举场，一意为古诗文"①之壮举，这对其子邵廷采影响巨大。甚至在大规模抗清斗争结束后，他们当中的一些人仍然选择远离朝廷，或浪迹山水，或著书立说而终生不仕。

（一）笃学之士邵曾可

邵曾可（1609—1659），字子唯，号鲁公，浙江余姚人，史孝咸的弟子。余姚邵氏可谓是个显赫的家族，上可追溯到宋代名儒邵雍。明代的邵氏家族多进士，据史料记载："科甲之目，独盛于明。浙东明经取高第者，以邵氏为最。"②邵氏家风严谨，要求子孙恪守经术，所以邵氏虽"累世贵臣，而族无富室"③。邵氏家族研习王学学说应当是从邵曾可开始的，"从事讲学，则自鲁公始"④。邵曾可的祖父邵钦谕曾任南京兵部尚书，父亲邵洪华曾任靖州知州。邵洪华性情慷慨豪爽，可惜英年早逝，年仅二十四岁，当时，邵曾可的母亲翁氏已怀有七月身孕，本意以死殉夫，但经族人力劝，方罢，后一直以"未亡人"自称。曾可降生后，翁夫人备加呵护，悉心照顾，"曾可公年幼多病，百般调护"⑤。邵曾可在慈母的百般呵护下成长，同时，翁氏的高尚品格对幼年邵曾可也是一种潜移默化的影响，在其成长过程中，不知不觉接受到最良好的传统教育。据记载，翁氏"生平秉性刚棱，忠亮明著，推天诚以待人"⑥，甚至是遇到要挟欺诈之人也会给予同情，认为他们"当非本心，出不得已尔"⑦。偶遇家中的奴仆偷窃之时，则会先隐藏起来以免吓到偷窃者。这种宽厚待人之道深深地影响到邵曾可，给予了邵曾可一副关心体恤别人的仁爱心肠。邵曾可一生为人恭敬孝顺，颇有曾子养志之节，母亲经常生病，邵

---

① 姚名达：《清邵念鲁先生廷采年谱》，"二十三岁"条，台湾商务印书馆1981年，第33页。
② （清）邵廷采著，祝鸿杰点校：《思复堂文集》卷十，《五世行略上》，第438页。
③ （清）邵廷采著，祝鸿杰点校：《思复堂文集》卷十，《五世行略上》，第438页。
④ （清）邵廷采著，祝鸿杰点校：《思复堂文集》卷十，《五世行略下》，第448页。
⑤ （清）邵廷采著，祝鸿杰点校：《思复堂文集》卷十，《五世行略上》，第442页。
⑥ （清）邵廷采著，祝鸿杰点校：《思复堂文集》卷十，《五世行略上》，第443页。
⑦ （清）邵廷采著，祝鸿杰点校：《思复堂文集》卷十，《五世行略上》，第443页。

曾可就"方药周笃，旁及医学"①，使自己逐渐通晓医理，能够更好地照顾老母亲。自从母亲逝世之后，邵曾可终生食素，以示怀念。他一生友爱师友，与有贤德之人交朋友，体恤贫困的人。时人评价道："敬以守身，慈以惠物，忍人所不能忍，容人所不能容。"②

翁夫人对邵曾可的良苦用心，还体现在为邵曾可礼聘当时地方名儒管宗圣为塾师，为幼年的邵曾可开启了启蒙教育，以期年幼的邵曾可能够长大成才。"翁孺人礼聘霞標先生（即管宗圣。——引者），因引见求如沈先生（即沈国模。——引者），子虚（即史孝咸。——引者）、子復（即史晓復。——引者）二史先生为发濂、洛、关、建（实指朱熹，朱熹曾经在福建考亭讲学，亦称闽学。——引者）、姚江诸子之学，由是志识开广，操诣日新。"③邵曾可经管宗圣引导，拜会了姚江书院的众先生，开始接触到姚江王学思想学说，继而开启了邵氏王学学术。管宗圣任邵氏家塾师期间，为年幼的邵曾可树立了榜样，据说，幼年时期的邵曾可，"少成而庄，德性深厚"④，弱冠时就有儒者之风范。幼年时期的启蒙教育是邵曾可一生性格养成的关键，可以说，也正是由于管宗圣的缘故，邵曾可养成了"生平不见喜怒之色，不服闇，不登危"⑤的儒者品格。

据《清画拾遗》中记载，邵曾可少好书画，但画迹罕见，因思慕鲁得之（初名参，字鲁山，号千岩，钱塘人，侨寓嘉兴，明末清初著名画家，有气节。——引者），遂自号鲁公。少年时期的邵曾可一日读《孟子》"伯夷，圣之清"语，心下大悟，焕然释去往日积疑。当时，沈国模创办姚江书院，时人误以为讲授禅学，邵曾可则毅然前往，说："不如是，便虚此生。"⑥遂入书院拜诸先生为师学习陆王心学学说。

在姚江书院内，每月举办讲会，诸生纷纷阐发自己的思想见解和学习心得，但邵曾可往往闭口不言，只是认真倾听，仔细记录，待讲会结束之后，便细心将各位学者询问的问题及发表的思想主张分类进行整理，对意见相左

① （清）邵廷采著，祝鸿杰点校：《思复堂文集》卷十，《五世行略上》，第 442 页。
② （清）邵廷采著，祝鸿杰点校：《思复堂文集》附录，《邵鲁公先生孙孺人墓志铭》，第 510 页。
③ （清）邵廷采著，祝鸿杰点校：《思复堂文集》卷十，《五世行略下》，第 448 页。
④ （清）邵廷采著，祝鸿杰点校：《思复堂文集》卷十，《五世行略上》，第 443 页。
⑤ （清）邵廷采著，祝鸿杰点校：《思复堂文集》卷一，《姚江书院传》，第 52 页。
⑥ （清）邵廷采著，祝鸿杰点校：《思复堂文集》卷一，《姚江书院传》，第 57 页。

者便更加仔细归纳，书院的众位先生皆称赞邵曾可勤奋好学而且端庄厚道。总体而论，邵曾可初学以"主敬"为宗，后来深谙"良知"之学，他说："吾今而知知之不可以已，如日月有明，容光必照，不尔，日用趍步，俱贸贸矣。"[1]邵曾可还是一位为人笃实，尊师重道，孝敬长辈的好榜样。他侍奉老师如同自己的父母一般，如他的老师史孝咸病于书院内，邵曾可便每日往来于书院和家之间，其家与书院相距十余里，可他常常是不吃饭就返回，这样坚持了一个月的时间，最后，自己因劳累过度而病倒，从此，一直未能痊愈，不久便去世，年五十有一，可谓英年早逝。

（二）邵曾可的王学思想

邵曾可的思想主张与他所处的时代以及成长经历有着密切的关系，在明末清初社会大动荡环境之下，他深刻地意识到自己是无力也不可能去改变这一社会现实，而自己能够改变的也只有自己的内心世界。因此，他深深地思索：唯有自己内心强大，领悟的良知本体才能达到物我合一，天地万物也才能够归于一心。这一问题促使他去思考和寻求答案。总体而言，邵曾可的王学思想主要体现在以下几个方面。

首先，对"心"的求取。陆九渊曾说："人心至灵，此理至明，人皆是有心，心皆具理。"[2]相较而言，王守仁则说的更为详细具体，他这样讲道："心之本体即是性，性即理也。"[3]邵曾可生活于一个动荡不安的时代，认为求取"心"极为重要，是人生第一位的，况且，这个所谓的"心"就是"理"。王守仁还曾经说："'好古敏求'者，好古人之学而敏求此心之理耳。心即理也。学者，学此心也；求者，求此心也。"[4]邵曾可终生恪守陆王学说，将求取"内心"，指心见性，作为自己的毕生追求。在那样的一个社会环境之中，作为一介柔弱儒者，可以说是很难追求"外王"的，于是，求得"内圣"自然就变成了人生的信仰和追求的最高目标。陆九渊也曾经谈及这一点，说：

---

① （清）邵廷采著，祝鸿杰点校：《思复堂文集》卷一，《姚江书院传》，第51页。
② （宋）陆九渊著，钟哲点校：《陆九渊集》卷二十二，《杂著·杂说》，第273页。
③ （明）王守仁撰，吴光等编校：《王阳明全集》卷一，《语录一》，《传习录上》，第24页。
④ （明）王守仁撰，吴光等编校：《王阳明全集》卷二，《语录二》，《传习录中》，第51页。

"塞宇宙一理耳，学者之所以学，欲明此理耳。"① 此"理"便是"心"，便是王守仁所讲的"良知"学说。陆九渊又说："今学者能尽心知性，则是知天，存心养性，则是事天。"② 邵曾可便是将"存心"、"养性"作为平生目的不断加以修炼，"风恬浪静中，滋味深长"③，在那种周围尽是滔天风浪的环境里，内心却尽是充满了宁静，这是何等的意境啊！

邵曾可曾经教育两个儿子要好好读儒书，"莫漫驰经济"④。这契合了王守仁的思想学说，相较而言，王守仁对外在学问的态度比较冷淡，他曾说："世之学者，如入百戏之场，戏谑跳踉，聘奇斗巧，献笑争妍者，四面而竞出，前瞻后盼，应接不遑，而耳目眩瞀，精神恍惑，日夜遨游淹息其间，如病狂丧心之人，莫自知其家业之所归。"⑤ 在王守仁看来，自己的本心，才是"家业所归"，而那些外在的学问都只不过是些追求功名利禄的东西罢了。邵曾可将自己严格定义在了王门弟子的位置上。可以说，他是一位纯粹的王学儒者，他将生活重心全部放在了整理王学文献和乡邦文献上，而对于史学的涉猎则相对较少，对于经世之学也是鲜有涉猎的。诚然，在当时战乱纷争、人心浮动的社会大背景下，稳定心灵显得格外的重要。诚然，这也具有一定的狭隘性，不问窗外事的读书方法也不值得提倡。但有一点，此前的刘宗周就曾对此进行了修正。同时，邵曾可也没有留下更多文字来阐明自己的王学思想观点，或许在他的眼中，存留文字就丧失了王学的本意了。

其次，诚意笃行。邵曾可在侍奉老母亲时，每每"亲有疾，药先尝"，母亡则终身素食，可谓其终生践行了王守仁所倡导的"知行合一"学说。王守仁说："必致其知如何为温清之节者之知，而实以之温清，致其知如何为奉养之宜者之知，而实以之奉养，然后谓之致知。"⑥ 同样，正确运用季节变化的知识，用切实的真心去奉养父母才是真正的"致知"。邵曾可为更好地奉养母亲而专门学习一些医学常识来调养母亲的身体，可谓真正做到了"知

① （宋）陆九渊著，钟哲点校：《陆九渊集》卷十二，《书·与赵泳道》，第161页。
② （宋）陆九渊著，钟哲点校：《陆九渊集》卷十二，《书·与赵泳道》，第161页。
③ 钱穆：《宋明理学概述》二十二，《张栻》，九州出版社2010年，第134页。
④ （清）邵廷采著，祝鸿杰点校：《思复堂文集》卷一，《姚江书院传》，第58页。
⑤ （明）王守仁撰，吴光等编校：《王阳明全集》卷二，《语录二》，《传习录中》，第56页。
⑥ （明）王守仁撰，吴光等编校：《王阳明全集》卷二，《语录二》，《传习录中》，第49页。

孝"。且在奉养母亲时，也没有违背自己所谓的"诚"。也正如同王守仁所提出的那样，"必实行其温清奉养之意，务求自谦而无自欺，然后谓之诚意"①。邵曾可对待自己的恩师史孝咸亦是如此，他不顾及自己的身体状况，日日前去探望老师，竟达一月之久。这也完全符合陆九渊所谓"为学有讲明，有践履"②之理念，达到了言行一致，表里如一。邵曾可这种尊师重道的行为，正是印证了他知行合一，不事空言的思想特点。

王守仁曾说："笃者，敦实笃厚之意。已行矣，而敦笃其行，不息其功之谓尔。"③在这里，王守仁明确指出要连续地下功夫，不是仅仅的"知"。在明末清初的特殊时空里，当时的学者多是狂放不羁，邵曾可毅然选择用王学的笃行来要求自己，躬行修德，没有放浪形骸，没有借酒浇愁，而是每每"正襟敛容"④，"不见喜怒之色"⑤，真正践行了王守仁所谓"真知即所以为行，不行不足谓之知"⑥。邵曾可这种笃实的作风，躬行实践的态度，切实做到了王学的"知行合一"。

最后，从"主敬"到"致知"。邵曾可初入姚江书院时"功专主敬"。"主敬"是宋代程颐提出的一种道德修养方法，程颐说："敬以直内，义以方外，合内外之道也。"⑦又说："涵养须用敬，进学则在致知。"⑧程颐将"敬"发挥为内心涵养功夫，内心涵养不是屏黜闻见思虑的禅定，而是在交感万物的思虑中使心有所主。"敬"能使心有所主，心中整齐便是浑然一体。"敬"也就是要整饬自己的思虑，经常保持自觉的良好状态，不为外物所诱惑而达到内心的专一。"主敬"不是空寂无事，而是能在处事上明辨是非。但是，程颐的内心觉悟与王守仁的"良知"之学是有本质区别的。王守仁所讲的"良知"是"心者，身之主也，而心之虚灵明觉，即所谓本然之良知也。其虚灵明觉之良知者，应感而动者谓之意"⑨。这"良知"是人本身就具有的，

① （明）王守仁撰，吴光等编校：《王阳明全集》卷二，《语录二》，《传习录中》，第48页。
② （宋）陆九渊著，钟哲点校：《陆九渊集》卷十二，《书·与赵泳道》，第160页。
③ （明）王守仁撰，吴光等编校：《王阳明全集》卷二，《语录二》，《传习录中》，第45页。
④ （清）邵廷采著，祝鸿杰点校：《思复堂文集》卷一，《姚江书院传》，第58页。
⑤ （清）邵廷采著，祝鸿杰点校：《思复堂文集》附录，《邵鲁公先生孙孺人墓志铭》，第510页。
⑥ （明）王守仁撰，吴光等编校：《王阳明全集》卷二，《语录二》，《传习录中》，第42页。
⑦ 钱穆：《宋明理学概述》十六，《程颐》，第69页。
⑧ 钱穆：《宋明理学概述》十六，《程颐》，第69页。
⑨ （明）王守仁撰，吴光等编校：《王阳明全集》卷二，《语录二》，《传习录中》，第47页。

是澄澈的内心，哪里还用得着整饬？

后来，邵曾可的思想发生了变化，由"主敬"而变为"致良知"。关于这一点的记载在《清史稿》和《邵鲁公墓志铭》中略有不同，《清史稿》记载邵曾可是"专守良知"者，而在《邵鲁公墓志铭》中则是"深诣致知"，虽然都只有四个字，但意思却不尽相同。"专守良知"是指邵曾可是一直恪守着王学的世界观，而"深诣致知"则是坚持着王学的方法论。如若按照文献的可信度而言，很明显，《清史稿》的记载则要略低于《邵鲁公墓志铭》，因此，邵曾可是"深诣致知"的。王守仁曾经指出："致知之必在于行，而不行之不可以为致知也。"[1] 又说："致吾心之良知者，致知也。"[2] 这也符合邵曾可的成长轨迹，他在求取内心良知之后通过"致"的工夫来达到物我一体。

（三）邵曾可对余姚王学的贡献

邵曾可是邵氏王学的开启者，他将浙东余姚王学家的思想学说和著作皆加以整理，编制目录提要，同时，对姚江书院的创建与进一步完善起到了重要的作用。邵曾可对余姚王学的主要贡献，具体而言有以下几个方面。

其一，整理姚江书院笔记，汇集王学文献。邵曾可对浙江余姚王学家们的著作进行了大量的收集和整理汇编，使之形成较为全面的余姚王学体系。只是可惜邵曾可收藏整理的文献大多已经亡佚，不知所终，如今我们仅仅能从其孙邵廷采的记录中窥见一二。据邵廷采记载，邵曾可收藏了丰富的明代诸儒家典籍，"贮明儒书甚富，自文成王子以下，曰仁（即徐爱。——引者）、绪山（即钱德洪。——引者）、东廓（即邹守益。——引者）、南野（即欧阳德。——引者）及蒙泉（即孙应奎。——引者）燕诒之录，靡不钩串提要"[3]。邵曾可所收藏的书籍不仅数量多，更加难能可贵的是，这些书籍多而不杂，主旨明确，大多是王守仁及其弟子的著作，他对余姚当地的王学文献收集更是不遗余力，几乎囊括殆尽，可以说，他对乡邦文献的研究及浙东学术的发展起到了至关重要的作用。更为可贵者，邵曾可不辞辛苦地为这

---

① （明）王守仁撰，吴光等编校：《王阳明全集》卷二，《语录二》，《传习录中》，第50页。
② （明）王守仁撰，吴光等编校：《王阳明全集》卷二，《语录二》，《传习录中》，第45页。
③ （清）邵廷采著，祝鸿杰点校：《思复堂文集》卷十，《刻姚江书院志略端由》，第472页。

些王学专著皆撰写详细的书目提要。从其所语"钩串提要"四字来看，他做的不仅仅是为王学文献作书目这么简单的工作而已，似乎还有其更加深层次的东西在里面，当然，这也可以考见邵曾可文献整理之功力。

邵曾可是一位治学态度极为严谨的学者。在姚江书院读书学习期间，邵曾可在每次讲会时都是极少发言，大多只是沉默倾听，有用的内容便加以详细记录，然后对其加以整理，"退而书所答问，近思精择，期于功息有合"①，吸收他人之长，补己之短，且能够"手书先儒语，共相问答"②，这使他学问大长，为此后的学术奠定了坚实基础。这种记录不但有利于发现每个人的思想火花，让这种火花不至于迅速熄灭，而且还有利于邵曾可对当时余姚王学家的思想有所了解和采纳，丰富自己的思想内涵。邵曾可的记录在当时亦可能仅仅只是个人的举措，但他或许不可能想到，这一行为却为后人研究姚江书院及其学术宗旨和当时王学传播情况保存了极其珍贵的第一手文献资料。

其二，力阐师说，泽被后学。邵曾可为余姚邵氏培养出了邵氏王学的集大成者邵廷采，使得邵氏王学得以进一步向前迈进。邵曾可给予邵廷采的不仅仅是物质生活方面的，而且更为重要的是其精神层面的。邵曾可给予邵廷采的王学启蒙不是浅显的儿童读本，而是他多年研习王学的心得和成果，是王守仁心学学说的本质部分和精髓，邵曾可常"坐卧北楼，手钩玄要"③。他在对邵廷采的日常行为方面更是高标准、严要求，"出入教以孝弟忠信，语之以必为圣人"④，邵曾可也切实严格贯彻了王守仁思想学说中最为本质的理念，即是人人都有"良知"，"人人皆可为尧舜"⑤，在这一理念的指引下，邵曾可竭力将邵廷采培养成为一位纯粹的王学家。不仅如此，他还"常为后生开说，提撕本原"⑥，在同乡后生小子前来问学之时，将自己整理的许多乡邦文献，往往是倾囊相助，甚至将自己的王学思想毫无保留地传授给他们，使后生小子们逐渐接受王守仁心学学说，王学遂得以传播和发扬。同时，他还

---

① （清）邵廷采著，祝鸿杰点校：《思复堂文集》卷一，《姚江书院传》，第 57 页。
② （清）邵廷采著，祝鸿杰点校：《思复堂文集》卷十，《刻姚江书院志略端由》，第 472 页。
③ （清）邵廷采著，祝鸿杰点校：《思复堂文集》卷十，《刻姚江书院志略端由》，第 472 页。
④ （清）邵廷采著，祝鸿杰点校：《思复堂文集》卷十，《刻姚江书院志略端由》，第 472 页。
⑤ （清）邵廷采著，祝鸿杰点校：《思复堂文集》卷十，《刻姚江书院志略端由》，第 472 页。
⑥ （清）邵廷采著，祝鸿杰点校：《思复堂文集》卷一，《姚江书院传》，第 58 页。

"力阐师传，无或谬阙"①，保证王学思想在传播过程中的纯正。邵曾可如此做，也正是他在有意识地力矫王门后学学术之弊端。

邵曾可的品行和学问，亦深深影响到其子邵贞显。邵贞显字立夫，号鹤闲，是位古文学家，也是史孝咸的弟子，少年时曾在姚江书院读书，尤其追慕古代儒家的美好言行。明朝灭亡之时，听闻刘宗周死节，便毅然摒弃功名利禄，绝意科场，终生不仕，以课童子业为生，潜心古诗文。他为人诚恳敦厚，十分推崇黄宗羲和吕秋崖，称之为"典型"，常常教诲邵廷采，"先人经学不可废"②，同时，他也曾经搜集整理了宋明诸儒的文集等文献资料。总之，邵贞显一生喜读书，以课业授徒为业，有着自己的古文观点，"唐、宋者，学文之阶梯耳。其根底在经，勿肆口说文章高下"③。可以说，邵廷采的古文造诣绝大部分应是来自父亲邵贞显的教诲和影响。

三　余姚邵氏王学的发展

邵曾可将王守仁心学引入邵氏家学，使其成为邵氏家学中的一个重要组成部分。邵廷采在其父祖的影响下，对王守仁心学学说也产生了浓厚兴趣。邵廷采曾主持姚江书院长达十七年之久，讲习王守仁心学，并有自己的心得体会，是清初著名的王学家之一。邵廷采生活在康熙年间，当时清廷的统治进一步稳固，其文化政策亦相对宽松，学术界一时呈现出繁荣景象。康熙五十一年（1712），清廷正式确立了尊朱的基本国策。不过，邵廷采已于康熙五十年过世，康熙晚期的思想文化政策对其思想并没有造成太大的影响。总体而言，在当时较为宽松的思想文化政策大背景下，邵氏王学思想也得到了进一步的发扬和光大，达到其顶峰。

（一）清初的文化政策

在中国古代，士人的思想情操和处世态度都会对社会各阶层产生很大的影响。清初汉族士人对明朝的追忆，对清政权的抗争，以及由此而产生的社

---

① （清）邵廷采著，祝鸿杰点校：《思复堂文集》附录，《邵鲁公先生孙孺人墓志铭》，第510页。
② （清）邵廷采著，祝鸿杰点校：《思复堂文集》附录，《邵立夫先生配孺人陈氏章氏墓志铭》，第513页。
③ （清）邵廷采著，祝鸿杰点校：《思复堂文集》附录，《邵立夫先生配孺人陈氏章氏墓志铭》，第513页。

会动荡，是清朝统治者的心腹大患，因此，处理政府与汉族士人之间的关系也就成了清廷的头等大事。努尔哈赤出身行伍，其对明朝的仇恨使得他对汉民族并无太多好感。相对而言，皇太极对于汉文化吸收较多，但仍然采取满汉分治的统治办法，而且汉人的官职要低于满人一等。这一切都在说明，在满洲贵族心目当中，仍是固守其本民族传统观念的，只是到多尔衮摄政期间，清廷才重新开科取士，笼络人才，政策有所好转。

清王朝的文化政策对清初人心的稳定起到了很大的作用，"因为中国人的民族观念，其内里常包有极深厚的文化意义，故对于能接受中国文化的，中国人常愿一视同仁，胞与为怀"①。中国古代一直就是以儒家文化为正统思想，而汉族士人知识分子又是一批浸染着浓厚儒家文化的群体，清朝统治者对待儒家文化的态度也就决定了其统治能否稳定。顺治十二年（1655），上谕："今天下渐定，朕将兴文教，崇经术，以开太平。"②世祖将"崇儒重道"作为治国之策。然而，清政府依然推行"剃发易服"等具有明显民族歧视的政策，使得汉族百姓对其依然不能心悦诚服地接受，甚至反抗更加强烈。这种反抗斗争在江南表现尤为突出，清朝对江南士人的高压政策一方面使江南士人人人自危，另一方面也使得他们的抵触情绪愈演愈烈。

圣祖亲政之后，继续沿用多尔衮和世祖的怀柔政策，极力拉拢汉族士人知识分子，对其宽容优裕；同时，又对士人进行严密控制，达到稳定统治的目的。

其一，笼络汉人，化解民族矛盾。圣祖在治理国家上不同于他的父祖仅仅依靠或者主要依靠满族人和蒙古族人，而是选择了更加合理的方式任用汉人。第一，设立南书房，作为自己的智囊团；确立了"满汉一家"的原则，统一了满人与汉人的官员品级，提高汉人在朝廷中的待遇和地位。第二，开展尊孔活动。康熙二十三年（1684），圣祖在南巡途中，亲到孔庙祭拜孔子，并题"万世师表"，表明清朝要承袭儒家文化的决心。第三，祭拜明孝陵，示好江南士人。为了安抚遗民，圣祖亲往明孝陵拜祭，并责令地方官员尽心维护明皇陵。这一举动，尤其成功征服了江南士人，消减了

————————

① 钱穆：《国史大纲》第四十四章，"狭义的部族政权下之士气"，商务印书馆1994年，第848页。
② 《清世祖实录》卷七十四，"顺治十二年三月"条。

汉族百姓对清朝的抵触情绪。第四，尊重汉人习俗，要求满人学习汉族文化。这一点不仅迎合了汉族人民的心理，而且也促进了满族的汉化，有利于民族融合和国家统一、稳定。第五，开经筵，设起居注官，形成了较为完善的帝王教育制度。第六，康熙十八年（1679），增设制科取士，即举行"博学鸿儒科"，圣祖对应试者百般包容，赏赐优厚，朝廷将选中的五十鸿儒全部任用，进入明史馆纂修《明史》一书。这一举措，不仅保证了这部史书的质量，而且对消弭汉族士大夫的反清思想和不满情绪，促进清政权的巩固产生了较大影响。

其二，尊朱主敬，控制精神生活。圣祖是一位勤奋好学的皇帝，他不仅尊重儒家思想，最难得的是他能利用儒家思想达到加强清朝统治的目的。圣祖接受儒臣的建议，昭示天下"帝王立政之要，必本经学"①。康熙五十一年（1712），皇上颁谕将朱熹在孔庙中的地位进行升格，由东庑先贤之列升至大成殿十哲之列，正式确立了程朱理学为统治思想。康熙选择程朱理学，主要是由于程朱理学能够更好地达到控制人们思想的目的，提倡"主敬"，大肆宣扬忠孝节义，用之来规范约束人们的言行。这对于化解民族矛盾，消弭心理对抗，重建封建伦理道德秩序，巩固清朝的统治是至关重要的。同时，监察士人动向，对那些埋头于学术的士绅不时地进行鼓励，如嘉奖胡渭，"御书'耆年笃学'四大字赐之"②。既然皇上的意图是让这些读书人安心于学问，他们也就别无选择，自然回归自己的读书本业，顺着明末清初的学术路径，研究经史之学，他们之间也有书信往来，大都是探讨学术。这一点在邵廷采身上得到了充分的印证。

圣祖的一系列政策有效地安抚了汉族士人知识分子的心灵创伤，凝聚了士人的精神，也为这一时期的文化学术繁荣提供了适宜的土壤，当然，圣祖自身的学术倾向也促进了经史考据学的发展。圣祖选择朱子学，摒弃王学，自然有他自身的原因。圣祖早年所接受熊赐履的经学教诲，而熊赐履是朱学的拥护者，他的理学思想对于圣祖儒学观的形成，有着潜移默化的影响。而后即是朱学与王学在本质上的区别，就世界观而言，朱子所宣扬的是个

---

① 《清圣祖实录》卷一百一十三，"康熙二十二年十二月"条。
② 徐珂：《清稗类钞》（第八册），《经术类》，中华书局 1986 年，第 3836 页。

"理"字，而这个"理"又恰恰是外在的理，即为"天理"，读书人也好，天下的百姓也好，必定是要遵循这个"理"字。遵从了这个"理"字便是要灭了自己的"私欲"，统治者恰好可以利用这一点来维护自己的统治。到了圣祖这里，他不仅仅是要天下人皆遵从这个"理"，而是更进一步的要"敬"。而王守仁所宣扬的"理"只是内在的"心"，只需向内审验"良知"即可。显然，王守仁这一思想学说是不利于统治者的，若是天下的读书人都只是遵循了自己的"心"，统治者怕是要伤透脑筋。

不过，圣祖将朱学作为国学是康熙五十一年（1712）的事情，相对而言，康熙五十年以前则有一个较为宽松的社会文化环境，加之，随着清朝统治的稳定，社会经济逐渐复苏，甚至超过了以往的经济水平，良好的经济物质基础，对此时思想文化的繁荣起到了一定的促进作用。在这种经济复苏和思想文化宽松的环境下，余姚邵氏王学也迎来了严寒后的明媚春天，虽然这个春天有时会出现寒流。虽然这个春天是短暂的，但在这个难得的春天里，余姚邵氏王学在后劲邵廷采等人的积极努力下，得到了集大成的发展，成为当时学术史上的一大盛事。

（二）邵廷采生平学行

邵廷采（1648—1711），字允斯，又字念鲁，出身学术世家，其祖父邵曾可、父亲邵贞显皆是当地著名学者，皆从学姚江书院，传承王守仁心学学说，而且于文史方面亦有一定的造诣，这一切给邵廷采带来了深刻的影响。同时，邵氏家族亦特别注重乡邦文献的搜集和传承这一传统，这亦被他承继下来。

顺治三年（1646年），清兵南下入浙，邵贞显携全家避难山中，其妻陈氏受到惊吓而病倒。顺治五年（1648），陈氏生廷采，继而又病重，不久便去世，邵廷采遂由其祖母孙氏抚养成人，因此，邵廷采受其祖父影响颇深。"五六岁时，禀祖父之训，教以孝弟忠信、为人之方"[1]，六岁时，曾随祖父到半霖义学，祖父教导廷采需"沉思静观"，入见沈国模，沈氏摩其顶引《尚

---

① （清）邵廷采著，祝鸿杰点校：《思复堂文集》卷七，《谒毛西河先生书》，第303页。

书》之理"在知人，在安民"①之语来教导年幼的邵廷采。这可以说是邵廷采第一次接触到当时名儒。到八九岁时，邵曾可便教授廷采学习王守仁的《客座私祝》及读圣贤书，并劝导其"非儒者之书勿使见"②。同时，教导邵廷采了解周敦颐、二程、张载、邵雍、朱熹、王守仁、徐爱等诸理学大家的思想学说。这也可以说是邵廷采正式接受传统儒学教育的开端，诚然，这也是祖父邵曾可将年幼的邵廷采领进王学殿堂的开端。十一岁时，邵廷采跟从祖父在皇山翁氏庄学《先正制义》，祖父作《蒙说》来教育他。为了感念祖父，邵廷采弱冠时便自号"念鲁"。

邵氏家族自邵曾可逝世之后，家道亦逐渐衰败，于是，邵廷采便开始跟从外祖父陈正衍学习经义、《左氏春秋》和《史记》等传统文化。③陈正衍嗜佛，谈说多禅学，有着独到的古文观，可以说，他对邵廷采思想学说也具有一定的影响。十六岁时，邵廷采随父亲邵贞显在石门旅居读书，见到马画初的《皇明通纪》，自己便仿其作了《中山开平曹国诸传》以为戏，且始贪阅史书典籍。

十七岁时，邵廷采正式入姚江书院学习，拜韩孔当为师，系统学习王守仁心学思想。韩孔当教育邵廷采"圣人可学而至"④，尽管邵廷采年幼时曾随祖父来过姚江书院⑤，但当时的他还只不过是一个不懂得思考的顽童，到了康熙三年（1664）之时的邵廷采，已经长成为一位能够理解和掌握学问，具有独立思考和辨别能力的学生，此时他才算是正式入姚江书院，接受正规和系统的传统教育。在姚江书院，邵廷采先读《传习录》，无所心得，继而读刘宗周的《人谱》一书，思想随之大进。邵廷采在姚江书院学习的时间尽管十分短暂，然而在这里，邵廷采接受的却是最为纯正的王学思想学说。也正是受姚江书院诸多王学家的影响和教育，才使得邵廷采用尽毕生的精力推崇和传播王学，为王学奔走呼号和正名。

邵贞显和韩孔当相继去世后，邵廷采便离开了姚江书院，开始了他的游

①　（清）邵廷采著，祝鸿杰点校：《思复堂文集》卷六，《师训序》，第297页。
②　（清）邵廷采著，祝鸿杰点校：《思复堂文集》卷六，《文艺序》，第299页。
③　（清）邵廷采著，祝鸿杰点校：《思复堂文集》卷六，《文艺序》，第299页。
④　（清）邵廷采著，祝鸿杰点校：《思复堂文集》附录，《理学邵念鲁先生墓表》，第523页。
⑤　当时还称之为"半霖义学"。

历和问学生涯。在游学过程中的问学求知，构成了邵廷采学术生活很大的一部分，进一步充实和深化了其学术思想主张。康熙十二年（1673），授经嘉兴，师事施博（字易修，号约寇，崇祯年间庠生，浙江嘉兴人。——引者）于放鹤洲烟雨楼，进修陆王心学学说，"始识儒佛之分，始识王畿四无之近禅"[1]。康熙十三年（1674），邵廷采在会稽陶家读书时，结识刘宗周的高弟董瑒（字叔迪，号无休，浙江会稽人，能诗善文。——引者），由此全面地了解到刘宗周的学术思想，并对刘宗周推崇备至。后又曾问学于黄宗羲，承黄宗羲之史学，"尝以《读史百则》呈正黄先生，后又蒙受《行朝》一编，殷勤提命，难忘是恩"[2]。黄宗羲亦是刘宗周的高弟，主张"盈天地皆心也"，同时，黄宗羲亦认为王守仁思想主张中"致良知"的"致"，本身就是"行"的意思。不仅如此，黄宗羲还将王守仁"致"的范围加以扩大，不仅包括对内在良知的求取，还有对经世之学的探求。邵廷采的治学原则深受黄宗羲影响，可谓一脉相承，他主张"文章无关世道者可以不作，有关世道者不得不作"[3]，极力地推崇经世致用的思想主张。诚然，这也算是对陆王心学的一次修正吧。

邵廷采还从黄宗羲处学习乾凿度算法，从董瑒处学习阵图，从王正中（字仲捻，直隶保定人，崇祯丁丑进士，曾知余姚。——引者）处学习西历，在镇江梁化凤（字翀天，又字岐山，号沣源，西安府长安县人，顺治三年武进士，时任苏松镇总兵。——引者）处学习击刺，在淮安防河兵卒处了解河淮变迁，访黄河故道，策马出潼关等。可以说，邵廷采的这种广泛问学和到处游历使其思想有着广泛的深厚基础，也使其对于王守仁心学有了更为深刻的理解和认识。可以说，邵廷采的思想并不仅仅局限于王守仁心学，而是可以跳出王学末流的空谈之弊，来理性地看待王学所面对的问题。由此，理论与实践的进一步结合，正如司马迁著《史记》那样，也可以算是邵廷采对王守仁心学学说的进一步升华和发展。

康熙二十七年（1688），施琅在杭州遇到邵廷采，邵廷采与之论海防要害，施琅甚为惊奇，便想邀请邵廷采一同北上，最后被他谢绝，未能成行。

---

① 姚名达：《清邵念鲁先生廷采年谱》，"二十六岁"条，第39页。
② （清）邵廷采著，祝鸿杰点校：《思复堂文集》卷七，《谢陈执斋先生书》，第302页。
③ （清）邵廷采著，祝鸿杰点校：《思复堂文集》附录，《邵鲁公先生孙孺人墓志铭》，第511页。

邵廷采在《遗命》中有"追数六十四年中，蹉跎举场凡十四科……殚精研磨"[1]，但又说："吾本意初不在此。"[2] 大概是由于父亲邵贞显誓绝科举场屋的缘故吧，但父亲在临终之时却又殷殷期盼邵廷采能够入仕。所以，在入仕这一问题上，邵廷采表现出心理极其矛盾的状况，他一方面对科举考试十分消极被动，也几乎每次都参加，而另一方面却又不在乎是否考中。在中国古代，一方面，读书人通过科举进入仕途，是完成"外王"的必经之路，这是每一个士人知识分子首先要考虑的，而另一方面，在他内心深处还是不愿意为这个让他失去母亲和父祖的"蛮夷"服务。大概这样就能解释为何他一方面关心国家的统一安定，关心国防，而另一方面又是一直持消极态度，甚至有做幕僚可以建功立业的时机而不加以利用的心理。

（三）邵廷采王学思想

康熙三十三年（1694），邵廷采始主讲姚江书院，于书院制订了《姚江书院训约》十则，来严格要求生徒。在书院，邵廷采不仅阐发阳明之旨，而且还大力宣传蕺山之学，进一步发扬了其师"合证人之旨"的学风，使得学术氛围一度浓厚起来，邵廷采始终坚持王学宗旨，同时又善于根据变化的客观形势对王学做出修正，力图纠正王学末流的空疏之弊，振兴陆王心学，使陆王心学在整体处于弱势时能够继续向前发展。

具体而言，邵廷采的王学思想主张大致有以下几个方面：

其一，对"致良知"的认识。邵廷采认为王守仁提出的"知善知恶是良知，为善去恶是格物"是"统中人之上，中人之下，循循焉俱由此而言入"[3]。他认为这两句话总括了为人立心的全部内容，教导人们遵礼守序，甚至连颜子所为也不能超出这个范畴。而后邵廷采论证了这两句话之间的关系，这也应该是邵廷采对王学本质的领悟。他说："致良知实功唯为善去恶。故曰'致知在格物'。其小异于朱子者，正心诚意之事并摄入格致中，举存心，致知不分为二，是固中庸，尊德性，道问学之本旨也。"[4] "致良知"的外

---

① （清）邵廷采著，祝鸿杰点校：《思复堂文集》卷十，《遗命》，第507页。
② （清）邵廷采著，祝鸿杰点校：《思复堂文集》卷十，《遗命》，第507页。
③ （清）邵廷采著，祝鸿杰点校：《思复堂文集》卷一，《明儒王子阳明先生传》，第12页。
④ （清）邵廷采著，祝鸿杰点校：《思复堂文集》卷一，《明儒王子阳明先生传》，第12页。

在表现就是为善去恶，所以，只有外在的"格物"才能达到内在的"致知"。在这个问题上，王守仁与朱熹的不同之处就在于王守仁是将诸如"正心"和"诚意"此等"良知"之事也归纳在了"致"的范围之内，将"心"与"良知"和为一体，看作是圣人提倡的"中庸"、"德性"与"道问学"的本旨。

邵廷采的王学思想最大特点就是融合了各家的观点，扩大了"致良知"的范围。在王学派别中，除了王守仁之外，邵廷采最为钦佩的就是刘宗周了。刘宗周开创了蕺山学派，提出了"慎独"学说。这一思想主张主要是针对当时不良的士风，希望人们通过内省，收拾人心，使人人向善，跻身于道德之域，以解救"世道之祸"。他曾经这样说过："是功利之学，有意为善皆恶也。论本体，有善无恶；论功夫，则先事后得，直无善有恶耳。"① 邵廷采在绍兴拜谒董瑒时，被告之"既宗蕺山之人，不可不知蕺山之学"②，"后数年负笈，喜读《全书》"③，董瑒是刘宗周的弟子，邵廷采拜董瑒为师，邵廷采算是刘宗周的再传弟子。他认为刘宗周的思想主张与王守仁的思想主张是一脉相承的，其目的都是为了羽翼孔孟之学，其用心和归宿是相同的。他曾说："蕺山之所谓独，尽即良知本体、道心之微，与朱子殊，不与文成殊。"④ 他还曾经讲道："至蕺山先生，专主诚意，以慎独为致知归宿，择执并至，而不补格致于诚意之前，合一贯之微言，审执中之极则，孔孟以后集诸儒大成无粹于此。特全书未经刊布，世多传其节义。至其为承千圣绝学尚罕有知之者。"⑤ 他给予刘宗周很高的评价。

邵廷采认为"致良知"三字，实合"致知"和"存心"于一功，即在注重认知主体素质培养的前提下，强调认知主体对于客体的极致活动。邵廷采用"合一"来探究王守仁"致良知"学说，无疑是对其师说的进一步发挥，具有某种新意。但邵廷采的合一，是以心学合会了理学。作为王学家的邵廷采并不排斥程朱理学，他甚至认为程朱理学与陆王心学在基本宗旨上是相通的，他曾语："阳明祖述孔孟，直示以万物皆备，人皆可为尧舜之本，曲成

① （清）邵廷采著，祝鸿杰点校：《思复堂文集》卷一，《明儒刘子蕺山先生传》，第36页。
② （清）邵廷采著，祝鸿杰点校：《思复堂文集》卷三，《东池董无休先生传》，第173页。
③ （清）邵廷采著，祝鸿杰点校：《思复堂文集》卷三，《东池董无休先生传》，第173页。
④ （清）邵廷采著，祝鸿杰点校：《思复堂文集》卷七，《候毛西河先生书》，第306页。
⑤ （清）邵廷采著，祝鸿杰点校：《思复堂文集》卷七，《答蠡县李恕谷书》，第310页。

诱人，于是为至，其与朱子存心致知之教，蔑有二也。"① 王学和朱学的目的都是为了无限的向圣人靠拢，只不过是选择的方式方法不同罢了。"阳明之所云致知者，摄于约礼之内，始学于审端一贯；朱子之所云致知者，散于博文之中，铢铢而称，两两而积，其后乃豁然贯通焉。此同归中有殊途之别。"② 大概朱学与王学的不同就在于朱学是一个一个的解决问题，而王学主张解决最根本的问题，就是"致良知"。

邵廷采对"良知"的认识与王守仁的学术观点是一脉相承的，他说："孩提之不学不虑与圣人之不思不勉本体同，而求端用力在于致。"③ 邵廷采清晰地认识到既然心思澄明，"良知"本就清澈，婴儿与圣人有什么区别？所以邵廷采清清楚楚地补上了"求端用力在于致"。"良知"就是本体，就在那里，怎样到达才是本质的问题。王守仁曾说："良知人人皆有，圣人只是保全，无些障蔽，兢兢业业，亹亹翼翼，自然不息，便也是学。只是生的分数多，所以谓之生知安行。众人自孩提之童，莫不完具此知，只是障蔽多，然本体之知自难泯息，虽问学克治，也只凭他。只是学的分数多，所以谓之学知利行。"④ 邵廷采的"良知"说与王守仁的"良知"说在本意上应当说是相契合的。"良知"本就在于内心，求取内心良知的过程就是不断克制，不让"良知"被障蔽的过程。

其二，立意宜诚。邵廷采在姚江书院主事十七年，其中，他为生徒们制订了《姚江书院训约》十条。这十条规定，包括："立意宜诚"、"刊礼宜精"、"伦纪宜敦"、"威仪宜摄"、"学术宜讲"、"读书宜进"、"举业宜醇"、"课业宜勤"。他要求每一位学子做学问首先要做一个好人，要戒虚务实。

《训约》第一条即"立意宜诚"，是要求学生用念时要真实无妄。对于"诚"，王守仁认为："诚是心之本体，求复其本体，便是思诚的工夫。"⑤ "诚"是心之本体，若要恢复心之本体，就需要用到思诚的工夫。又说："自信则

① （清）邵廷采著，祝鸿杰点校：《思复堂文集》卷一，《明儒王子阳明先生传》，第12页。
② （清）邵廷采著，祝鸿杰点校：《思复堂文集》卷七，《答蠡县李恕谷书》，第310页。
③ （清）邵廷采著，祝鸿杰点校：《思复堂文集》卷一，《明儒王子阳明先生传》，第11页。
④ （明）王守仁撰，吴光等编校：《王阳明全集》卷三，《语录三》，《传习录下》，第95页。
⑤ （明）王守仁撰，吴光等编校：《王阳明全集》卷一，《语录一》，《传习录上》，第35页。

良知无所惑而明，明则诚矣。明、诚相生，是故良知常觉、常照。"① "若以诚意为主，去用格物致知的工夫，即工夫始有下落。即为善去恶，无非是诚意的事。"② 邵廷采定"立意宜诚"为学规，并且将其作为第一条，首先便是要求学生在做人做事时要符合自己的本心，不能欺骗自己的本心良知，他说："读书是真读书，做人是真做人。"③ 这是符合王守仁"良知"说本意的，要人们从一开始便严格要求自己，诚心诚意，为将来奠定坚实基础。

邵廷采在其为晚辈们所写的《后蒙说》一篇里，也提到了"诚"的问题，他说："亲、义、序、别、信，要而言之，止是一诚。"④ 又说："诚者，天道也。人必学天，方尽人道。知圣之后，自诚意下节节有工夫，一一有事业。其功不可缺，而序不可紊。"⑤ 也就是说，邵廷采也认为"诚"是做人和做学问的根本，是第一要务，是基础。诚意之后才是功夫、事业，诚意也是为良知而生。

其三，对"四无"说的体悟。针对时人多有微词的王守仁"四无"学说，邵廷采进行了严格的论证。时人对王守仁心学的误解，有很大一部分在于对其"四无"学说的解释晦暗不明。王守仁的"四无"学说，即"无善无恶心之体，有善有恶意之动，知善知恶是良知，为善去恶是格物"。邵廷采认为现下流行的"四无"学说，并非王守仁"四无"的本来面目，他说："至于'四无'之说，流失在龙溪（即王畿。——引者）。"⑥ 邵廷采对这位阳明先生座下的大弟子毫不客气地进行了批判和指责，认为他是王守仁心学学说的罪人。他又说："而'天泉夜论'其师不以为不然，故滋后人口实，然其中正可有可详求者。阳明之所谓'四无'，固异于龙溪之所为'四无'。龙溪之所为'四无'以为无为无者，荡而失归，恍惚者托之矣。故其后为海门、为石梁，而密云悟之禅入焉。阳明之所谓'四无'，以无为有、以有为无也。"⑦ 但到了王龙溪那里，其辩证关系则被取消而不存在了，"无"就是

① （明）王守仁撰，吴光等编校：《王阳明全集》卷二，《语录二》，《传习录中》，第74页。
② （明）王守仁撰，吴光等编校：《王阳明全集》卷一，《语录一》，《传习录上》，第38页。
③ （清）邵廷采著，祝鸿杰点校：《思复堂文集》卷十，《姚江书院训约》，第466页。
④ （清）邵廷采著，祝鸿杰点校：《思复堂文集》卷十，《后蒙说》，第480页。
⑤ （清）邵廷采著，祝鸿杰点校：《思复堂文集》卷十，《后蒙说》，第480页。
⑥ （清）邵廷采著，祝鸿杰点校：《思复堂文集》卷一，《明儒王子阳明先生传》，第12页。
⑦ （清）邵廷采著，祝鸿杰点校：《思复堂文集》卷一，《明儒王子阳明先生传》，第12页。

"无"，这样也就将王守仁思想的本质部分给架空了，将王学逐步推向了禅境。王龙溪之后的海门（即周汝登。——引者）、石梁（即陶奭龄。——引者）、密云（即圆悟和尚。——引者）则是直接以禅入，丢弃了王守仁思想之主旨。邵廷采认为王守仁的"四无"学说是与"前乎此者，濂溪之'无极而太极'；后乎此者，蕺山之'无善而至善'"①是一体的。

　　邵廷采认为拯救王学末流滥用"良知"说之弊，刘宗周的学说是其一剂良药。所以，他认为："致良知工夫，全在为善去恶宗旨四语，特本其寂感一机、体用共原者言之耳。此等源流关系，蕺山刘子洗刷最精。"②同时，他又说："夫学术各有沿流，固非作者之过。阳明之后，惟钱绪山、邹东郭、欧阳南野（即欧阳德。——引者）能守师传，再传弥失。如李贽之狂僻，亦自附于王学。而斯时密云、湛然（即圆澄和尚。——引者），宗教炽行，高明冈知裁正，辄混儒、佛为一，托于'四无'宗旨。以故蕺山先生承其后，不肯称说良知，是实因衰激极、补偏起废之道，正可谓之王门功臣，未尝相左。"③

　　其四，固守王学阵地。王守仁思想学说在经历了明亡清兴的历史激变后，再经由周汝登的禅化，使得王学的传播和发展举步维艰。邵廷采极力维护王学阵地，毅然扛起王学的大旗，对攻击王学学者进行了不遗余力的抨击。他反驳道："今舍其学术而毁其功业，更舍其功业而讦其隐私，岂非学术精微未尝深讨，功业昭著未尝诋诬，而发隐微无据之私，可以自快其笔舌？其用心亦未光明矣。"④面对当时有些学者攻击王学家的隐私，邵廷采仿效战国时期孟子力辟杨朱与墨翟，誓死捍卫儒家立场那样，予以强有力的坚决回击。他说孟子当年批判杨朱、墨翟"无父无君"是出于圣贤卫道之苦心，也无从责备，怀抱明珠才能光耀孔子之圣学，而"今不务为孟子之知言、养气、崇仁义、贱功利，而但与'如追放豚'之流相颉颃焉，其亦不自重也已"⑤。当时有人说："阳明尝比朱子于洪水猛兽，是诋毁先儒莫阳明苦也。"⑥邵廷采则运用了他那文人的狡黠手段，他承认诋毁朱子是王守仁的不

① （清）邵廷采著，祝鸿杰点校：《思复堂文集》卷一，《明儒王子阳明先生传》，第12页。
② （清）邵廷采著，祝鸿杰点校：《思复堂文集》卷一，《姚江书院传》，第59页。
③ （清）邵廷采著，祝鸿杰点校：《思复堂文集》卷七，《答蠡县李恕谷书》，第310页。
④ （清）邵廷采著，祝鸿杰点校：《思复堂文集》卷一，《明儒王子阳明先生传》，第12页。
⑤ （清）邵廷采著，祝鸿杰点校：《思复堂文集》卷一，《明儒王子阳明先生传》，第15页。
⑥ （清）邵廷采著，祝鸿杰点校：《思复堂文集》卷一，《明儒王子阳明先生传》，第15页。

对，但随即话锋一转，说道："窃谓阳明之诋朱子也，阳明之大罪过也，于朱子何损？今人功业文章未能望阳明之万一，而效法其罪过，如两口角骂，何益之有？恐朱子亦不乐有此报复矣。"① 于末了，邵廷采又说："程、朱之学穷理必及其精，居敬必极其至，喜怒哀乐必求中节，视听言动必求合礼，子臣弟友必求尽分。"② 程朱门下的弟子们个个皆是精于穷理，举止中庸，言行合乎礼的学者，又怎能做出此等谤骂之事？"若能谤骂者即程朱之徒，则毁弃坊隅、节行亏丧者皆将俎豆洙泗之堂矣。"③ 这样一来，使得攻击阳明者犹如哑巴吃黄连一般，不仅没能达到攻击王守仁的思想学说的目的，反而自取其辱。

明清以来，程朱理学占据思想界的主流，最高统治者皆以四书五经开科取士，且只许祖述，不许超范围发挥，由此形成了人人皆只知推崇朱注，却不知反验身心，学习圣人之道却只能流于形式，没有自己的一知半解，口中所言、笔下所书的尽是背诵篇章的朱注按语，思想界一片"万马齐喑"。而王学的作用恰恰正是在于反验身心，与千年之前的孔子所提出的"学而不思则罔，思而不学则殆"有着异曲同工之妙。

康熙之时，学术界扬程朱贬陆王思潮泛起，如孙承泽、熊赐履等辈都以力辟王学为己任，朝野上下一时哗然。故有姚江书院派的徐景范入都与李光地等人讲明王学之旨的不寻常举动。邵廷采却极力反对搞什么朱王之争，他并尊朱熹和王守仁为两代"功宗"，认为后人不应该对朱熹、王守仁进行非议。他曾说："若朱之去今已五百余岁，王之去令亦百有六七十岁。两人杰然，各为一代功宗。今之议之。则何为也。"④ 他批评世人不知朱、王的思想实际是道固相成，并行不悖的关系。他认为："其谓崇王则废朱者，不知道固相成，并行不悖。盖在朱时，朱与陆辨，盛气相攻，两家弟子有如仇敌；今并祀学宫。朱氏之学，昔既不以陆废，今独以王废乎。"⑤ 他认为既然朱、陆二人皆能够并祀于学宫，那么朱熹、王守仁二人之间也不应该有存朱熹而

---

① （清）邵廷采著，祝鸿杰点校：《思复堂文集》卷一，《明儒王子阳明先生传》，第15页。

② （清）邵廷采著，祝鸿杰点校：《思复堂文集》卷一，《明儒王子阳明先生传》，第15页。

③ （清）邵廷采著，祝鸿杰点校：《思复堂文集》卷一，《明儒王子阳明先生传》，第15页。

④ （清）邵廷采著，祝鸿杰点校：《思复堂文集》卷八，《学校论上》，第339页。

⑤ （清）邵廷采著，祝鸿杰点校：《思复堂文集》卷一，《明儒王子阳明先生传》，第14页。

废王守仁之行为。

邵廷采认为刘宗周的学说要比其他儒者高明得多，是"醇而集大成者"，可以同时纠正朱、王两家思想学说之弊端。他曾指出："王近明道，朱近晦庵，而功勋节义过之。朱王之学，得刘而流弊始清，精微仍见。兄不见《蕺山全集》，未识其学之醇乎？醇而集大成者，是以极言而宫辨之。"① 邵廷采接受了刘宗周的"慎独"学说，用刘宗周的思想观点教育后进，他在写给子弟的《后蒙说》中强调"独"是天下之"大本"，体认"独"的工夫即是"慎"，立身处世、开物成务皆要从"慎独"做起。他说："天下之大本也，所谓独也。慎者，慎此而已。蕺山刘子以意为心之所存，非所发，虽与朱子异，然按之经文，印之先儒，其说皆合。千圣万圣，从事之途，未有不从立大本起者。"② 在邵廷采看来，刘宗周是继大儒王守仁之后的儒学宗主，理应是被人们所尊崇的圣贤，所以他说："致良知者，主诚意。阳明而后，愿学蕺山"③，表达出了自己的心声和立场。

其五，经世致用。邵廷采曾说："圣贤学问，要在知行并进。"④ 邵廷采将王守仁心学中"行"的范围给加以扩大，他更加注重外在的致用。诚然，邵廷采对王守仁和刘宗周的追慕，更大程度上还是他们追求事功的态度和经世致用的精神。他认为王守仁本身就是经世致用观点的最好诠释。"道固一贯，其流则万，析焉既精，支离是患。儒者之学，固以经世务为验也。"⑤ 作为一名学者，王守仁并不局限在读书的方寸之间，可以说，他的世界要比董仲舒、贾谊、二程乃至朱熹广阔得多。譬如，王守仁能够平定"叛乱"，安抚"蛮夷"，并非是一个百无一用之书生，而是一位能够安邦定国的大功臣，他的出现也使许多人不再用局限的眼光来审视儒家经典的作用和价值。

邵廷采在其所著《明儒刘子蕺山先生传》一文中，用相当的篇幅来叙列刘宗周忧国忧民，为国尽忠的悲壮事迹。高居庙堂之上而忧其民，处江湖之

---

① （清）邵廷采著，祝鸿杰点校：《思复堂文集》卷七，《复友人书》，第 322 页。
② （清）邵廷采著，祝鸿杰点校：《思复堂文集》卷十，《后蒙说》，第 488 页。
③ 《二十五史》（第十二册），《清史稿》卷四百八十，《儒林传》卷一，第 1497 页。
④ （清）邵廷采著，祝鸿杰点校：《思复堂文集》卷十，《后蒙说》，第 492 页。
⑤ （清）邵廷采著，祝鸿杰点校：《思复堂文集》卷一，《明儒王子阳明先生传》，第 16 页。

远而忧其君，国难当头时身跪午门，抗争拒用宦官，祭奠阵亡将士，王守仁和刘蕺山都是集"事功"与"学问"于一身的儒学大师，是后学学习效仿的榜样。邵廷采认为士人知识分子就应该更加关心国家大事，学习有关国计民生的实用之学，多做有益于国家百姓和社会的事情。

邵廷采对当时的学校教育亦有着深刻的见解。可以说，中国古代历朝皆十分重视各级各类学校教育，隋唐之后，科举制渐盛，科举遂成为学校教育的主要内容，他说："今之学则止为科目之径，以科目为学校，病已非一世。"[①] 到了清朝，科举制度所带来的弊端显而易见，在某些方面严重地影响到了学校的教育功能。他还说："其平居则言与行相背，及入仕而临政，自养与用相违。举夫言语、政事、德行、文学，罔不歧为二。"[②] 这种教育给士子们和国家都带来了严重的困扰，"学"与"用"并不能有机地统一起来，甚至在学校学习的和入仕后的人生观都难保持一致。针对这一问题，邵廷采提出了解决的方法，即："务返其本于孝弟忠信，则人心渐醇，浮言虚誉无所用。"[③] 让学子们再回归到孝、悌、忠、信上去，才能慢慢消除这种虚浮之风。邵廷采虽一生未曾入仕，处江湖之远却忧其君，关心国家前途和命运。他提出："至于御人之宽，则因势顺导，与时变化。"[④] 作为一个管理者要有高超的技能，有清净能治得好的，有严峻能治得好的，这是"各不相袭"的。一味宽纵则是不可的，否则可能横生祸端，所以宽是需要策略的，需要与时变化，总之，执政者不需要强制改变政策，而是要顺应时代的要求，不能墨守成规。由上可见，邵廷采的教育观体现了经世致用之观点。

最能够充分体现邵廷采经世致用的，则是他的史学成就。可以说，邵廷采亦是一位著名的史学家，他从历史中总结经验和教训，对以往历史有着自己独到的见解和看法。对此，章学诚曾称赞他说："发明姚江之学与胜国遗闻轶事，经纬成一家言，蔚然大家。"[⑤] 邵廷采所著《思复堂文集》，虽名为文

① （清）邵廷采著，祝鸿杰点校：《思复堂文集》卷八，《学校论上》，第339页。
② （清）邵廷采著，祝鸿杰点校：《思复堂文集》卷八，《学校论上》，第339页。
③ （清）邵廷采著，祝鸿杰点校：《思复堂文集》卷八，《学校论上》，第339页。
④ （清）邵廷采著，祝鸿杰点校：《思复堂文集》卷五，《寿河南巡抚王公序》，第276页。
⑤ （清）章学诚：《章学诚遗书》卷十八，《文集》三，《邵与桐别传》，文物出版社1985年，第177页。

集，但其中也集中体现出邵廷采的史学思想和才华，亦可以说，《思复堂文集》是一部著名的史学著述。是书用较大篇幅梳理了王守仁、刘宗周及其后学的生平学行，如《明儒王子阳明先生传》和《明儒刘子蕺山先生传》等，还有如《王门弟子所知传》、《刘门弟子传序》、《姚江书院传》等诸多传记。这些皆为记录当时王学家及其后学们个人或集体行为的人物传记，可以称得上是一部王学学术发展史。同样，从侧面亦能够体现出邵廷采自己的王学思想倾向。邵廷采父祖三代都曾行学于姚江书院，且邵廷采个人还主事姚江书院长达十七年之久，可以考见，他对姚江书院的宗旨以及当时王学家的思想主张应当是了如指掌，并且将其宗旨运用到教学实践当中，因此，他所记录下来的王学家的传记是极其可信的。

另外，《思复堂文集》中所记载的内容大部分是邵廷采亲身经历的事件，有的则是刚刚过去但人们还不曾遗忘的，这样，在很大程度上保证了事实的本来面目。如清朝官修《明史》一书，将晚明史实附录于书后，其中，有许多与清统治者利益相违背的内容则讳而不书，或者加以篡改，而在邵廷采的《思复堂文集》一书中，则记录了诸多晚明忠君爱国事件，为后世保留下来许多珍贵的资料。如人物传记中记录了诸多的晚明护国名士，他们或政声显赫，明亡后以死殉国，如刘宗周、施邦耀、周凤翔等；或为抗清志士，如死守江阴的阎应元，为鲁王死节的王思任；或为明末坚守民族气节的遗民，如邵泰清等。这些记叙充分反映出邵廷采作为一位历史学家的历史责任感和使命感，他将这些历史人物生动地还原出来，表彰忠义，其中也流露出邵廷采对遗民气节的追思和仰慕之情。

邵廷采还著有《西南纪事》和《东南纪事》两书。两书是邵廷采记载南明政权史事的著作，采用了纪事本末体史书的记载方法。于两书中，他未径称"南明"，而是使用了"东南"、"西南"这种表示方位的词语。应当说，这一表述一方面体现出了邵廷采个人的历史观，另一方面也符合清初史学家对待南明史的谨慎态度。邵廷采不像是一位研究型的史学家，而更像是一位叙述型的史学家，他用类似于司马迁似的优美语言来进行描述，生动地再现了那个时期的历史。邵廷采虽生于清朝，但他对明王朝有着难以割舍的情怀，所以，他怀着表彰与追思先朝的心情完成他的南明史也就不足为奇了。这恰恰说明邵廷采通过写史，从另外一个侧面充分体现出陆王心学注重力行的特点，有力地回击了陆王心学务虚之谬论。

作为姚江学派的主要传人，邵廷采苦心孤诣，全力以赴地维系着这一学脉，他曾说："姚江固阳明夫子阙里也，去世未远，近居亦甚，贤才蔚兴，将在今日！"①对于邵廷采的种种努力，清人朱筠大加赞赏，称赞道："鼎革之初，诸老殂丧，先生（指邵廷采。——引者）岿然承绝业于荒江斥海之滨。"②总体来说，邵廷采虽然坚持了陆王心学的宗旨，但并未拘泥于王学末流固守的偏狭性，而是勇于根据变化的形势对陆王心学进行大胆的修正，使得陆王心学在总体退潮的情况下，于浙东一隅出现了局部的回潮态势，不仅推动和发展了清初的陆王心学，而且进一步丰富和发展了清初的浙东学术，尤其是浙东史学。

邵廷采在姚江书院弘扬王守仁"致良知"学说，如同梁启超在其《中国近三百年学术史》中所言："时清圣祖提倡程朱学，孙承泽、熊赐履辈揣摩风气，专以诋毁阳明为事，念鲁常侃侃与抗不稍慑。……盖阳明同里后辈能倡其学者以念鲁为殿。"③邵廷采继承了韩孔当"致知之心学"的思想宗旨，提出致知存心，兼综朱熹和王守仁，欲融理学和心学于一炉之中。邵廷采继承了姚江书院派躬行实践的一贯传统，主张为学不在辩说而在力行。这一方面有力地驳斥和回击了宋明诸儒空言心性之非，倡用"物格知至"来避免陆王心学走向无根空谈，另一方面则又跳出姚江书院设定的躬行修德的狭窄圈子，直接竖起其师韩孔当"究当世之务"的大旗，主张以实学发为实用，尤其强调事功之学。这与黄宗羲的融"事功"、"节义"于一体的思想颇为合拍，也恰恰在这一点上，可以说邵氏的理学思想更接近黄宗羲。之所以如此，是因为邵廷采认识到儒学并非仅仅局限于理学心性一路。他感觉到两千年间的所谓"儒"，只不过是"传先民成说，守规矩绳墨"而已，那些空谈心性的理学家们，"以为得不传之绝学，尽拒一世之人于户外"，实在是气局太狭，不足以有为于天下。所以，他说："夫设一格以名儒者，拒千百世之英杰于理学心性之外，道之所以不行不明，盖为此也。若此类岂敢为宋儒

---

① （清）邵廷采著，祝鸿杰点校：《思复堂文集》卷十，《姚江书院训约》，第465页。
② （清）邵廷采著，祝鸿杰点校：《思复堂文集》附录，《理学邵念鲁先生传》，第535页。
③ 梁启超著，朱维铮校注：《梁启超论清学二种》，《中国近三百年学术史》（五），《阳明学派之余波及其修正》，第151页。

讳，又何独为阳明护乎！"①这的确是少有的、直接明快的议论。因此，他提出："学者当学为人，不当专学为儒，天下大物，不是本领宏大，如何担当开廓得去？"他所谓的"儒"，指的是专言理学心性的宋明之儒。显然，邵廷采已经突破了姚江书院固有的理学樊篱，具有在理学心性之外别求儒学之道的倾向，他想要造就能够担当开廓天下大物的人才，这与朱舜水呼唤能够"开物成务、经邦弘化"的巨儒鸿士，以及黄宗羲呼唤"经天纬地"的真儒一样，都真实地表现出清初浙东学术的趋向。

四　余姚邵氏王学的衰微

余姚邵氏王学历经邵曾可和邵廷采两代的大力发展，曾一度在浙东余姚产生了较大的影响，再加之邵廷采曾长期主事姚江书院，使得王守仁心学思想主张的传播更为深远。同样，在邵氏家族内部，王学也在继续传播开来，当然，在经历了雍正和乾隆两朝的文化高压政策之后，邵氏王学的发展又呈现出一些新的变化。

（一）盛世下的高压政策

清王朝发展到乾隆年间，国家统一安定，国土空前辽阔，坐拥着父祖赐予的大好河山和国库里丰盈充足的粮食和白银，年轻的高宗尽管喜好附庸风雅，但他也为臣民订立了他自认为合理的诸多文化方针政策。

经历了雍正朝（1723—1735）文化政策的高压之后，乾隆朝制定了更为严格和精密的文化制度。自世宗即位以来，口舌之争就没有片刻的歇息，所以，世宗实行严苛的文字狱政策来控制人们的思想和言论，但是，严酷的高压政策并没有真正达到预期的效果，反而适得其反，使得民间更加众说纷纭，流言四起。高宗深谙帝王之道，心中十分明白仅仅依靠严酷的高压政策是难以堵住悠悠之口的，正如即将溃败的大堤，疏导要比硬性堵塞来得更加有效。总体而言，乾隆朝的文化方针主要表现在以下几个方面。

第一，继承圣祖的"为朱独尊"，摆明官方的学术倾向。首先，高宗

---

① （清）邵廷采著，祝鸿杰点校：《思复堂文集》卷一，《明儒王子阳明先生传》，第12页。

在即位之初就旗帜鲜明地亮出自己的学术观点，即"为朱独尊"，将对朱子学有所质疑的谢济世狠狠进行了批驳，说其"谬妄无稽，甚为学术人心之害"①，并对朱熹大加赞扬，说"朱子熹羽翼经传，阐发义蕴，会萃群言，衷于至当"②。他大力提倡儒臣读宋儒书，精研程朱理学，"愿诸臣研精宋儒之书"③，而后一再强调儒臣要"研究经术，阐明义理"④。在乾隆十二年（1747）《御制重刻十三经序》中，高宗号召海内学者："笃志研经，敦崇实学。"⑤并为朱子家庙题匾，曰："御书宋太师徽国文公朱熹婺源家庙匾，曰：百世经师。"⑥这就将朱熹抬到了和孔子相当的地位，"经师"二字也就预示着自此解经仍需以朱子之学为纲，不能超越一步。

其次，钦定教科书，圈定士子们学习的范围。康熙朝时制定的文化政策是以孔子为本，以朱子为尊，并在康熙五十一年（1712）把"尊朱"作为基本国策最终确立了下来。到了乾隆朝之时，清廷继续贯彻实施这一政策，而且更加细致化。如果说康熙朝之时是政府为士人知识分子划定学术范围，那么高宗就索性给天下读书人规定参考书目，"颁发《十三经》、《二十一史》各一部，于各省会府学中，令督抚刊印，分给府州县学"⑦。清廷将传统的儒家典籍作为士子们的教科书颁发给各地学政，也就使得这些书籍的内容得到了统一，版本源流得到了规范，是任何人不得任意进行变换和改动的。不仅如此，还"颁发圣祖仁皇帝预制《律历渊源》于直省学宫、书院"⑧，也就是说，皇家的学术也是人们学习和研究的内容之一。

最后，整顿书院教育。乾隆元年（1736）六月，高宗颁诏对天下书院进行整顿⑨，诏书中规定以"经明行修"者为院长，以"沉潜学问"者为教师，那些"恃才放诞"者则不得入。"教官月课，宜重经史"⑩，整个教育机构的氛

---

① 《清高宗实录》卷十一，"乾隆元年正月"条，中华书局影印本。
② 《清高宗实录》卷十二，"乾隆元年二月"条。
③ 《清高宗实录》卷一百二十八，"乾隆五年十月"条。
④ 《清高宗实录》卷二百二十七，"乾隆十一年十月"条。
⑤ 《清高宗实录》卷二百八十六，"乾隆十二年三月"条。
⑥ 《清高宗实录》卷六十八，"乾隆三年五月"条。
⑦ 《清高宗实录》卷十四，"乾隆元年三月"条。
⑧ 《清高宗实录》卷十九，"乾隆元年五月"条。
⑨ 《清高宗实录》卷二十，"乾隆元年六月"条。
⑩ 《清高宗实录》卷二百二十六，"乾隆九年十月"条。

围是努力研读圣贤书，安心做学问，以潜心研讨经史为主。这种发展趋势也一度影响到了民间书院的发展方向。

第二，举行博学鸿词科。康熙朝举行了清朝历史上的第一次博学鸿词科，诚然，其目的是收买笼络汉族士人知识分子的人心，乾隆朝举行了清朝历史上的第二次也是最后一次博学鸿词科考试，其目的则是为了宽慰人心和歌功颂德。到了此时，大明王朝已经灭亡近百年，清朝统治者励精图治，国家一统，政治清明，百姓生活安定，这些因素使得人们的反清、抗清情绪早已消散殆尽。那些明朝遗老的后世子孙们也都基本融入到当时的生活中，此时清廷举行的博学鸿词科，也就不再是单纯的收拢民心，更多的无非是为盛世制造声势，粉饰太平而已。其结果，"博学鸿词特科仅录取十五人，儒林中人为之失望"①。相比较康熙年间的博学鸿词科，乾隆年间举荐的人多，但被选拔者却不多，入选者一概进入翰林院。

第三，敦促士人深研经学。"国家之取士也，黜浮华而崇实学"②，国家以实学取士，也就是要求士人要做实学，从国家需求上制定了对士人的要求。实学的范畴就是"究心经学，以为明道经世之本"③，"学以敦行为主，尤以明经为要"④。经学在清最高统治者看来是国之大要，只有研透经学才能经世治世。于是，统治阶级便以朱子所辑小学来命题，作为考试士子的范围，"朱子所辑小学一书，始自蒙养为立教之本，继以明伦为行道之宝，终以敬身为自修之要，于世教民心，甚有裨益，……嗣后应令学政于复试，论务用小学命题"⑤。"取士经旨，悉遵用先儒传注，……私心自用及泥俗讲者，概不录。"⑥这就将士人选拔限定在一个规定的范围之内，文章要严格依照八股文格式去做，而且，只能是从故纸堆里寻找做文章的着眼点，不允许个人有些许发挥和新意。至于作为选拔士人最后一关的殿试，清廷更加看重经史策文，要求士人们的文章须得"贯穿古今，陶铸经史"⑦，这即是对选拔高层次

---

① 陈祖武、朱彤窗：《乾嘉学术编年》"乾隆元年九月"条，河北人民出版社 2005 年，第 8 页。

② 《清高宗实录》卷七十九，"乾隆三年十月"条。

③ 《清高宗实录》卷七十九，"乾隆三年十月"条。

④ 《清高宗实录》卷二百二十二，"乾隆九年八月"条。

⑤ 《清高宗实录》卷一百八十五，"乾隆八年二月"条。

⑥ 《清高宗实录》卷五百五十八，"乾隆二十三年三月"条。

⑦ 《清高宗实录》卷九十三，"乾隆四年五月"条。

人才的要求。

第四，严格控制人们的思想。一方面，清廷要求士人知识分子依照朱子之学的思想解经，另一方面，却又对解经但不合乎统治需要的思想进行清理。为了进一步统一人们的思想，维护清廷的正统地位，乾隆朝的文字狱较雍正朝有所不同，文字狱的范围不仅局限于有反清思想的诗词、手书，如胡中藻案，还有"毁谤圣贤、悖谬已极"①的诗句、对联，"悖诞荒唐，语极不道"②的卦图。朝廷禁止将《水浒》、《西厢记》等书以及古词译为满语，认为"似此秽恶之书，非惟无益，而满族等习俗之偷，皆由于此"③。并且下令将已有的译文和原版尽数销毁，有敢于私存者即可严办，销毁逆书，收藏逆书者"赐自尽"。

总体而言，乾隆朝实行的这种严苛的文化政策和仅限于士子们研习朱子学的经学方针政策，使得大部分学子将自己的学术倾向流于训诂考证之学，正如钱穆先生指出："考据学是士人用来对抗统治者采取八股取士，不满程朱理学的对策。"同时，此一时期的陆王心学，也已渐渐陷入沉寂状态当中，在清政府压倒性的方针政策引导之下，有些王学家的学术思想也在发生着一些改变，有的甚至极少提及"良知"之学，仅仅提及修身；有的甚至干脆避而不谈性理之学，转而谈经论史。

（二）王学末流邵晋涵

邵氏王学发展到邵晋涵这里已呈现衰微之势，这是由当时的社会环境决定的，王学到了乾嘉年间已经渐渐归于沉寂，其发展可谓举步维艰。身处朴学包围中的邵晋涵，早年就已表现出对史学的极大兴趣以及对训诂之学的满腔热忱。但是，作为王学大本营的余姚，陆王心学已经深深地根植于这块沃土，成为余姚士人血脉中的一个重要组成部分，是很难剥离开来的。

邵晋涵（1743—1796），字与桐，又字二云，自号南江，清代著名史学

---

① 据《高宗实录》卷三百七十九，"乾隆十六年八月壬子"条中记载，阿思哈曾上奏朝廷，王肇基的诗文中有诽谤圣贤的语句，高宗下令，将王肇基立即杖毙。
② 据《高宗实录》卷四百零七，"乾隆十七年正月壬午"条中记载，恒文上奏朝廷，杨烟昭卦图猖狂好怪，高宗下令，将杨烟昭杖毙。
③ 《清高宗实录》卷四百四十三，"乾隆十七年七月"条。

家、经学家，清代唯一跻身翰林院的浙东学派学者。邵晋涵是邵廷采的从孙，祖父邵向荣曾跟随邵廷采学习古文法。邵廷采去世后，邵向荣曾叹息曰："自先生殁，而绍兴之师法与史学绝矣。"[①] 如邵曾可对邵廷采的培养那样，邵向荣也是全身心地教育和培养邵晋涵，使其自小就得到良好的传统教育。

邵向荣，字东葵，号余山，康熙壬辰年（1712）进士，曾任定海县教谕，后补镇海县教谕，著有《冬余经说》一书，计十二卷。邵向荣于是书用功颇深，多引先儒成说，而辨其同异。邵向荣对邵晋涵钟爱不已，将幼小的邵晋涵带在身边时时进行教育。邵向荣以讲学为业，曾经立学规四条，即："立志、诵经、考史、敦伦。"在这四条规约之中，"立志"居第一位，他说："志既辨在于立，立之在于诚。"[②] 又曰："学者果能为从己之心，鞭辟近里，静存洞察，息息无妄，庶几此心一太极矣。"[③] 可以说，这一学规与王守仁的教学方法完全是一致的，亦可以说就是沿袭了王守仁的教学方法。王守仁曾经说："种树者必培其根，种德者必养其心。欲树之长，必于始生时删其繁枝；欲德之盛，必于始学时去夫外好。"[④] 又说："我此论学是无中生有的工夫，诸公须要信得及只是立志。"[⑤] 王守仁也是将"立志"看作为学中的第一位，可见，"立志"对于学做人的重要性。邵向荣所提出的"心"也是与陆王之"心"相同，陆九渊曾说："此理甚明，具在人心。"[⑥]

邵向荣思想主张具有明显的王学思想倾向，他曾说："良知良能，具于赤子，物引而迁，遂亡本体。"[⑦] 他认为"良知"是初生婴儿就已经具有的，这与邵廷采王学思想中"孩提之不思不虑"是一脉相承的，这也契合了王守仁的思想观点，即："良知良能，愚夫愚妇与圣人同。但惟圣人能致其良知，而愚夫愚妇不能致，此圣愚之所由分也。"[⑧] 邵向荣认为这种赤子之"良知"

---

① 黄云眉：《邵二云先生晋涵年谱》，"十五岁"条，台湾商务印书馆 1982 年，第 9 页。
② 黄云眉：《邵二云先生晋涵年谱》，"十一岁"条，第 6 页。
③ 黄云眉：《邵二云先生晋涵年谱》，"十一岁"条，第 7 页。
④ （明）王守仁撰，吴光等编校：《王阳明全集》卷一，《语录一》，《传习录上》，第 32 页。
⑤ （明）王守仁撰，吴光等编校：《王阳明全集》卷一，《语录一》，《传习录上》，第 32 页。
⑥ （宋）陆九渊著，钟哲点校：《陆九渊集》卷一，《书·与曾宅之》，第 7 页。
⑦ 黄云眉：《邵二云先生晋涵年谱》，"十一岁"条，第 6 页。
⑧ （明）王守仁撰，吴光等编校：《王阳明全集》卷二，《语录二》，《传习录中》，第 49 页。

是会随着物景变迁而发生改变的，若能立志，能从己之心，就能够将天地万物在自己心中融为一体。邵向荣的王学思想对幼年的邵晋涵势必会产生一定影响。邵晋涵正是按照这四条学规去做的，成就了自己的经经纬史的学术生涯，也完成了自己笃实正直的人格塑造。

邵晋涵天资聪颖，加之自身又勤奋刻苦，努力钻研，最终成就为一位著名的学术大家。邵晋涵尽管幼年之时体质很弱，经常生病，长相瘦弱，"清羸如不胜衣"[①]，左眼视力也较弱，但他独善读书，学习十分刻苦，无论严寒酷署或外出游历，点滴时间皆手不释卷，博览群书，博闻强识，世人呼之为"神童"。

邵晋涵生于浙东余姚，对同为浙东籍的王守仁、刘宗周、黄宗羲这三位先贤大儒知之甚深，"浙东自明中叶王阳明先生以道学显，而功业风义兼之；刘念台先生以忠直著，大节凛然；及其弟子黄梨洲先生覃研经术，精通理数，而尤博洽于文辞。君生于其乡，宗仰三先生，用为私淑"[②]。在邵晋涵幼年时期，就已经熟读他们的著作，并了解他们的生平事迹，对他们极为佩服。他尤其羡慕王守仁的事功，刘蕺山（即刘宗周。——引者）的忠义和黄南雷（即黄宗羲。——引者）的覃经通理。邵廷采以姚江书院学派的思想接纳了刘宗周的思想，也为邵晋涵把握王学主旨提供了思想基础。

邵晋涵对王学大家的崇拜，还表现在他对宋学的推崇备至。邵晋涵的学术主旨继承了浙东学派的朴实学风，在朴学的范围内表现出与乾嘉汉学不同的特点，形成了独特的汉宋兼采的学术风格。可以说，邵晋涵既有汉学家严谨治学的态度，同时又有宋学家的逻辑思维特征，在学术思想上取得了引人瞩目的巨大成就。当时对邵晋涵知之甚深的学术大家章学诚，总结了邵晋涵学术上的三大特点，即："以博洽见称，而不知其难在能守约；以经训行世，不知其长乃在史裁；以汉诂推尊，不知宗主乃在宋学。"[③]其中，邵晋涵将陆王心学作为做学问的指导思想，推崇心性之学的倾向十分明显。

乾隆三十年（1765），二十三岁的邵晋涵参加了乡试。当时，主持乡试

① 蔡冠洛：《清代七百名人传》（第四编），《学术·邵晋涵》，中国书店 1984 年，第 1621 页。
② （清）王昶著，陈明洁等点校：《春融堂集》（下）卷六十，《翰林院侍讲学士充国史馆提调官邵君墓表》，上海文化出版社 2013 年，第 1004 页。
③ （清）章学诚：《章学诚遗书》卷十八，《文集》三，《邵与桐别传》，第 177 页。

的副考官是方志学大家钱大昕，恰巧，此次的主考官曹秀先生病，身体欠佳，全部乡试事宜皆听由钱大昕裁撤。钱大昕"薪取奇士不为俗学者"[①]，其在批阅邵晋涵墨卷时，心中大为喜悦，为其文笔所折服，随后，便主动托人捎话，要求与邵晋涵会面。当二人见面之时，钱大昕才发现对方竟是一位二十来岁的毛头小伙，心中不免有所怀疑，便反复叩问邵晋涵。邵晋涵的对答竟是"深若井泉，渊乎不竭"，钱大昕情不自禁拍掌笑曰："不负此行矣。"[②]

乾隆三十六年（1771），邵晋涵以礼部会试第一的成绩中进士，参加廷试列入二甲。钱大昕称赞道："数十科来无此才矣。"[③]同年，章学诚学古文于朱筠处，邵晋涵与章学诚论史，二人志趣相投。乾隆三十八年（1773），开四库全书馆，纪昀为总裁，大学士刘统勋推荐邵晋涵为纂修官，与戴震、周永年、余集、杨昌霖等大家同时入馆，时人称之为"五征君"。在四库全书馆，邵晋涵主持《四库全书》史部的选录和评论。入馆后，邵晋涵边工作边学习，其学问更加精进，诚"如海涵川汇，不可津涯"[④]。乾隆三十九年（1774），邵晋涵授翰林院编修，仍纂修《四库全书》，并辑佚《续三通》。乾隆四十年（1775），邵晋涵编校完成《旧五代史》一书。邵晋涵博闻强记，涉猎百家，尤能追本求源，实事求是。在四库全书馆编纂史书时，有时总裁向他请教某些史实，他甚至能明确无误地说出在哪一本哪几页，由此，他亦深受同僚们的钦佩和敬畏。还有，四库全书馆的编纂人员在史学上有所争论或疑问而把握不定时，总是能够从邵晋涵那里得到一个准确满意的答案。

乾隆五十年（1785），邵晋涵完成《尔雅正义》一书。邵晋涵为写作《尔雅正义》，前后花费了十年光阴，在写作过程中，如果有一字未定者，他便会反复琢磨，直到认为合适为止。他对书稿反复进行修改，直至自己满意，才最终确定下来，"不难博证，而难于别择之中，能割所爱"[⑤]。邵晋涵在是书自序中提到《尔雅正义》是以郭（即晋代郭璞。——引者）注为主，兼

---

① 黄云眉：《邵二云先生晋涵年谱》，"十七岁"条，第10页。
② （清）钱大昕：《潜研堂集》卷四十三，《日讲起居注官翰林院侍讲学士邵君墓志铭》，上海古籍出版社1989年，第786页。
③ （清）钱大昕：《潜研堂集》卷十一，《园邵冶南序》，第375页。
④ （清）章学诚：《章学诚遗书》卷十八，《文集》三，《邵与桐别传》，第177页。
⑤ （清）章学诚：《章学诚遗书》卷十八，《文集》三，《邵与桐别传》，第177页。

采诸家之长。乾隆五十六年（1791），邵晋涵殿试名列二等。随后任职中允，擢侍讲学士。再转侍读、左庶子、侍读学士，充日讲起居注官等职。他还曾担任成安宫总裁，以及《万寿盛典》、《八旗通志》、二史馆、三通馆等纂修官，后又任国史馆提调，兼掌进拟文字等职。嘉庆元年（1796），升任翰林院侍讲学士、日讲起居注官、文渊阁直阁事等职，同年六月病逝，享年五十有四。

邵晋涵为人谨慎狷介，不屈从于权威，在四库全书馆修史时，邵晋涵的学问得到大家的认可，因此，有许多达官贵人希望与之相交，但邵晋涵本人却没有表现出异常的热情来，依然选择清贫的生活。他在修史之余，仍授徒自给，与人交往，从来不因为自己博学多识而傲慢，每当遇到话不投机之人，也不与之相争辩，只是起身离开，敬而远之。可以说，邵晋涵真正地继承了浙东学派的风骨，治学博采而重史实，为人刚正而重气节。邵晋涵熟谙前明掌故，"于明季朋党、阉寺乱政，及唐、鲁二王起兵本末，口讲手画，往往出于正史之外"[1]。虽然邵晋涵不像祖辈那样以明朝遗民自居，甚至在自己的著述中多有对清政府歌功颂德的文章，但是，他追慕王守仁、刘宗周和黄宗羲的性情与学问，作为一介生于清朝、长于清朝的文人学者，他自然没有理由像他的先辈们那样对明朝有着亡国之痛，从其入仕情况来看，就能够说明这一点，对于入仕，其态度是相对积极的。当然，这也牵扯了他部分精力，致使无法完成《宋史》一书的编纂工作，是其遗憾。

邵晋涵虽然是一位著名的经学家和史学家，但在他的世界观中，陆王心学依然占有重要地位。邵晋涵的王学思想主张主要体现在以下几个方面。

其一，对"良知"的认识。王守仁曾经说："良知是造化的精灵。这些精灵，生天生地，成鬼成帝，皆从此出，真是与物无对。"[2] 他又说："夫良知即是道，良知之在人心，不但圣贤，虽常人亦无不如此。"[3] 王守仁对于"良知"的强调其实就是对主观意识的肯定，对自我精神的高度重视。"良知良能，具于赤子"[4]，这也是邵向荣对邵晋涵进行培育的内容之一，在邵晋涵修

① （清）钱大昕：《潜研堂集》卷四十三，《日讲起居注官翰林院侍讲学士邵君墓志铭》，第 787 页。

② （明）王守仁撰，吴光等编校：《王阳明全集》卷三，《语录三》，《传习录下》，第 104 页。

③ （明）王守仁撰，吴光等编校：《王阳明全集》卷三，《语录三》，《传习录下》，第 69 页。

④ 黄云眉：《邵二云先生晋涵年谱》，"十一岁"条，第 6 页。

史和治经的过程中始终秉承着这一训诫，修史秉公笔，记载要从实，从未强调"天理"而扼杀"人欲"，他承认人的主观意识，并不主张加以抹杀。

邵晋涵在谈论《宋史》时曾经这样讲道："宋人门户之习，语录庸陋之风，诚可鄙也。然其立身制行，出于伦常日用，何可废耶？士大夫博学工文，雄出当世，而于辞受取与，出处进退之间，不能无箪豆万钟之择。本心即失，其他又何议乎。"① 邵晋涵认为"心"是起主要作用的，本心都已经失掉了，其他的忠、孝、节、义又怎么能够值得称道？在其学术生涯中，邵晋涵表现出来的真挚之情随处可见，"和平敦厚大雅之音"，"诗之原出于天籁"，"舍性情而求体格，是为无实之华"② 等，这其中的"天籁"和"性情"，其实不也正是王守仁提出的造化精灵的"良知"吗？

其二，对"工夫"的体认。王守仁所谓的"致良知"，便是指心见性的修行工夫。他说："随时就事上致其良知，便是格物。著实去致良知，便是诚意，著实致其良知，而无一豪意必固我，便是正心。"③ 也就是说，无论是正心也好，格物也好，皆是"致良知"。王守仁又曾经提道："人须在事上磨炼做功夫，乃有益。"④ "功夫不离本体；本体原无内外。只为后来做功夫的分了内外，失其本体了。如今正要讲明功夫不要有内外，乃是本体功夫。"⑤ 王守仁所谓"在事上磨炼"的"功夫"，体现在邵晋涵身上便是其治学上的勤奋和专注。功夫既然不分内外，都是为了良知本体，那么邵晋涵的功夫自然也是为了内在的致知。

相较而言，王守仁对知识本身不是太重视，或者说他对知识的认知与他人不同，他曾经提道："记诵之广，适以长其傲也；知识之多，适以行其恶也；闻见之博，适以肆其辩也。"⑥ 记诵的多，就会助长傲慢，知识多就会使行为恶劣，闻见多便会巧言善辩，辞藻丰富则会修饰人的虚伪，而唯有"良知"是光明的，万古如一的。王守仁的这套理论在清初就已经被学者们修正，譬如刘宗周提出的"慎独"，就很好地弥补了王守仁思想学说中对知识

---

① 清国史馆编，王钟翰点校：《清史列传》卷六十八，《邵晋涵》。
② （清）邵晋涵：《南江文钞》卷四，归安姚氏粤东署刻，清光绪七年（1881）。
③ （明）王守仁撰，吴光等编校：《王阳明全集》卷二，《语录二》，《传习录中》，第83页。
④ （明）王守仁撰，吴光等编校：《王阳明全集》卷三，《语录三》，《传习录下》，第92页。
⑤ （明）王守仁撰，吴光等编校：《王阳明全集》卷三，《语录三》，《传习录下》，第92页。
⑥ （明）王守仁撰，吴光等编校：《王阳明全集》卷二，《语录二》，《传习录中》，第56页。

认识不足的缺陷，而邵廷采则是将刘宗周的思想与王守仁的思想有机地统一起来，使得学人对王守仁的思想有了更为全面的了解和认识。

其三，从穷理到格物。关于穷理，王守仁解释说："穷理者，兼格、致、诚、正而为功也。故言穷理，则格、致、诚、正之功皆在其中，言格物，则必兼举致知、诚意、正心，而后其功始备而密。"① 也就是说，"穷理"是包含着"格物"、"致知"、"正心"以及"诚意"的。若是单提"格物"，势必要加上"致知"、"正心"才能说的全面。"格物"是"致知"的功夫，是到达"致知"的途径。关于"格物"，王守仁说："吾教人致良知，在格物上用功，却是有根本的学问。"② 又说："格物是致知功夫，知得致知，便已知得格物。"③ 所以在邵晋涵这里"穷理"表现的就不大明显，相比较而言，"格物"的成分更加多一些。而王守仁认为抛开"良知"的学问是"济其私己之欲"的行为，而"盖其心学纯明，而有以全其万物一体之仁"④。而邵晋涵则更加注重实学与实践，这一点与黄宗羲思想中"故问学者必先穷经，经术所以经世。不为迂儒，必兼读史。读史不多，无以证理之变化；多而不求于心，则为俗学"⑤ 是一脉相承的。他不同于邵廷采，邵廷采主张探求大义，不拘泥于章句，而邵晋涵则是一字不明就反复考据，力求精准。

邵晋涵的思想中很大一部分是"格物"而非"穷理"。邵晋涵自乾隆三十六年（1771）进入四库全书馆，之后的二十余年间皆在京师任职，深处当时的朴学浪潮中心，而在四库全书馆中的工作亦是类比、考异、搜遗的史学工作。如其对《旧五代史》一书的辑佚便付出了较多心血，他反复辩证考量，充分利用《永乐大典》中保存的原书分卷编次痕迹，采用双行分注的方法弥补其阙文，使之不与原文混淆。对于作为补阙的文集、史书，则采用了附注的方式以备参考。另外，邵晋涵还认为："尔雅为五经之馆辖。而世所传本，文字异同不免伪舛。"⑥ 郭（即郭璞。——引者）注多所脱落，而邢（即邢昺。——引者）疏荒略，难以为据。于是，邵晋涵

---

① （明）王守仁撰，吴光等编校：《王阳明全集》卷二，《语录二》，《传习录中》，第48页。
② （明）王守仁撰，吴光等编校：《王阳明全集》卷三，《语录三》，《传习录下》，第99页。
③ （明）王守仁撰，吴光等编校：《王阳明全集》卷二，《语录二》，《传习录中》，第60页。
④ （明）王守仁撰，吴光等编校：《王阳明全集》卷二，《语录二》，《传习录中》，第55页。
⑤ 《二十五史》（第十二册），《清史稿》卷四百八十，《儒林传》卷一，第1496页。
⑥ （清）邵晋涵：《尔雅正义》，光绪十七年（1891）石印本。

殚精竭虑，耗费十年光阴，根据唐刻石经与宋椠本以及前人征引之文反复审证，以郭注为主，兼采诸家之说，几易其稿，终于完成了《尔雅正义》一书。

总之，邵晋涵对史料的探求体现出了格物，即在事上磨的功夫，但是，他并没有提出明确的理学观点。这是由当时的政治文化环境所使然，也正是因为这一点，邵晋涵也可以说不算是一位真正的理学大家。

五　余姚邵氏王学的学术评价

邵曾可师从王学家沈国模、史孝咸等，将陆王心学引入邵氏家学，王学由此便开始成为邵氏家族学术史的一个重要组成部分。到了邵廷采之时，他能够兼采各家学说，博采众长，丰富和发展了陆王心学思想内涵，使邵氏王学思想达到了顶峰。至邵晋涵时，由于时代发生了大的变化，此时，邵氏王学表现为不离"良知"的考据特点，由性理到训诂，且以史为重，对性理的探讨则相对减少许多。不管怎样，陆王心学作为邵氏家学的一部分，并没有完全消失殆尽，而是随着社会的变迁，以其他的面目呈现出来，并为后学发扬而光大之，成为清代陆王学术史上的光辉篇章。

（一）余姚邵氏王学的特点

陆王心学在余姚邵氏家族内部传播了一百余年，由于社会状况的复杂多变以及个人志趣和认知的不同，在每个阶段都呈现出不同特色的学术特征。邵曾可忠于王守仁本意，以讲究"性理"为主，要求"提撕本原"，"详经略史"，同时，他对余姚当地王学家的言论加以收集整理、汇编成书，另外，他还勤于讲学，教授子弟，将陆王心学在家族内部传播开来；邵廷采则丰富了陆王心学的思想内涵，吸收朱熹治学笃实的学风，崇拜刘宗周"慎独"之精神，强调刘宗周的"慎独"是入学之根本，推崇黄宗羲，认为"致良知"中的"致"就是"知行合一"的"行"。与此同时，邵廷采对经世致用之学亦极为提倡，实际上，这也是践行了陆王心学"知行合一"的理念，总之，余姚邵氏王学在邵廷采时得到了集大成式的发展。邵廷采主讲姚江书院十七年，对陆王心学思想在余姚当地的传播和发展起到了至关重要的作用。到了邵晋涵时，性理之学渐渐被训诂之学所取代，尽管邵晋涵被认为是清代的史学大家，但邵晋涵本人依旧坚持着王学的世界观，对史学和经学的考据仍然不离"良知"本体，他虽身处清朝的朴学浪潮中，依旧能够用王学的眼光看待史学问题，在"道问学"的同时仍不忘"尊德性"，形成了自己独特的学术思想观点。

总之，以家族和血脉相维系的邵氏王学具有以下的特征。

第一，推崇王守仁、刘宗周，博采众家。邵曾可、邵廷采和邵晋涵虽然处于不同的时代，但他们对于这两位先贤和王学大儒的崇拜，可以说是达到了无以复加的地步。作为余姚邵氏家族的一分子，他们都在少年时期就熟读陆王心学经典，对王守仁"良知"之学了然于胸，他们皆推崇王守仁的文治武功和刘宗周的忠义慎独。

在邵曾可所处的时代，陆王心学备受争议，处于一个极其低下的地位。邵曾可在讲习王学的同时，还采用朱子家法来治家，可见其并不是一味地坚守陆王成说而排斥其他学说。邵廷采的王学思想更是兼采各家学说，以王学为宗，并且对刘宗周的"慎独"学说推崇备至。其私淑黄宗羲，尽可能地弥合程朱与陆王之间的学术藩篱。邵晋涵则除坚守王学的世界观外，更是博采众长，"闻见迥异于人"[1]。由上可知，尽管邵氏几代所处时代不同，但他们皆有一个共同的特点，就是极力推尊王守仁和刘宗周，但却也并不极力反对程朱理学等其他学说，而是采取了一种兼容的态度。

第二，对"致"的强调。由于深受宋学家史孝咸和管宗圣二位先贤的影响，邵曾可的王学思想较为笃实，早期他以"主敬"为主，后来"深谙致知"。邵曾可终生恪守师说，只在"良知"上下功夫，而对外在的学问，他也秉承着王守仁的态度，认为那不过是"百戏之场，戏谑跳踉"[2]。所以他将收集整理王学典籍作为"致"的一部分。邵廷采则明确说明了"致良知"三字，实合"致知"、"存心"于一功，即在注重认知主体素质培养的前提下，同时也强调认知主体对于客体的极致活动。到了邵晋涵时，由于社会环境变化的影响，对于客体极致的追逐更是达到了巅峰。邵晋涵对薛居正《旧五代史》进行了反复考异，并且著述了《尔雅正义》一书，这本身就是"致"的

---

① 黄云眉：《邵二云先生晋涵年谱》，"三十一岁"条，第39页。
② （明）王守仁撰，吴光等编校：《王阳明全集》卷二，《语录二》，《传习录中》，第56页。

表现，此时，邵晋涵将"格物"与"致知"在史学的范畴内和谐的融合。他以内在的"良知"去把握外在的"格物"，从而在当时的考据史学浪潮中形成了一幅别样的风景。

第三，讲求经世致用。经世致用在邵氏王学中体现在他们对待经学、史学和实学的态度上。在邵曾可时，由于社会的动荡不安，邵曾可在乱世中难以寻得一方净土，因此，邵曾可追求的是心灵的安稳，所以他选择"良知"作为心理的慰藉。他对于实学并不是十分热衷，甚至告诫儿孙"莫思经济"。在史学方面，邵曾可的贡献侧重于对浙东学术史的整理汇编，他整理了余姚当地王学家的文献资料和姚江书院的学术会议记录，这为后来邵廷采编著《王门弟子所知传》和《姚江书院传》等提供丰富的资料。邵廷采的经世致用则表现在他编写了王学学术史，同时对正史中没有记录的南明史实进行了详细的梳理和记载。邵晋涵在经世致用方面可谓是达到了极致。他身处朴学的浪潮中，对经学、古音韵学、金石学等无不精通。他参与编修《四库全书》，作《史部提要》，辑佚《旧五代史》，著述《尔雅正义》，力辩《魏书》非"秽史"等，皆能够力证其以实践量虚实。

通过分析邵氏王学的特点可以看出邵氏王学的变化趋势，而邵氏王学思想的变化趋势，恰恰又真实地反映出社会现实对学术发展的制约和影响。这种变化主要表现在"良知"与"致知"两方面在他们思想学说中比重的变化。在邵曾可时，"良知"是第一位的，他将"良知"作为立身之本，万物之源，"专守良知"四字真切地看出邵曾可对"良知"的毕生守候。而在"致知"方面，邵曾可由于当时所处的动荡社会环境，所采取的"致"是对内心安稳的追求，对儿孙的教育也是多详经而略史。邵廷采对王学的这两方面则是选取了一个较为平衡的点。可以说，王学在经历了刘宗周和黄宗羲的修正之后，邵廷采进一步将王学加以修正，使其在邵氏家学中增添了美妙的一笔。邵廷采的王学思想主张十分贴合王守仁的本意，他既守"良知"又用心"致知"。他的生平虽不及王守仁那般光彩闪耀，但也可谓是丰富多彩，他游学击刺，马出潼关，考察边防，用心海务。他用一生诠释了"儒者之学，固以经世务为验也"①。邵晋涵则是用"良知"作为考据的根据，在著书

---

① （清）邵廷采著，祝鸿杰点校：《思复堂文集》卷一，《王门弟子所知传》，第43页。

修史的过程中，将"心"作为主导。在"致知"方面，邵晋涵可以说是邵氏家族中最为勤奋的一个，他对经学、金石学、古文音韵等无一不通，用功之勤可见一斑。他在治学中不像当时的朴学家一样仅局限于文字本身，而是能够如其父祖一样用统观的眼光看待历史问题。

（二）余姚邵氏王学的学术地位及价值

余姚邵氏王学前后近两个世纪，跨越了明、清两个朝代，在邵氏家族内传承了五代，这在当时产生了不小的影响。章学诚在《邵与桐别传》中提到："邵君先世多讲学，至君从祖廷采，善古文辞，著《思复堂文集》，发明姚江之学，与胜国遗闻轶事经纬，成一家之言，蔚然大家。"①

余姚邵氏王学的学术地位主要表现在以下几个方面。

其一，余姚邵氏王学是明末清初王学的重要组成部分。陆王心学到了明末清初，由于王学末流各自的传承和发挥不一，使得王学发生了较大的分化。浙江余姚王学经历了由最初的具有禅学之嫌到回归实学的嬗变，这在邵氏王学思想主张上体现地淋漓尽致。邵氏学人不断地吸收王学各派的观点、学说来修正、丰富和发展邵氏王学，邵氏学人在坚守"良知"的同时，也不断地扩大王学中"致"的内涵，由内在的"穷理"到外在的"格物"，由内在的"致良知"到外在的"重践履"。

邵氏学人经历了清初陆王学术的修正与完善的全部过程，在清政府向朱子学一边倒的情形之下，邵氏学人坚定地站在了陆王心学的阵营中，并对来自其他派别的指责与攻击进行了不遗余力的反击，固守"良知"本体，汲取各家精华，完善邵氏王学，使其得以不断向前发展，和其他的余姚王学家一起共同构成清初浙东王学派，使其成为清初陆王学术的重要部分。

其二，余姚邵氏王学在明末清初王学发展中起到承上启下的作用。明末王学在历经社会政治大变革之后，虚无的成分逐渐扩大。邵曾可入姚江书院拜沈国模、史孝咸、管宗圣三先生为师，承明末王学之余绪，重性理，轻经济，奉"良知"为终身之说。邵曾可传王学于邵廷采。邵廷采更是兼采众家学说，扩大"致知"的范围，将邵氏王学引入性理与格物并重的阶段。邵廷

---

① （清）章学诚：《章学诚遗书》卷十八，《文集》三，《邵与桐别传》，第177页。

采的王学思想上承刘宗周、黄宗羲，下启章学诚、邵晋涵。邵廷采传邵氏王学于其从弟邵向荣，邵向荣又传邵氏王学于邵晋涵。邵晋涵则是身处朴学的浪潮中，出现用王学的世界观宏观地把握史学问题，沿袭了浙东学人博洽而约取的学风，开启了晚清经世致用的学术风气。

其三，余姚邵氏王学是明清时期学术发展史上的一个环节。明中期以降的中国学术，出现了王学的扩张式发展，王学的鼎盛到明末清初时期王学的修正的情况。清康熙末年，朱子学大大挤压了王学的生存空间，但陆王心学并没有成为绝学，在一大批陆王学者的努力之下，仍然向前发展。即使到了乾隆年间，由于社会现实使然，王学的发展举步维艰，但此时的乾嘉考据学随之兴盛，成为当时学术主流，而此时的邵晋涵则用王学的世界观来把握史学，表现出明显的浙东邵氏学术之特点。总之，邵氏王学虽然只是属于余姚邵氏家族内部的学说，但受当时政治文化政策影响颇大，邵氏王学所表现出的时代特征是当时的学术所特有的。余姚邵氏王学，一方面积极顺应时代潮流，而另一方面也依照自身逻辑向前迈进。

余姚邵氏王学不仅具有重要的学术地位，与此同时，其亦具有重要的当代价值。陆王心学学说是以心为本体，王守仁认为："万事万物之理不外于吾心。"[①] 王守仁抬高"心"之地位，强调主体的自觉意识，这对于当时死水一潭的思想文化界有着巨大的冲击力。只不过王守仁所说的"心"本身就带有伦理的规范，这种纯然的"心"，他称之为"良知"。同时，他反对宋儒虚静之风，主张实时实地反复磨炼来开启"良知"。针对"知"、"行"分离的观念，提出"知行合一"，强调"知"、"行"二者并重。王学的这些内涵十分丰富却又简截了当，对人性的强调又表现出相当的开放性。余姚邵氏王学在王学原有基础上对王守仁心学进行了修正，主要体现在对内心的求取更加虔诚，对外在的"格物"更加勤勉。这使得邵氏王学在现代社会，仍然具有非凡的意义。

当今社会，人们除了追求物质生活丰富外，更为重要的是追求心灵的丰富，只有物质生活与精神生活二者和谐统一，人们才能够真正感受到生活的幸福。这也是我们今天构建和谐社会的前提保障，尤其是人们的精神是绝对

---

① （明）王守仁撰，吴光等编校：《王阳明全集》卷二，《语录二》，《传习录中》，第46页。

不可缺失的，否则，从完全意义上来讲，人就不能称其为人了。如何才能够保持人的"人格"呢？其中，王学的作用就在于让人可以时时观照内心，探求"良知"，使人们的行为达到"知行合一"，完善人的人格，使其成为一个真正的人。邵氏王学强调的"良知"自在我心，我们需要追随着自己的本心去规范自己的行为。陆王心学在对待这一点上并没有具体的规则，但邵氏王学有着自己笃实的学风，以圣人之道来约束自己的身心。在这一意义上来讲，邵氏王学比王守仁心学更加符合当代社会的需求。邵氏王学对践履的重视程度也是值得我们学习的。在观照自己内心的同时，也要不断地了解外在的世界，如同邵廷采那样，处江湖之远而忧其君。或是如同邵晋涵那样，在自己的领域内不断的"求知"、"格物"，以达到"物我一体"。现在的中国处于飞速发展的时期，很多人已经开始意识到优秀的传统文化对于当今社会的重要性，相信余姚邵氏王学也会在新的时代大放异彩。

第三章　陆王心学的再修正

　　清代陆王学术在李颙、孙奇逢和黄宗羲"三大儒"的努力下得以不绝，继续依照自己的内在逻辑向前发展。在这一发展过程中，以邵廷采和全祖望为代表的浙东王学和以李绂为代表的江右王学最为突出。他们为陆王学术的继续发展做出了极大的贡献。

第一节　陆王学最后一重镇李绂

　　以李绂为代表的江右王学，在其发展过程中，积极地为陆王心学争正统，成了清代陆王心学发展史上重要的一支。李绂个人更是如此，一生当中都在积极阐明陆王心学宗旨，梳理陆王心学统绪，以达到树立陆九渊、王守仁学术之正统地位。李绂（1675—1750），字巨来，号穆堂，江西抚州府临川县人。少年家中贫寒，但读书能"五行并下，落笔数千言"。康熙四十八年（1709）以进士入翰林，益励于学。康熙六十年（1721），充会试副考官，用唐人"通榜法"，知名之士网罗殆尽。榜后，被劾罢官，发永定河工效力。雍正元年（1723），复职。雍正二年（1724），署广西巡抚，因被劾下狱。后特旨免死，于八旗志书馆效力行走。高宗即位后，召见，授户部侍郎，十二月，充三礼馆副总裁。乾隆六年（1741）三月，充明史纲目馆副总裁。乾隆八年（1743）致仕，乾隆十五年（1750）去世，享年七十有六。

一 李绂生平学行

《清史稿》称："李绂，……少孤贫，好学，读书经目成诵。"① 李绂自己也曾言："余家自歙徙临川，生二十有二年，无尺寸之土，傥屋而居，并安得典籍而荡尽之。"② 李绂的父亲是入赘吴家的，众所周知，作为一个上门女婿，其家庭自然不可能富有，极有可能十分贫困，但当时吴家的生活状况不得而知。从李绂所语来看，吴家有可能也是一贫如洗，至少在李绂之父入赘吴家时是极为贫寒的。

李绂小时候勤奋好学，极为聪明。据《清代名人轶事》载："李侍郎绂，性聪慧。少时家贫，无赀买书，乃借贷于邻人，每一翻绎，无不成诵。偶入城市，街衢铺店名号皆默识之。"③ 李绂自称："小时看书日可二十本，字版细密者犹不下十本。"④ 他还说："余年十岁时，戏以其意为诗，匿不敢示人。十一岁，始得律诗粘背之法于蒙师吴迁斋先生，明年遂大为之。因与里中诸先生为诗社，诸先生皆丈人行，……吴湖山先生碌最小犹年三十六，而余以十二龄童子与焉。时聚居山中诸先生各以山为号，而呼余曰小山，因为《小山吟》以咏其意。"⑤ 据《穆堂别稿·李氏裘书自序》称，李绂少年时曾以《山堂肆考》、《潜确类书》两书为底本，摘录成《李氏裘书》共计一千页，类似一小型百科全书。但在谈到写作目的时，他说："不过给耳目之用，非著书自立于后世也。"⑥ 可见态度十分谦恭。

从《李氏裘书自序》中我们可以看出：其一，由于李家十分贫穷，无资购买更多的书籍，每当得到一部好的书籍之后，李绂就会以最快的时间抄写下来，这样不但能够加强记忆，而且也便于将来的检阅和学习，同时也能够节省下来一些钱。其二，说明李绂此时于读书已是深得要领，知道如何读

① 《二十五史》（第十二册），《清史稿》卷二百九十三，列传卷八十，第 1152 页。
② （清）李绂：《穆堂别稿》卷二十五，《李氏裘书自序》，道光辛卯奉国堂藏版。
③ 葛虚存原编，琴石山人校定，马蓉点校：《清代名人轶事》杂录，"李绂凤慧"，书目文献出版社 1994 年，第 312 页。
④ （清）李绂：《穆堂初稿》卷四十一，《与陈彦瑜书》，乾隆庚申无怒轩刻本。
⑤ （清）李绂：《穆堂初稿》卷二，《小山吟》。
⑥ （清）李绂：《穆堂别稿》卷二十五，《李氏裘书自序》。

书，掌握了学习方法，对于前人所著书籍能够辨别其优劣，以便自己在著书时能够吸取其长处。

李绂曾说："绂自乙亥岁补诸生，丁丑始饩，四试于乡不获举。"① 按：乙亥为康熙三十四年（1695），李绂年二十一。丁丑年为康熙三十六年（1697），李绂年二十三。据《穆堂初稿》卷二《章门杂诗序》一文中讲道："家临川三十余年矣，丙子（康熙三十五年，即1696年。——引者）秋应乡试，一二好事者诬为冒籍，排击不遗余力。"而在本书卷五有《乙酉落解示诸同志》一文。由此可见，李绂是在二十一岁时"补诸生"②，于次年就开始应乡试，由于种种原因前四次都是名落孙山，直到康熙四十七年（1708）才考中举人。

在这期间，无论是家居还是游学，他都是专意于词章的。康熙三十五年（1696）应乡试，趁此机会，李绂游览了章门诸胜。在章门，他登滕王阁，历百花洲，过宁藩故居，登列岫亭，观长江奔放，烟云竹木，题咏宛然若在，遂兴名钜卿之胜聚不可常，而江山不随人事而尽之叹，为《章门杂诗》咏之。③ 他在二十三岁（康熙三十六年，即1697年。——引者）前往汉口寻找长兄李巨中时，撰作有《楚游杂诗》④。在该诗序中，说："丁丑冬，闻大兄巨中旅寓火，装资都尽。十一月既望，冲雪往觅之，挈钱三百文，自家至楚，一月往还。三千里风波，豺虎之危，寒饿劳顿之苦，真有生所未尝者。日为诗数首，路无笔札，遗忘略尽，聊复记忆一二，附存于篇。昌黎云：'不知当日，何能自存？'事后思之，余亦屡心悸焉。"⑤

李绂前往汉口是在当年风雪交加的冬季，经庐山至九江，顺江到达汉口，但结果没有见到长兄巨中。他在二十七岁（康熙四十年，即1701年。——引者）游学江南时，作有《吴征草》等诗篇⑥。从诗中可以知道，李

---

① （清）李绂：《穆堂初稿》卷二十五，《先考新安府君墓志铭》。
② 杨向奎《清儒学案新编·穆堂学案》讲道："李绂早年困于诸生，24岁入学为秀才，至34岁前，四次乡试不售。"其中，"24岁入学为秀才"时间不确。在《穆堂初稿》卷二十五《先考新安府君墓志铭》一文载"绂自乙亥岁补诸生"，乙亥年李绂二十一岁。
③ （清）李绂：《穆堂初稿》卷二，《章门杂诗序》。
④ （清）李绂：《穆堂初稿》卷三，《楚游杂诗》。
⑤ （清）李绂：《穆堂初稿》卷三，《楚游杂诗序》。
⑥ （清）李绂：《穆堂初稿》卷四，《吴征草》。

绂此行由临川东经贵溪、玉山、衢州、桐庐而往杭州，再经吴江到达苏州。其诗序中讲："三吴故盛俊髦，辛巳秋，偶为汗漫之游，往还四程，荏苒两时，山川道里，人物风土，驰驱周旋，应酬牵率，得书序论记传诔杂文如干首，而诗独多……"[①] 也正如年轻时期的司马迁一样，李绂多次外出和游学，皆丰富了他的社会经历，增长了见识，使得他能够多方面了解社会，了解各地风土人情；加之自己的辛勤不辍，所以能够写出大量诗篇。这也为他后来为官处世奠定了一定的基础，使得他能够关心士人，关心下层百姓。

李绂自入学至跻身仕途这段时间里，曾经结交过许多长辈师友。可以说，他们从各自不同的方面深深影响了正在成长中的李绂。其中可记者有：吴迁斋、游十洲、胡渭、张大受和陈震、李光地等学者。

李绂《穆堂初稿》卷二《小山吟》序中说："余年十岁时，戏以其意为诗，匿不敢示人。十一岁始得律诗粘背之法于蒙师吴迁斋先生。明年遂大为之。"可知，吴迁斋为李绂启蒙老师，曾教给李绂律诗粘背之法。李绂早期能够写出大量文字优美的词章来，是与吴迁斋的教诲密不可分的。十年后，李绂与先生再次相见，有诗为证，可见其友谊。诗曰："霜叶堆寒及此行，梅花树里放春声。岭云赠客本无迹，晚水逢人初有情。黄卷未收千古业，青山迟结十年盟。与君共画寒灰烬，坐断山城月几更"；"相逢尊酒春前醉，别后秋声月里听。三径故人空寂寞，十年弟子正飘零。荒山落日蒸林赤，老屋炊烟接岸青。欲载侯芭奇字酒，西风重过云亭。"[②]

在《小山吟》序中，李绂尚提及游十洲。游十洲字裕，时年四十二，和吴迁斋、李绂等共为诗社，李绂此时才十二岁。雍正二年（1724）三月，李绂五十初度之时，也正是游十洲八十寿辰。李绂的门生要为其庆祝寿辰时，他谢绝了，又向他的门生讲述了"师"的含义，并把自己与弟子的"问答之语"记下来"以寿先生（即游十洲。——引者）"。其中讲道："……余自有传道授业之师也。余师有游十洲先生者，醇儒也。余未冠而事焉，今岁且八十矣。……吾乡以理学重于天下，濂溪、考亭所友教，象山、草庐所流传，今衰矣。先生不言而躬行焉，孝友于家，信于友。其容

---

① 转引自杨向奎：《清儒学案新编》（三），齐鲁书社1994年，第551页。又见《穆堂初稿》卷四。
② （清）李绂：《穆堂初稿》卷二，《初冬过云亭》、《奉怀吴迁斋先生》。

庄、其气温，其守确乎其不可拔，吾学之未能百一也。吾乡以文章重于天下，欧阳（即欧阳修。——引者）、曾（即曾巩。——引者）、王（即王安石。——引者）之所开，虞（即虞集。——引者）、揭（即揭傒斯。——引者）、杨（即杨载。——引者）、罗（即罗稚川。——引者）之所述，今益衰矣。先生旁搜而远绍焉，总揽经史，罗络百氏，发为诗古文，有典而有则，吾学之未能什一也。盖吾乡之理学文章，赖先生以传，而余亦得以有闻焉。"①李绂给予游十洲极高的评价，视之为自己的"传道授业之师"。可见，游氏于李绂是深有影响的。

胡渭是在李绂游学江南时结识的。胡渭，初名渭生，字朏明、东樵，浙江德清人。胡渭多次乡试不第，于是专心研究经典。徐乾学奉诏修《大清一统志》被延聘入馆。圣祖亲书"耆年笃学"四字相赠。胡渭曾著有《易图明辨》、《禹贡锥指》、《洪范正论》、《大学翼真》等书。李绂在入翰林后，曾写诗怀念胡渭，以表达自己对老前辈的推崇，诗曰："十载吴阊被褋筵，典型曾记接通贤。都将耆旧推文范，未怪经生老服虔。著述焜煌天语重，星霜荏苒岁华迁。令名寿考谁兼得，应许先生号乐全。"②但没有谈及学术。

张大受，字日容，号匠门，诗人，江苏嘉定人。康熙四十八年（1709）进士，改庶吉士，官翰林院检讨。曾著有《匠门书屋文集》。沈德潜曾说："吴中弘奖风流，断推匠门。今没世已久，过其故居者，犹想望遗风焉。"③沈德潜又曾记述李绂向张氏问学的情况，说："穆堂来吴，问字于匠门，而学问各有所得；匠门主温雅，穆堂主阔大也。"④李绂与张大受虽是同年进士，但年龄却相差三十多岁，可以说张大受是李绂的前辈。李绂游学江南时应是慕名前来的。二人的学问风格虽不相同，但从沈德潜口中所语"弘奖风流，断推匠门"可知，张大受是一位爱护人才，以弘奖士类为己任的长者，在这一方面，李绂与之可谓极为相同，或许在彼此交往中受到张大受的影响。

陈震也是李绂游学江南时结识的。陈震，字彦瑜，晚号竹坡。屡经乡试不中，四十岁以后遂无意于举业。李绂与陈震关系比较密切，并建立了深厚

① （清）李绂：《穆堂初稿》卷三十六，《游十洲先生八十寿序》。
② （清）李绂：《穆堂初稿》卷八，《寿胡朏明先生八十》。
③ 沈德潜选编，吴雪涛等点校：《清诗别裁集》卷二十二，河北人民出版社1997年，第423页。
④ 沈德潜选编，吴雪涛等点校：《清诗别裁集》卷二十二，第429页。

的友谊。陈震去世后，李绂曾为其作墓表。说："吾未壮时薄游吴，所交多豪隽，惟君为尤亲。忆壬午冬留滞吴中，君延款于家。除夕，晤对至统，如四鼓不去。开年余归，留诗别君有'一人交'之句。嗣是出处岐途，惟行役三过吴，必诣君。"①李绂在《别彦瑜》中如是写道："渺渺共期千古业，茫茫真数一人交。长江不少双鱼使，好寄春风拂草茅。"②以此来寄托离别之情。李绂在回到江西后，又作诗来表达自己的情怀。诗曰："惆怅金阊路，伶俜仗友生。看云惊异色，倚曲爱同声。雪棹风流最，雨臙魂梦清。终须重命驾，千里一时情。"③后来，李绂主持浙江乡试，经过苏州时又写有二诗。诗中云："去日流光渺逝川，胥江离梦镇绵绵。云霞旧侣还重过，风雨怀人已十年。朱勃才惭通籍早，梁鸿交忆赁春前。扫尘惆怅南州榻，异姓他乡骨肉缘"；"群材乘运属休明，空谷幽兰处处生。谁遣旁观间巧匠，自惭平进到孤卿。心知南园无双士，耳热河梁第一声。此去京华独回首，江东千里暮云平。"④由此可以看出，李绂与陈震的友情确非寻常。另外，李绂在诗中透露出，陈震也是一个怀才不遇的落第士人，李绂为此耿耿于怀。后来他不惜一切代价汲引士类，想必与陈震的遭遇有关，友人的遭际，深深地触及李绂的内心。

李绂在考中进士后，与座师李光地的关系十分融洽。师徒二人经常在一起饮酒赋诗，探讨学问。李光地，字晋卿，号厚庵，卒谥文贞，学者尊称为"安溪先生"，为康熙一朝理学名臣。关于李光地的为学宗尚，业师陈祖武先生曾进行过详细地剖析。陈先生把李光地一生为学，划分为三个阶段。陈先生认为：李光地早年，并不是"非程朱不敢言"，而是在读书时，"则为陆九渊、王守仁的著述所吸引，用了整整五年的功夫看陆王之书及诸难书。潜移默化，可想而知。这一时期，可以说是李光地为学兼收并蓄的阶段"。陈先生还列举了两个事实，其一，李光地把早年纂辑的《朱子学的》和《文略内外编》二书，后来分别改名为《尊朱要旨》和《榕村讲授》，并对其内容进行了全盘修订。其二，康熙二十八年（1689），圣祖曾当众斥责李光地

---

① （清）李绂：《穆堂初稿》卷二十八，《陈君彦瑜墓表》。
② （清）李绂：《穆堂初稿》卷四，《别彦瑜》。
③ （清）李绂：《穆堂别稿》卷五，《次韵答陈彦瑜见寄》。
④ （清）李绂：《穆堂初稿》卷十三，《南濠访陈彦瑜二首》。

为"冒名道学"，并把他归入廷臣中的王学派。[①] 由此可见，尽管李光地一直标榜"近不敢背于程朱，远不敢违于孔孟"，但对于陆王学术还是有所心得。于此，我们亦可以推知，与李光地过往甚密的李绂，不可能不受其影响。

总之，在李绂的成长过程中，吴迁斋、游十洲、胡渭、张大受和陈震、李光地等先辈或多或少地从不同方面给予了他一定的帮助、教诲和影响。尽管诸先生与他的联系各不相同，有的在学术上给予他的指导比较有限，但以他的聪慧，从他们那里受到影响是肯定的，为他将来为学、做人打下了良好的基础。

二　李绂学术思想之特点

根据史料记载可知，李绂一生著述甚多，计有：《穆堂初稿》五十卷，《穆堂别稿》五十卷，《朱子晚年全论》八卷，《陆子学谱》二十卷，《春秋一是》二十卷。此外，还有《春秋年谱》、《朱子不惑录》、《陆象山年谱》、《阳明学录》、《学蔀通辨辩》、《李氏裘书》等，但十分可惜，这些书籍今已大多不可见。

从现有的资料考见李绂学术取向，是推尊陆王心学的。但是，他推重陆九渊和王守仁，并非一味毫无取舍地固守陆王成说，而是有取舍地吸收其合理部分并且发扬光大之。这使得他成为有清一代王学名人，受到清代学者的推重。

在学术思想史上李绂推尊陆王学术，他说："自象山陆子之教不明，士堕于章句训诂者三百余年。洎王阳明先生倡明绝学，然后士知有躬行实践之功。"[②] 又说："自阳明先生倡道东南，天下之士靡然从之，名臣修士不可数计，其道听途说起，而议之者，率皆诵习烂时文、旧讲章，以求富贵利达之鄙夫耳。……而自托于道学者稍相辩论不知其未尝躬行，自无心得，不足以与斯事而考见其是非之所在也。"[③] 其推崇陆王，只不过是推尊其躬行实践，对于陆王之"心外无理"、"心外无物"等命题则矢口不提，而是沿着躬

---

① 陈祖武：《清初学术思辨录》十，《李光地与清初理学》，第210页。

② （清）李绂：《穆堂初稿》卷二十六，《文学刘先生墓志铭》。

③ （清）李绂：《穆堂初稿》卷二十六，《文学刘先生墓志铭》。

行实践这条路子走下去。他还说："学必躬行而后心得。得于心而后推之家国天下，无所施而不当。"① 学习与躬行二者相较，他认为学习是基础，躬行实践是结果，只有实践即应用到实际中去才达到目的。于此，李绂又进一步讲道："有行之而不著者，未有不行而能知者也。不行而知，是明道程子所谓望塔说相轮者也。"② 还说："圣贤为学之法者，盖皆因事而后有功夫也。论存养，则事至而此心不动，大程子所谓动亦定也。论省察，则事至而后有意念，《中庸》所谓慎其独也。至力行之必因事而后见，又无论矣。世岂有无事之功夫哉？"③ 在这里，李绂认为思想是环境的反映，只有实践了才能有自己的思想，否则就是空谈，不切实际。可以说，李绂的这一看法，较王阳明前进了一步，发挥和修正了王阳明的知行说。

李绂为了建立一个陆王学统，以便与程朱理学相抗衡，曾著有《陆子学谱》和《阳明学录》，只是《阳明学录》今不得见。《陆子学谱》一书是兼用《近思录》和《伊洛渊源录》二书之体例，把"言"与"行"合而为一。李绂认为："慈湖杨氏简作《陆子行状》，谓先生授徒，即去今世所谓学规者，而诸生善心自生，容礼自庄，雍雍于于，后至者相观而化。盖以言教，不如以身教。求先生之学者，或分言与行而二之，岂有当哉？虽然先生之教无方，而学者所从入，则不可以无其方也。先生之教思虽无穷，而渊源所及，确乎可指目者，自有其人，不可得而诬也。"④ 在李绂看来，"言教"不如"身教"，只有身体力行，躬行实践用自己的实际行动去影响、去感化他人，才能达到目的。所以，他反对朱子把"言"与"行"分开，认为那样做有失孔孟之教真义，因此，为了弥补朱子二书的缺憾，李绂在自己的著述中，把二者合而为一。

《陆子学谱》开宗明义介绍陆九渊的为学取向，旗帜鲜明地打出陆九渊的思想体系，计有"辨志"、"求放心"、"讲明"、"践履"、"定宗仰"、"辟异学"、"读书"、"为政"和"友教"等，强调其为学宗旨。接着叙述陆九渊祖孙几代的生平学行。随后，考察陆九渊的"弟子"、"门人"、"私淑"，从

---

① （清）李绂：《穆堂初稿》卷二十四，《学言稿序》。
② （清）李绂：《穆堂初稿》卷二十八，《高安县学吴君墓表》。
③ （清）李绂：《穆堂初稿》卷四十五，《书〈朱子语类〉后》。
④ （清）李绂：《陆子学谱》卷首，"序"，四库全书存目丛书本，齐鲁书社 1995 年。

宋代一直追续到明代。李绂认为："圣人之学，心学也。道统肇始于唐虞，其授受之际，谆谆于人心道心。孔子作《大学》，其用功在正心诚意。至孟子言心益详，既曰仁人心也，又曰心之官则思，思则得之，先立乎其大，则小者不能夺。仁义礼智，皆就其发见之心言之，而莫切于求放心之说。明道程子谓圣人千言万语，止是欲人将已放之心约之，使反复入身来，自能寻向上去，下学而上达。至陆子则专以求放心为用功之本，屡见于《文集》、《语录》。"[1] 于此，李绂把整个传统学术都归结为心学，从唐虞，经孔子、孟子，到程明道，以至于陆子，都是一脉相承的。由此，从唐虞到陆九渊之间，就形成了一个道的传承，这样，也就进一步说明了陆九渊是孔孟之道的传人。

在李绂看来，陆九渊学术一方面得于孟子，另一方面也得益于家学。他说："先生之学，固由心得，然家世授受，不可略也。自其高曾以来，世有令得。厥考宣教公，尤环伟，慈湖称其生有异禀，端重不伐，究心典籍，见于躬行，酌先儒冠、婚、丧、祭之礼行于家，不用异数。家道整肃，著闻于海内，其渊源固已奠矣。诸兄皆恂恂儒素，梭山、复斋并称海内大儒，至先生而集其成耳。"[2]

整体而论，本书在考察人物时，有相当大的篇幅是介绍其生平事迹，尤其是一些重要人物更是如此。卷五《家学》篇载陆九韶、陆九龄、陆濬三人，除了用大量笔墨叙述其生平事迹外，尚涉及学术取向和学术往来。于"淳熙四君子"（即"甬上四先生"，杨简、袁燮、舒璘、沈焕。——引者），李绂也是先用相当篇幅述其生平事迹，随后再介绍其书信往来及为学取向。其后，占有相当篇幅的还有包恢、袁甫、吴澄、虞集、陈苑、李存、危素等。而其余诸位则只介绍生平事迹，很少涉及或不涉及学问。李绂这样安排是有用意的。其一，李绂不厌其烦地阐述每个人的生平事迹，其目的也是在于突出陆九渊的为学宗旨——躬行实践。其二，孔门弟子三千，身通六艺者七十二人，陆九渊亦是如此，其弟子中"身通六艺者"也很多，尽管有些人在学术上无建树或建树不明显，但他们也都是陆王心学传人，把他们列在其中，至少能在数量上说明陆学队伍的庞大和道统的不绝。其实，李绂所论不

---

[1] （清）李绂：《陆子学谱》卷一，《求放心》。
[2] （清）李绂：《陆子学谱》卷五，《家学》。

免有些牵强附会，即便是、抑或不是，并非是以弟子的数量多寡而论，况且二者也并非一定成正比。

在整个《陆子学谱》一书中，李绂对于朱陆之争，以及"早异晚同"说并不是十分重视。卷四《友教》中有陆九渊与朱熹的一封信，信中以大量的事实论证朱熹以"无形"释"无极"，似乎有些强词夺理，所以，陆九渊认为"无极"为多余，只言"太极"即可。同时，其还对朱熹把"阴阳"作为"形器"一说极力反对，认为朱熹是"道"、"器"不分。在叙述陆九韶时，李绂说："与闽朱熹相敬爱，见其注释《太极图说》，疑'无极'二字出老子，非周子之言，往复辩论。"① 其后，李绂就陆九韶与朱熹论辩的具体内容做了详细探析。在考察陆九龄时，详细地阐述了鹅湖之会。相比较而言，就以上所举内容和介绍他们的生平事迹，则可谓少之又少。如上文所揭，《陆子学谱》的目的不在于此，其和《朱子晚年全论》一书的分工是十分明确的。

明代中期，王守仁著《朱子晚年定论》，提出早异晚同之论，来表明王门心学与程朱理学同出一源，无相缪戾。此书一出，即受到世人的批评。到了清初，宛平孙承泽著《考正晚年定论》，认为王守仁是"借朱子之言以攻朱子"，对《朱子晚年定论》一书进行指责。所以，钱穆先生论道："及清初宛平孙承泽，著《考正晚年定论》二卷，持论益偏。书始宋孝宗淳熙甲午，朱子时年四十五，其后乃始与陆氏兄弟相会，依次编其《文集》、《语类》诸书，谓'实无一言合于陆氏，亦无一字涉于自悔。'……门户之见，持之者过甚，亦足征其立身居心之大概矣。"② 孙承泽既不读陆九渊、王守仁之书，又没有仔细品味朱熹之书，只是意气用事，妄为此书。

因此，李绂说："孙北海承泽作《考正朱子晚年定论》，盖从未读陆子、阳明子之书，亦未尝细读朱子之书，徒欲抄窃世俗唾余以附于讲学者也。所载朱子之语止取其诋諆陆子之言，其论学之合于陆子者，则概不之及，其所辨年岁亦不甚确。"另一方面，对于王守仁著《朱子晚年定论》一书，李绂认为其考订未详，不能为后人信服，所以才下决心来澄清这一问题。鉴于

---

① （清）李绂：《陆子学谱》卷五，《家学》。
② 钱穆：《中国近三百年学术史》第七章，"李穆堂"，商务印书馆 1997 年，第 288 页。

此，李绂著《朱子晚年全论》一书。所以他说："余尝尽录朱子五十一岁至七十一岁论学之语，见于文字者一字不遗，共得三百七十余篇，名曰《朱子晚年全论》。其言无不合于陆子，其自悔之言亦不可以数计。"[1] 李绂的弟子王士俊在对两书进行比较之后，说："然则吾师穆堂先生所订《朱子晚年全论》，固有所不得已焉耳。……俊曰：'阳明之收集多疏，先生之考校独密；阳明之收集多漏，先生之荟萃独完。……删节繁芜，钩贯岁月，了如指掌，灿若列星，而朱子之论定，固有补乎姚江之书，而非袭其旧也。'"[2]

《朱子晚年全论》一书，尤为详细地辑录了朱熹晚年和其门人、友人论学的资料。《陆子学谱》一书，详尽地辑录了陆九渊家学，以及弟子、门人、私淑的生平学行。二者的不同之处：《朱子晚年全论》只是着力于朱子晚年与其门人、友人的论学资料；而《陆子学谱》则重在陆学及其传衍。《陆子学谱》对于一些重要人物，先用大量的笔墨来考察其生平事迹，然后再介绍其学术宗旨；对于一些不太重要的人物，则只是考察他们的生平事迹，而没有再叙述其言论。可见，李绂是有其深刻用意的。一方面，通过这样的安排不仅能体现出陆九渊的为学宗旨，而另一方面自然而然地更能体现出其较朱熹略胜一筹。我们从陆九渊弟子王士俊的话中亦能看出其中奥秘。王士俊说："盖自朱、陆异同之辨起，谓朱子'道问学'，谓陆子'尊德性'，判若黔皙矣，讵知尊道之功不容偏废，朱子注《中庸》，谓'尊德性'极乎道体之大，'道问学'尽乎道体之细。今因《答项平甫》一书而画分途径，是朱子仅乎道体之细，而陆子方极乎道体之大也。尊朱者，安乎哉！"[3]

李绂编纂此书，其目的是为了证明"朱子与陆子之学，早年异同参半，中年异者少信者多，至晚年则符节之相合也；朱子论陆子之学，陆子论朱子之学，是早年疑信参半，中年疑者少信者多，至晚年则冰炭之不相入也"这一观点。他认为造成这一状况的原因是由于"早年两先生未相见，故学有异同而论有疑信。中年屡相见，故所学渐同而论亦渐合。……自是以往，又十一年而陆子下世。此十一年中，两先生不及再相见。始启争于无极、太极

———————

[1] （清）李绂：《穆堂初稿》卷四十五，《书孙承泽〈考正朱子晚年定论〉后》。
[2] （清）李绂著，段景莲点校：《朱子晚年全论》卷首，《校刻朱子晚年全论序》，中华书局 2000 年，第 1 页。
[3] （清）李绂著，段景莲点校：《朱子晚年全论》卷首，《校刻朱子晚年全论序》，第 2 页。

之辨，继附益以门人各守师说，趋一偏而甚之"。所以，李绂"详考《朱子大全集》，凡晚年论学之书，确有年月可据者，得三百五十七条，共为一编。其时事出处，讲解经义与牵率应酬之作，概不采入。而晚年论学之书，则片纸不遗，即诋陆子者亦皆备载，名曰《朱子晚年全论》。曰'晚'，则论之定可知；曰'全'，则无所取舍以迁就他人之意"①。但是，李绂的目的是以朱就陆，为陆学争正统，所以，此书依然是以朱熹悔悟为说，把凡是朱熹"所称切实近理用功者，一概归之心学，故其所论，亦未能尽服朱子学者之心"②。诚然，李绂编辑是书的目的就是以朱就陆，为陆王学术争正统。因此，此书一出就引起了时人的不满和反击。四库馆臣谓"其说甚辨"③。夏炘也说："《晚年全论》一书，……不过为《学蔀通辨》报仇，无它意也。……所引朱子之书凡三百五十余条，但见书中有一'心'字、有一'涵养'字、有一'静坐收敛'字，便谓之同于陆氏，不顾上下之文理，前后之语气，自来说书者所未有也。"④

李绂《朱子晚年全论》一书完稿于雍正十年（1732），雍正十三年（1735）刊刻印行。是书为其倾注精力最多、时间最长，"历时二十年"完成的。《陆子学谱》一书是在雍正五年（1727）到雍正十年（1732）内完稿的，刊刻的时间也是在雍正末到乾隆初年。李绂亦称"惟手编《陆子学谱》二十卷，惟老拙最用力最得力者，生平一知半解，立身居官，悉本此书"。就写作过程来看，尽管《朱子晚年全论》一书着手要早，《朱子晚年全论》较《陆子学谱》时间长了四倍之多，但刊刻的时间大致是相同的，就其写作的目的而言是一致的，以朱就陆，为陆学争正统。如果说，《陆子学谱》的编修是将陆九渊学术作为主线，旨在重振陆学，突出陆学的地位；那么，《朱子晚年全论》的编修则是将朱子学作为辅线，旨在通过朱子来彰显陆九渊学术，并不是突出朱子学。这是李绂编修《朱子晚年全论》的真正意图所在，可谓二书互为表里。

李绂在学术上尽管属于陆王心学，注重义理之学，但是，他却没有被禁

---

① （清）李绂著，段景莲点校：《朱子晚年全论》卷首，《朱子晚年全论序》，第2页。
② 吴长庚主编：《朱陆学术考辨五种》卷首，"序言"，江西高校出版社2000年，第19页。
③ （清）永瑢等：《四库全书总目》卷九十八，《子部》，《儒家类存目》，"陆子学谱"条，第831页。
④ （清）夏炘：《述朱质疑》卷十，《与詹小涧茂才论〈朱子晚年全论〉书》，新文丰丛书集成三编本。

锢，而是继承了其优秀部分、抛弃了其中不好的成分。具体而言，即是抛弃了陆王心学所标榜的"心外无物"和"心外无理"等玄谈，只是强调陆王心学的躬行实践，也就是经世致用之学。不唯如此，从以上所列可知，李绂还十分注重考证，其不仅仅在以上二书中大量运用考证的方法，而且在其他的著述中也有相当的考证性文章。如《穆堂初稿》一书中就有《古文尚书考》、《书大传考》、《六宗考》等几十篇考证文字。[①] 从其中的篇目可知，李绂的考证虽然显得比较零散，但其涉及面较广。总体言之，其考证还是细致严密，很有见地的。所以，方苞曾经说："其考辨之文，贯穿经史，而能决前人之所疑。"[②] 由此，也正体现了学术由清初的经世之学向乾嘉考据学发展的趋势。

杨向奎先生曾经总结说："十七世纪初期明末清初的社会动荡，到十八世纪初期康熙晚年以后逐渐稳定。明清之际活跃的思想高潮也相应地潜伏和消失，整个社会文化趋向于固定和呆板的状态。这时期不能产生杰出的思想家是必然的。如果有一些反映出智慧和创见的思想火花，也只如残照余音，不能久存。"[③] 在这种形势下的学术文化又是如何呢？杨向奎先生认为："整个学术文化的主流转向对程朱正统的推崇，对经史文字的考证，以及对词章字句的雕琢。这就是康熙末叶到雍乾时代的思想文化状态。"[④] 也正是在这一情势下，才出现了像李绂这样的学者。

杨向奎先生在其所著《清儒学案新编》一书中，叙述李绂的生平学行之后，总结说："总计李绂一生处于明清之际思想高潮以后。雍正乾隆时期只能产生文学侍从之臣和训诂考证之士，这使他远逊于顾、黄、王等人高瞻远瞩、展望未来的历史形象，在学术史上表现为一个陆王学派的余波与后劲。"随后，杨向奎先生对李绂学术也给了一个简要的概括，有三个方面：第一，"李绂主张陆王，他所提出躬行实践，认为'学以行言，不以知言'，'学非文艺亦非徒论说'，继承了陆王的可取之处"。"至于批评朱熹一无是处，最后则悔悟而归于陆则是门户偏见"。第二，"李绂在学术上有不少值得

---

① 以上均见《穆堂初稿》卷十八《原说》、卷十九《考上》、卷二十《考下》、卷二十一《解上》、卷二十二《解下》等。

② （清）方苞撰，刘季高标点：《方苞集》卷四，《李穆堂文集序》，上海古籍出版社1983年，第106页。

③ 杨向奎：《清儒学案新编》（三），《李绂〈穆堂学案〉》，第547页。

④ 杨向奎：《清儒学案新编》（三），《李绂〈穆堂学案〉》，第547页。

注意的论点，如认为'考据不足重'，'以理气心性为辨，亦无益之空言也'。都是独立的见解"。"他见及'官书不得以行胸臆'，是在书局编书的实际体会。'每有敕修书则未收者渐就湮没'，则预言了后来《四库全书》的弊病"。第三，"李绂治学广博而欠精深，在交游中老辈有胡渭，师友之间有顾栋高，后辈有全祖望、袁枚、厉鹗，都是当时第一流人物。但其经学之深不及胡、顾，史学不及全谢山，诗文的地位也不及厉、袁。这与他一生从政又几经波折，不能专门从事学术有关。这并不掩盖他在思想见解上的杰出之处，而这些可取的思想相沿于明末清初的进步学风"①。李绂在学术上尽管欠精深，但这并不影响其在清代学术上的历史地位，尤其是其在发展陆王学术方面，更是颇多建树，在当时的社会环境下，出现了李绂这样的陆王学者，的确也是难能可贵。总体而言，杨向奎先生的评判是较为公正的。

李绂撰辑《陆子学谱》一书，并非仅仅靠自己一人之力量，尚有万承苍等人的共同努力才完成的，其中，万承苍为之出力不少。万承苍，字宇兆，号孺庐，江西南昌人。全祖望在其所撰《翰林院学士南昌万公墓碑铭》一文中说万承苍累世或"皆讲学于阳明、念庵之门，称硕儒"，或"赠翰林"。他的母亲"李氏，贤母也，方孕公时，每嘿祝于影堂曰：'不愿生儿为高官，但愿负荷先世之学统。'故公少而喜读宋人讲学之书，论者以为得之胎教"。可见，万承苍不仅有一个良好儒学传统的家风，而且还有一位知书达礼的母亲，对于幼年时期的万承苍不能不说是一笔财富。所以，万承苍"以康熙癸巳（康熙五十二年，即1713年。——引者）进士入翰林"，步入仕途。康熙六十年（1721），李绂充会试副考官时，用唐人通榜法取士被劾罢官，万承苍由于和李绂过往甚密差一点遭到牵连。雍正即位后，李绂被起用，并且准备推荐万承苍之时，"未及施行，则临川（即李绂。——引者）已出为广西巡抚。忽奉严旨，追举辛丑（康熙六十年，即1721年。——引者）流言以罪公，罢其官。……于是归而杜门，益讲学，无复出山之志"。后来，世宗在了解到真实情况后，"特召入京，补原官"。高宗即位后，"有荐公者，稍委以制诰，置之讲筵。又七年，……始超五阶为学士"。在此期间，还曾经

---

① 杨向奎：《清儒学案新编》（三），《李绂〈穆堂学案〉》，第580—581页。

担任广西主考官和福建副主考官之职，乾隆九年（1744）去世。①

《陆子学谱》二十卷，是书序作于雍正十年壬子（1732）仲冬，是年李绂年五十有八。李绂曾说："绂自早岁即知向往，牵于俗学，玩物而丧志，三十余年矣。再经罢废，困而知反，尽弃宿昔所习，沉潜反复于先生（即陆九渊。——引者）之书，自立课程，从事于先生所谓切己自反、改过迁善者，五年于兹。于先生之教，粗若有见焉，独学无友，不敢自信。今岁万子宇兆，奉召还朝，相见之次，叩其近业，心同理同，若同堂而共学也。既而同事书局，时相考证，益著益明，乃敢抄撮先生绪言，并其教思所及，共为一书，名曰《陆子学谱》。"②

李绂被"再经罢废"一事，应是在雍正五年（1727），以庇护私党蔡氏（即蔡珽。——引者），下议政王大臣等会议，共议李绂罪凡二十一款。后来由于"李绂既知悔过认罪，情词恳切，且其学问尚好，著革职，从宽免死，令在纂修八旗志书馆效力行走；其妻、子、财产入官之处，俱著宽免"③。长洲徐葆光在雍正十二年（1734），由于身体不适要回苏州调养，李绂作序以送之。序中说："澄斋徐子、孺庐万子与余少同学长同官。……近岁始复聚于京师，试以所学商焉，则相视而笑，莫逆于心，盖皆水枯木落，反其源本之时，宜其合也。人三为众，尝以此夸示于他友，以为可以乐而忘老。"④可见他们的关系非同一般。我们从李绂的口中可知三人曾就李绂近年所著述进行过讨论，谈得十分融洽，当然，这其中也应包括《陆子学谱》一书。

全祖望在雍正十一年癸丑（1733）考试结束后，打点行装准备回家时，李绂极力挽留，并请全祖望寓居其府邸，当时，万承苍也寓居李绂府邸。全祖望记载当时的情况说："每日高舂，必相聚一室，或讲学，或考据史事，或分韵赋诗，葱汤麦饭，互为主宾。……临川性刚毅，其所持辨，万夫环而攻之莫能屈，尝主张陆文安公之学过甚，遂于朱子有深文。公生平亦主陆学，然其论戒偏重，多从容以解临川连环之结。临川下笔千言，睥睨一时，罕有

---

① 以上均见全祖望撰，朱铸禹汇校集注：《全祖望集汇校集注·鲒埼亭集内编》卷十八，《翰林院学士南昌万公墓碑铭》，第330页。
② （清）李绂：《陆子学谱》卷首，《陆子学谱序》。
③ 清国史馆编，王钟翰点校：《清史列传》卷十五，《李绂》。
④ （清）李绂：《穆堂初稿》卷三十五，《送徐澄斋编修归苏州序》。

当其意者，公之诗文出，临川未尝不心折也。予尝谓江西文统，自欧阳兖公后，如平园，如邵庵，如东里，皆以和平雅洁嗣其瓣香，而公其世适也。临川以为知言。"① 由此可知，万承苍学主陆王之学，不但深得其旨，而且持论较李绂为公。万承苍奉召还朝是在雍正十年（1732），还朝后与李绂同事书局，由于二人志同道合，常常聚在一起探讨陆王学术，"时相考证，益著益明"，李绂"乃敢抄撮先生绪言，并其教思所及，共为一书，名曰《陆子学谱》"。

所以，钱穆先生在《中国近三百年学术史》一书论述李绂时涉及万承苍，他列举了其大量论学之语，其中引有关于万承苍论王阳明者，曰："考亭朱子似伊川，象山陆子似明道。元世陆子之教，仅行东南。赵江汉（即赵复。——引者）阇记朱子所为传注以授北方学者，后遂用以取士，明代因之不改，由是言圣人之道独归朱子。然士子特用其说弋取科第而已，即或高谈性命，博考礼乐制度，亦不过法朱子之解经，未尝期其身之必行之。一旦试之以事，非回惶失措，则迂远而不切于事情，反不若任意直行者之足以有济。于是圣人之道，常无用于天下，而儒者之为世所诟厉，不足怪矣。独阳明先生负卓绝之姿，兼承朱子、陆子之学，磨砻浸润以完其德性；故其平大寇，定大难，不动声色，而勋德成于反掌，可不谓儒者之明效欤？"②

从以上所引诸史料可以推知，万承苍学术取向是推尊陆王的，他也和李绂基本上是一致的，但对其心性之学并不感兴趣，只是强调其躬行实践。因此，钱穆先生最后总结道："观此，知孺庐议论，实与穆堂一致。既激于当时是朱非陆之徒门户之见操之过甚，而又有志于事功践履，不甘徒资科举利禄为借径。此则李、万所以特提陆、王以箴世之意也。"③

三　李绂学术贡献

李绂一生著述甚丰，而其于陆王心学方面的代表之作就是《陆子学谱》

---

① （清）全祖望撰，朱铸禹汇校集注：《全祖望集汇校集注·鲒埼亭集内编》卷十八，《翰林院学士南昌万公墓碑铭》，第329页。
② 钱穆：《中国近三百年学术史》（上），第七章，"李穆堂"，第315—316页。载万承苍《孺庐集》卷十一，《王阳明先生画像记》。
③ 钱穆：《中国近三百年学术史》（上），第七章，"李穆堂"，第316页。

一书，是书充分体现了李绂的学术取向，是李绂对当时社会现实的积极响应。与此同时，是书的问世，亦引起学者们的关注，他们站在不同的立场，对李绂及其学术进行评判。不管怎样，是书的编纂在当时引起人们的强烈反响，其意义则不言而喻。

其一，《陆子学谱》一书是对宋明以来朱陆学术之争的一个总结。朱陆之争由来已久，"历元、明、清数代，乃中国学术史、哲学史上的一桩公案"①。总起来说，在朱陆之争中，朱子学占据了上风，而陆子学则处于弱势。李绂则认为朱陆学术并没有什么本质的差别，只是入门之方不同而已，但由于"势"的原因，才造成现在这种局面。李绂为了改变这一局面，于是编纂《陆子学谱》一书，来为陆九渊树立学术道统，以便与朱子学相抗衡。

朱陆之争首先是由鹅湖之会发其端，其后是铅山、南康二会。鹅湖之会于淳熙二年（1175）在信州（今江西上饶）铅山鹅湖寺举行。是年五月，婺学代表人物吕祖谦意欲调和朱熹、陆九渊两家学术之争，遂邀请朱、陆两人和两派学人到鹅湖寺聚会。与会者除朱熹、陆九渊外，还有陆九渊的兄长陆九龄、临川太守赵景明及其所邀请的刘子澄、赵景昭诸人。

鹅湖之会的中心议题是修养方法，同时也涉及本体论等问题。在修养方法上，朱熹主张"泛观博览而后归之约"，即从博览群书和观察外物来启发对理的认识，强调的重点是"道问学"和即物穷理。陆九渊则从本体论出发，在修养方法上主张"先发明本心，而后使之博览"，反对朱熹多在读书穷理上下功夫，他强调的重点是"尊德性"。鹅湖会议上，陆氏兄弟在诗中以"心"为基础，把他们的方法概括为易简功夫，而把朱熹的方法讥讽为烦琐破碎的"支离事业"，引起朱熹的强烈不满，朱熹指责陆氏兄弟的方法为"空疏"。

鹅湖之会对于争执的问题并未明定结果，没能消除双方的歧见。到了淳熙六年（1179）三月，陆九龄访朱熹于铅山观音寺。此次陆九龄到访，是因在淳熙四年（1177）陆氏遭母丧，于丧礼方面遇到困难，于是，陆氏兄弟便写信求教朱熹。经过几次的书信往来，陆九龄感觉上次的鹅湖之会

---

① 张立文：《走向心学之路：陆象山思想的足迹》第七章，"陆九渊与朱熹思想异同之辩"，中华书局1992年，第192页。

有欠妥之处，便提出要"负荆请罪"。在是年三月，陆九龄来到铅山观音寺。朱子门人余大雅记载了当时两人会晤的情况。总之，此次会晤较上次鹅湖之会气氛要融洽了许多，二人皆有让步之处。对于本次二人相见所谈内容，李绂也应十分明了，但是，李绂在叙述陆九龄生平学行时，则一概省略而不述。李绂只是引用了朱熹《朱子文集》中的祭陆九龄文，但李绂引用此文的目的并非只是简单介绍陆九龄学行，而是通过朱熹所作祭文，借朱熹之口，来体现陆九龄生平学行，进而也就是凸显陆九渊学行，达到事半功倍的效果。

南康之会是在淳熙八年（1181），时朱熹知南康军。陆九龄去世后，陆九渊请吕祖谦为其兄作铭文，同时，又请朱熹作墓志铭。陆九渊在得到吕祖谦写好的文稿之后，于二月访朱熹于南康。到达南康后，朱熹请陆九渊登白鹿洞书院讲席，为诸生讲《论语》"君子喻于义，小人喻于利"一章。当时诸生皆被感染，至有泣下者，朱熹也无不感动。《陆九渊年谱》记载道："先生讲'君子喻于义，小人喻于利'一章毕，乃离席言曰：'熹当与诸生共守，以无忘陆先生之训。'再三云：'熹在此不曾说到这里，负愧何言！'"[①]演讲完毕，朱熹又请陆九渊把讲义写下来，然后刻之于石，以示纪念。陆九渊关于"义利之辨"，也正道出了陆九渊的为学宗旨。这也正如《陆九渊集·语录上》所载："傅子渊自此归其家，陈正己问之曰：'陆先生教人何先？'对曰：'辨志。'正己复问曰：'何辨？'对曰：'义利之辨。'若子渊之对，可谓切要。"这也正是李绂何以要把《辨志》列于《陆子学谱》一书卷首的真正原因。

铅山、南康之会后，又经过了曹表风波、鸣鼓攻陆、无极之辨等。绍熙三年（1192）陆九渊卒于荆门，朱熹和陆九渊二人之间的学术论辩才告结束。对于陆九渊的去世，朱熹十分伤感，慨然有丧告子之叹。按理说，二人去世而二人之间的学术论辩也应画上一个句号，但是，事情并没有到此为止。之后，两派追随者之间展开了一场持久的学术论战，历元、明、清四五百年而不绝，成为中国古代学术史上的一大盛事。

朱熹的《论语》、《孟子》二书集注已于宋宁宗嘉定五年（1212）被立为

---

① （宋）陆九渊著，钟哲点校：《陆九渊集》卷三十六，《年谱》，第 492 页。

官学；到宋理宗宝庆三年（1227），将朱熹的四书（即《论语》、《孟子》、《大学》、《中庸》四部书。——引者）集注列于官学；到淳祐元年（1241），理宗再次下诏将朱熹和北宋五子（即周敦颐、邵雍、张载、程颢、程颐。——引者）奉祀孔庙。到了元代，最高统治者亦是把朱子学奉为官学。在元仁宗皇庆二年（1313），将朱熹《四书集注》定为科举考试的范本，从此便成为一种定式，历元、明、清三代而不变。相较而言，陆九渊则无法与朱熹相比拟。其一，是由于陆学自身的原因使然。陆九渊曾讲，自己的学问"因读《孟子》而自得之"，而且又是"六经皆我注脚"，所以，各代统治者对其不能认同。其二，一些根底较浅的后学，无法理解陆九渊的心学内涵，把其学问给"念歪"了，以至于上累其师。其三，李绂还认为这一局面的出现是由于"势"所造成的。

对于上述几方面，李绂认为最后一个是造成陆九渊学术发展到今天这种局面的关键。他在《答雷庶常阅〈传习录〉问目》一文中，详细地阐明了这一问题。其中曰："窃谓讲学之人，宗程朱者，立意摘陆王之疵；宗陆王者，立意摘程朱之疵。如此皆是动气否？末学无知，敢求教正。讲学而立意摘人之疵，其意已不善，不得为讲学者矣。虽然，此当为宗朱子者言之，不必为宗陆王者言之也。群讲学者于此求其摘朱子之疵者，千不得一也；求其不摘陆王之疵者，亦千不得一也。盖世止有摘陆王之疵者，未闻有摘朱子之疵者；非陆王之多疵而朱子独无疵也，势也。"[①]李绂认为后世之人指责陆王之学，并不是陆王学术自身存在多少毛病；不指责程朱之学，也并不是程朱之学无毛病，而是由于在当时统治者的有意提倡下形成的"势"所造成的。

李绂又进一步分析道："自有明以朱注取士，应科举者共守一家之言，为富贵利达之资。《大全》、《讲章》而外，束书不观，道听途说成为风俗。《大学》改本，虽弃孔子以从朱子而不遑恤，孰敢为陆王而议朱子哉？吴文正公生平信朱子，晚始略举'尊德性，道问学'为调停之说。其言本出朱子，而论者已哗然攻之矣。南宋至今六百余年，止有一阳明先生追寻《古本大学》，而攻之者至今未已。其实，《古本大学》孔氏遗书，非阳明之有心立

①　（清）李绂：《穆堂初稿》卷四十三，《答雷庶常阅〈传习录〉问目》。

异也。阳明谓：'有心求异即属不是，吾说与晦庵时有不同者，为入门下手处，有毫厘千里之分，不得不辨。然吾之心与晦庵之心未尝异也，若其余文义解得明当处，如何动得一字。'此条现载《传习录》中，阳明且如是，况宗阳明者乎。若程篁墩《道一篇》，止言朱陆晚同；席文襄《鸣冤录》，止辨陆学非禅，并未尝摘朱子之疵。惟一无所知如陈建、吕留良辈，妄附朱子，著为谬书，诋諆陆王，至不可堪忍。凡宗陆王者从无如此语言文字，然则孰为动气亦不辨而自明矣。至于程朱之称，亦当分别，就伊川言称程朱可也，就明道言当称程陆。陆子之言与明道若合符节，无丝毫之异。朱子与明道则相背而驰，明道谓：'存久自明，何待穷索。'又曰：'不可将穷理作知之事。'而朱子立教，则首曰'穷理，以致其知'。大端如此，小者益无论矣。《二程遗书》与朱陆《全集》具在，请细覆之。"[1]

尤其是明初以来，科举取士的弊病使之更为严重。在这种情势之下，士子群趋程朱之学，其中，有相当一部分免不了功名利禄之嫌，为了达到目的，《大学》讲章而外，则束之高阁，不闻不问。更有甚者，既不理解朱子之学，也不懂得陆子之学，而是趋炎附势。所以，尊崇程朱者尽管队伍十分庞大，但这也说明不了什么问题。

恰恰相反，尽管如此，一些真儒大儒们，依然孜孜于陆子之学术。在元代，一些大儒都主张和会朱陆，取其所长以发展学术，如吴澄、许衡、郑玉、许谦等。尤其是吴澄，尽管"生平信奉朱子"，但他对朱熹和陆九渊都十分推崇，反对朱陆两家"各立标榜"。主张会同于一，所以李绂说他"为调停之说"，也正由于此，吴澄遭到论者的"哗然攻之也"。尽管黄宗羲《宋元学案》列其为朱熹四传，但全祖望还是不得不说："草庐（即吴澄。——引者）出于双峰（即饶鲁。——引者），固朱学也，其后亦兼主陆学。"[2]

在朱陆异同之争中，较有特色的要数朱陆学术"早异晚同"之说。而最早提出这一观点的是元末明初的赵汸。赵汸为了打破朱陆之间的门户之见，提出朱陆两派学说是"始异终同"。他认为朱熹之学出于周、程，是继承了颜子之学，而陆九渊则是承续了孟子之学。由此，造成了二人入德之门径不

① （清）李绂：《穆堂初稿》卷四十三，《答雷庶常阅〈传习录〉问目》。
② （清）黄宗羲著，陈金生等点校：《宋元学案》卷九十二，《草庐学案》，第 3036 页。

同。不过，二人经过多次会晤之后，这种差异便不复存在了，正如他所说的"合并于晚岁"①。程敏政著《道一编》进一步发展了赵氏的"始异终同"说。程敏政认为朱陆学术，"其初则诚若冰炭之相反，其中则觉夫疑信之相半，至于终则有若辅车之相倚"②。正如钱穆先生所语："河间程敏政篁墩著《道一编》，分朱陆异同为三节，纂抄朱陆二家往还书，各为之论断，见其始异而终同。"③ 赵氏和程氏二人也和元代的吴澄等人一样，只是摘取朱陆两家论学语言，通过对比分析其异同，来证明朱陆学术的"早异晚同"。

到了明朝中期，王阳明从朱子往来的书信当中，把能够体现朱熹心学思想的资料，不加详考地编辑在一起著成《朱子晚年定论》一书。王阳明的目的十分明显，就是"援朱入陆"和"阳朱阴陆"。《朱子晚年定论》一出，立即遭到众人的攻击。"罗整庵摘以相辨，而无知之陈建遂肆狂诋"④。朱陆之辨进入高潮期。到了明末清初，出现了诸多尊朱排陆者。有孙承泽、魏裔介、熊赐履、张烈、陆陇其、李光地等。⑤ 之所以此时出现一边倒的局面，是清初政治形势造成的，也即是李绂所说的"势"也。"在这个时候，朱陆两派各有一个人，将自己本派学说平心静气、忠忠实实地说明真相，既不作模棱的调和，也不作意气的攻击。其人为谁？陆派方面是李穆堂，朱派方面是王白田"⑥。李绂在王学成为众矢之的的情势下，毅然以陆王后学自任，一心专治陆王学术。他鉴于王守仁所著《朱子晚年定论》采摘未详，疏于考证，为后世学者所诟病，于是，积二十年之心力，著成《朱子晚年全论》一书。其门生王士俊在《校刻〈朱子晚年全论〉序》中说："然则吾师穆堂先生所订《朱子晚年全论》，固有所不得已焉尔。"⑦ 于此，所谓的"不得已"也就是指在当时清政府统治下的尊朱排陆的情势下，世人对陆王学术的攻击不遗余力

---

① （明）陈建：《学蔀通辨提纲》，转引自侯外庐等主编：《宋明理学史》（下），第二十章"陈建和《学蔀通辨》"，人民出版社1997年，第536页。

② （明）程敏政：《篁墩文集》卷二十八，《道一编序》，明嘉靖本，四库全书存目丛书，齐鲁书社1995年，第613页。

③ 钱穆：《中国近三百年学术史》第七章，"李穆堂"，第287页。

④ （清）李绂著，段景莲点校：《朱子晚年全论》卷首，《朱子晚年全论序》，第2页。

⑤ 请参见钱穆《中国近三百年学术史》第七章，"李穆堂"，第288—291页。

⑥ 梁启超著，朱维铮校注：《梁启超论清学二种》，《中国近三百年学术史》，《程朱学派及其依附者》，第210—211页。

⑦ （清）李绂著，段景莲点校：《朱子晚年全论》卷首，《校刻朱子晚年全论序》，第1页。

之时，李绂敢于冒天下之大不韪，以朱就陆，极力为陆王学术争正统。已故张舜徽先生曾说："清初为陆王之学而能不坠虚玄者，必推此人（即指李绂。——引者）为巨擘矣！"①

在整个《陆子学谱》一书中，李绂对于朱陆之争，以及"早异晚同"说并不是十分重视。于卷四《友教》中，载有陆九渊与朱熹的一封信，信中以大量的事实论证朱熹以"无形"释"无极"，似乎有些强词夺理，所以，陆九渊认为"无极"为多余，只言"太极"即可。同时，其还对朱熹把"阴阳"作为"形器"一说极力反对，认为朱熹是"道"、"器"不分。在叙述陆九韶时，李绂说："与闽朱熹相敬爱，见其注释《太极图说》，疑'无极'二字出老子，非周子之言，往复辩论。"②而后，李绂就陆九韶与朱熹论辩的具体内容做了详细考察。在叙述陆九龄时，详细地阐述了鹅湖之会。相比较而言，就以上所举内容和介绍他们的生平事迹，则可谓少之又少。如前所揭，《陆子学谱》一书的目的不在于考察朱陆之争，而是着重于陆九渊的"躬行实践"，由此亦可以考见《陆子学谱》和《朱子晚年全论》一书的分工是十分明确的。

其二，《陆子学谱》一书的编纂是以黄宗羲《象山学案》稿为基础，详尽地占有资料，充实增订，独立成编，是陆九渊学术的总结性著述。李绂的《陆子学谱》一书继承、发展和丰富了黄宗羲的《象山学案》，不仅对其有所补足，而且更具系统性，从而彰显了陆学一系之学脉。

李绂在撰写《陆子学谱》一书时，见到了黄宗羲所著《象山学案》。他在是书序中这样写道："视黄氏宗羲所为《象山学案》，颇加广焉。"李绂在《陆子学谱》成稿后，曾和全祖望进行过商讨，全祖望写信致李绂，说："蒙示《陆子学谱》，其中搜罗潜逸，较姚江黄徵君《学案》数倍过之，后世追原道脉者，可以无憾。"③就字数而言，李绂《陆子学谱》较黄宗羲《象山学案》"数倍过之"。再者，就所涉及人数方面，《陆子学谱》共载三百五十八

---

① 张舜徽：《清人文集别录》（上册）卷四，《穆堂初稿五十卷别稿五十卷》，中华书局 1963 年，第 111 页。

② （清）李绂：《陆子学谱》卷五，《家学》。

③ （清）全祖望撰，朱铸禹汇校集注：《全祖望集汇校集注·鲒埼亭集外编》卷四十四，《奉临川先生帖子二》，第 1683 页。

人，而《象山学案》只载了一百一十七人。可见，李绂的《陆子学谱》亦远远超过了黄宗羲的《象山学案》。

黄宗羲著《宋元学案》，其中有《象山学案》一卷。最初黄宗羲以地望命名为《金溪学案》。作为陆学开山的陆九渊，被列入《金溪学案》之三，全祖望续纂《宋元学案》时改称《象山学案》。而世称"甬上四先生"的陆门高弟杨简、袁燮、舒璘、沈焕等，由于他们别立陆学门户，发展了陆氏心学思想，各有建树，黄宗羲则分别为之立传，附于《金溪学案》，今本则分别为《慈湖学案》、《絜斋学案》、《广平定川学案》。除此之外，比如严松、蒋元夫、符叙、沈炳、吴澄、陈苑等诸多后学，或别见，或并见，或别为其他学案。如此，就使得陆氏学系不那么明朗，而是显得有些零散。相较而言，李绂《陆子学谱》一书则不然。是书开宗明义，首列宗旨，次列家学，后列其门人、弟子、私淑，如此安排，能够使人清晰地了解陆九渊学术宗旨，以及演变、发展的脉络。可以说，李绂是书较黄宗羲所著《象山学案》就体系而言为优。

诚然，李绂是书之所以较黄宗羲《象山学案》体系为优，亦正是得益于黄宗羲所著《象山学案》。我们就两书相比较之后，不难发现：《象山学案》包括《艾轩讲友》、《象山学侣》、《象山同调》、《象山家学》、《象山门人》、《象山私淑》、《李氏家学》、《李氏门人》、《杨氏家学》、《杨氏门人》、《丰氏家学》、《伯微门人》、《赵氏门人》和《金溪续传》等。陆九渊为林艾轩（即林光朝。——引者）讲友之一，这部分主要是阐述陆九渊的生平事迹和为学取向。接着是《象山学侣》和《象山同调》，这两部分是考察陆九渊生前志同道合的学者。《象山家学》只是叙述了陆九渊之子陆持之。《象山门人》和《象山私淑》，以及后面的几个部分则记载了陆九渊后学传承。就整体而言，叙述陆九渊的生平事迹和为学取向，还是比较详细的，而其学侣、同调、家学以及后面的门人、私淑则较为简略。有些仅开列了名字，而没有传。其中还有大部分有传者——如陆九韶、陆九龄，则立《梭山复斋学案》；而杨简、袁燮、舒璘、沈焕四大弟子则分别立《慈湖学案》、《絜斋学案》、《广平定川学案》等——都散见于其他学案当中。如此，不仅翻检起来极为不便，而且也不易于从整体上去了解和把握陆九渊学术及其发展源流。

而李绂著《陆子学谱》，把《象山学案》中陆九渊的"语录"部分加以高度综合，用几个最具特点、最具代表性的词汇，把陆九渊的为学取向恰如其分地表达出来，然后置于《陆子学谱》的卷一至卷四。《陆子学谱》卷五《家学》，系统地考察了陆九渊长兄至从孙共十四人，而《象山学案》则只叙述陆九渊之子陆持之一人，而其他人则散见于其他学案。《象山学案》中的学侣、同调以及门人以下，李绂均把他们列归弟子、门人和私淑当中。二者相较，《象山学案》显得零散简略，而《陆子学谱》则显得自成体系，似乎有一条线，若明若暗地贯穿其中，使之有脉络可循。概言之，就是《陆子学谱》较《象山学案》"颇加广焉"，这应归功于黄宗羲所著《宋元学案》，其开启之功是不可忽视的。

另外，李绂编撰《陆子学谱》是以详尽的文献资料为基础的。《陆子学谱》一书的资料来源有正史、地方志以及文集等。凡所辑录，皆注明书名、篇名，以示征信。其间亦略加按语，以作评论、考证或补充。如在叙述陆九龄时，先是考察其生平事迹，再阐述其学术，其间，对于某些具体问题还加有按语，来进行说明。介绍陆九龄生平事迹中所辑资料有吕祖谦所为《墓志铭》。在其铭文后，李绂加有按语，曰："按：吕成公集与人书，及铭墓文甚多，惟铭先生墓称为陆先生，推崇甚至，所叙事实，多本于陆子所为《行状》，其遗而未叙入者，今附于后。"[1] 其后是陆九渊所为《行状》和《朱子文集》中的祭文，二者之后分别有李绂之按语。介绍陆九龄学行所辑资料有：《陆九渊集·语录》、《张南轩集·答陆子寿书》、《徐槱堦集·复斋陆先生赞》和《袁蒙斋集·四先生赞》。再如考察陆九思引用了《嘉靖抚州志·本传》，考察陆九叙引用了陆九渊为其所撰《墓志铭》，考察陆九皋引用了陆九渊为之《墓表》和《江西人物志·本传》等。李绂皆大量引用原始资料来梳理撰主事迹。

由此可见，李绂不仅具有广博的知识，继承了清初务实的学风，注重文献，而且对于史实和问题的考证也是一丝不苟。如对蔡幼学的考证，李绂说："《宋史》本传不载蔡幼学谥，惟考赵希弁读书附志，跋《国朝编年政要》四十卷云：'右兵部尚书太子詹事蔡文懿公幼学所编也。'希弁南宋人，既知其谥，必不谬也。又云其书自太祖建隆之元迄于钦宗靖康之末，祖《春

---

[1] （清）李绂：《陆子学谱》卷五，《家学》。

秋》之法，而参以司马公《举要》，吕氏《大事记》之例，宰辅拜罢，表诸年首。其子朝请大夫直秘阁提举福建路常平义仓茶事篇，叙而刻之。"再如李绂对"顿悟"二字的考证，他曾说："按《陆子全集》二十八。余家所藏宋本，与明朝荆门州儒学藏本，抚州宋祠本，并相同，无片言增减。尝翻阅数十过，从无'顿悟'二字。"[1] 为了一个词，都要经过数十次的考证，可见其治学之态度。可以说，李绂尤其注重考证，并且对某些问题的考证极有见地。但是，总体而言，他对于问题的考证显得还很零散，不像后来的乾嘉学者们那样系统而深入。由此，也证明了《陆子学谱》一书的出现，正处于清代学术由清初的理学向乾嘉时期的考证之学发展的转折时期，体现了一时学术发展之趋势。这不仅体现出李绂继承了清初的务实之学风，同时，乾嘉汉学的考证之风在李绂身上也有所反映。

总之，《陆子学谱》与《宋元学案·象山学案》相较，无论是史料的丰富、体例的严整，还是对陆九渊学术渊源以及传承的梳理，《陆子学谱》皆胜过《象山学案》。实际上，这并非贬低《宋元学案》，只不过是二者的侧重点不一使然：一个是人物专述，一个是断代为史；一个后，一个先，学如积薪，后来居上。也正因为有了黄宗羲的《象山学案》，李绂才写出了《陆子学谱》一书。

最后，李绂与其所著《陆子学谱》一书，使得陆王学术没有成为绝学，而是经过再一次修正，依自己的内在逻辑向前发展，可以说，李绂在清代陆王学术发展史上，起到了承先启后的作用。

梁启超在论中国近三百年学术发展史时，辟有《阳明学派之余波及其修正》一节，在此，梁启超首先指出："凡一个有价值的学派，已经成立而且风行，断无骤然消灭之理，但到了末流，流弊当然相缘而生。继起的人，往往对于该学派，内容有所修正，给他一种新生命，然后可以维持于不败。"进而，梁启超对王学又论证道："王学在万历、天启间，几已与禅宗打成一片。东林领袖顾泾阳（即顾宪成。——引者）、高景逸（即高攀龙。——引者）提倡格物，以救空谈之弊，算是第一次修正。刘蕺山（即刘宗周。——引者）晚出，提倡慎独，以救放纵之弊，算是第二次修正。

---

[1] （清）李绂：《陆子学谱》卷七，《弟子二》。

明清嬗代之际，王门下惟蕺山一派独盛，学风已渐趋健实。清初讲学大师，中州有孙夏峰，关中的李二曲，东南则黄梨洲。三人皆聚集生徒，开堂讲道，其形式与中晚明学者无别，所讲之学，大端皆宗阳明，而各有所修正。……而稍晚起者有江右之李穆堂，则王学最后一健将也。"[①] 他认为一个有价值的学派，绝不会戛然而止，即使到了末流，经过继起者的修正，也会长此以往地发展下去。王学也是如此，到了明代万历、天启年间，弊端丛生，之所以发展到今天，都是经过继起者不断地修正才得以相沿下来。在这个发展过程中，顾宪成、高攀龙、刘宗周、孙奇逢、李颙、黄宗羲、李绂等都不同程度地对王学进行了修正，做出了很大贡献。李绂则成了"王学最后一健将"。他在该节最后总结说："邵念鲁、全谢山结浙中王学之局，李穆堂结江右王学之局。这个伟大的学派，自此以后，便仅成为历史上的名词了。"[②] 如果说顾、高、刘、孙、李、黄都对王学进行了修正，并使得王学得以发展下去，那么，到了李绂这里，王学就成了绝学，而没有再向前发展，这不符合学术发展的规律。所以，稍后钱穆先生便提出了不同于梁启超先生的观点，他认为李绂应"以有清一代陆王学者第一重镇推之，当无愧矣"。事实上亦是如此。

在李绂之后，进入乾嘉时代，学术文化也发生了巨大变化，由清初的批判、总结理学思潮转变为乾嘉汉学，其治经主实证，专事文字训诂、名物考证，形成与治经专讲义理的宋学不同特色的学术。王国维曾概论清代学术的发展有"三变"，即"国初一变也，乾嘉一变也，道咸以降一变也"，其进而又指出各个时期不同的特点，即"国初之学大，乾嘉之学精，道咸之学新"[③]。可以说，王国维的界定基本上还是符合清代学术发展实际的。但另一方面，王国维的这种论断只是就其各个时期大的发展概况和特点做出的，而具体到从清初到乾嘉这个转变过程中的学术，即程朱理学和陆王心学是如何发展的，则无从所知。要想了解这一阶段的学术发展的真实状况，从李绂所

---

① 梁启超著，朱维铮校注：《梁启超论清学二种》，《中国近三百年学术史》（五），《阳明学派及其修正》，第 138 页。

② 梁启超著，朱维铮校注：《梁启超论清学二种》，《中国近三百年学术史》（五），《阳明学派及其修正》，第 152 页。

③ 王国维：《观堂集林》卷二十三，《沈乙庵先生七十寿序》，民国丛书，上海书店出版社 1989 年。

著《陆子学谱》一书中可见其端倪。

概而论之，陆王心学经过清初诸大儒的努力修正，依然是沿着自己学术演进的轨迹，带着历史赋予它的时代特征，合乎逻辑地向前发展着。到了雍乾之时，作为统治思想的朱子正学与先前并无多大不同，依然是跻身仕途的干禄之砖，社会上出现了种种弊病，而使得天下风俗不淳，人才惰窳。而此时李绂已至知天命之年，他以丰富的社会阅历、扎实的儒学根底以及敏锐的洞察力，意识到这一方面是由于学官的不称职，而学官的不称职则是由于吏部的选人不当造成的；另一方面，国家的统治思想和考试制度亦不利于社会现实，程朱理学已经变化为空疏无用之学，成为一种僵硬的东西，士子们为了取得功名，不得不致力于八股文和词章之学，考试时"不敢溢一义"、"不敢出一语"，而"于心毫无所得"，更何谈治理国家和服务社会。

鉴于此，李绂意识到作为一个学者，"躬行实践可矣"，而在中国历史上注重躬行实践者莫过于宋代陆九渊和明代王守仁两人。但是，李绂又认为陆王思想也不是都有益于治道，还必须对之进行修正才能够切于世用。要想张扬陆王心学，在当时的思想环境下就必须讲明朱陆之关系，朱陆之间的关键问题，最重要的就是朱陆之辨。于是著《陆子学谱》一书，为陆王心学争正统，大力宣扬陆九渊躬行实践之思想，而抛弃其心性之说。同时，李绂还著《朱子晚年全论》，以朱就陆，由此，为陆王心学争得一席之地。所以，四库馆臣评价《陆子学谱》说："是编发明陆九渊之学，首列八目：曰辨志、曰求放心、曰讲明、曰践履、曰定宗仰、曰辟异学、曰读书、曰为政，次为友教，次为家学，次为弟子，次为门人，次为私淑，而终之于附录。考陆氏学派之端委，盖莫备于是书。"[①] 可见，《陆子学谱》的确是一部总结性的著作。

稍后，江西安远（今属赣州）尧祖韶著《江西理学编》八卷，旨在表彰宋、元、明、清几朝江西地区理学代表人物及其著述，以梳理其理学学术传承，可谓是一部理学史著作。是书不仅受李绂《陆子学谱》一书影响，而且还为李绂立传，高度评价李绂为陆王学术争正统，说其"为尊朱排陆

[①] （清）永瑢等：《四库全书总目》卷九十八，《子部》，《儒家类存目》，"陆子学谱"条，第831页。

之语者，必条晰其理，无使邪说害人心而后已"。诚然，相对于李绂而言，由于其朝代发生了较大的变化，所以，尧祖韶的思想倾向性还是与李绂有所区别的。到了清中期较有代表性者是江苏甘泉（今属扬州）的江藩。江藩著有《国朝汉学师承记》和《国朝宋学渊源记》两书。《国朝汉学师承记》为从清初至嘉庆年间的汉学家修史立传，意在表彰汉学，而《国朝宋学渊源记》则记载了清代理学家，内容正好与《国朝汉学师承记》互为表里，二者共同显示出了清代学术发展的内在思路。到了江藩之时，学术界汉宋调和或者兼采逐渐成为学术主流，两书的出现正是这一时期江藩汉宋兼采学术思想的体现。因此，江藩所著两书，一主一辅，相互表里，与李绂所著《陆子学谱》和《朱子晚年全论》二书极其相似，应该说是得益于李绂。

到了晚清，康有为、梁启超二先生，尽管他们致力的主要方向不在于陆王学术，但依然没有完全脱离陆王心学。康有为早年师事广东理学名儒朱次琦，并自修历史和佛学，尤潜心于陆王心学。梁启超尽管被称为近代著名的资产阶级改良主义政治活动家，但他的思想还是受到传统儒家思想的陶冶。在传统思想中，他受到陆王心学，尤其是王守仁学说的影响较大。所以，梁启超先生对中国近三百年学术史进行了梳理，才会认为李绂是清代士学最后一人。

值得一提的是，到了光绪丁丑年（1877），《陆子学谱》再次重刊。《陆子学谱》的再版，实非偶然。光绪初年，国家多故，事变日亟，汉学日过中天，盛极而衰，学风因时而变，非人们意志所能转移。汉学中人，沉湎于考证训诂，远离世事，如醉如痴，为历史潮流淘汰是势所必然。而《陆子学谱》等以致力于躬行实践为特色的学术专著的重刊，正是这一学术发展趋势的体现，不仅如此，也说明了《陆子学谱》一书的价值所在。

综上所述，从顾宪成、高攀龙、刘宗周、孙奇逢、李颙、黄宗羲到李绂，从李绂再到彭绍升、尧祖韶、江藩，以至于晚清的康有为、梁启超二先生，可以十分清晰地看到陆王学术于清代发展的脉络。在这个发展过程中，李绂所处的时代正是清代学术思想转型时期，可见其在清代陆王学术发展史上的历史地位。

第二节　崇名教正人心的全祖望

全祖望（1705—1755），字绍衣，号谢山，自署"鲒埼亭长"，浙江鄞县（今属宁波）人。他是雍正、乾隆年间著名的经学家和史学家，浙东学派的重要代表人物。其撰有《鲒埼亭集》三十八卷，《外编》五十卷，《诗集》十卷。另有《汉书地理志稽疑》六卷，辑补《宋元学案》一百卷，《全校水经注》四十卷并补附四卷等诸多著述。

一　全祖望生平学行

全祖望一生受其家世影响较深，形成了一种独特的处世原则和治学旨趣。全氏是浙东鄞县大族，其先祖曾在明朝四代为官，曾祖大程、祖父吾骐皆参加了明臣钱肃乐领导的抗清复明斗争，入清后则"绝意人世"，以耕读终老。其父书，亦是绝意于科场功名，终生教授乡里。可以说，进入清代之后，全氏家族家道中落，尽管全家过着十分清苦、粗衣素食生活，可家中收藏的五万卷珍贵藏书，则是其先世荣耀的体现，也是他们家族值得骄傲的事。这样的家世和家学使全祖望"推崇坚守操节的忠臣义士，并在毕生中为收集、整理晚明忠烈的史事做出了巨大努力。同时，他又以清廉自守，傲视权贵，卑视攀附权要、变节求荣的行为"①。

全祖望自幼聪敏，四岁时开始跟随父亲学习儒家经典，并能粗解某些章句之意。八岁开始读史书，十四岁时入学为秀才。全祖望十六岁时，开始参加科举考试，只不过他对仕途并不是十分热衷。雍正六年（1728），浙江学政王兰生拔他为贡生，但让人们没有想到的是他一口谢绝。到了次年，王兰生再次选他为贡生，这次，也只是碍于老母亲的面子，在老母亲的力劝之下才勉勉强强参加应选。雍正八年（1730）春，启程赴京，尽管家境已经十分拮据，全祖望还是想法雇车装载二万卷书籍随之北行，但不曾想到，人还未到达京城，资费

---

① 何龄修等主编：《清代人物传稿》（上编）第九卷，《全祖望》，第 342 页。

皆无，便不得不向他人借取盘费。到达京城之后，全祖望并没有按照规定"入对阙下"，把自己的登记表上呈皇帝复核，仅仅是到国子监报到后，不久便由山东直接南归。此次入京，全祖望认为自己所做的唯一一件大事就是上书方苞，就其《丧礼惑问》一书两人进行了商榷，提出了自己的异议。

雍正十年（1732），在母亲的多次催逼之下，全祖望再次赴京，参加了顺天乡试，高中魁解。此次乡试的主考官为陆王心学家李绂，时全祖望"举于乡，临川李绂读其行卷，曰：'深宁（即王应麟。——引者）、东发（即黄震。——引者）后，乃有斯人。'"①了解到全祖望学问功底，深爱之。全祖望考试一结束，便准备打点行装南归回家，李绂极力挽留，并请全祖望寓居在他的府邸。恰巧，李绂好友万承苍（字宇兆，号孺庐，江西南昌人。雍正十年，万承苍奉召还朝后与李绂同事书局，由于二人志同道合，常常聚在一起探讨陆王学术。——引者）也寓居在李府。全祖望曾记录当时的情况，说："每日高舂，必相聚一室，或讲学，或考据史事，或分韵赋诗，葱汤麦饭，互为主宾。"②在这段日子里，李绂与全祖望所做的一件大事，就是一起抄录《永乐大典》。按：《永乐大典》一书，自明成祖永乐六年（1408）修成后，至嘉靖四十一年（1562）禁中失火，几遭不测，明世宗遂命阁臣徐阶等另录一副本收藏，然至崇祯之时，刘若愚著《酌中志》一书中已称是书不知贮于何处。明清鼎革后，清世祖尝以是书充览，始知其正本尚在乾清宫内，而外人莫得见。其后，《圣祖仁皇帝实录》成，词臣因屏当皇史成书架，又发现该书副本，因将之移贮翰林院内。然自《永乐大典》副本移贮翰林院之后，"终无过而问之者"。直到李绂供职八旗志书馆，"始借观之"③。

全祖望曾忆当时情形，称："前侍郎李公在书局，始借观之（指《永乐大典》。——引者），于是予亦得寓目焉。……因与公定为课，取所流传于世者，概置之，即近世所无，而不关大义者亦不录，但钞其所欲见而不可得

---

① （清）全祖望撰，朱铸禹汇校集注：《全祖望集汇校集注·附录》二，《传记·（钱林）全祖望传》，第2720页。

② （清）全祖望撰，朱铸禹汇校集注：《全祖望集汇校集注·鲒埼亭集内编》卷十八，《翰林学士南昌万公墓碑铭》，第329页。

③ （清）全祖望撰，朱铸禹汇校集注：《全祖望集汇校集注·鲒埼亭集》卷十七，《钞永乐大典记》，第1071页。

者。"① 当时，李绂在书局发现了《永乐大典》一书，尤为兴奋，于是便约同全祖望一道来抄录是书。在抄书之始，二人详细制订了抄书原则：一是书中有但现今仍然流传的，人们能够见得着的一般典籍，不抄；二是尽管当今已不能见到，也就是说尽管是亡佚之书，但其价值不大者或无价值者，亦不抄录。实际上，这两条抄书之原则，也符合现今人们治学问和抄书之常理。同时，二人在抄是书之时，还制定了详细的抄书体例，即："其例之大者为五：其一为经。诸解经之集大成者，莫如房审权之《易》，卫湜、王与之之二《礼》，此外莫有仿之者，今使取《大典》所有，稍为和齐而斟酌，则诸经皆可成也；其一为史。自唐以后，六史篇目虽多，文献不足；今采其稗野之作，金石之记，皆足以资考索；其一为志乘。宋、元图经旧本，近日存者寥寥，明中叶以后所编，则皆未见古人之书而妄为之；今求之《大典》，鳌然具在；其一为氏族。世家系表而后，莫若夹漈《通略》，然亦得其大概而已，未若此书之该备也；其一为艺文。东莱《文鉴》不及南渡，遗集之散亡者，《大典》得十九焉。其余偏端细目，信手荟萃，或可以补人间之缺本，或可以正后世之伪书，则信乎取精多而用物宏，不可谓非宇宙间之鸿宝也。"② 此一举措，发当时学人利用《永乐大典》之先声。

自顺天乡试后，到乾隆二年（1737）辞官离京南归，全祖望一直居住在李绂寓所。李绂对他十分赏识，曾经劝告全祖望治学不要以补亡、订误为主，要以"务实经世"为宗旨。李绂宗主陆王之学，在经学上造诣也很深，名重一时，处世为人正直清廉。他认为，处世原则应坚持始终如一，不应为贵贱、祸福、生死所动。全祖望对李绂的为人、处世、治学等皆十分欣赏，不仅自己以李绂的道德、学术为表率，还经常用其来教育自己的门人弟子。

在这期间，全祖望会试不中，恰又遭逢妻子于家中去世，便准备启程南归回家。时清廷正拟开词科取士，在工部尚书赵殿最和李绂的力劝和推荐之下，全祖望不得已又参加了此次词科考试。次年，他在京城又续娶了满族学士春台之女曹氏为妻。由此，全祖望的生活发生了很大变化，当初

---

① （清）全祖望撰，朱铸禹汇校集注：《全祖望集汇校集注·鲒埼亭集》卷十七，《钞永乐大典记》，第 1071 页。

② （清）全祖望撰，朱铸禹汇校集注：《全祖望集汇校集注·鲒埼亭集》卷十七，《钞永乐大典记》，第 1071—1072 页。

刚来京城之时，全祖望曾经为了维持生计，不得不将随身携带的两万卷书质于他人。中进士后，全祖望选庶吉士，入翰林院庶常馆。可意想不到的是，在馆中，又受到张廷玉的排斥与打击，于次年五月散馆后，被外调补任知县。全祖望因此大为恼火，十分气愤，便借故打算辞官回家了事，尽管当时方苞准备推荐其入三礼馆，还是被全祖望给谢绝了，于九月携带妻子离京南归，回到老家鄞县。从此之后，全祖望绝意仕途，把全部精力用于做学问和著书立说。

乾隆十三年（1748），全祖望应绍兴知府杜甲之邀，到绍兴蕺山书院讲学，但由于杜甲的失礼而愤然辞职，在蕺山书院仅仅一年的时间。乾隆十七年（1752）三月，全祖望又到广东肇庆端溪书院讲学，由于身体多病，实在无法坚持下去，不得不于次年七月北返归家。乾隆二十年（1755），因独生子病逝，悲伤过度，一病不起辞世，终年五十一岁。

二　全祖望学术思想

全祖望学术思想上承清初黄宗羲经世致用之学，能够勤奋攻读，博通经史，为清代浙东著名史学家和经学家。全祖望一生尤多留意南宋和晚明文献，虽遭逢贫病而著述不辍。他针对当时社会的空疏不实之学风，发出"求其原原本本"之学，试图扭转这种不实的学术风气，严厉批评宋元以来的"门户之病"，确立了自己学贵自得、融会百家的治学宗旨和躬行实践的主张。

（一）注重经世致用

全祖望一生最大的处世原则就是身体力行，注重躬行实践，自己始终以清廉自守，傲视权贵，卑视攀附权要的行为准则践行自己的诺言。全祖望十四岁入学为秀才，当他在拜谒学宫时，于乡贤祠和名宦祠内看到朝秦暮楚的谢三宾和张杰的神主牌位，十分愤怒，激动地说："此反复卖主之乱贼，奈何污宫墙！"[1]随之把谢、张二人的牌位搬出祠堂扔进泮池。后来，全祖望在进京赶考途中，所带盘缠不够，不得已向曾经在某布政使处做幕僚的族

---

① 徐珂编撰：《清稗类钞》（第七册），《正直类》，中华书局 1986 年，第 3028 页。

人借过资费，族人依照主人旨意殷勤留宿并盛情款待。席间，族人对全祖望说，布政使"雅慕子名，明旦倘报一门下刺，饫助当不赀"①。听罢，全祖望愤然起身离席而去，质当随身衣物抵付车资，拒不向布政使折腰。

顺天乡试后，全祖望便寄宿于李绂家中。当时，张廷玉与李绂、方苞二人矛盾较深，他想拉拢全祖望扩大自己的声望，屡次向全祖望投好致意，但全祖望对其毫不理睬。这使张廷玉十分不满，便想方设法最终把全祖望排挤出京。乾隆十三年（1748），全祖望在绍兴蕺山书院任教之时，因知县杜甲的稍稍失礼便放弃优厚的待遇愤然辞职，即使是杜甲本人和众人的再三恳请，也没能使其回心转意。当时，秀才蒋绍基代表五百多学生亲到家中恳求，说："请先生弗受太守之馈，但一过讲堂，五百人各以六镏为贽，千金可立致，岂伤先生之廉乎？"听罢，全祖望十分生气地回答说："是何言钦！夫吾之不往，以太守之失礼也。礼，岂千金所可货乎！"②严词拒绝。乾隆十六年（1751），高宗南巡时，浙江地方上的士大夫几乎全部跑到苏州接驾，其中不乏有人觐见后得到赏赐或起用，全祖望却无动于衷。即使翰林院掌院学士、协办大学士梁诗正打算向高宗推荐他复仕，全祖望亦作诗委婉辞谢，其诗曰："木雁遭逢岂可班？羞居材与不材间。故人为我关情处，莫学琼山强定山"；"鲒埼亭下户长扃，未死心犹在六经。但使稍能窥坠绪，余生不敢叹沉冥。"③"他不愿厕身于官场，不仅仅是为了保身避祸，主要是为了治学，特别是晚明历史资料的收集和整理。"④一语中的。同时，上述诸多事实，也的确反映出了全祖望超越常人的人品和性格。

如此的性格与处世原则，使得全祖望在学术研究上十分注重"践履"的原则。他主张任何人和任何学派的思想学说和主张，均需"验之躬行"和"重在实践"，不能徒以其言进行简单地评判和下一结论。"道以躬行重，人从述作论。"⑤全祖望十分推尊黄宗羲的"以濂洛之说，综合诸家"的治学方

①　（清）蒋学镛：《樗庵存稿》卷二，《书全谢山先生年谱后》，嘉庆十七年（1812）刻本。

②　（清）张维屏编撰，陈永正点校：《国朝诗人征略》卷二十八，《全祖望》，中山大学出版社 2004 年，第 417 页。

③　（清）全祖望撰，朱铸禹汇校集注：《全祖望集汇校集注·鲒埼亭诗集》卷九，《病目集·八赤舟中柬鄞林》，第 2282 页。

④　何龄修等主编：《清代人物传稿》（上编）第九卷，《全祖望》，第 345 页。

⑤　（清）全祖望撰，朱铸禹汇校集注：《全祖望集汇校集注·鲒埼亭诗集》卷五，《吴船集·谒汤文正公祠》，第 2149 页。

法，欣赏那些"宗朱而不尽合于朱"①的学者，以及那些"不专主朱，亦不专主陆，深造实践"②的学者。他之所以欣赏那些"人会同朱陆之说"，究其原因就在于："夫圣学莫重于躬行，而立言究不免于有偏。朱陆之学，皆躬行之学也。其立言之偏，后人采其醇而略其疵，斯真能会同朱陆者也。若徒拘文牵义，哓哓然逞其输攻墨守之长，是代为朱陆充词命之使，即令一屈一伸，于躬行乎何预？"③同样，在全祖望的一些著述中亦有大量相关注重躬行践履的文字，可见全祖望论学与品人，皆十分看重"践履"，强调"功惟崇践履，流勿堕狂禅"。

全祖望在学术上推尊黄宗羲，同时，又深受万氏（即万斯大、万斯同和万经等。——引者）的影响。他虽未直接承受黄宗羲的教诲，却比较全面地继承了浙东学派"务实"、"应务"、"经世"的学术思想主张，成为黄宗羲的私淑弟子。他遵循"学问必见诸事功"、"不可以空言"、"天人性命"的治学原则，以"崇名教，正人心"为治学宗旨，宣扬君臣忠爱和伦理纲常。他曾经批评一些"学究"和"陋儒"一味地专事考索而脱离实际。如他对黄宗羲晚年的一些作为也曾经表示出自己的不满情绪，认为黄宗羲晚年"一则渐近峓嶬，精力不如壮时。一则多应亲朋门旧之请，以谀墓掩真色"④，认为其"文人之习气未尽，不免以正谊明道之余技，犹留连于枝叶"⑤，并且毫不留情地进行了批评和指责。可见，全祖望一生治学从不脱离社会现实、空谈义理，使经史研究与社会现实紧密结合在一起，体现了其经世致用之特点。

全祖望尽管学术上推尊黄宗羲，但是他比黄宗羲更能综合各家之长。他曾中肯地批评黄宗羲晚年"党人之习气未尽"和"门户之见深入"，贬低"无我

---

① （清）全祖望撰，朱铸禹汇校集注：《全祖望集汇校集注·鲒埼亭集外编》卷十六，《横溪南山书院记》，第 1055 页。

② （清）全祖望撰，朱铸禹汇校集注：《全祖望集汇校集注·鲒埼亭集外编》卷二十七，《题杨文懿公诸经私钞》，第 1283 页。

③ （清）全祖望撰，朱铸禹汇校集注：《全祖望集汇校集注·鲒埼亭集外编》卷四十四，《奉临川先生帖子一》，第 1682 页。

④ （清）全祖望撰，朱铸禹汇校集注：《全祖望集汇校集注·鲒埼亭集外编》卷四十四，《奉九沙先生论刻南雷全集书》，第 1703 页。

⑤ （清）全祖望撰，朱铸禹汇校集注：《全祖望集汇校集注·鲒埼亭集外编》卷四十四，《答诸生问南雷学术帖子》，第 1696 页。

之学"，不能客观公正地对待各家之学术。① 李绂宗主陆王，而方苞宗主程朱，二人于学术观点上亦存在着矛盾，而全祖望同二人皆能够友善，对他们二人的道德和学问皆给予了充分的肯定。还有如谢三宾，可以说是全祖望一生当中最不齿的一位了，但在编撰《续甬上耆旧诗》时仍为谢氏父子立专章介绍其诗作，虽耻其行但不没其学问，可以看出，全祖望是尊重客观实际的。

在全祖望一生的学术研究中，最为世人所推重的是其为黄宗羲补纂《宋元学案》一书。黄宗羲学宗陆王，对于程朱理学有不同见解和主张，其著《明儒学案》一书的宗旨和目的是以阳明学派为宗，以蕺山学派为亲炙，对于其他各家各派，列其学案，撮其要旨并加以评判。在完成《明儒学案》一书之后，黄宗羲又开始着手写作《宋元学案》，但未及完成而离世，其子黄百家和后学全祖望继其未竟之业。全祖望在补撰是书过程中，能够根据客观实际情况和具体事实做具体分析，平心静气地考察各个学派的事实和学术思想主张，如全祖望补撰《宋元学案》时为唐仲友立《说斋学案》，就是因为"说斋则为经制之学"②。全祖望又认为"梭山是一朴实头地人，其言皆切近，有补于日用"③，因而他又特别看重陆九韶。当然，其中也不免存在着门户之见，以及一些调和朱陆学术的观点。

全祖望的学问深受万氏影响。万经为万斯大之子，对于全祖望的为人和做学问启发和帮助尤大，不仅指点他掌握一般的治学门径，同时还亲自引导和参与他从事南明史事的探讨和研究。二人在探研学问时，从来是毫无顾忌，无话不谈。如雍正元年（1723）秋，万经谋刻《黄宗羲全集》，前来征求全祖望意见，而全祖望则直指黄宗羲晚年之不足。④ 雍正七年（1729），全祖望又从万经处借抄万斯大所著《春秋辑传》和《礼记辑注》等典籍，并对其成就赞不绝口，曰："吾乡万先生充宗湛于经学，六经自笺疏而下，皆有排纂，三礼为最富。三经之书，其成帙不一种，《礼记》为最富。"⑤ 从其《答

① （清）全祖望撰，朱铸禹汇校集注：《全祖望集汇校集注·鲒埼亭集外编》卷四十四，《答诸生问南雷学术帖子》，第 1695 页。
② （清）黄宗羲著，陈金生等点校：《宋元学案》卷六十，《说斋学案》，第 1954 页。
③ （清）黄宗羲著，陈金生等点校：《宋元学案》卷五十七，《梭山复斋学案》，第 1862 页。
④ （清）全祖望撰，朱铸禹汇校集注：《全祖望集汇校集注·鲒埼亭集外编》卷四十四，《奉九沙先生论刻南雷全集书》，第 1702—1704 页。
⑤ （清）全祖望撰，朱铸禹汇校集注：《全祖望集汇校集注·鲒埼亭集外编》卷二十三，《礼记辑注序》，第 1178 页。

九沙先生问史枢密兄弟遗事帖子》中，以及万经于乾隆六年（1741）去世之后，全祖望为之所作神道碑铭，就可以清楚地了解二人在地志、史记、旧史拾遗等诸多方面皆有诸多的探讨和论列，亦从中真切地看出万经与全祖望两人之间的密切关系，这种在学术上的继承与发扬关系，对于学术文化的发展起到重要作用。我们亦可清楚地看出"清初刘宗周、黄宗羲、鄞县万氏一线的学术传统，到全祖望，其间的影响、继承和发展脉络"①。

全祖望曾说："予尝观朱子之学，出于龟山（即杨时。——引者），其教人以穷理为始事，积集义理，久当自然有得；至其以所闻所知，必能见诸施行，乃不为玩物丧志，是即陆子践履之说也。陆子之学，近于上蔡（即谢良佐。——引者），其教人以发明本心为始事，此心有主，然后可以应天地万物之变；至其戒束书不观，谈游无根，是即朱子讲明之学也。斯盖其从入之途，各有所重，至于圣学之全，则未尝得其一而遗其一也。是故中原文献之传，聚于金华，而博杂之病，朱子尝以之戒大愚，则诋穷理为支离之末学者陋矣。以读书为充塞仁义之阶，陆子辄咎显道之失言，则诋发明本心为顿悟之禅宗者过矣。夫读书穷理，必其中有主宰，而后不惑，固非可徒以泛滥为事；故陆子教人以明其本心，在经则本于孟子扩充四端之教，同时则正与南轩（即张栻。——引者）察端倪之说相合。心明则本立，而涵养、省察之功于是有施行之地，原非若言顿悟者所云'百斤担子，一齐落地'者也。"②全祖望认为，朱陆之学尽管入手不同，路径有异，但最终目的是一样的。

正如梁启超所语："谢山人品学术，均与穆堂（即李绂。——引者）为近。其《淳熙四先生祠堂碑文》，极论朱陆学术之异于发轫而同于究竟。"其后，梁启超先生又加以评论，说："故谢山之学，以躬行实践为主，以历史文献为用。原本性灵，重尚情感，拳拳于乡邦乔木之思，以易一时门户水火之相伐。……世第谓谢山上承南雷（即黄宗羲。——引者）、二万（即万斯大、万斯同兄弟。——引者），下启二云（即邵晋涵。——引者）、实斋（即章学诚。——引者），为浙东史学大柱，然言其渊源切磋之所自，其与

---

① 陈祖武、朱彤窗：《乾嘉学派研究》第二章，"古学复兴之风的酝酿"，河北人民出版社 2005 年，第 180 页。

② （清）全祖望撰，朱铸禹汇校集注：《全祖望集汇校集注·鲒埼亭集外编》卷十四，《淳熙四先生祠堂碑文》，第 1003 页。

穆堂关系，实至深切。"①尽管全祖望与李绂都是"以躬行实践为主"，但二人还是有所不同的。全祖望对于朱陆两派持一种较平和态度，也即是走和会朱陆的道路。

我们从全祖望就李绂《陆子学谱》一书所论某些人物观点的不能认同，亦可发现二人于朱陆两派观点的不同态度。全祖望"尝谓公（即李绂。——引者）之生平尽得江西诸先正之裘冶，学术则文达（即陆九龄。——引者）、文安（即陆九渊。——引者），经术则盱江（即李觏。——引者），博物则道原（即刘恕。——引者）、原父（即刘敞。——引者），好贤下士则兖公（即欧阳修。——引者），文章高处逼南丰（即曾巩。——引者），下亦不失为道园（即虞集。——引者），而尧舜君民之志不下荆公（即王安石。——引者），刚肠劲气大类杨文节（即杨万里。——引者），所谓大而非夸者，吾言是也"②。全祖望所举诸先辈，皆为江西先贤，把他们集于李绂一身，固有夸大之处，但另一方面也说明李绂或多或少地继承了他们的优秀文化传统，并进一步发扬光大之。

全祖望还曾记一事，道："尝有中州一巨公，自负能昌明朱子之学，一日谓公曰：'陆氏之学，非不岸然，特返之吾心，兀兀多未安者。以是知其于圣人之道未合也。'公曰：'君方总督仓场，而进羡余，不知于心安否？是在陆门，五尺童子唾之矣。'其人失色而去，终身不复与公接。"接着全祖望又记道："然其实公之虚怀善下，未尝以我见自是。予以晚进，叨公宏奖，其在讲座，每各持一说，与公力争，有时公亦竟舍其说以从予。即其终不合者，亦曰：'各遵所闻可矣。'故累语客，赏予之不阿。"③前者阐明李绂不仅捍卫了陆王之学，同时也对学主朱子学的某公进行了强有力的回击。可见，李绂为了学术、为了真理不遗余力。而后者所述全祖望与李绂之间的学术争辩，说明了全祖望并不固执己见，而是能够认同不同的学术主张和观点。与此同时，亦表明了全祖望学术之趋向，可见，其所注重的是学术是否能够经

①　钱穆：《中国近三百年学术史》（上），第七章"李穆堂"，第334—335页。
②　（清）全祖望撰，朱铸禹汇校集注：《全祖望集汇校集注·鲒埼亭集》卷十七，《阁学临川李公神道碑铭》，第319页。
③　（清）全祖望撰，朱铸禹汇校集注：《全祖望集汇校集注·鲒埼亭集》卷十七，《阁学临川李公神道碑铭》，第316—317页。

世，是否能够救世，并非是争得一时之气。

（二）崇名教　正人心

对于宋明理学，全祖望曾经说："经学即理学。"[①]事实上，在他之前，顾炎武就曾经说"舍经学无所谓理学"[②]之类的话，可以说二者的区别并不大，所包含的意思应该是一致的。但有人认为这是以经学取代理学，这一观点值得商榷。至少就全祖望而言，他是不会排斥宋明理学的，否则他也不会花费那么大的精力和时间续补黄宗羲未完之作《宋元学案》了，同样在理学之中，他也是不会排斥陆王心学的。黄宗羲编撰《宋元学案》一百卷，但只是完成了十七卷，其他八十三卷是由其子黄百家和全祖望二人续作，从其内容来看则主要还是由全祖望来完成的。全祖望自四十二岁起，历时十年，博览群书，综合考证，对于宋元两代四百年间各派学说的发展源流、内容特点、师承关系以及各派之间的相互影响，皆做了系统的梳理。更为可贵的是全祖望在这部著作中，对于各家各派学术主张扫除门户之见，不主一尊，以实事求是的态度将各家各派的轶事遗闻及后人评论广泛收录附于案后，自己亦不轻易下断语，而是由他人读后自评自断。

全祖望极为尊崇宋明理学，这从其极力表彰理学中人即可窥见一斑。如修复宋明书院故址，以为立德、立功、立言之士歌功颂德。他曾说："吾乡自宋元以来，号为邹鲁。予修举诸先师故址，始于大隐石台，讫于槎湖。说者以为皋比已冷，带草已枯，虽有好事，徒然而已，岂知当诸先师之灌灌也。吾乡立德立功立言之士，出其中者，盖十之九。山川之钟秀，随乎儒苑，不可谓函丈之中无权也。"[③]

全祖望学术出于浙东学派，而浙东学派"多宗江西陆氏，而通经服古，绝不空言德性，故不悖于朱子之教"，因此，全祖望也是"尚存其意，宗陆

---

① （清）全祖望撰，朱铸禹汇校集注：《全祖望集汇校集注·鲒埼亭集内编》卷十二，《亭林先生神道表》，第228页。

② 顾炎武谓："理学之名，自宋人始有之。古之所谓理学，经学也，非数十年不能通也。故曰：'君子之于《春秋》，没身而已矣。'今之所谓理学，禅学也，不取之五经而但资之语录，校诸帖括之文而尤易也。"（顾炎武：《亭林文集》卷三《与施愚山书》中华书局1959年，第58页。）

③ （清）全祖望撰，朱铸禹汇校集注：《全祖望集汇校集注·鲒埼亭集外编》卷十六，《槎湖书院记》，第1058页。

而不悖于朱子者也"，同时，"浙东之学，言性命者必究于史，此其所以卓也"①。于此，章学诚明确指出了浙东学术的特点与长处，认为浙东学术尽管"多宗江西陆氏（即陆九渊。——引者）"，但与朱子之学并不相违背，而是相契合的，同时，他们中间亦有众多学者喜于史究于史，如黄宗羲、邵氏几代学人皆是如此，同样，出身于浙东学派的全祖望亦和其他浙东学者一样，继承了浙东学术的优良传统并发扬光大之。

全祖望认为阳明之学是"救弊之良药"，只是和其他学说一样，总是出在其门人之"启弊"。他曾说："吾观阳明之学，足以振章句、训诂之支离，不可谓非救弊之良药；然而渐远渐失，遂有堕于狂禅而不返。无乃徒恃其虚空知觉，而寡躬行之定力耶！阳明之所重者，行也，而其流弊乃相反。彼其所谓诚意者，安在耶？盖其所顿悟者，原非真知，则一折而荡然矣。是阳明之救弊，即其门人所以启弊也。"②阳明学术自身是无可挑剔，是救弊之良药，只不过到了后来，众多弟子的理解和阐释出现了问题，但这也并不能归罪于其老师吧！全祖望的见识是正确的。

章学诚曾说："朱陆异同，干戈门户，千古桎梏之府，亦千古荆棘之林也。究其所以纷论，则惟腾空言而不切于人事耳。知史学之本于《春秋》，知《春秋》之将以经世，则知性命无可空言，而讲学者必有事事，不特无门户可持，亦且无以持门户矣。"③还有其所谓"天人性命之学，不可以空言讲也"，以及"言性命者必究于史"等，事实上，章氏所语恰恰与全祖望相契合，这些特点和长处全部都体现在全祖望一身。全祖望一生致力于学术，讲求"理"与总结历史相结合，不尚空谈。

全祖望对于朱、陆学术之异同，亦有自己的见地，他说："予尝观朱子之学，出于龟山（即杨时。——引者），其教人以穷理为始事，积集义理，久当自然有得；至其以所闻所知，必能见诸施行，乃不为玩物丧志，是即陆子践履之说也。陆子之学，近于上蔡（即谢良佐。——引者），其教人以发

---

① （清）章学诚著，叶瑛校注：《文史通义校注》卷五，《内篇五·浙东学术》，中华书局1994年，第523页。
② （清）全祖望撰，朱铸禹汇校集注：《全祖望集汇校集注·鲒埼亭集外编》卷十六，《槎湖书院记》，第1058页。
③ （清）章学诚著，叶瑛校注：《文史通义校注》卷五，《内篇五·浙东学术》，第524页。

明本心为始事，此心有主，然后可以应天地万物之变；至其戒束书不观，游谈无根，是即朱子讲明之说也。斯盖其从入之途，各有所重，至于圣学之全，则未尝得其一而遗其一也。"①

全祖望极力反对门户之见，他曾说："夫门户之病，最足锢人。圣贤所重要实践，不在词说。故东发（即黄震。——引者）虽诋心学，而所上史馆札子，未尝不服慈湖（即杨简。——引者）为己之功。然则杜洲祠祭，其仍推东发者，盖亦以为他山之石。是可以见前辈之异而同也。彼其分军别帜，徒哓哓于颊舌者，其无当于学也明矣。"②王国维亦曾经指出，全祖望处于由"国初之学"向"乾嘉之学"的转变时期，他源于王阳明之学，受黄梨洲影响很强，但又有新的超越。全祖望自己也在诗中挞伐了门户之见这一陋习，他说："陋儒门户妄相功，言朱言陆总朦胧。"

全祖望在清代经学史上的成就，是与其治经态度密不可分的。他曾说："愚生平治经不敢专主一家之说，以启口舌之争，但求其是而已。"③从此出发，全祖望主张百家齐鸣，而反对墨守一说的专门之学问。因此，他曾经批评唐代的《五经正义》、宋代的《三经新义》以及明代的《四书大全》等经典，认为他们皆为官修一统经学教科书，"会使人不能辨识前人学问之源流，而务为简易，事己守陋，使天下其他一切经书尽为废弃，造成人们狭隘僻陋之私心自是"。治经固须"旁搜远览"、"综罗极博"，但也须能"有所折中"，更要能分析"极之茧丝牛毛之细"④才可。可见，全祖望治经的态度是"客观、持平、有据，且又能见出个人之见解"⑤。

全祖望所著《鲒埼亭集》中有《梨洲先生神道碑文》一篇，在此文中深刻地总结了黄宗羲学术思想的精髓。首先，他总结了黄宗羲于明朝灭亡之后，思想上所产生的极大变化，曰："尝自谓受业蕺山时，颇喜为气节斩斩

① （清）全祖望撰，朱铸禹汇校集注：《全祖望集汇校集注·鲒埼亭集外编》卷十四，《淳熙四先生祠堂碑文》，第 1003 页。
② （清）全祖望撰，朱铸禹汇校集注：《全祖望集汇校集注·鲒埼亭集外编》卷十六，《杜洲六先生书院记》，第 1050 页。
③ （清）全祖望撰，朱铸禹汇校集注：《全祖望集汇校集注·经史问答》卷二，《尚书问目答董秉纯》，第 1895 页。
④ （清）黄宗羲著，陈金生等点校：《宋元学案》卷六十，《说斋学案》，第 1952 页。
⑤ 方祖猷、滕复主编：《论浙东学术》，《全祖望的经学思想》，中国社会科学出版社 1995 年，第 414 页。

一流，又不免牵缠之习，所得尚浅，患难之余，始多深造，于是，胸中窒
碍为之尽释，而追恨为过时之学。"① 由此，可以看出全祖望清楚地看到了黄
宗羲思想上的变化以及变化的原因。其次，全祖望精辟地论述了黄宗羲与
王守仁心学的关系，认为黄宗羲挽救了王学的流弊，把掌握、发挥儒学的
核心内容与总结历史经验二者相结合。"公谓明人讲学，袭语录之糟粕，不
以六经为根底，束书而从事于游谈，故受业者必先穷经；经术所以经世，方
不为迂儒之学，故兼令读史。又谓读书不多，无以证斯理之变化；多而不求
于心，则为俗学。"② 在这里，全祖望指出的正是黄宗羲对清代学术的重大贡
献。再者，全祖望还总结了黄宗羲学术的又一大特色是广博而求融会贯通。
"以濂洛之统，综合诸家，横渠（即张载。——引者）之礼教，康节（即邵
雍。——引者）之数学，东莱（即吕祖谦。——引者）之文献，艮斋止斋
（即薛季宣、陈傅良。——引者）之经制，水心（即叶适。——引者）之文
章，莫不旁推交通，连珠合璧，自来儒林所未有也。"③ 全祖望给予黄宗羲以
高度的评价，而事实上也正是如此，堪称切中肯綮。④

　　黄宗羲为全祖望最服膺之学者，但亦不满其"门户之见深入，而不可猝
去"⑤。"讲宋明之学而无门户之见，实已达于一精湛境界。故全氏之学，于宋
则宗陆而不悖于朱，于明则尊王而不诋于刘（即刘宗周。——引者），于清
初则直承黄宗羲、万斯同之统而毅然以浙东之学为己任，兼容并包，源远流
长，其得之于心也深，其持之于外也于是固，随所遇而见于世，所谓'浙东
之学，阳明得之为事功，蕺山得之为节义，梨洲得之为隐逸'，全氏得之沛
而及于史，乃浩乎其不可御矣。冒斧钺之诛而表彰气节，以盛世之民而同情
隐逸，树史学正义之纛，养宇宙浩然之气，皆由其精深之理学造诣所郁积而

① （清）全祖望撰，朱铸禹汇校集注：《全祖望集汇校集注·鲒埼亭集》卷十一，《梨洲先生神道碑
　　文》，第 219 页。
② （清）全祖望撰，朱铸禹汇校集注：《全祖望集汇校集注·鲒埼亭集》卷十一，《梨洲先生神道碑
　　文》，第 219 页。
③ （清）全祖望撰，朱铸禹汇校集注：《全祖望集汇校集注·鲒埼亭集》卷十一，《梨洲先生神道碑
　　文》，第 220 页。
④ 以上参考杨向奎著：《清儒学案新编》第八卷，《全祖望〈谢山学案〉》，齐鲁书社 1994 年。
⑤ （清）全祖望撰，朱铸禹汇校集注：《全祖望集汇校集注·鲒埼亭集外编》卷四十四，《答诸生问
　　南雷学术帖子》，第 1695 页。

磅礴者也"①，一语便道出了全祖望之学术特点，即不为门户之见所牵累，大气磅礴，实为一代杰出学人。

全祖望在通籍之后，与当时名臣李绂结为忘年之交。李绂宗主陆王心学，撰有《陆子学谱》、《陆子年谱》、《阳明学录》和《朱子晚年全论》等陆王心学著述。全祖望对其《陆子学谱》一书颇为推崇，认为"其中搜罗潜逸，较姚江黄征君《学案》数倍过之，后世追原道脉者，可以无憾"②，并连上数帖，提出许多具体见解，与李绂进行切磋、修正和补充。

可以说，全祖望的学术思想是承袭了传统的儒家观念。他认为："为孝子，为忠臣，家国情事，俱当于古人中求之。"③因此，历史作为求古的媒介，其重要性便可想而知。史学的主要功用，就是将"有益教化"的史事确切地记录下来，以资后世借鉴。如在学统问题上，全祖望并不以卫道者自居，而是站在史家的立场上，予以客观的评价和表述。他认为："宋乾、淳以后学派，分而为三：朱学也、吕（即吕祖谦。——引者）学也、陆学也。三家同时皆不甚合，朱学以格物致知，陆学以明心，吕学则兼取其长，而又以中原文献之统润色之。门庭径路虽别，要其归宿于圣人则一也。"④他认为朱熹后世地位尊崇，远超陆、吕二人之上，但这并不能以此来评定"道德"和"学问"二者之高下，"朱、张、吕三贤，同德同业，未易轩轾。张、吕早卒，未见其止，故集大成者归朱耳"⑤。

对于宋代学术，全祖望表彰的是"宗朱而不尽合于朱"的学者，以及"不专主朱，亦不专主陆，深造实践"的学者。对于有明一代学术，全祖望也十分了解。他认为黄宗羲《明儒学案》存在着不少值得商榷之处，遂依照原书体例，多方搜罗资料予以补充和叙列。关于明代学术发展之大势，全祖望反对将理学、心学二者截然对立的学术史观，认为两大学派是你中有我，

---

① 鄞州区政协史委编：《越魂史笔：全祖望诞辰三百周年纪念文集》，《全祖望之史学》，宁波出版社2005年，第107页。

② （清）全祖望撰，朱铸禹汇校集注：《全祖望集汇校集注·鲒埼亭集外编》卷四十四，《奉临川先生帖子二》，第1683页。

③ （清）全祖望撰，朱铸禹汇校集注：《全祖望集汇校集注·鲒埼亭集内编》卷六，《明直隶宁国知府玉麈钱公神道表》，第138页。

④ （清）全祖望撰，朱铸禹汇校集注：《全祖望集汇校集注·鲒埼亭集外编》卷十六，《汉经师论》，第1046页。

⑤ （清）黄宗羲著，陈金生等点校：《宋元学案》卷五十一，《东莱学案》"全祖望按语"，第1678页。

我中有你，并无正学、异学之分别。而阳明之学，最终蹈入虚空之流弊，皆是因其后学不重躬行，有违守仁之初衷所导致。

他时常强调："惟忠与孝，历百世而不可泯。"[①] 而史传之作，正在于反映一代"风化之盛"。诚然，其前提必须是"求真"，盖"史以纪实，非其实者，非史也"[②]。从经世致用的意义出发，在全祖望心目中，"史事"自然是指那些有益于治道人心的事迹。全祖望十分同意欧阳修对五代"士气丧而人心坏"的慨叹，也特别感慨三代之后"世道降而人心坏"的社会状况，不过，他却坚信，"正气"存在于天地之间，并不曾因"世道"、"人心"的衰败而归于熄灭。他认为即使是在最黑暗的时代，它还是可以在个别忠义之士的行为中得到体现的，只不过由于史传失载，才使得后来人们无法得悉而已。[③] 也正因为如此，全祖望才挺身而出，肩负起这一"崇名教，正人心"的历史重任来。

综上所述，"全祖望源本王学，其学术思想和倾向不出王学和梨洲的范围，但亦有新的特点和超越。对于理学的认识和评价，全祖望持折中朱、陆，和同受益的态度。他非常重视躬行实践，强调经世致用。在他心目中，'粹然真儒'，一要立身行事符合儒家传统的道德；二能潜心正学，不入异端，不佞佛；三要'以躬行为务，不徒从事于口耳'；四要在学术上既有继承创新，又能'和会诸家'"[④]。此语可谓一语中的，总结出了全祖望学术宗旨和取向。诚然，全祖望亦是一介学人，尽管具有如此的学术史观，但仍存有不足之处。全祖望认为治学不应存有门户之见，应当兼容各家之说，不能因人废言，但在实际上也难免出现他人所犯之不足。如张履祥是明儒刘宗周之高弟，道德、学术皆负重名，治学专宗程朱，力斥陆王之学。而全祖望在确定刘宗周的配享弟子时，绝口不提及张履祥。还有如李光地、毛奇龄等人，全祖望皆认为他们品行不端，于是对其诋斥不遗余力，丝毫不肯假借，连带其学术也予以否定。也正是由此，全祖望在当时就曾被他人所非议，当然这并不能掩盖和完全否定全祖望于学术方面的巨大贡献。

---

① （清）全祖望撰，朱铸禹汇校集注：《全祖望集汇校集注·鲒埼亭集外编》卷二十二，《祭甲申三忠记》，第1160页。

② （清）全祖望撰，朱铸禹汇校集注：《全祖望集汇校集注·鲒埼亭集》卷二十九，《帝在房州史法论》，第557页。

③ 方祖猷、滕复主编：《论浙东学术》，《全祖望及其南明人物传》，第424—431页。

④ 王永健：《全祖望评传》第一章，"全祖望的时代"，南京大学出版社1996年，第21页。

第四章　清中期陆王心学的曲折发展

到了乾隆之时，清代已经迈进中期。"凭借康熙一朝奠定的雄厚国基，世宗、高宗两朝，国力渐臻鼎盛。此时，经济富庶，政治刷新，文教昌明，国家的繁荣气象不惟掩宋明诸朝而上，而且比之西汉文景、唐初贞观亦有过之而无不及。"①清代社会到了此时，呈现为一个与此前完全不同的时代，社会各方面皆发生了巨大变革，在这样一种独特的社会历史大背景下，学术思想也在发生着深刻的变化。朱子学尽管依然被奉为学术正统，在思想上仍然处于统治地位，但此时，经典考据之学却占据了上风，"道问学"取代了"尊德性"，在儒学中占据着主导地位。不过，学术界对于"尊德性"的讨论，以及"天理"、"人欲"之辨和对于"崇尚自我"的认知却仍然未中断。这一现象的存在也就再一次有力地证明，到了清代中期之时，陆王学术并没有成为绝学。

第一节　清中期的文化政策

清代学术的发展，到了清中期又出现了许多新的变化。其中，"既有经济、社会、政治诸方面的深刻制约，也有学术、文化等先后相承的内在逻辑。而在封建君主专制政治体制之下，由帝王好尚所反映的朝廷文化政策，无疑是一个不可忽视的重要方面"②。历史往往有时会出现这样的悖论，

---

① 陈祖武、汪学群：《清代文化志》第一章，"清代历史发展的几个阶段"，上海人民出版社1998年，第9—10页。
② 陈祖武、朱彤窗：《乾嘉学派研究》第一章，"乾嘉时期清廷的文化政策"，第1页。

越是提倡越是发达不起来，而不被提倡和重视的却往往会于不知不觉中慢慢壮大起来，朱子学即是如此。朱子之学自康熙后期取得主导地位，帝王提倡，士子讲习，但却久久发展壮大不起来。"倒是与性理之学迥异志趣的经学考据，不胫而走，蔚为大国。"① 当时，就连最高统治者清高宗也不得不唉声叹气，说："近来留意辞章之学者，尚不乏人，而究心理学者盖鲜。"②

清高宗弘历就其文化素养而言，于清朝历代帝王除其乃祖圣祖之外，可以说是无人可望其项背。高宗自幼便开始接触儒家经典和宋儒著作，曾受业于时翰林院掌院学士朱轼、徐元梦和翰林院编修蔡世远等学问大家，再加之其执政后又勤学不殆，于是熟知四书五经、宋儒著述以及诸史、载籍等。通过刻苦学习和静心思考，高宗懂得了对以往朝代兴替、古人沉浮以及执政者思想道德修养等一系列重要问题的辨别和剖析，同时也深刻掌握了治国平天下的历史经验和教训。

清高宗深受宋儒之影响，把"理"视为世界万物之主宰。在他十九岁那年（1729），世宗在上书房写了一副对联，即"立身以至诚为本，读书以明理为先"。随后，高宗便能够以这副对联的上下二句，各著论一篇，其中，《读书以明理为先》一文写道："天地之间，万事万物莫不有理。理者，天之经，地之义，民之行也。是故日月星辰之朔望躔度，阴阳寒暑四时之推迁往来，皆天地之气也，而有乾健于穆不已异军突起，理主宰乎其中。山川河岳，百谷草木之丽乎地以生者，亦莫不赖坤元载厚之理以为之根底。人性之仁义礼智，赋乎天之正理也，因之而见为恻隐、羞恶、辞让、是非之情，及变化云为万有不齐之事。由是观之，天下事物孰有外于理哉。故圣人之教人讲学，亦曰明理而已矣。盖理者，道也。道之大，原出于天，其用在天下，其传在圣贤，而赖学者讲习讨论之功以明之。六经之书，言理之至要也，学者用力乎明理之功以观六经，则思过半矣。"③ 在高宗看来，自然界的一切，诸如日月星辰、寒暑四时、百谷草木等皆受"理"之主宰。同时，"理"还赋予了人世间人们仁义礼智的本性，而圣贤的职责，则在于讲理，教化他人。

---

① 陈祖武、朱彤窗：《乾嘉学派研究》第一章，"乾嘉时期清廷的文化政策"，第1页。
② 《清高宗实录》卷一百二十八，"乾隆五年十月条"。
③ （清）弘历：《乐善堂集》卷一，《读书以明理为先论》，乾隆二年（1737）刻本。

高宗又曾说："所谓明理者，明其所当然与其所以然。所当然者，父子当亲，君臣当义，夫妇当别，长幼当序，朋友当信之谓也。所以然者，父之所以慈，子之所以孝；君之所以仁，臣之所以忠；夫之所以率，妇之所以从；长之所以爱，幼之所以恭；朋友之所以责善辅仁之谓也。知其所当然，然后信之笃，而不误于歧趋。知其所以然，然后喻之深而不能以自己。"① 至此，我们可以清楚地看出，清高宗强调的皆是封建伦理纲常，强调了各种关系之间相处所必须遵循的道德观念和原则。当然，在这其中亦深深地包含了其政治目的，就是为了能够使这一少数民族统治为主体的封建政权长久地稳固在人们的心目中。

总之，"高宗初政，恪遵其父祖遗规，尊崇朱子，提倡理学。因而从乾隆三年（1738）到十八年（1753），在历年所举行的十九次经筵讲学中，不惟讲官笃守朱子之教，而且高宗亦步亦趋，阐发朱子学说，君唱臣和，俨然一派尊崇朱子学气象"②。高宗之时的经筵讲论在乾隆十九（1754）、二十（1755）两年中曾经一度间断，到二十一年（1756）二月才又再次恢复，但有一点，"高宗的讲论却发生了十分引人注目的变化。这便是第一次对朱子的《四书章句集注》提出了质疑"③。

至于清高宗在经筵讲论中对朱子之学是如何提出质疑的，具体内容请参阅陈祖武、朱彤窗所著《乾嘉学派研究》（河北人民出版社 2005 年版）一书中相关章节的论述，于此不再赘述。最后，是书得出结论，曰："他在经筵讲坛上的讲论，实无异朝廷学术好尚的宣示。唯其如此，其影响又绝非任何学者之论学可以比拟。乾隆中叶以后，既然庙堂之上，一国之君屡屡立异朱子，辩难驳诘，那么朝野官民起而效尤，也就不足为奇了。"④ 一语中的，道出了最高统治者于学术界的影响是巨大的。

清高宗虽颁谕提倡读宋儒之书，研精理学，但无奈未著成效。而另一方面，经学稽古之风又方兴未艾，二者交互作用，遂促成其专意于崇奖经学。乾隆十年（1745）四月，高宗诏示天下士子："将欲为良臣，舍穷经无他

---

① （清）弘历：《乐善堂集》卷一，《读书以明理为先论》。
② 陈祖武、朱彤窗：《乾嘉学派研究》第一章，"乾嘉时期清廷的文化政策"，第 6 页。
③ 陈祖武、朱彤窗：《乾嘉学派研究》第一章，"乾嘉时期清廷的文化政策"，第 1 页。
④ 陈祖武、朱彤窗：《乾嘉学派研究》第一章，"乾嘉时期清廷的文化政策"，第 14—15 页。

术。"① 乾隆十二年（1747）三月，清廷重刊《十三经注疏》，高宗亲自为之撰写序文，这是在向学术界发出"笃志研经，敦崇实学"的信号，号召人们潜心研讨经学。乾隆十四年（1749）十一月，高宗又颁谕，令内外大臣荐举潜心经学之士。随即经过严格考核，得饱学经学之士四十余人。次年，又于太和殿策试天下贡士，得陈祖范、吴鼎、梁锡、顾栋高等四人。

"至此，清高宗以其举荐经学的重大举措，纳理学、词章于经学之中，既顺应了康熙中叶以后兴复古学的学术演进趋势，又完成了其父祖融理学于经学之中的夙愿，从而确立了崇奖经学的文化格局。"固然，"清高宗确立崇奖经学格局的过程，也正是其将专制皇权空前强化的过程。高宗初政，鉴于其父为政的苛刻寡恩，倡导广开言路，政尚宽大。然而曾几何时，宽松政局已忧过眼烟云。乾隆八年（1743）二月，翰林院编修杭世骏试时务策，因议及'内满而外汉'的时弊，惹怒高宗，竟遭革职。以之为肇始，从乾隆十六年（1751）八月至二十一年（1756）正月，高宗大张文网，以对伪撰孙嘉淦奏稿案、王肇基献诗案、杨炯昭著书案、刘震宇《治平新策》案、胡中藻《坚磨生诗钞》案、朱思藻辑《四书》成语案等的穷究和严惩，宣告了宽大为政的终结和文化桎梏的形成。正是在这样一个背景之下，清高宗选择崇奖经学、立异朱子的方式，把学术界导向穷经考古的狭路之中"②。

总之，"高宗即位，得其父祖奠定的雄厚基业，国富民强，席丰履厚，从而为他的讲求文治提供了坚实的保证。乾隆元年（1736），他继承世宗遗愿，隆重地举行了清代历史上的第二次博学鸿词科考试。网罗人才，稽古右文，展示了改元伊始、万象更新的局面。乾隆十六年（1751），高宗又顺应经学复兴的历史趋势，谕令中央和地方大员荐举潜心经学、湛深经术之儒。重视学术，讲求文治，这样一个良好的环境使经学如虎添翼，突飞猛进，终成一代学术中坚。以经学考据为主流，才人辈出，著述如林，形成了中国古代学术史上的一个重要流派，即乾嘉学派。与学术的发遑相辅相成，书院和学校教育蒸蒸日上；整理古籍，考经证史，官私图书编纂盛极一时；诗歌、小说、戏曲、绘画等，则若千帆竞发，百舸争流，为盛世平添异彩。乾隆

① 《清高宗实录》卷二百三十九，"乾隆十年四月"条。
② 陈祖武、朱彤窗：《乾嘉学派研究》第一章，"乾嘉时期清廷的文化政策"，第20页。

三十七年（1772），高宗颁谕，访求遗书。翌年，又开馆纂修《四库全书》，整理文献古籍。这一切，显示了乾隆时期学术文化事业的兴旺"[1]。

有一点我们不能否认，就是清高宗在经筵讲坛上对朱子学说不断地提出质疑，这实无异于朝廷在向天下臣民宣示自己的学术好尚。而其影响就可想而知了，其绝非任何学者之论学可比拟、可企及的。至乾隆中叶之后，既然高高的庙堂之上，一国之君在屡屡立异朱子，辩难驳诘，那么朝野官民纷纷起而效尤，也就不足为奇了。这不也恰恰应验了"上有好者，下必有甚焉者矣"[2]的道理吗！破旧立新，这是常规，但一方面是对朱子学立异，而另一方面却又没有确立发展的方向，所以，在这一政策的导向之下，学问便朝着不同的方向发展下去。学术一方面朝着考据训诂方向走去，而亦有一些学人，并没有朝这一大方向发展，而是朝着另外的方向走去，其中，就有一些学者朝着和会朱陆，以朱就陆的陆王学术一路走下去，而自觉不自觉地发展了陆王心学。

与此相适应，到了乾隆时期，清王朝此时已达到了它历史盛世之顶点，盛极而衰，这一时期的社会矛盾也逐渐显现并日趋激化，出现衰败之气象。自乾隆三十九年（1774）山东王伦起义始，迄于乾隆六十年（1795）高宗内禅，仁宗嗣位，改元嘉庆，民变迭起，南北不绝。到了嘉庆之时，整个社会更是千疮百孔，衰象毕露，有如晚明动荡的乱局。湘黔苗民、川楚陕白莲教，以及东南沿海武装反清和畿辅天理教等一系列的农民起义的出现，给了清王朝以沉重打击。嘉庆、道光时期，清王朝继续走向下坡路，使得乾隆中叶以后出现的各种矛盾和危机进一步发展和加深。

政治上，吏治腐败更加严重。到了此时，清政府的封建官僚统治机构日益腐朽，从京师到地方，由上到下，各级官员结党营私，互相倾轧；办事因循守旧，谋求私利；贪污腐化，贿赂公行，发生了许多骇人听闻的贪污大案，如当时出现的"和坤跌倒，嘉庆吃饱"的民谣，还有人们常常语及的"三年清知府，十万雪花银"等，即可窥见一斑，全国上下形成了一个贪污行贿的巨大网络。腐败、贪赃、不理朝政，已经成为清朝上下官僚机构的通

---

① 陈祖武、汪学群：《清代文化志》第一章，"清代历史发展的几个阶段"，第13页。

② 《十三经注疏》十三，《孟子注疏》第五卷，《滕文公章句》，中华书局1983年，第2701页。

病，由此，使得各种社会矛盾急剧激化。

经济上，嘉道时期的财政危机进一步加深，收入日趋减少，支出却日趋增加，处于入不敷出的状态。川、鄂、陕的白莲教徒，甘、新的回民之乱，浙、闽的海盗，接连不断。这使得国家军费倍增，支出增加使得财政越来越拮据。这一切，皆使得清统治者变本加厉，对农民进行更加残酷的赋役剥削，农民纷纷破产，变成了地主和富人的佃户和雇工。尽管如此，佃户往往也是朝不保夕，沉重的高额地租及其额外的剥削，使得他们背井离乡，妻离子散，甚至于全家服毒自杀，"欲以一死脱难也"①。

文化上，乾隆中叶至嘉庆时期，汉学鼎盛。思想文化为政治服务，它必然要受到当时经济基础的制约，同时又无不为国家政治形势的发展所左右。到了此时，社会现实如此，使得一些学者开始对统治思想进行反思。有些汉学家从不同角度指斥宋学空疏，排斥宋学的倾向愈为明显。面对汉学家的指斥，一些宋学家起而响应，对汉学也讥评甚多。至乾隆末年，于学术界中汉学、宋学对峙格局业已形成，他们在治学方法、价值取向上都呈现对峙态势。汉学本身积弊渐显，士人批评汉学的声音渐渐出现了。嘉庆初年以后，士人对汉学积弊的认识和不满明显增长。而与此相对应的是，随着《四库全书》的编纂完成，以及江永、惠栋、戴震、钱大昕这些汉学大师的相继辞世，考据学家逐渐趋向于钻研于某一领域。这使得考据学也渐趋衰微，学术界对其抨击之声与日俱增，而反对者又群起攻之。因此，在考据学派内部，考据学家也开始有针对性地总结当时学术，分析其利弊得失。这主要体现在对学者成果的整理刊刻和为考据学家树碑立传这两方面。在学术史的研究中，则以江藩编撰的《汉学师承记》影响为最大。

第二节　乾嘉汉学下的陆王心学

康熙一朝提倡程朱理学，依靠政治力量的支持，程朱理学占据显赫地

---

① （清）黄彭年主纂：《畿辅通志》卷二百三十，列传三十八，《清》五，《保定》一，河北人民出版社 1985 年。

位。但是，宋明理学经过清初的批判思潮之后，已经走过了它的全盛时期，到了乾隆中后期，程朱理学逐渐衰微，代之而起的是乾嘉考据学术。此时，朴学主流地位确立，进入了"汉学"时代，且以压倒性的优势称雄学坛，所谓学界"家家许郑，人人贾马，东汉学烂然如日中天矣"[1]，考证之学早已盖过了朱子之学。诚如当时学者所云："列圣相承，文明于变，尊崇汉儒，不废古训，所以四海九州，强学待问者，咸沐菁莪之雅化，汲古义之精微。缙绅硕彦，青紫盈朝，缝掖巨儒，弦歌在野，担簦追师，不远千里，讲诵之声，道路不绝。"[2]

一 乾嘉汉学的鼎盛

乾隆、嘉庆时期，考据学风靡学界，汉学成为正宗。惠栋标汉帜于吴，戴震集大成于皖。此外，还有不同于此二派的扬州学派。吴派学术主要由惠周惕、惠士奇、惠栋祖孙三代创始，其治学方法和特点是唯汉是从、凡古皆真。惠栋（1697—1758），字定宇，号松崖，江苏元和（今属苏州）人。其祖周惕，父士奇，皆治《易》学，三世传经，遂成一代佳话。惠栋不仅熟于经学，而且涉猎广泛，早年随父至广东提督学政任所，父卒归里，课徒著述，终身不仕，宗主汉学，尤精于《易》，著作有《周易述》、《周易本义辩证》、《易例》、《易汉学》、《九经古义》、《左传补注》、《后汉书补注》、《松涯笔记》、《松涯文钞》等。惠栋可谓当时汉学巨擘。惠栋及其后学对朴学思潮、朴学学派的发展，都产生了积极的引导作用。吴派后学著名者有江声、余萧客、钱大昕、王鸣盛、江藩等，其中以王鸣盛、钱大昕、江藩的学术贡献更为突出。

惠栋宗汉学，他的许多著作皆反映了他"惟汉是尊"的观点，他曾说："汉人通经有家法，故有五经师。训诂之学，皆师所口授，其后乃著竹帛，所以汉经师之说，立于学官，与经并行。五经出于屋壁，多古字古言，非经师不能辨。经之义存乎训，识字审音，乃知其义，是故古训不可改也，经

---

① 梁启超著，朱维铮校注：《梁启超论清学二种》，《清代学术概论》二十一，第 60 页。

② （清）江藩著，钟哲整理：《国朝汉学师承记·附国朝经师经义目录国朝宋学渊源记》，《国朝汉学师承记》卷一，第 5 页。

师不可废也。余家四世传经，咸通古义。"①惠栋所语古义是指汉人之注。因此，他以宗汉为宗旨，并把这一宗旨贯穿于他著述之中。不论是考证还是论古义，惠栋多尊汉人旧说，对此，江藩曾在其《国朝汉学师承记》一书中指出，其注"秦穆姬属要君"，用唐《尚书》说，以贾君为申生妃；"同盟于亳城北"，用服虔本，证"亳"为"京"之论；……皆前人所未及道也。②此外，惠栋兼治史学，亦特别重视辨伪并长于考证之学。

惠栋在当时影响极大，与沈彤等学者有深交，王鸣盛、钱大昕、戴震、王昶等皆曾向惠栋问学，以师礼相待，钱大昕还为其作传。章太炎在论述朴学时，认为："成学著系统者，自乾隆朝始，一自吴，一自皖南。……初，太湖之滨、苏、常、松江、太仓诸邑，其民佚丽。自晚明以来，喜为文辞比兴，饮食会同，以博依相问难，故好浏览而无纪纲，其流风遍之南北。惠栋兴，犹尚该洽百氏，乐文采者相与依违之。"③由此可见，惠栋于乾嘉考据学之贡献。

戴震是乾嘉考据学的集大成者，标志着考据学发展到了顶峰。戴震仕途不顺，科场屡试不中，二十九岁，始补为休宁县学诸生；三年后，避仇入京，广交纪昀、钱大昕、王鸣盛、朱筠等当时著名学者，遂"声重京师"。乾隆三十八年（1773），清廷开四库全书馆，经纪昀等引荐，戴震被征召入馆，参与编纂工作，后病逝于书馆，享年五十五岁。戴震治学从经书入手，他在《与是仲明论学书》一文中谈及自己的治学方法，其中语："求其一经，启而读之，茫茫然无觉。寻思之久，记于心曰：经之至者，道也；所以明道者，其词也；所以成词者，字也；由字以通其词，由词以通其道，必有渐。……凡经之难明，右若干事，儒者不宜忽置不讲。仆欲穷其本，始为之，又十年，渐于经有所会通，然后知圣人之道，如悬绳树执，毫厘不可有差。"④

---

① （清）惠栋：《九经古义》卷首，《九经古义述首》，商务印书馆1937年，第1页。
② （清）江藩著，钟哲整理：《国朝汉学师承记·附国朝经师经义目录国朝宋学渊源记》，《国朝汉学师承记》卷二，《惠周惕》，第27页。
③ 傅杰编校：《章太炎学术史论集》下辑，《秦自清学术论》，《清儒》，云南人民出版社2008年，第389—390页。
④ （清）戴震撰，杨应芹等主编：《戴震全书》（第六册），《与是仲明论学书》，黄山书社1995年，第370页。

　　此外，戴震主张将"训诂"、"考证"与"义理"相结合。戴震考据学的目的是"闻道"，以明"义理"作为"考证"之源。段玉裁曾经记载其话，说："义理即考核、文章二者之源也。"[①] 又说："有义理之学，有文章之学，有考核之学。义理者，文章考核之源也，熟乎义理，而后能考核，能文章。"[②] 由此可以看出，戴震把学问分成"义理"、"文章"和"考核"三种，三者之中，又以义理为主，考核和文章为辅。主张把义理与考证结合起来，而以义理为根本。对于汉宋诸儒，戴震也是辩证地对待，他说："汉儒训故有师承，亦有时附会；晋人附会凿空益多，宋人则持胸臆为断，故其袭取者多谬，而不谬者在其所弃。"[③] 他既批评宋学的空疏，也指出汉学的不足，不偏主一家。皖派后学，名家很多，最著名者当属段玉裁、王念孙、王引之等。总之，戴震开创的皖派，不仅人数众多，而且英才辈出，几代人合力治经，为光大朴学做出了贡献。

　　无论是惠栋还是戴震，他们的治学方法和治学特点，皆说明一点，到了乾嘉时期，汉学达到了鼎盛时期。戴震试图以《孟子字义疏证》去开创一种通过"训诂"以明"义理"的新学风。然而，在当时的历史条件下，以复兴古学为职志的汉学正方兴未艾，知识界沉湎于经史考据之中，如醉如痴，无法自拔。而乾隆年间《四库全书》的编纂完成，则又是清中叶学术史上的一大壮举。《四库全书》开纂于乾隆三十八年（1773）二月，到乾隆四十九年（1784）十一月完成，历时十余年之久。《四库全书》可以说是中国古代历史上规模最为宏大的丛书，同时，其编纂完成也标志着清代中期学术发展的转型。

　　在四库全书馆中，聚集了大批的当时知名学者，最盛时能够达三百人之多。当时的朴学学者大多被征召入馆参与纂修工作。梁启超对这一盛事曾经加以评论，说："露骨地说，四库馆就是汉学家大本营，《四库提要》就是汉学思想的结晶体。也可以说是康熙中叶以来汉宋之争，到开四库馆而汉学派全占胜利。"[④] 梁启超把四库全书馆比作"汉学大本营"是有其道理的，这是

①　（清）戴震撰，杨应芹等主编：《戴震全书》（第六册），《戴东原年谱》，第708页。

②　（清）戴震撰，杨应芹等主编：《戴震全书》（第七册），《戴东原集序》，第228页。

③　（清）戴震撰，杨应芹等主编：《戴震全书》（第六册），《与某书》，第495页。

④　梁启超著，朱维铮校注：《梁启超论清学二种》，《中国近三百年学术史》（三），《清代学术变迁与政治的影响（中）》，第115页。

因为四库全书馆中参与《四库全书》编纂的人员以"汉学"学者为多。由此可以看出当时汉学派占据绝对优势，其学术旨趣也不言自明。从这个意义上来说，四库全书馆可以被看作是汉学家的大本营。

四库全书馆开馆之后，由纪昀等人推荐，戴震被征召入馆为纂修官。戴震熟谙经史，精于考据、训诂，在是书的编纂中起到了中坚作用，为之出力不少。此外，四库全书馆中还有其他许多知名学者如朱筠、纪昀等，他们在治学上亦均属汉学派学者。《四库全书》的纂修从某种意义来说，是当时学术风气转变中汉学的胜利。此后，考据学随之达到鼎盛的态势。形成了"家家许、郑，人人贾、马"的局面。正如焦循所说："国初，经学萌芽，以渐而大备。近时数十年来，江南千余里中，虽幼学郿儒，无不知有许、郑者。"①皮锡瑞也曾指出，说："国初汉学方萌芽，皆以宋学为根底，不分门户，各取所长，是为汉宋兼采之学。乾隆以后，许（慎）郑（康成）之学大明，治宋学者已是少，说经皆主实证，不空谈义理，是为专门汉学。"②

总之，到了乾隆中期之时，汉学达到鼎盛。当时，当汉学家朱筠奏请高宗开四库全书馆时，宋学家刘统勋是持否定态度的，极力反对，但最终在高宗的支持之下，还是实施开来。由此可以看出，此时汉学已战胜了宋学，成为其主流学派。而且随着《四库全书》编纂的完成，诸如目录学、校勘学、辑佚学及出版业等各个方面亦都得到飞速的发展，可以说，《四库全书》的编纂也算是当时学术史上的一大幸事。

吴派和皖派之分来源于江藩所著《国朝汉学师承记》一书，其后，章太炎又对乾嘉学坛各学派的师承谱系重新做了描述，他认为："其成学著系统者，自乾隆朝始：一自吴，一自皖南。吴始惠栋，……皖南始江永、戴震。"③而且还对乾嘉以后朴学体脉的延续以及学者队伍的变化作了补充说明。因此，在此后相当长一段时间里，《国朝汉学师承记》被学界公认为是描述汉学阵营与乾嘉学派的范本，且有"启自江藩，而成于章炳麟"之说。无论是吴派还是皖派，这都说明到了乾嘉时期，汉学达到它的鼎盛时期，而乾隆

---

① （清）焦循：《雕菰楼集》卷十三，《与刘端临教谕书》，丛书集成初编本，第215页。
② （清）皮锡瑞：《经学历史》十，《经学复盛时代》，民国丛书，上海书店出版社1996年，第355页。
③ 傅杰编校：《章太炎学术史论集》下辑，《秦自清学术论》，《清儒》，第389页。

三十八年（1773）四库全书馆的开馆则是乾嘉汉学达到鼎盛之时的标志性产物，同样，盛极必衰，其也暗示着汉学即将由盛极转向衰落，而戴震之《孟子字义疏证》一书的问世，就是这一现象的具体体现。

二　宋学亦在向前迈进

乾隆中叶至嘉庆时期，汉学鼎盛，嘉庆初年以后，士人对汉学积弊的认识和不满更加明显。而与此相对应的是，随着《四库全书》编纂完成，以及江永、惠栋、戴震、钱大昕这些汉学大师们的相继辞世，考据学家逐渐趋向于专研某一领域。总之，考据学渐趋衰微，学术界对其抨击之声与日俱增，而反对者又乘机群起而攻之。而在考据学派内部，考据学家开始有针对性地总结当代学术，分析其利弊得失。这主要体现在对当朝学者成果的整理刊刻和为考据学家树碑立传这两大方面。而在学术史的研究和编纂中，以江藩编撰的《国朝汉学师承记》一书影响为最大。江藩在著述《国朝汉学师承记》一书的同时，又编撰完成了《国朝宋学渊源记》一书。两书的相继撰作完成，体现出清代中期学术的转型。

江藩于嘉庆十五年（1810）始撰《国朝汉学师承记》，十七年（1812）撰成。他认为"至于濂、洛、关、闽之学，不究礼乐之源，独标性命之旨，义疏诸书，束之高阁，视如糟粕，弃等弁髦，盖率履则有余，考镜则不足也"①。于嘉庆二十三年（1818）得到阮元的大力支持，在其府中刊刻印行，阮元并为之作序，其中曰："江君所撰《国朝汉学师承记》八卷，……读此可知汉世儒林家法之承授，国朝学者经学之渊源，大义微言，不乖不绝。"②

《国朝汉学师承记》一书计八卷，采取人物传记汇编的形式，记录了从清初至嘉庆年间的汉学家，以叙述清代汉学承继之源流状况。江藩学术崇尚经学，推崇汉儒。而且，第一次划分乾嘉汉学阵营为吴、皖两大派。此书撰

---

① （清）江藩著，钟哲整理：《国朝汉学师承记·附国朝经师经义目录国朝宋学渊源记》，《国朝汉学师承记》卷一，第4页。

② （清）江藩著，钟哲整理：《国朝汉学师承记·附国朝经师经义目录国朝宋学渊源记》，《国朝汉学师承记》，《阮序》，第1页。

成于汉学兴盛且汉、宋二学对峙之时，体现了江藩彰扬汉学之主旨。江藩描绘的汉学虽只是清学一角，但其为我们提供了考察清代汉学的线索和清晰的脉络。

在《国朝汉学师承记》刊刻之初，汪喜孙就给予了高度评价，于其所著《跋》中语："辑为《汉学师承记》一书，异时采之柱下，传之其人，先生名山之业，固当附此不朽。或如司马子长《史记》、班孟坚《汉书》之例，撰次《叙传》一篇列于卷后，亦足屏后儒拟议窥测之见，尤可与顾宁人（顾炎武。——引者）、钱晓徵（钱大昕。——引者）及先君子后先辉映者也。"[1]扬州学派学者刘文琪把此书当作研究乾嘉学术的重要资料，在其《梦陔堂文集序》中有相关的论述。同时，亦有学者批判了江藩的门户之见，汉宋之别。如黄式三曾说："江氏宗师惠、余，揽阎、江诸公为汉学，必分宋学而二之！适以增后人之惑也。"[2]还有如兼容汉宋的龚自珍也对《国朝汉学师承记》的"汉学"之名有"十不安"之论，并且致函江藩，指出汉、宋本非对立，对汉学一词提出质疑，建议更名为《国朝经学师承记》，以消减汉、宋对立情绪。其中有语，曰："本朝自有学，非汉学，有汉人稍开门径，而近加邃密者，有汉人未开之门径，谓之汉学，不甚甘心。"又谓："若以汉与宋对峙，尤非大方之言，汉人何尝不谈性道"，而"宋人何尝不谈名物训诂，不足以概服宋儒之心"。[3]桐城派姚鼎弟子方东树则愤然作《汉学商兑》一书来驳斥江藩，对汉学之弊端进行了深刻的揭露与批判。方东树是以宋学家的身份来编撰是书的，书中不乏对汉学家的讥评与指责。其目的是为宋学进行辩护，内容几乎囊括了宋学家攻击汉学的全部言论。[4]

江藩并未采纳龚自珍之建议，也没有理会他人之说辞，而是于道光二年（1822）又撰述《国朝宋学渊源记》一书，记述清代专治宋学之学者共计三十九人，以示公允。《国朝宋学渊源记》共计三卷，此书编撰之时，学术界汉宋调和或兼采思想的潜流已由隐蔽而渐渐显露，不再是汉学考据一统之

① （清）江藩著，钟哲整理：《国朝汉学师承记·附国朝经师经义目录国朝宋学渊源记》，《国朝汉学师承记》，《汪跋》，第 134 页。

② 张舜徽：《清儒学记》第六，《浙东学记》，齐鲁书社 1991 年，第 380 页。

③ 请参见（清）龚自珍著，夏蓝田编：《龚定庵全集类编》卷七，《附与江子屏戕》，中国书店 1991 年，第 211—212 页。

④ 请参见（清）方东树：《汉学商兑》卷下，万有文库，商务印书馆 1937 年。

势。此书正是这一时代大背景之下完成的，是书也恰恰是江藩汉、宋兼采学术思想的最佳体现。《国朝宋学渊源记》记载清代理学家，内容恰与《国朝汉学师承记》所记清代汉学家互为表里，相互补充，二者共同显示出了清代学术发展理路。因此，可以说江藩所著《国朝宋学渊源记》在道光二年问世，有着深刻的学术背景，是嘉道时期汉、宋二学呈现出对峙态势下，清朝学术思想文化走向和政治统治相一统的一种反映。此时，汉学家虽排斥宋学，但又不乏兼采宋学之情形。汉学家绝对不问政治的态度，也在悄然发生着改变。一些学者已经在乾嘉考据学的基础之上，建设顺治、康熙间曾经出现过的"经世致用之学"的理念和实践。

清代中叶，经典考证之风蔚为大观，"道问学"取代了"尊德性"，在儒学中占据主导地位。尽管"道问学"占据主要地位，但对于"尊德性"的讨论亦未停止，如"扬州八怪"之一的郑板桥即是其一。郑板桥（1693—1765），名燮，字克柔，江苏兴化人，其一生当中，尽管曾经有过短暂的从政经历，但仍是客居扬州，主要以卖画为生，他曾说："朱子主'道问学'，何尝不开达本原，陆子主'尊德性'，何尝不实征践履。盖学识之争辩，往往同毫厘之相差，酿成水火之不相容。足下来书，洋洋数千言，畅论黄南雷、孙苏门、顾亭林、李鳌屋诸先儒学术，语语入微，丝丝入扣，仆何入斯，敢萌希贤之想？所以与士林龂龂争辩者，只为一般推郭不开之秀才而发，若谡党同伐异，则吾岂敢！"① 于此，可以知道，陆王与程朱就"道问学"与"尊德性"之间的争论，不仅从明代经清初到清中期从未中断过，而且自清初以来占据上风的"道问学"一统局面，发展到清代中叶又演变为公开的论战，而这场论战又恰恰是以"尊德性"的再度回潮作为标志。

还有文学家、思想家龚自珍。龚自珍（1792—1841），字璱人，号定庵，后更名易简，字伯定；又更名巩祚，号定庵，仁和（今浙江杭州）人。祖父禔身，官到内阁中书、军机处行走，著有《吟朦山房诗》，父亲丽正，官至江南苏松太兵备道，署江苏按察使，著有《国语注补》、《三礼图考》等书。可见，他出身于一个世代官宦学者家庭，家庭对其影响应当说较大。他曾经总结当代学术，说："孔孟之道，尊德性、道问学，二大端而已矣。二

---

① 郑炳纯：《郑板桥外集》—"家书"，《复同年孙幼竹》，山西人民出版社 1987 年。

端之初，不相非而相用，祈同所归；识其初，又总其归，代不数人，或数代一人，其余则规世运为法。入我朝，儒术博矣，然其运实为道问学。自乾隆初元来，儒术而不道问学，所服习非问学，所讨论非问学。比之生文家而为质家之言，非律令。小生改容为闲，敢问问学优于尊德性乎？"① 可以看出，龚自珍认为儒家传统自古及今不外乎"尊德性"和"道问学"二途。二者之间，"尊德性"为主，"儒尊德性，问学次焉。德性曷尊？万物备与"②。不过，龚自珍所谓乾嘉之后"尊德性"取代了"道问学"之观点值得商榷。因为在清代中期的学术文化领域内，回归儒经原典的学术倾向占据主导地位，在这一情势之下，只有"道问学"，而无法实现其"尊德性"一途。

对于当时一味追求"道问学"的做法，一些学者进行讥讽和批评。袁枚就曾讥笑当时的一些学者为"东逢一儒谈考据，西逢一儒谈考据，不图此学始东京，一丘之貉于今聚"③。洪亮吉也曾经批评翁方纲的治学方式是"博士解经，苦无心得"④。孙原湘对此比喻为"今之鸿儒古之奴，或主汉儒或宋儒。傍人门户不敢发一语，拾得余唾如珍珠"⑤，而张问陶则径直称其"平生颇笑抄书手，牵率今人合古人"⑥。可以看出，袁枚、洪亮吉、张问陶等人对"考据"的批评与讥讽，其实质并非是个人嗜好所致，而是个人在自己的实践过程中所体认到的，这一点实质上即是对"尊德性"的一种肯定，同时，又是对"道问学"的一种挑战。

同样，在清代中期，"天理"、"人欲"之辨亦从未中断过，学者们各自发表自己的看法。乾嘉考据学派代表人物戴震的观点就与程朱不同，他根本不承认"理"和"欲"对立，而以为"理"原于"欲"，认为"欲"之中节便是"理"，离开了"欲"，便无"理"可言。他曾经如是说："天下之事，使欲之得遂，情之得达，斯已矣。……然后遂己之欲者，广之能遂人之欲；达己之情者，广之能达人之情。道德之盛，使人之欲无不遂，人之情无

---

① （清）龚自珍著，夏蓝田编：《龚定庵全集类编》卷二，《江子屏所著书序》，第24页。
② （清）龚自珍：《龚自珍全集》（第六辑），《南岳大师像赞》，上海古籍出版社1975年，第398页。
③ （清）袁枚著，周本淳标校：《小仓山房诗文集》，《小仓山房文集》卷三十一，《考据之学莫盛于宋以后而近今为尤余厌之戏仿太白嘲鲁儒一首》，上海古籍出版社1988年，第733页。
④ （清）洪亮吉：《北江诗话》卷一，丛书集成初编本，第4页。
⑤ （清）孙原湘：《天真阁集》卷二十六，《鸿儒歌》，上海古籍出版社1995年。
⑥ （清）张问陶：《船山诗草》卷九，《论文八首》，中华书局1986年，第230页。

不达，斯已矣。"① 他认为人性就是人的自然情欲，"理"和"欲"是不可分割的，反对二者的严重对立。他还曾说："圣人之道，使天下无不达之情，求遂其欲而天下治。后儒不知情之至于纤微无憾是谓理，而其所谓理者，同于酷吏之所谓法。酷吏以法杀人，后儒以理杀人。"② 戴震的理欲观虽然也有其偏颇之处，但他对宋儒理欲观的批判却是切中要害的，应该说，戴震对宋儒淋漓尽致地揭露有其一定的合理性。

焦循在人性论方面，则反对程朱理学"存天理，灭人欲"，认为"欲本乎性"，欲是性之欲，人的情欲乃是"感通之具"，舍欲则不能感通人。焦循提出了"与百姓同欲"的观点，他说："饮食男妇，人之大欲存焉。欲在是，性即在是。人之性如是，物之性亦如是。唯物但知饮食男女，而不能得其宜，此禽兽之性，所以不善也。"③ 还曾说："孟子称公刘好货，太王好色，与百姓同之，使有积仓而无怨旷。此伏羲、神农、黄帝、尧、舜以来，修己安天下之大道。"④ 于此，焦循借助古代圣贤们的行为来证明"欲"是人们共同的人性，不论是古代的圣贤，还是当代的老百姓都是永远离不开的。可以看出，焦循的"欲本乎性"实际上是对戴震"欲出于性"的继承和发展。

诚然，这一思想也与明代李贽等人的人性论思想是一致的。因此，可以这样认为，戴震、焦循等人的"天理"和"人欲"之辨，不仅继承了晚明清初以来的学术传统，而且与当时士大夫对陆王心学的普遍关注是分不开的。如焦循在读了王守仁的著述后，无比感慨地讲道："真能以己之良心，感动人之良心。"⑤ 王岂孙也曾经说："阳明不出道坠地，坐令学究成冬烘。阳明既出道在世，如晓日桂榑桑东。"⑥ 直截了当地把王守仁的"良知"之学视为"道"的象征，并且还说："我言杂儒佛，阳明以为师。"⑦

清代中期对于陆王心学的重视不仅体现在史学领域，而且也体现在文学界，在一些文学作品中亦大量出现对于王守仁及其哲学范畴的认可和褒扬。

---

① （清）戴震著，何文光整理：《孟子字义疏证》卷下，《才》，中华书局 1961 年，第 41 页。
② （清）戴震著，何文光整理：《孟子字义疏证》，《与某书》，第 174 页。
③ （清）焦循：《孟子正义》，中华书局 1987 年，第 743 页。
④ （清）焦循：《雕菰楼集》卷九，《格物解二》，第 193 页。
⑤ （清）焦循：《雕菰楼集》卷八，《良知论》，第 165 页。
⑥ （清）王岂孙：《渊雅堂编年诗稿》卷一，常州王氏清嘉庆年间刻本。
⑦ （清）王岂孙：《渊雅堂编年诗稿》卷一。

如清代诗人孙原湘，其诗受袁枚的影响颇深，主性情，认为性情是"主宰"，而格律则是"皮毛"。在其所著《题王文成公自书诗卷后》一诗中，称赞王守仁的"致良知"是"为教立三字，如圣举一隅"①。清代诗人、戏曲家舒位，十分关注朱陆学术，尤其是朱陆异同。在其所著《象山怀古》一诗中即体现得出来，其诗曰："吾尝读书别义利，门户水火可捐弃。不然白鹿洞中言，眼泪何曾有同异！紫阳之学无不醇，金溪之学无不真。"②王守仁直承宋代陆九渊，所以，舒位于《阳明书院怀古》一诗中，赞赏王守仁为文武双全的忠孝完人，称其："粹然儒者言，知能皆天良。"③他们把王守仁看作圣人，将其"良知"之学称赞为纯粹的儒家之学，无疑为"天理"、"人欲"之辨的继续进行造就了一种学术氛围。

到了清代中叶，"重视自我"、"崇尚心力"的特点亦更加明显。如袁枚在给其"性灵"诗做界定时说："至于性情遭际，人人有我在焉"④，"诗，……有人无我，是傀儡也。"⑤张问陶也强调说："不抄古人书，我自用我法。"⑥于此，他们要求诗中有"我"，同时，还要求"我"必须不受任何束缚，一空依傍。袁枚在其《随园诗话》中曾讲道："从古讲六书者，多不工书。欧、虞、褚、薛，不硁硁于《说文》、《凡将篇》。讲韵学者，多不工诗。李、杜、韩、苏，不斤斤于分音列谱。何也？空诸一切，而后能以神气孤行。"⑦于此，从表面看来袁枚尽管是就写诗作文而言，而实际上其所语包括了一切。即要摆脱一切束缚，一切以"我"为出发点，统率一切，驾驭一切。反之，则"我"成为一切的主宰。

而于清人最强调"自我"者，则要算龚自珍了。在其《论私》中认为，天、地、圣帝哲后、忠臣、孝子、寡妻贞妇等皆有"私"也，只有禽兽是无私的。⑧于此，龚自珍强调"私"，目的是在抨击理学"存天理，灭人欲"，

---

① （清）孙原湘：《天真阁集》卷四，《题王文成公自书诗卷后》。
② （清）舒位：《瓶水斋诗集》卷七，《象山怀古》，中华书局1985年，第174页。
③ （清）舒位：《瓶水斋诗集》卷六，《阳明书院怀古》，第149页。
④ （清）袁枚：《小仓山房诗文集》，《小仓山房文集》卷十七，《答沈大宗伯论诗书》，第443页。
⑤ （清）袁枚：《随园诗话》卷七，江苏古籍出版社2000年，第167页。
⑥ （清）张问陶：《船山诗草》卷八，《壬子除夕与亥白兄神女庙祭诗作》，第205页。
⑦ （清）袁枚：《随园诗话》卷七，第168页。
⑧ （清）龚自珍著，夏蓝田编：《龚定庵全集类编》卷五，《论私》，第90页。

对人性的桎梏。换言之，既然"私"是人的本性，那么，人们对于私欲的追求也就是符合了人的本性，又由于每个人对于私欲追求的不同，而出现了每个人个性的不同。可以考见，龚自珍强调"私"，实际上还是在强调个人的"自我"。他还曾经指出："天地，人所造，众人自造，非圣人所造。圣人也者，与众人对立，与众人为无尽。众人之宰，非道非极，自名曰我。我光造日月，我力造山川，我变造毛羽肖翘，我理造文字言语，我气造天地，我天地又造人，我分别造伦纪。"① 对"自我"的推尊和夸大，恰恰反映出他对"心力"的重视。他曾说："无心力者谓之庸人。报大仇，医大病，解大难，谋大事，学大道，皆以心之力。"② 更有甚者，他向社会发出了"我劝天公重抖擞，不拘一格降人才"的呼声，这可以说"龚自珍不仅将由清初发展而来的强调'自我'的意向推向了一个新的高度，而且也将清代的王学推向了一个新的高潮"③。

三 陆王心学著作的刊刻印行

在清初诸大儒的努力之下，陆王心学依然按照自己的内在逻辑向前迈进，到了乾隆、嘉庆之时，陆王心学也并没有成为绝学。陆王心学之所以能够在当时社会现实下得以存在并向前发展，其中之一即是与当时清廷的统治政策，尤其是最高统治者皇帝密切相关。

在乾隆、嘉庆两朝之时，尽管最高统治者所倡导的仍然是程朱理学，但是，对于包括陆王心学在内的其他学术亦采取了一种默许的态度，或者说至少是持一种不加干涉的态度。如王守仁墓始建于明嘉靖八年（1529），到清朝康熙、乾隆年间，曾经多次对其进行修葺。乾隆十六年（1751）三月，高宗南巡至杭州，特转道山阴，谒王文成公祠（时名为"龙岗书院"。——引者），到乾隆四十九年（1784），高宗南巡时，作过一次大的修葺，并御赐"名世真才"题额，同时，又扩建四柱冲天式石牌坊于王守仁墓前。

---

① （清）龚自珍著，夏蓝田编：《龚定庵全集类编》卷五，《壬癸之际胎观第一》，第107—108页。
② （清）龚自珍著，夏蓝田编：《龚定庵全集类编》卷五，《壬癸之际胎观第四》，第110页。
③ 陈居渊：《清代的王学》，《学术月刊》1994年第5期。

不仅帝王如此，当时的一些位高权重之大臣，对陆王心学亦持认可态度。如乾隆七年（1742），尹会一曾经和高斌一起讨论过陆王学术。尹会一（1691—1748），字元孚，号健余，直隶博野（今属河北）人，雍正进士。曾历任吏部主事、扬州知府、河南巡抚、江苏学政等要职。他终身钦慕颜、李之学，但言义理仍宗程朱。他平生尚实行而薄空言，重身心而轻文字，反对固守书本、敬奉语录，自溺于记诵之末，高谈性命，不获受益于身心。高斌（1682—1755），字右文，本属汉军八旗，后入满洲八旗，属满洲镶黄旗人，初隶内务府。在雍正元年（1723），授内务府主事，再迁郎中。雍正六年（1728），授广东布政使，调浙江、江苏、河南诸省。雍正九年（1731），迁河东副总河。雍正十年（1732），调两淮盐政，兼署江宁织造。雍正十一年（1733），署江南河道总督。雍正十二年（1734），回盐政任，复署河道总督。雍正十三年（1735），回盐政任，旋授江南河道总督。乾隆十年（1745）三月，加太子太保。五月，授吏部尚书，仍管直隶水利、河道工程。十二月，命协办大学士、军机处行走。乾隆十二年（1747）三月，授文渊阁大学士。尹会一与高斌两人同任朝廷要职，可以说是清廷中的重要官员。

乾隆十年（1745），贵州布政使陈德荣、学政邹一贵、知县王旨毅重建王文成公祠。乾隆十六年（1751）三月，高宗南巡至杭州，特转道山阴，谒王文成公祠，并题词额曰"名世真才"。后来，"王氏后裔恭摹，勒石建亭覆之，碑阴刻遣左副都御使胡宝泉谕祭文，使往来之人咸瞻仰云"①。

明正德十二年（1517），都御史王守仁平息了当地的农民起义后，上书建议设置崇义县，隶南安府。此后，王守仁大力兴学，对当地百姓"训以儒理"，使他们懂得"仁义礼智信"。次年，王守仁委南康县丞舒富创建学宫作为讲学之场所，并亲临授学。乾隆三十年（1765），罗洪钰任江西崇义知县，捐资修葺，改学宫为"旗阳书院"，以彰扬王守仁心学学说。后来，又经过多次重修，增加建制和规模，成为传播王学思想的重要场所之一。乾隆四十九年（1784），高宗巡视南方，御笔赐予王阳明祠匾"名世真才"四字。乾隆五十二年（1787），礼部侍郎、提督学政朱珪，应王

---

① 转引自余章华：《王学编年》附，《1677年至1911年有关王学的人事》，第669页。

守仁九世孙生员昆泰、昆潮之请为王阳明补撰墓表，著名书家梁同书书之，至乾隆五十七年（1792），郡守李享特勒之石，并作跋语。到同治二年（1863），县学训导涂应森改书院名为"阳明书院"，直接以王守仁名字命名。

林则徐（1785—1850），福建侯官人（今属福州），字元抚，又字少穆、石麟，晚号侯村老人、侯村退叟、七十二峰退叟、瓶泉居士、栎社散人等。官至一品，曾任江苏巡抚、两广总督、湖广总督、陕甘总督和云贵总督，两次受命为钦差大臣。林则徐虽非心学家，但他对心学的集大成者王守仁却十分推崇，在思想上受其影响不少。比如他曾致函邵懿辰曰："以王伯安（即王守仁。——引者）之才，国家所祷祈以求者也。"[1]给予了王守仁以高度的评价。他还鼓励宗族林昌彝要以王守仁为榜样，成大器，为其林姓争光。[2]

徐继畬（1795—1873），字健勇，号牧田，又号松龛，山西五台人。官至福建巡抚，兼署闽浙总督、总理各国事务衙门行走等职。史载："继畬父润第，治陆王之学。继畬承其教，务博览，通时事。"[3]其父治陆王学术，认为心与天地同其大，天人合一。徐继畬承其家学，注重经世致用，把陆王学术与当时社会现实密切结合起来，真正地践行了"知行合一"。

嘉庆十九年（1814），巡抚庆保择贵阳城东扶风山新址，重建阳明祠，嘉庆二十四年（1819）建成。庆保，字蕉园，满洲镶黄旗人，于嘉庆十九年（1814）巡抚贵州，在任仅一年。当时，庆保前往扶风寺，见寺中房舍皆老化，于是出资对其进行修葺，并未完成。至嘉庆二十四年（1819），贵州提学使张酉会同贵山、正本、正习三书院山长等筹资续修竣工。此后，又陆续增加其规模建制，遂成为一时信奉陆王心学学者景仰之所。

由上可以清楚了解到，包括乾隆、嘉庆帝在内的统治阶层，对于王守仁及其学术是不加禁止的，或者说在某些时候是提倡的。他们的所作所为，再加上一些地方大员的推波助澜，可以说为陆王心学学说的进一步发展打开了方便之门。除却上述原因之外，还有就是在乾隆、嘉庆两朝之时，陆王心学

---

① （清）林则徐：《林则徐书简》，《致邵懿辰》，福建人民出版社1985年，第299页。

② （清）林则徐：《林则徐书简》，《致林昌彝》，第310页。

③ 《二十五史》（第十二册），《清史稿》卷四百二十二，列传卷二百九，第1383页。

方面的著述在不断地涌现以及陆九渊、王守仁两人著作不断被人们刊刻印刷行世，成为当时人们争相购买和研读的典籍之一。

焦循（1763—1820），字理堂（一字里堂），江苏扬州人，嘉庆举乡试，与阮元齐名。阮元督学山东、浙江，俱招往游。其后应礼部试不第，托足疾不入城市者达十余年，构筑一楼名曰"雕菰楼"，读书、研讨学问和著述其中。焦循博闻强记，于经史、历算、声韵、训诂之学皆有所涉猎和研究。曾著有《良知论》一书，盛赞王守仁之学。他这样说道："数百年来，人宗紫阳。自紫阳表彰陆氏，而良知之学，复于朱子相敌。迩年讲汉儒之学者，又以朱、陆、王并斥而归诸佛老。余谓紫阳之学，所以教天下之君子，阳明之学，所以教天下之小人。紫阳之学，用于泰宽平裕，足以为良相；阳明之学，用之于仓促苟且，足以成大功。余读文成全集，至檄利头，谕顽民，札安宣谕及所以与属官谋告士卒者，无浮辞，无激言，真能以己之良心感动人之良心。"① 对王阳明的"良知"之学大加赞赏。

刘原道编《阳明先生年谱》一卷，乾隆五十二年（1787）刊行，附于济美堂刻本《阳明先生集要》一书。宗稷辰（1792—1867），原名续辰，又名龙辰，字涤甫，一作迪甫，号涤楼，浙江会稽（今绍兴）人，曾师事李宗传，为学宗主王守仁、刘宗周。罢官后，他曾经主余姚龙山书院和山阴蕺山书院。他著有《朱王致知本同考》、《长沙重刻阳明先生文集序》等有关陆王心学方面的著作。乾隆五十九年（1794），前提督山西学政、会稽茹棻（1755—1821）撰《重修姚江书院碑记》，其中曰："姚江阳明先生以良知之学，接洙泗见闻之统，学术、事功炳于天壤，固其地之先师也。"②

彭绍升（1740—1796），字允初，号尺木，江苏长洲人。他自幼聪明好学，著有《二林居集》一书，其中有《阳明先生诗卷跋》、《跋阳明先生与徐曰仁手书》等涉及王守仁学术的内容。学人刘永宦则编撰《王文成公集要》八卷，于嘉庆三年（1798）刊刻行世。这是一部王守仁著述的选读本。

---

① 转引自余樟华：《王学编年》附，《1677年至1911年有关王学的人事》，第669页。
② 转引自钱劲伟：《姚江书院派研究》，《姚江书院志略》卷下，中国社会科学出版社、文化艺术出版社2005年。

可见，在整个乾嘉时期，陆九渊、王守仁的著述，以及一些后学所著陆王心学方面的著述也在不断地出现并不断地刊刻印行，为传播陆王心学思想起到了重要作用。这些也都说明了在考据学盛行的乾嘉时期，陆王学术也在不断地传播发展，陆王心学学说在这时期从未中断过，只不过是处于一种弱势状态之中罢了。由此，这也为后来的道光、咸丰时期陆王心学思想学说的再度复兴提供了宝贵的文献资料。

综上所述，宋明理学经过清初的批判思潮，已经走过了它的全盛时期，同样，陆王心学更是如此，在清初诸儒的努力之下，依然按照自己的内在逻辑艰难向前迈进。到了乾隆中后期，理学逐渐衰微，代之而起的是汉学。此时，朴学主流地位确立，进入了"汉学"时代，且以压倒性的优势称雄学坛。所谓学界"家家许郑，人人贾马"，早已超越了程朱理学。在这一情形之下，陆王心学亦在向前发展，一些学者不仅继承了晚明和清初以来的学术传统，而且对陆王心学也是普遍关注的，诸如"尊德性"与"道问学"之辨，"天理"与"人欲"之辨，以及对"重自我"、"尚心力"的推崇等皆是如此。与此同时，他们还通过各种形式，或著书立说，或授徒讲学，或刊刻陆王学术著作等，使得陆王学术依然依自己的内在发展逻辑向前迈进。

第三节　尧祖韶与《江西理学编》

清代中期，于表彰宋明理学发展史方面尤为突出者，还有江西安远尧祖韶编著的《江西理学编》一书，可以说，尧祖韶所著《江西理学编》，专门记载宋明以来理学在江西地区的传承状况，是书在当时表彰程朱理学和陆王心学方面可为最具特色，其不仅充分体现出了尧祖韶个人的学术倾向，同时，也十分明显地反映出了当时学术思想发展之脉络。

尧祖韶，生卒年月不详，字钦元，江西安远（今属赣州）人。甚为可惜，由于资料的缺乏，其生平事迹不详。《江西理学编》凡八卷，成书于乾隆二十年（1755）。总体来看，是书为专门记载宋明以来江西地区理学传承和发展情况，可以说是一部关于江西地方学术史的专门著述。是书最后，还附有《友教江西理学编》之内容，计分上、下两卷，载有周敦颐、刘安世、杨时、张九成、吕祖谦、张栻、程晌、朱熹、蔡沈、林用中、黄干、真德秀、赵汸、汪克宽、陈真晟、陈献章、蔡清、王守仁、许孚远、钱一本等著名宋明理学家。在所述人物当中，他们或者曾经在江西地方任职，或者在江西地方任教，或者是与江西地方有着非常密切的学术师承关系的非江西籍理学大家。

对于周敦颐和刘安世以下这些非江西籍的理学大家，尧祖诏把他们置于"友教"编中，这也符合当时学术发展的实际情况，尽管这些理学大家皆非江西籍，但他们却以不同的方式为江西学术文化的发展做出了自己应有的贡献。换言之，江西理学之所以能够达到如此发达兴盛的地步，也是与周敦颐、刘安世等这些非江西籍理学大家有着密切的关系。

宋代理学开山周敦颐（1017—1073），字茂叔，号濂溪。他曾于康定元年（1040）在洪州分宁（今江西修水）任主簿，庆历四年（1044）调任南安（今江西大余）军司理参军；庆历六年（1046），知虔州（今江西赣州）兴国县，至和元年（1054）知洪州南昌县（今江西南昌），嘉祐六年（1061）通判虔州，熙宁五年（1072）知南康军，后定居于庐山濂溪书堂，次年，病逝并葬于此。周敦颐一生几度任职江西，在他五十七年的人生中，有二十三年在江西度过，最后还葬在了江西，可以说，江西是他的第二故乡。同样，他也为江西培养出了一大批的儒士和文人。

刘安世（1048—1125），字器之，号元城、读易老人，魏（今河北馆陶）人。刘安世父刘航进士及第，曾任河南监牧使，为人坚强正直，有政声。神宗熙宁六年（1073），刘安世进士及第，未就选，后师事司马光。曾任洺州司法参军、右正言、起居舍人兼左司谏、左谏议大夫、宝文阁待制、枢密都承旨等职。刘安世为官，"正色立朝，知无不言，言无不尽"①。而后，多次遭贬谪，但他仍能"言行一致，表里相应"。章惇当权，贬知南安军，再贬为少府少监，三贬新州别驾，居住英州，后移居梅州。蔡京为相，刘安世连续七次贬谪，后稍复承议郎，寄居宋州。也正因为"安世自从十五岁以后，便

① （清）黄宗羲著，陈金生等点校：《宋元学案》卷二十，《元城学案》，第821页。

知有这个道理。……只有个诚字，纵横妙用，无处不通"①，真正践行了一个儒者人格。他在江西南安军亦是如此，在艰苦的环境下，坚定自己的志向，亦为当地人们所认可和称颂。

张九成（1092—1159），字子韶，浙江钱塘人，两宋之际思想家。张九成少年时期曾游学京师开封，从理学家杨时学习，绍兴二年（1132），廷试第一，授镇东军签判，后弃官。又复起，后因秦桧陷害，被贬南安军（今江西大余）。张九成在南安十四年，"每执书就明，倚立庭砖，岁久双趺隐然"，直至秦桧死，才起知温州。朱熹言张九成"阳儒阴释"是有其道理的，但其心所系者终归是儒学，比如他在梦中常常背诵《论语》和《孟子》，说明其对儒家圣学是日思夜想，儒学深深地印在他的心灵深处。他在南安的十四年，尽管地处偏远，生活条件极其艰苦，仍然能够"早闻道，传孔孟，用吾心，履圣行"，探讨理学和传播理学。南安不仅是张九成理学思想体系最后形成的地方，造就出了这样一位著名的理学大师，而且其思想亦成为江西理学的重要组成部分之一。

朱熹祖籍即为江南东路徽州府婺源县（今江西婺源）。乾道六年（1170），朱熹母亲去世，葬于建阳寒泉林天湖之阳，同年，朱熹在墓旁构筑精舍，匾曰"寒泉"，即寒泉精舍，于此，朱熹守孝治学。淳熙二年（1175）五月，朱熹送来访的吕祖谦至信州铅山鹅湖寺，朱熹在这里与陆九渊兄弟等学者就学术问题进行了激烈的辩论，讲学长达十日之久。淳熙五年（1178），朱熹知南康军兼管内劝农事。在任内，修复白鹿洞书院，自兼洞主，延请名师，充实图书，还奏请皇帝敕额，赐御书。置办学田，供养贫穷学子，亲自订立《白鹿洞书院教规》等，可以说，朱熹在南康军任上，为白鹿洞书院殚精竭虑，不遗余力。在淳熙八年（1183），陆九渊到南康访朱熹，相与讲学白鹿洞书院。总之，朱熹在江西任内，无论政事、学术还是教育等，皆做出巨大功绩。尤其是其理学和文化教育方面，对江西地方的影响是巨大的。

由上述几例可见，这些理学大家尽管非江西籍学者，但对于宋明理学尤其是江西理学的发展有着密切的关系。尧祖韶于是书中立"友教"一编，也

---

① （清）黄宗羲著，陈金生等点校：《宋元学案》卷二十，《元城学案》，第828页。

是符合当时历史实际的。同时，从一个侧面亦可考见尧祖韶之学术观点和立场，即汉、宋兼综，不偏主一家。

应当说，尧祖韶著《江西理学编》一书借为江西地方理学大家修史立传，来考辨理学与经学、宋学与汉学之关系。总体而言，是书一方面体现出了传统学术发展到此时，学者们大都致力于汉、宋兼采，而顺应时代潮流；另一方面，是书于程朱、陆王两大学术派别皆进行了系统的梳理。

尧祖韶《江西理学编》一书顺应学术时代潮流，兼宗汉、宋。他说："古之史通以儒林统诸贤哲。至宋，始立《道学传》以别异于《儒林》，中分性理者入《道学》，经术者入《儒林》。其意以经术为粗，性理为密，隐喻轩轾进退焉。呜呼！斯亦悖矣！夫乌知深经术者非明理者乎？"① 尧祖韶认为，"经术"与"性理"二者存在着密切的联系，"经术"自身就包含"性理"，二者是不可分割开来的。而《宋史》分别立《道学》和《儒林》二传，把"经术"和"性理"分裂开来，是不符合学术规律也是不符合历史实际的。尧祖韶此论与李绂所谓"舍心学又乌有所谓圣学哉"正相照映。于此，充分表明了尧祖韶在对待"经学"与"理学"的相互关系问题上，认为二者是相融的。另外，从其把经学家与理学家共存于一书为其立传，亦可表明其立场，即汉、宋兼宗。

而对于宋明理学而言，尧祖韶的学术宗旨是"合会朱陆"。他于是书《凡例》中这样讲道："象山、晦翁俱本孔孟遗教，守先待后之徒也。后人倡为同异，不风而波，致使理晦而唾余滋多，谁障其澜欤！李蒙泉先生曰：'薛文清之主敬，王阳明之致良知，譬如舟车，各适而总赴于京。'其言也，足以间执群口矣！元辑是编，绝去同异，盖法此意云。"② 他认为朱、陆学术本同，"孔孟遗教"只是后人"倡为同异"而造成的，因此，尧祖韶编辑是书，不仅为陆王心学传人立传，而且也为程朱理学传人立传，以"绝去同异"。

如尧祖韶介绍朱学传人者：范士衡，字正平，丰城人，"晚事朱子，朱子称为老友"③。范士衡，研习《春秋》经，常说"《春秋》一经，其说曼衍，

---

① （清）尧祖韶：《江西理学编》，"凡例"，清乾隆刊本。
② （清）尧祖韶：《江西理学编》，"凡例"。
③ （清）尧祖韶：《江西理学编》卷一，《南昌府》。

皆传注害之"，著《尊经辨》、《春秋本末》等。乾道七年（1171）中举，淳熙十年（1183）再举，庆元丙辰（即庆元二年1196年）中进士，任进化州文学，调柳州马平簿除提干，迁江淮荆浙福建广南都大提点，曾经与朱熹游学，著有《敬睿文集》。

再如赵复，字仁辅，德安人。是书中记载，曰："元按：当时北方崇眉山苏轼之学，自高宗南渡后，一时道学之士尽从而南，周（即周敦颐。——引者）、程（即程颢、程颐。——引者）、张（即张载。——引者）、朱（即朱熹。——引者）之传北方，未有闻者。至是，江汉先生（即赵复。——引者）始传其书，而河朔始知道学矣！"① 赵复，人称"江汉先生"，元军攻破宋时，在故乡被俘，后为姚枢所发现，偕至燕京（今北京），建太极书院，以所学教授学子，从者百余人。当是时，南北道绝，载籍不通，程朱理学不及于北方，于是，赵复选取二程、朱熹等遗书八千余卷，广为传播，从此，北方始知有程朱理学。赵复一生当中著述甚丰，较著名者有《传道图》、《伊洛发挥》、《希贤录》等理学著述。事实上亦是如此，赵复为理学北传做出了巨大的贡献。

如尧祖韶介绍陆学传人者：陆九渊，字子静，金溪人，乾道进士。其中讲道："元按：陆子兄弟之学均与圣人坐言起行之理，无苗发憾，非若区区拥皋比、谈性命、无关痛痒者比也。"② "其及门杨（即杨时。——引者）、袁（即袁燮。——引者）、沈（即沈焕。——引者）、舒（即舒璘。——引者）诸公，道德事功，炳照汗青，又何如也。即私淑王文成者，……又岂腐儒能哉！乃后人不深自衡量，辄狂吠曰：此禅学也。呜呼，禅而有此亦何病于禅哉！"③ 再如介绍吴镐，是书曰："生平学以力行致知、尊德性、求放心为主。有友人剿陈说贻札言陆子近禅异于朱子者，镐方食，投箸起，走笔数百言答之，谓朱陆惟论太极、无极，启异同之争耳。他如与傅子渊、陶赞仲、戴少望诸书，皆教人切实用功。其论禅，则与王伯顺两书俱在，陆学焉可诬也。……而朱子闻陆子义利之辨，天寒汗

---

① （清）尧祖韶：《江西理学编》卷七，《九江府》。
② （清）尧祖韶：《江西理学编》卷四下，《抚州府》。
③ （清）尧祖韶：《江西理学编》卷四下，《抚州府》。

下，且请笔之于简，为学者入德之方。两公何尝异哉！"①充分利用所学知识，极力为陆王心学辩争。

尧祖韶在是书中也为李绂立了传记。李绂，字巨来，号穆堂，江西抚州府临川人。他认为李绂"生平读书数万卷，而所自得唯《大学古本》、《中庸》、《语》、《孟》四书，所服膺儒先，……独周、程、朱、陆、阳明数子。……世有剿成说，为尊朱排陆之语者，必条晰其理，无使邪说害人心而后已"②。尧祖韶对李绂的这段评判，是值得深思的。尽管李绂谓朱子道问学，陆九渊尊德性，二者不可偏废，力图调和朱陆"尊德性"与"道问学"之说。但事实上，其治学是宗主陆王，可谓其集江西诸先正之长，以躬行实践为主，匡时济世。梁启超认为其"结江右王学之局"，钱穆则誉之为"有清一代陆王学者第一重镇"。

无论是对陆九渊，还是对吴镦所论，皆论证陆王学术和程朱理学一样也是圣贤之学，"俱本孔孟遗教"，二者并无异同，只是在某些方面存在着一些分歧。归根结底，不论是程朱理学，还是陆王心学皆为圣学，他们皆为道统传人。同样，尧祖韶认为李绂是服膺程、朱、陆、王的，其可贵之处是极力"为尊朱排陆之语者"论辩，为陆九渊心学争正统地位。总之，从其立传者来看，既有传程朱学术者，亦有传陆王学术者。如传程朱学术者有范士衡、雷宜仲、胡仲云等，陆王学者更是从陆九渊算起，至其四大弟子杨时、袁燮、沈焕和舒璘，再到吴镦、李绂等，极力为陆王学术辩正学术源流，以正其上接圣人之统绪，从而证明陆王心学与程朱理学一样，皆为圣人所传之学。

"总之，从此书立传的情况看，它始终贯穿着兼宗汉宋、和会朱陆的学术宗旨，……尽管……以理学命名，旨在表彰理学传统，并没有因此重理（学）轻经（学），而是同尊汉宋之学，显然，这与清代中期汉学盛行不无关系。"③总体而论，此书的编纂与清中期汉学盛行有密切关系，合会朱陆，汉

① （清）尧祖韶：《江西理学编》卷二，《瑞州府》。
② （清）尧祖韶：《江西理学编》卷四下，《抚州府》。
③ 卢钟锋：《中国传统学术史》第十二章，"清代中期学风的转向与汉宋学史的编修"，河南人民出版社 1998，第 413 页。本节中部分内容，参考了卢钟锋先生著《中国传统学术史》一书，谨此表示感谢。

宋兼尊。由此，也正说明了学术发展的趋势，到了此时，学术界中的主流已不再是程朱理学与陆王心学之间的矛盾，而是既包括程朱理学，又包括陆王心学在内的宋学，与汉学之间的矛盾成了主流。于此，显现于学术界的也主要是汉宋之间的关系，而程朱理学与陆王心学则退居次要方面。尽管如此，并不能说明二者之间不存在矛盾。

第四节　戴震《孟子字义疏证》新探

　　清代的考据学，自清初发轫之后，到乾嘉时期达到鼎盛阶段。如果说顾炎武、阎若璩为其先驱的话，那么戴震则是其鼎盛时期最为著名的代表人物之一。梁启超在其所著《清代学术概论》中曾这样说："苟无戴震，则清学能否卓然自树立，盖未可知也。"[1] 在梁启超看来，整个清代学术主要是考据学的兴起、发展和演化，他将清代的考据学分为启蒙运动的初期、全盛时期和蜕分期三个阶段，他所开列其全盛期的代表人物则为惠栋和戴震。然而，在实际上，虽然惠栋和戴震皆为经学大师，二人且有师友之谊，但可以说戴震的成就远在惠栋之上。惠氏之学专以"古今"为"是非"标准，拘泥于汉儒注释，"为考证而考证，为经学而治经学"[2]。而戴震则不然，他不但信汉，而且也疑汉，主张"实事求是"，"无征不信"，不为考据所拘，反对为考据而考据，同时他也特别注重经学之义理。戴震注重义理，主张合"义理"、"制数"与"文章"为一，以求得"道"，这充分体现在他的代表作《孟子字义疏证》一书之中。

一　戴震生平学行

　　戴震（1724—1777），字东原，一字慎修，安徽休宁（今安徽黄山屯溪区）人。休宁地处皖南山区，戴震早年家贫，其父戴弁以贩布来维持生

---

① 梁启超著，朱维铮校注：《梁启超论清学二种》，《清代学术概论》十，第 28 页。
② 梁启超著，朱维铮校注：《梁启超论清学二种》，《清代学术概论》一，第 4 页。

计，仅能糊口而已。十岁入私塾求学，他聪颖敏慧，能过目成诵，日读书数千言，勤学善思。如他对《大学》成书发出一连串疑问，真正做到了"每一字必求其义"①。到十六七岁时即已能背诵《十三经注疏》。可以说，他是由精读《说文解字》入手，渐及《尔雅》、《方言》诸书，乃至汉儒传注、群经注疏等，逐渐掌握中华传统典籍要义。戴震曾经回忆说："仆自十七岁时，有志闻道，谓非求之六经、孔孟不得，非从事于字义、制度、名物，无由以通其语言。"②可以说，由此奠定了戴震训诂治经的深厚治学根底。

乾隆五年（1740），戴震随父贩布在江西和福建，并课督学童于邵武。两年之后，自邵武归还，恰值儒臣程恂在乡，戴震随拜谒师从。程恂，字栗也，号燕侯，雍正二年（1724）进士，后授官至直隶定州知府。乾隆元年（1736），召试博学鸿词科，授翰林院检讨，充《大清会典》、三礼馆纂修官，乾隆十三年（1748），任会试同考官。程恂以"学者"称于世，其礼学尤著。此时，婺源著名学者江永入程恂家馆，自乾隆九年（1744）至十二年（1747）间，江永皆执教程氏家馆。江永精通三礼，旁及天文、地理、算学及音韵等，师从江永使得戴震学问大长。可见，戴震学术既秉程恂之教，亦受江永为学之影响。这期间，戴震相继撰成《筹算》二卷、《六书论》三卷（已佚）、《考工记图注》和《转语》二十章（已佚）诸书。乾隆十四年（1749）后，戴震又先后结识了程瑶田、汪松岑、汪梧凤、吴绍泽、郑牧、汪肇龙等著名学者，相与问学江永。乾隆十七年（1752），"其年家中乏食，与面铺相约，日取面为饔飧，闭户成《屈原赋注》"③，且于是年秋天，到歙西大商人汪梧凤不疏园教其子，完成其《诗补传》等著述。乾隆十九年（1754），因与同族发生坟地纠纷事件，戴震被迫负笈远游入都。抵京后，寄旅于歙县会馆，先后又结识了钱大昕、纪昀、王鸣盛、王昶、朱筠、秦蕙田等著名学者，遂以"天下奇才"而声重京师。戴震在京三年，学问广博，反对"株守"成说，"信古而愚"④，积极主张合"义理"、"制数"与"文章"为

① （清）戴震撰，杨应芹等主编：《戴震全书》（第六册），《戴先生行状》，第 561 页。
② （清）戴震撰，杨应芹等主编：《戴震全书》（第六册），《与段茂堂等十一札》，第 531 页。
③ （清）戴震撰，杨应芹等主编：《戴震全书》（第六册），《戴东原先生年谱》，第 662 页。
④ （清）戴震撰，杨应芹等主编：《戴震全书》（第六册），《与王内翰凤喈书》，第 278 页。

一以求"道"。①

可以说，戴震在乾隆二十二年（1757）离京游扬之前，对"道"的体认尚处于"道在六经"的层面。他曾说："仆自十七岁时，有志闻道。"②并说："君子务在闻道。"③亦即停留在"道"之载体上，而尚未形成其有关"道"的内涵的系统认识。于学术立场上，则持尊宋述朱之立场。他认为："古今学问之途，其大致有三：或事于义理，或事于制数，或事于文章。事于文章者，等而末者也。……圣人之道在六经，汉儒得其制数，失其义理；宋儒得其义理，失其制数。"④于"义理"、"制数"和"文章"三者之间，戴震认为"义理"和"制数"二者优于"文章"，而对于"义理"和"制数"二者，无论汉儒或者宋儒皆没有把握全面，而是顾此失彼。而在"义理"和"制数"二者，则戴震认为无所轩轾。他曾语："先儒之学，如汉郑氏、宋程子、张子、朱子，其为书至详博，然犹得失中判。其得者，取义远，资理闳，书不克尽言，言不克尽意。学者深思自得，渐近其区，不深思自得，斯草薉于畦而茅其陆。其失者，即目未睹渊泉所导，手未披枝肄所岐者也。……故诵法康成、程、朱，不必无人，而皆失康成、程、朱于诵法中，则不志乎闻道之过也。诚有能志乎闻道，必去其两失，殚力于其两得。既深思自得而近之矣，然后知孰为十分之见，孰为未至十分之见。"⑤

有一点不可否认，乾隆十九年（1754）戴震入都，结识了钱大昕、秦蕙田、纪昀、王鸣盛、王昶、朱筠和卢文弨等考据学大家以后，即为戴震考证之学奠定基础，及至戴震于乾隆二十二年（1757）南游扬州，得见汉学巨擘惠栋，其学术取向发生大的变化，开始明显倾向于考证之学。于京师，"金匮秦文恭（即秦惠田。——引者）闻其善步算，即日命驾，延主其邸，朝夕讲论《五礼通考》中'观象授时'一门，以为闻所未闻也。文恭全载先生《勾股割圜记》三篇，为古今算法大会之范，其全书往往采先

---

① （清）戴震撰，杨应芹等主编：《戴震全书》（第六册），《与方希原书》，第375页。

② （清）戴震撰，杨应芹等主编：《戴震全书》（第六册），《与段茂堂等十一札》，第531页。

③ （清）戴震撰，杨应芹等主编：《戴震全书》（第六册），《答郑丈用牧书》，第373页。

④ （清）戴震撰，杨应芹等主编：《戴震全书》（第六册），《与方希原书》，第375页。

⑤ （清）戴震撰、杨应芹等主编：《戴震全书》（第七册），《戴东原年谱》，第104页。

生说"①。这为戴震为学之变无形中埋下了种子，当然，其在京师短短的两三年时间，其学术取向的变化并没有明显表现出来，只是到了乾隆二十八年（1763）前后才逐渐显现出来。即于此时相继所著《原善》、《读易系辞论性》、《读孟子论性》等著述，以及乾隆三十年（1765）所著《题惠定宇先生授经图》等。这些著作所论主要为"道"、"善"、"性"等命题和范畴，可以考见，此时戴震始终围绕着"一阴一阳之谓道，继之者善，成之者性"而展开的。戴震在其《题惠定宇先生授经图》曾说："言者辄曰：'有汉儒经学，有宋儒经学，一主于故训，一主于义理。'此诚震之大不解也者。夫所谓理义，苟可以舍经而空凭胸臆，将人人凿空得之，奚有于经学之云乎哉！惟空凭胸臆之卒无当于贤人圣人之理义，然后求之古经。求之古经而遗文垂绝，今古悬隔也，然后求之故训。故训明则古经明，古经明则贤人圣人之理义明，而我心之所同然者，乃因之而明。贤人圣人之理义非它，存乎典章制度者是也。"②可见，戴震这一议论一改从前，其"义理"与"考据""得失中判"的观念此时发生了动摇，竟然自己也"大不解也者"了。显然，戴震学术思想发生了巨大的变化，自此以后，戴震之为学开始折入以经学考证来讲求圣贤义理一途。

戴震于京师期间，还结识了纪昀、钱大昕等，如他所著《勾股割圜记》一书由秦蕙田全文刊载，并由吴思孝设法刻印刊行，其《考工记图注》则由纪昀刊刻印行，由此，戴震名震京城。乾隆二十一年（1756），戴震在吏部尚书王安国寓教授其子王念孙读书。次年，王安国去世，戴震遂南下，在扬州两淮盐运使卢见曾家中相识惠栋，这对戴震其后的经学研究影响较大。戴震二十九岁入学为秀才，四十岁时乡试中举，但此后六次会试不第。在这期间，曾应直隶总督方观承之聘修《直隶河渠书》，应山西布政使朱珪之邀为其幕僚，后受聘编修《汾州府志》和《汾阳县志》等。五十岁，自汾阳入京，会试又未中，于是，前往浙东主讲金华书院。这年，戴震完成《绪言》一书，该书即为《孟子字义疏证》一书初稿。翌年，仍讲学于金华。

乾隆三十八年（1773）秋天，四库全书馆正总裁于敏中以纪昀、裘日

① （清）戴震撰，杨应芹等主编：《戴震全书》（第六册），《戴先生年谱》，第 667 页。
② （清）戴震撰，杨应芹等主编：《戴震全书》（第六册），《题惠定宇先生授经图》，第 497—498 页。

修之言，向高宗推荐戴震，特召入四库全书馆为纂修官。次年，校订《水经注》，得到高宗的嘉奖。五十三岁，戴震第六次会试又不中，高宗下令与录取贡士一同参加殿试，赐同进士出身，授翰林院庶吉士，仍于四库全书馆编纂图书。乾隆四十一年（1776）春，戴震身患足疾，但仍坚持完成其《方言疏证》、《孟子字义疏证》和《声类表》等著作。次年五月二十七日，因误服庸医所开黑山栀致使病情加重不治而逝。可以说，戴震于四库全书馆做出巨大贡献，最后以身殉职。戴震一生，著述甚丰，除却其应地方官之请所修方志和于四库全书馆经手校订者外，计著有《筹算》、《勾股割圜记》、《六书论》、《尔雅文字考》、《考工记图注》、《原善》、《尚书今文古文考》、《春秋改元即位考》、《诗经补注》、《声类表》、《方言疏证》、《声韵考》、《孟子字义疏证》等。

二 《孟子字义疏证》新探

梁启超在《清代学术概论》一文中指出："戴氏学术……实可以代表清学派时代精神之全部。"[①] 这里，梁启超所语"清学派时代精神"应当是指清前期的"考证学"。梁启超在其《自序》中语："有清一代学术，可纪者不少，其卓然成一潮流，带有时代运动的色彩者，在前半期为'考证学'，在后半期为'今文学'，而今文学又实从考证学衍生而来。"[②] 但是，在1923年旧历十二月二十四日，值戴震200周年诞辰之际，梁启超于当年十月向学界发出倡议，召开专门戴震纪念会，并为此撰《戴东原生日二百年纪念会缘起》一文，其中语："前清一朝学术的特色是考证学，戴东原是考证学一位大师。"又说："戴东原的工作，在今后学术界留下最大价值者，实在左列两项。"即一是"他的研究法"，二是"他的情感哲学"。梁启超认为，由于这两方面的价值，所以戴震"可以说是我们科学界的先驱者"，是足以与朱熹、王守仁"平分位置"的"哲学界的革命建设家"。[③] 为了这次会议的召开，梁

---

① 梁启超著，朱维铮校注：《梁启超论清学二种》，《清代学术概论》，第 28 页。
② 梁启超著，朱维铮校注：《梁启超论清学二种》，《清代学术概论》，第 2 页。
③ 梁启超：《饮冰室合集》（第 40 册），《文集》，《戴东原生日二百年纪念会缘起》，中华书局 1989 年，第 38—39 页。

启超又赶写了《戴东原先生传》和《戴东原哲学》两书，会后又撰成《戴东原著述纂校书目考》一书。梁启超对戴震的生平行事、思想渊源及其哲学思想的主要方面，进行了深入的探讨和研究。他得出结论，说："戴东原先生为前清学者第一人，其考证学集一代大成，其哲学发二千年所未发。虽仅享中寿，未见其止，抑所就者固已震铄往襮，开拓来许矣。"①

在《清代学术概论》一文中，梁启超推许戴震的"考证学"，这是正确的，因为戴震确实为一代考证学大师，在清代乾嘉时期戴震是以汉学领袖而为学界所共仰。但是，经过了三年时间，梁启超对于戴震学术贡献的评判发生了变化，认为戴震不仅于考证之学即他的研究法具有最大价值，而最有价值者还有戴震的"情感哲学"。应当说，梁启超的这一论断相对于此前的评价更显公允和客观。

一方面，戴震作为"实事求是"考据学派代表人物之一，可以说是清代乾嘉时期，甚至于整个清代学术史上治学较为严谨的一个典型人物，有学者称其为"是清代'科学性'学派的一个典型。他的学术思想以严谨细致、无征不信的风格著称，梁启超认为'可以代表清学派时代精神之全部'"②。而另一方面，戴震却不以为然，他自认为当数第一的得意之作不是那些给他带来显赫名声的考据学之作，而是他自己所著《孟子字义疏证》一书。戴震在给弟子段玉裁的书信中曾这样讲道："仆平生论述最大者，为《孟子字义疏证》一书，此正人心之要。今人无论正邪，尽以意见误名之曰理，而祸斯民，故《疏证》不得不作。"③这可以反映出戴震一生的学术追求。他还曾对段玉裁说："六书、九数等事，如轿夫然，所以舁轿中人也。以六书、九数等事尽我，是犹误认轿夫为轿中人也。"④这就是说，文字音韵、训诂考证以及天文历算等，皆为戴震为学之工具，其根本追求并不在此。而其最根本的追求就在于其《孟子字义疏正》，认为是书为其"生平论述最大者"，是为"正人心之要"而作。

《孟子字义疏证》凡三卷。卷前有序，简要说明了本书的写作目的和主

---

①　梁启超：《饮冰室合集》（第40册），《文集》，《戴东原图书馆缘起》，第110页。

②　高小康：《心学与清代精英文化的凋落》，《文史哲》2002年第1期。

③　（清）戴震撰，杨应芹等主编：《戴震全书》（第六册），《与段茂堂等十一札》，第543页。

④　（清）戴震撰，杨应芹等主编：《戴震全书》（第七册），《戴东原集序》，第229页。

要内容。卷上释理，共计"理"十五条，对"理"做出新的解释，并提出了"气血心知"、"重学问贵扩充"的知识论和道德修养论。针对"存理"、"灭欲"，提出了"体民之情，遂人之欲"的政治主张。卷中释天道和性，共计"天道"四条，"性"九条。于"天道"四条中，批判程朱理学"道即理"、"理在气先"，并揭露其与老庄和佛教之间的承袭关系，提出了"气化即道"、"性本于天道"的理学思想，此为其政治伦理思想的哲学基础。"性"九条则借解释孟子"性善论"，集中批判程朱"性即理"，全面阐述其自然人性论思想。卷下释才、道、仁义礼智、诚和权等，共计"才"三条，"道"四条，"仁义礼智"二条，"诚"二条，"权"五条。卷下诸条，戴震集中批判了程朱理学的才性论、伦理观、哲学观和政治观，抨击其"邪说""害于事，害于政"，从而进一步来阐明其政教思想与观点。总之，全书以文字训诂的方式，就宋明理学家在阐发孟子学说中所论究的上述诸多范畴，集中进行探本溯源；尤其是对程颐、朱熹等理学大师学术主张的针砭，形成了具有鲜明个性的思想体系。

依我们的传统观点而论，戴震是一位考据学大家，但事实上，戴震对于义理之学亦有较深的研究。晚清皮锡瑞在其《经学历史》一书中就曾指出："戴震作《原善》、《孟子字义疏证》，虽与诸子说经相牴牾，亦只是辨一理字。"[1] 皮氏所语，即是焦循所称之"东原自得之义理"[2]。戴震熟谙义理之学并非难以理解，我们从戴震生平中即可以知道：戴震十岁之时在私塾读书，某日读《大学章句》时，曾经发难先生，深得先生器重。就此，我们可以了解到，此时的戴震所修习者应包括宋明理学在内的课程，他不仅能够学习、深思，而且能够融会贯通，此时的他应当说已经具有了一定的学问基础；另外，我们还可以知道，到了清代乾隆之时，仍然是以科举考试来选拔人才的，所以，孩童之时所修习者基本上是为了考取功名，当时政府所规定的考试内容皆是以朱熹《四书章句集注》为考试范围的，所以，宋明理学尤其是程朱理学是当时孩童们的必修课。这一点我们亦可以从戴震的各类应试中得到印证，尽管他六次考试未中。但这可以从一个侧面说明，戴震具有深厚的

① （清）皮锡瑞：《经学历史》，中华书局 1959 年，第 313 页。
② （清）焦循：《雕菰楼集》卷七，《申戴》，第 95 页。

义理之学功底。

而另一方面，戴震治学特别注重小学，即对文字、音韵和训诂的重视。他曾经说过："自昔儒者，其结发从事，必先小学。"① 小学是一切治学的开始，舍此无他途。戴震还把其视之为寻求圣人之道的必由之路，他说："宋儒讥训诂之学，轻语言文字，是欲渡江河而弃舟楫，欲登高而无阶梯也。为之卅余年，灼然知古今治乱之源在是。"② 他还曾说："求其一经，启而读之，茫茫然无学。寻思之久，计之于心曰：经之至者，道也；所以明道者，词也；所以成词者，字也；由字以通其词，由词以通其道，……凡经之难明右若干事，儒者不宜忽置不讲。仆欲穷其本始，为之又十年，渐于经有所会通，然后知圣人之道，如悬绳树埶，毫厘不可有差。"③ 道出了其治学经验。而事实上，戴震也是如此做的，他首先重视对《尔雅》、《方言》和《说文》等字书的学习和研究。戴震还特别强调因声求义，音、义结合，才能够进一步探求六经，否则是无法明了的，他说："夫六经字多假借，音声失而假借之义何以得？故训、音声相为表里，故训明，六经乃可明。"④ 戴震对于天算、名物、典制、地理等各方面亦十分注重。总之，戴震在文字、音韵、训诂及地理、数学等各方面，都以断制精审而著称，取得了超越前人之成就。如其所校《水经注》一书，解决了长期以来经文和注文混淆的问题。他于《永乐大典》中辑出的几部古代算经，经其校订，使我们古代的数学成就得到进一步的阐发。还有其所撰《声类表》、《声韵考》等，对古音学发展做出了巨大贡献。也正因如此，戴震成为乾隆时期考据学派中皖派著名代表人物之一。

《孟子字义疏证》一书的出现也恰恰证明了戴震治学符合当时学术发展之规律。戴震是乾嘉考据学的集大成者，标志着考据学发展达到了高峰期。戴震仕途不顺，科场屡试不第，到了二十九岁时，始补为休宁县学生徒；三年后，又避仇入京，广交纪昀、钱大昕、王鸣盛、朱筠等学者，遂"声重京师"。乾隆三十八年（1773），清廷开四库全书馆，经纪昀等人引

① （清）戴震撰，杨应芹等主编：《戴震全书》（第六册），《〈六书论〉序》，第 294 页。
② （清）戴震撰，杨应芹等主编：《戴震全书》（第六册），《与段茂堂等十一札》，第 540 页。
③ （清）戴震撰，杨应芹等主编：《戴震全书》（第六册），《与是仲明论学书》，第 371 页。
④ （清）戴震撰，杨应芹等主编：《戴震全书》（第六册），《〈六书音韵表〉序》，第 384 页。

荐，戴震被征召入馆，参与编纂工作。戴震一生著述很多，涉及音韵、训诂、天文、地理、算术、哲学等诸多方面，对于汉宋诸儒，戴震也是辩证地对待，他说："汉儒故训有师承，亦有附会；晋人附会凿空益多，宋人则持胸臆断，故其袭取者多谬。而不谬者在其所弃。"①他既批评宋学的空疏，也指出汉学的不足，不偏主一家。总之，戴震为振兴光大朴学做出了贡献。而事实上，戴震却不以为然，他认为自己"生平论述最大者"，是为"正人心之要"而作的《孟子字义疏证》，而并非是那些给他带来显赫名声的考据学之作。这就是说，文字音韵、训诂考证以及天文历算等，皆为戴震为学之工具，其根本追求并不在此。而其最根本的追求就在于其《孟子字义疏正》，认为是书为其"生平论述最大者"，是为"正人心之要"而作。也就是说，戴震是在语言解释的基础之上加以阐明圣贤之道从而创造新义理之学的，即"戴氏之义理"是建议在训诂和考据基础之上的实学。换言之，也正是戴震之训诂和考据学之功底，才造就了独具特色的"戴氏义理"之学。

无论是惠栋还是戴震，他们的治学方法和治学特点，都说明到了乾嘉时期，汉学达到了鼎盛时期。戴震试图以《孟子字义疏证》去开创一种通过"训诂"以明"义理"的新学风。然而在当时的历史条件下，以复兴古学为职志的当学方兴未艾，知识界沉溺于经史考据之中，如醉如痴，无法自拔。戴震在四库全书馆中颇受重视，其中《四库全书》的经、史、天算、楚辞等类的提要，大多由戴震主持编撰，高宗又授予其"同进士出身"的头衔。而且馆中的"汉学派人士"如金榜、程昌期等对戴震都非常尊敬。他们"有奇文疑义，辄就咨访，晨夕讨论、靡间寒暑"②。以戴震为首的汉学家，他们都熟于经史，精于考据、训诂，在四库全书的编纂中起到了中坚作用。正如章学诚所述："乙未（乾隆四十年）入都，二君（即周永年、邵晋涵。——引者）者方以宿望被荐，与修宁戴震等特征修《四库全书》，授官翰林，一时学者称荣誉。而戴以训诂治经，绍明绝学，世士疑信者半。二君者皆以博洽贯通，为时推许。于是四方才略之士，挟册来京师者，莫

<hr>

① （清）戴震著，何文光整理：《孟子字义疏证》，《与某书》，第 173 页。
② （清）李元度著，易孟醇点校：《国朝先正事略》卷三十五，《戴东原先生事略》。

不斐然有天禄"①。

　　由此可以看出汉学的盛极。此外，当汉学家朱筠奏请高宗开四库全书馆时，遭到宋学家刘统勋的极力反对，但最终还是实施。由此可以看出，此时汉学已战胜宋学，成为主流学派。而且《四库全书》编纂完成之后，目录学、校勘学、辑佚学及出版业等都飞速发展。在这样一种情形之下，戴震著《孟子字义疏证》一书，来阐发自己的"义理"之学，可谓是不合时宜。当时即有支持者，亦有反对者。如当时持肯定态度者就有：洪榜、凌廷堪、钱大昕、焦循、戴望等。洪榜可谓是第一个极力表彰戴震义理之学的学者，他说："戴氏之学，其有功于六经，孔、孟之言甚大，使后之学者无驰心于高妙，而明察于人伦庶物之间，必自戴氏始也。"②洪榜为戴震著行状，称赞戴震所作《孟子字义疏证》"功不在禹下"。再如与戴震同时的章学诚，亦对戴震阐发的义理大加赞赏，他说："凡戴君所学，深通训诂，究于名物制度，而得其所以然，将以明道也。时人方贵博雅考订，见其训诂名物，有合时好，以谓戴之绝诣在此。及戴著《论性》、《原善》诸篇，于天人理气，实有发前人所未发者。时人则谓空说义理，可以无作，是固不知戴学者矣。"③而持反对意见者亦不乏其人，如朱筠、姚鼐、翁方纲、方东树和彭绍升等，洪榜著戴震行状，载《与彭进士尺木书》，当朱筠看到后，说："可不必载，戴氏可传者不在此。"④他们或来自于程朱理学或陆王心学，亦有来自于考据学阵营之中者，但不管怎样，最终仍是被掩盖在强大的考据洪浪之中。

　　综上所述，戴震是一位著名的考据学家，更是一位卓越的思想家。也正如张迎春先生所语："《疏证》的最大价值就在于'正人心'的启蒙思想意义。戴震戳穿了封建统治者利用程朱理学'祸斯民'的卑劣行径，唤醒了人们麻痹的心智，催发了百姓的'人'的意识的觉醒，表达了劳苦民众反抗专制压迫、要求平等的愿望，树立了体情遂欲的政治理想。从某种意义上说，他纠正了乾嘉汉学漠视社会人生和现实政治的弊端，重倡了经世

---

① （清）章学诚：《章学诚遗书》卷十八，《周书昌别传》。
② （清）戴震撰，杨应芹等主编：《戴震全书》（第七册），《上筶河朱先生书》，第 202 页。
③ （清）戴震撰，杨应芹等主编：《戴震全书》（第七册），《书朱陆篇后》，第 380 页。
④ （清）江藩著，钟哲整理：《国朝汉学师承记·附国朝经师经义目录国朝宋学渊源记》，《国朝汉学师承记》卷六，《洪榜》，第 98 页。

致用的儒学宗旨，把顾炎武等人倡导的早期启蒙思想推到一个新的高度，同时，也烛照了后世的思想解放运动。"①张迎春先生言之有理，《孟子字义疏证》一书的最大价值就在于"正人心"，不仅把清初的早期启蒙思想进一步发展，而且也启迪了后世人们的思想解放运动，真正做到了承前启后，具有重大意义。总之，戴震《孟子字义疏证》的特点就在于它是一部具有心学那种'唯意志性'倾向的书，而这样一部书不是出自别人，恰恰出自以'科学性'为特色的戴震之手，而且还被戴震自己置于其他著作之上，这就耐人寻味了。也许这书的确在问世后的百年中没有什么反响，但这并不等于它的出现是一种无意义的偶然。唐鉴的话似乎是在贬低戴震这本书的价值，把它说得好像是戴震为了炫才而强不知以为知的勉强之作。但他的话可能也有其道理，就是说明戴震把义理之学看得比训诂之学更重，或至少不比后者次要"。"就戴震个人而言，恐怕他的内心深处的确如他自己所说的那样更重视道德义理，而不是以声训字诂为大学问。也许对他的《孟子字义疏证》一书的学术价值不能估价过高，但他对这部书价值的期待却说明，王阳明心学的'唯意志性'倾向所表现出的精神自主并不是真的被清代学人弃之如敝屣了。它可能不仅藏在戴震这样的正统学术大师内心深处，也同样可能藏在其他学人的心里。"②可谓道出了戴震著述是书之原因。可以看出，"戴氏之义理"与王守仁心学思想所体现出的"唯意志性"具有共同的东西，尽管两者之间有某些差别，但正如高小康先生所语，戴震应当说是继承了王守仁的"唯意志性"思想，并且二者皆起到了共同的作用，即启迪了人们的思想。也可以说，戴震学术和思想上的二重性恰恰体现出了当时学术发展之规律。

第五节　江藩学术思想再审视

江藩（1761—1830），初名帆，字雨来，又作豫来。后改字子屏，一作

---

① 张迎春：《〈孟子字义疏证〉研究》第三章，"《孟子字义疏证》的价值"，安徽大学硕士论文 2004年，第 33 页。
② 高小康：《心学与清代精英文化的凋落》，《文史哲》2002 年第 1 期。

齐国屏，号郑堂，晚字节甫。小名三多，族人称其为"三多先生"。又自署江水松、竹西词客、炳烛老人、辟支迦罗居士等。其学习著书之处所名之曰蝇须馆、半毡斋、伴月楼、炳烛斋（亦曰炳烛室）等。江苏甘泉（今属扬州）人，祖籍安徽旌德之江村（今旌德西乡白地镇）。其祖父由安徽旌德徙扬州，遂为甘泉人，享年七十岁。江藩一生生活境遇颇为凄凉，多次参加科举，屡试不第，最后以监生终老，但却博综群经，勤学不倦。江藩一生著述甚多，有《周易述补》一卷，《乐悬考》二卷，《隶文经》四卷，《尔雅小笺》三卷，《国朝汉学师承记》八卷，《国朝宋学渊源记》三卷，《炳烛室杂文》一卷，《扁舟载酒词》二卷。其中，《国朝汉学师承记》和《国朝宋学渊源记》二书可谓其学术思想的代表作。

江藩是惠栋的再传弟子，在学术界享有较高的声望和影响。可以说，到目前为止，大多数学者将《国朝汉学师承记》和《国朝宋学渊源记》二书看作是江藩"尊汉抑宋"学术思想的代表之作。同时，学界的研究大多集中于《国朝汉学师承记》一书，而对于《国朝宋学渊源记》一书的研究可谓是一带而过，没有专门著述，且认为是书为江藩"尊汉抑宋"思想的进一步深化。只是有少数学者，在其论著中稍稍提及江藩思想为汉宋兼采者。整体而言，学术界关于江藩学术思想的主旨基本上还是持"尊汉抑宋"的观点，认为其存有门户之见，《国朝汉学师承记》是其"尊汉抑宋"思想的代表作，且编撰《国朝宋学渊源记》的目的是进一步彰显汉学，贬低宋学。

这一观点其实并不准确。江藩所著《国朝汉学师承记》和《国朝宋学渊源记》二书，虽有表彰汉学之意，但其总体立意却是在主张"汉宋兼采"，尤其是《国朝宋学渊源记》一书尤为明显，并没有贬低宋学之意，而是研究者把其简单的问题给复杂化了，曲解了江藩的本意。下面将通过对江藩生平学行的简单梳理、《国朝宋学渊源记》和《国朝汉学师承记》二书的具体阐释以及对乾、嘉、道时期学术发展的内在逻辑之剖析等几个方面来具体探析江藩"汉宋兼采"的学术思想倾向。

一 江藩学术思想渊源

江藩一生的学术思想一方面除受家学影响较深外，与其师从当时诸多著名学者有密切的关系。我们从江藩一生所交师友可以清楚地看出，在江藩的师友长辈之中，余萧客、江声皆为惠栋弟子，可谓是引领江藩进入汉学之域的导师，使其得到汉学之嫡传。而汪爱庐、薛香闻则为深入儒佛的著名居士，江藩之父江起栋也是一位深溺于佛学之中的虔诚人士，因此，江藩受他们的影响也讲诵佛法，对儒佛互通之说很有见地。与此同时，宋学中人亦有不少同江藩过往甚密者，其中如袁枚、翁方纲、任兆麟、方东树、龚自珍、阮元等，对江藩宋学思想的形成影响颇深。由于这样一种学习上的渊源关系，而使得江藩的学术思想博大精深。

袁枚（1716—1798），字子才，号简斋，晚号随园老人。乾隆四年（1739）进士。袁枚一生反对考据之学，与惠栋、孙星衍、凌廷堪等人曾进行过激烈论争。袁枚曾致书惠栋，这样说道："闻足下与吴门诸士厌宋儒空虚，故倡汉学以矫之，意良是也。第不知宋学有弊，汉学更有弊。宋偏于形而上者，故心性之说近玄虚；汉偏于行而下者，故笺注之说多附会。"[①] 可见袁枚之性格特点。江藩与袁枚相交甚密，在二十岁时，就曾拜袁枚于山塘。到三十岁时，袁枚又尝亲至江藩之蝇须馆中饮酒论诗，切磋学问，并给予其较高的评价，他的言行与学术不可能不影响到江藩。

翁方纲（1733—1818），字正三，号苏齐。擅经史、金石之学，亦是当时著名的宋学家。作为宋学家，翁方纲虽治金石考据，却强调考据之学应贯通义理，对考据之学多贬斥之语，批评汉学家沉湎于考据、不问国事民生的脱离实际的状况。他著有《考订论》一书，来攻驳考据。江藩在江西时，曾与翁方纲共赴王昶之召。与江藩世代交好号称"吴中二彦"的任兆麟（生卒年月不详），原名廷辚，字文田，一字心斋，江苏震泽人，诸生，嘉庆元年（1796）举孝廉方正。任兆麟与江氏关系亦甚密，两家为世交，其学术也是力主宋学。江藩曾为其《夏小正注》一书作序，参订其《述记》一书。

至于方东树（1772—1851），则为宋学阵营中的桐城派人。他激烈抨击汉学，强调"义理"者必定不"舍经废训诂"，汉宋儒学"有精粗而无轩

---

① （清）袁枚著，周本淳标校：《小仓山房诗文集》，《小仓山房文集》卷十八，《答惠定宇书》，第452页。

轻"，系统地批评了汉学家故意与程朱立异，回避义理问题所带来的偏颇，指出汉学考据在思维方法上的局限性，而应当以义理为先，才能更好地发挥考证学的长处，对当时的汉学大家，如惠栋、戴震、钱大昕、阮元、江藩等人一一驳斥。他与江藩在广州时同入阮元幕中，且共与论学。

与江藩成为忘年之交的龚自珍（1792—1841），亦是兼容汉宋。龚自珍曾经评论江藩所著《国朝汉学师承记》，说："郑堂作《汉学师承记》，凡前儒经说之创获者，缕述之，不矜裁削，于后儒所讲起收虚实之法不拘焉。后之为《艺文志》、《儒林传》者，将必取法于是也哉。"①

对江藩学术思想影响较大者要为阮元。阮元（1764—1849），字伯元，号云台、雷塘庵主，晚号怡性老人，江苏仪征人，乾隆五十四年（1789）进士，先后任礼部、兵部、户部、工部侍郎，山东、浙江学政，浙江、江西、河南巡抚及漕运总督、湖广总督、两广总督、云贵总督等职。历乾隆、嘉庆、道光三朝。阮元治古文经学，但主张汉宋兼采。对许多汉学家固守汉学，专治考据的做法表示不满。他认为考据只是一种手段，其最终目的在于"闻道"，曾说："儒者之于经，但求其是而已矣，是之所在，从注可，违注亦可，不必定如孔、贾义疏之例也。"②其突出表现就是破除狭隘的门户之见，对当时的"汉宋之争"采取调停的立场。嘉庆十五年（1810），阮元始纂《儒林传稿》，在其《拟国史儒林传序》中云："是故两汉名教，得儒经之功，宋、明讲学，得师道之益，皆于周孔之道，得其分合，未可偏讥而互诮也。我朝列圣，道德纯备，包涵前古，崇宋学之性道，而以汉儒经义实之，圣学所指，海内向风。……综而论之，圣人之道，譬若宫墙，文字训诂，其门径也。门径苟误，跬步皆岐，安能升堂入室乎。学人求道太高，卑视章句，譬犹天际之翔，出于丰屋之上，高则高矣，户奥之间，未实窥也。或者但求名物，不论圣道，又若终年寝馈于门庑之间，无复知有堂室矣。"③可见，阮元认为"考据"与"义理"二者不可偏废。其子阮福曾说："家大人撰《儒林正传》，附传共百数十人，持汉学、宋学之平，群书采集甚博，全是裁缀集

---

① （清）黄式三：《儆居集》四，《子集》三，光绪十四年（1888）刻本。
② （清）阮元：《研经室集》，《研经室一集》卷十一，《焦里堂循群经宫室图序》，商务印书馆1937年，第226页。
③ （清）阮元：《研经室集》，《研经室一集》卷二，《拟国史儒林传序》，第32页。

句而成，不自加撰一字。"①

嘉庆三年（1798），江藩落魄南归。嘉庆二十二年（1817），江藩来到阮元幕府中，也就是在这一年，其所著《国朝汉学师承记》一书在阮元的资助下得以刊刻，阮元并为之作序。江藩受阮元的影响是不容低估的。一方面江藩与阮元同属江苏甘泉人，自幼同里同学，切磋学问三十余年，阮元称："江君未若冠，读书已万卷。百家无不收，岂徒集坟典。款识列尊彝，石墨堆碑版。我年幼与君，获于君友善。谈经析郑注，问字及许篆。"②另一方面，江藩入阮元幕府，阮元帮其刊刻《国朝汉学师承记》一书，且江藩《国朝宋学渊源记》亦取材于阮元《儒林传稿》，从中获益匪浅。

总之，在江藩的成长和学习研讨过程中，薛起凤、汪爱庐、余萧客、江声、谢启琨、惠栋、阮元、袁枚、翁方纲、方东树、龚自珍等人或多或少的从不同方面给予一定的帮助和教诲，对其影响较大。尽管诸先生与他的联系方式不尽相同，有的是在学术上给予他的指导较多，有的则是在生活上助益较多，但可以肯定的是他们对江藩的为学、处世、做人等影响至深。由此可见，学术见解的不同，并不成为一时学者之间往来之藩篱，而是在交往的过程中相互学习、相互影响、相互融会贯通。对不同的学术、不同的观点具有新的认知，也正是在这样的成长过程中才造就出了江藩这样的博学人才。

二 《国朝宋学渊源记》之主旨

《国朝宋学渊源记》共计三部分，即"卷上"、"卷下"和"附记"。卷上阐述了撰写是书之原因与中国理学之源流，共计收录北方学者孙奇逢以下等十人。卷下计收录南方学者刘汋以下等共计二十一人。附记一卷计收录沈国模等八人，所录学者多为江浙一带人士，其中，儒佛互证之学者占相当比例。总之，是书记载了清代自孙奇逢以下专治宋学的学者共计三十九人，依照所录学者的知名度和时间先后顺序，以纪传形式，对他们的生平行实、师

---

① （清）阮元：《研经室集》，《研经室一集》卷二，《拟国史儒林传序》，第 33 页。
② （清）阮元：《研经室集》，《研经室四集》卷四，《题江子屏书窦图卷》，第 791 页。

承交游、学术创见以及著述旨趣等进行了系统梳理。综观全书，其重点仍然是突出学者们的躬行实践。

江藩编撰《国朝宋学渊源记》的收录原则与标准主要有两条：其一，时间下限以当时已故学者为主，健在者不予载入。其二，载入是书的学者，"或处下位，或伏田间，恐历年久远，姓氏就湮"者，着意收录遗落草泽、踏实治学而又默默无闻的宋学者。江藩在是书序中讲道："国朝儒林，代不乏人。如汤文正、魏果敏、李文贞、熊文端、张清恪、朱文端、杨文定、蔡文定或登台辅，或居卿二，以大儒为名臣，其政述之施于朝廷，达于伦物者，据载史册，无烦记录。且恐草茅下士，见闻失实，贻讥当世也。若陆清献位秩虽卑，然乾隆初特邀从祭祀典，国史必有自传矣。藩所录者或处下位，或伏田间，恐历年久远，姓氏就湮，故特表而出之。"[①]明确指出是书编撰原则。

但有学者就此指出江藩是书所录诸学者中，许多宋学大家都被其排除在外，这是江藩"尊汉抑宋"学术倾向的具体表现。如伍崇曜就此评论说："郑堂专宗汉学，而是书记宋学渊源，胪列诸人，多非其所心折者，固不无蹈瑕抵隙之意。至《罗台山孝廉传》，痛诋之几无完肤，其人苟无可取，亦何必为之立传。甚矣！郑堂之偏也！郑堂学术人品颇近毛西河检讨，故留粤时于阮文达亦颇有违言，则其他可知，读者分别观之可耳。"[②]伍崇曜认为江藩学术及为人近似于毛奇龄。众所周知，毛奇龄生性倔强而恃才傲物，他曾经这样说："元明以来无学人，学人之绝于斯三百年矣。"而江藩则以文学豪迈著称，其"性不喜唐宋文，每被酒，辄自言文无八家气"[③]，时人都视其为"狂生"。江藩与毛奇龄在性格上可以说极为相似，但这并不能代表两人做学问也是相同的，伍崇曜之语值得商榷。其实，江藩于是书开篇即阐明写作目的和选人标准，所录诸人是以"或处下位，或伏田间，躬行有为而名位不显者"为主。由此可见，江藩主要是表彰那些躬行有为而名位

---

① （清）江藩著，钟哲整理：《国朝汉学师承记·附国朝经师经义目录国朝宋学渊源记》，《国朝宋学渊源记》卷上，第154页。

② （清）江藩著，钟哲整理：《国朝汉学师承记·附国朝经师经义目录国朝宋学渊源记》，《国朝宋学渊源记》，"附记"，"伍跋"，第191页。

③ 支伟成：《清代朴学大师列传》，《吴派经学家列传第四·江藩》，岳麓书社1998年，第44页。

不显的宋学家们，而对于一代理学名臣如汤斌、魏象枢、李光地等人皆以官修史书有传而不加以记载，这是符合著书原则的，不仅是在古代，即使在今天也不失其现实意义。江藩于是书序中已经明确写作原则，这并没有什么特别之处，和其他学者在论著中所讲著述原则是一样的。为什么他人所语是可信的，而江藩于此所语就不可信呢？否则，就没有必要写明著述原则，略而不书即可。因此，江藩在选人标准上并无门户之见，相反，他特别为这些遗落草泽之士著书作传，恐为后人所遗忘，更充分体现出他对理学人士的重视与尊崇，同时也体现出江藩尊重历史客观实际，讲求实事求是。

还有学者指出，在《国朝宋学渊源记》中，江藩为三十九名理学家立传，却遗漏了以理学正统自居的方苞、刘大櫆、姚鼎等桐城派人士，是排斥桐城派；且该书的传主中南人多于北人，有"扬南抑北"之意。首先，这样的看法有一定的道理，江藩对桐城派确有歧见。桐城派的姚鼎年轻时曾欲拜汉学家戴震为师，但被其拒绝，从此桐城派与汉学派结怨。但是，我们把此事与彭绍升《二林居集》一书的内容相对照，便可以得到不同的见解。彭绍升是苏州人，他对南方学者的了解自然较北方学者要熟悉很多，在其所著《儒行述》中，所录南方学者数量远远超过北方学者。而《国朝宋学渊源记》一书，基本上取材于《二林居集》，或者说是以其为底本的，所以这也是江藩承继了彭绍升《二林居集》原则而来。同样，这也是阮元在其《儒林传稿》一书中的著书原则。还有，江藩为甘泉人，而且与扬州一派过往甚密，如李惇、汪中、凌廷堪、秦恩复、焦循、阮元、黄承吉等与其有密切往来，他对南方学者的熟悉程度也远远超过了北方学者。

李惇（1734—1784），字成裕，又字孝臣，江苏高邮人，乾隆四十五年（1780）进士。他治经力倡古学，著有《左传通释》、《群经识小》等。江藩曾语："昔年，君往江阴，留宿藩家，与君然烛豪饮，议论史事，君朗诵史文，往往达旦。"[1]汪中（1744—1799），字容甫，江都（今属扬州）人，拔贡生。擅长诸子、金石、词章之学。江藩曰："藩弱冠时，即与君定交，日

---

① （清）江藩著，钟哲整理：《国朝汉学师承记·附国朝经师经义目录国朝宋学渊源记》，《国朝汉学师承记》卷七，《李惇》，第111页。

相过从。……以梅氏书见赠，藩知志位布策，皆君之教也。"①江藩还曾受汪中之托，为其祖父汪镐京撰作墓表，此文收入《炳烛室杂文》中。同样，江藩与凌廷堪、焦循相交甚密。凌廷堪（1757—1809），字次仲，安徽歙县人，乾隆五十五年（1790）进士。擅长天算、乐律之学。江藩在《国朝汉学师承记》中为其作传，二人多唱和之作。焦循擅天文、历算之学，精于《易》，著有《易算学》、《易通释》等，与江藩有"二堂"之目。两家为邻里，往来密切，江藩在外出求食之际，焦循曾送钱以接济其母，两人诗文唱和与往来书信亦多。

扬州学派大都继承了乾嘉汉学的治学方法和原则，但随着学术的演变，在乾嘉汉学由盛转衰的过程中，他们又都程度不同感受到汉学自身存在着狭隘、烦琐等诸多弊端，进而对汉学进行纠正、批评和指责，反对汉学家们的门户之偏见。②江藩与扬州学者相交为友，相互间不断地切磋问学，往来甚密。当时，扬州学者已有"江（即江藩。——引者）、黄（即黄承吉。——引者）、焦（即焦循。——引者）、李（即李惇。——引者）"之称，同时，还有"钟（即钟环。——引者）、黄、焦、李"之美誉，且江藩与焦循又有"二堂"之目。黄承吉在其《孟子字义序》一文中称："予于里堂弱龄缔交，中岁论艺。俦辈中昕夕过从尤契洽者，则有江君子屏、李君滨石，当时以予四人嗜古同学，辄有'江、焦、黄、李'之目，或遗子屏而列钟君苣垞，则称为'钟、焦、黄、李'也。"③再者，方苞、刘大櫆、姚鼐等虽然皆以程朱理学相标榜，其实都是文士，无一为理学家④，他们是桐城派散文的创始人，合称"桐城三祖"。

江藩为江苏甘泉人，而在《国朝宋学渊源记》一书卷上首先介绍了北人之学。对于此原因，江藩于卷上"记者曰"中阐述其原委，曰："北人质直好义，身体力行；南人习尚浮夸，好腾口说，其蔽流于释、老，甚至援儒入佛，较之陆、王之说，变本加厉矣。"⑤从此叙述中可以清楚地看出，江藩对

① （清）江藩著，钟哲整理：《国朝汉学师承记·附国朝经师经义目录国朝宋学渊源记》，《国朝汉学师承记》卷七，《汪中》，第 114 页。
② 参见王俊义：《论乾嘉扬州学派》，《青海社会科学》1989 年第 3 期。
③ （清）黄承吉：《梦陔堂文集》卷五，《孟子正义序》，燕京大学图书馆民国二十八年（1939）铅印本。
④ 高明峰：《江藩〈国朝汉学师承记〉〈国朝宋学渊源记〉述论》，《求索》2005 年第 2 期。
⑤ （清）江藩著，钟哲整理：《国朝汉学师承记·附国朝经师经义目录国朝宋学渊源记》，《国朝宋学渊源记》卷上，《孙景烈》，第 164 页。

北方之学表现出的偏爱之情，而对南方之学流于释老则多有不满，尽管江藩在原则上是"不敢辟佛，亦不敢佞佛"的。在《国朝宋学渊源记》卷下的记载和评论中我们还可以了解到，江藩还对南方学者无休止地辩论朱、陆、王三家异同的做法进行了批评和指责，称其为"词费"、"近名"，毫无实际意义。由此可以看出，其并无扬南抑北之意。

还有的学者指出，江藩《国朝宋学渊源记》一书，是其"尊汉抑宋"思想的继续，所看重的只是宋儒的修身养性之功，这一看法亦值得商榷。首先，《国朝宋学渊源记》一书的确是重宋儒躬行实践和修身养性之功，但同时也体现出了一些汉学家治学尊崇汉儒，而学行取法宋儒的治学方略。如惠士奇在某些方面也取法宋儒，江藩在是书卷上曾讲道红豆山房半农人（即惠士奇。——引者）手书楹贴云："六经尊服、郑，百行法程、朱，不以为非，且以为法。"① 可见，惠士奇在内圣修养方面也取法程朱。又如淹贯群经、擅长名物训诂的汉学家沈彤治汉学，同时又不废弃宋儒义理之学，被后世称为有清初大儒气象的学者。再如汉学家卢文弨虽指出宋学在名物、象数、声音、文字学等方面的不足和缺陷，而大力尊崇朱子，认为"朱子《集注》自颠扑不破"②，但后人却评价他："笃于内行，服膺宋儒，潜心汉学，实事求是。"③ 钱大昕也曾如是说："孔孟已远，吾将安归？卓哉紫阳！百世之师。主敬立诚，穷理致知。由博返约，大醇无疵。"④

由上可知，他们虽重视汉儒训诂，却也在某些方面对宋儒义理之学持肯定态度。章太炎曾评论说："清初亦有理学先生，后来汉学家出，尚不敢菲薄理学，如惠栋之流，说经虽宗汉，亦不薄宋；江永且为《近思录》作注。自徽州派之戴震出，方开辟一新世界。其《孟子字义书证》一书，大反对陆王，对于程朱亦有反对之语。后人多视此书为反对理学之书，实则为反对当时政治之书。清初皇帝表面上提倡理学，常以理学责人，甚至以理学杀人，顾戴氏书中有云：'人死于法，犹有怜之者；死于理，其谁怜之！'这是他

---

① （清）江藩著，钟哲整理：《国朝汉学师承记·附国朝经师经义目录国朝宋学渊源记》，《国朝宋学渊源记》卷上，第 154 页。
② （清）卢文弨：《抱经堂文集》卷十八，《答彭允初书》，上海涵芬楼 1928 年影印本。
③ 徐世昌，陈祖武点校：《清儒学案》卷七十二，《抱经学案》，第 2486 页。
④ （清）钱大昕：《潜研堂集》卷十七，《朱文公三世像赞》，上海古籍出版社 1989 年，第 274 页。

著书的要旨。戴氏见雍正、乾隆动辄利用理学以责人，颇抱不平，故攻击理学。戴氏以前，尚推崇程朱，此后遂不复谈宋学矣。"① 言之有理矣。

其次，在江藩的经学思想中，也有重视宋儒躬行实践的一面，对宋学正心诚意、立身致行之学表彰有加。具体而言，他在《国朝宋学渊源记》卷上，论曰："儒生读圣人书，期于明道，明道在于修身。无他，身体力行而已，岂徒以口舌争哉！"② 故江藩对宋学正心诚意、躬行实践之学，绝不排斥，相反，却是表彰有加。卷上自孙奇逢以下诸君，皆北方之学者，以孙奇逢、李中孚为代表，北人质直好义，身体力行。"北学以百泉（即孙奇逢。——引者）、二曲（即李中孚。——引者）为宗，其议论不主一家，期于自得，无一语堕入禅窟。即二曲虽提倡良知，然不专于心学，所以不为禅言，不为禅行也。刁（即刁包。——引者）、王（即王心敬。——引者）诸子，亦皆敬守洛闽之教者，岂非笃信至道之士哉"。在江藩的学术理念里，"儒生读圣人书，期于明道，明道在于修身，无他，身体力行而已"③。所以，对于宋学家的修身立世十分推崇。有学者就曾指出："江藩对汉学是尊崇有加的，但他又不完全排斥宋学，对宋学的躬行实践也极为推崇。江藩在撰《汉学师承记》之后又撰《宋学源渊记》，不排除有调停之意的原因，但更应该看到江藩对宋学的态度。"④

再次，有学者曾经指出："《宋学渊源记》系在彭绍升《二林居集》之《儒行述》的基础上增删修改而成。作者从三个方面进行了论述：其一，江藩了解彭绍升其人及其著作。其二，《宋学渊源记》中记载的人物名单和《二林居集》之《儒行述》的传主名单高度重合，一些不同者也可以在《二林居集》的其他地方找到相应的记载。其三，江藩《宋学渊源记》和《二林居集》的诸多同名传记文字相似或者高度相似。"⑤ 笔者通过比较，的确发现江藩《国朝宋学渊源记》一书与彭绍升《二林居集》之《儒行述》篇在人物

---

① 章太炎、刘师培等撰：《中国近三百年学术史论》，《清代学术之系统》，上海古籍出版社 2006 年，第 36 页。
② （清）江藩著，钟哲整理：《国朝汉学师承记·附国朝经师经义目录国朝宋学渊源记》，《国朝宋学渊源记》卷上，第 153 页。
③ 王应宪：《江藩汉宋学论探颐》，《商丘师范学院学报》2008 年第 1 期。
④ 高明峰：《江藩〈国朝汉学师承记〉〈国朝宋学渊源记〉述论》，《求索》2005 年第 2 期。
⑤ 参见戚学民《江藩〈宋学渊源记〉史源考论》，《文史哲》2010 年第 1 期。

的选取、内容记述方面皆存在有相同或相似之处。

江藩《国朝宋学渊源记》取材于《二林居集》本身就表明了他对理学人士的尊重，同时也体现出了他尊重客观规律的精神。① 其实，汉学和宋学本为两种不同的治学方法和理路，汉学注重考据，属于学问范畴；而宋学注重义理，属于意识形态领域。因此，即使乾嘉汉学的代表人物为学以汉学为主，但对宋学也表示出了兼采的态度，如前所揭惠士奇、江永等学者。戴震早年也曾经说过："圣人之道在六经，汉儒得其制数，失其义理；宋儒得其义理，失其制数。"② 因此，"江藩虽从学术的角度著成《汉学师承记》，并引起龚自珍的不安和方东树的激烈反对，但他本人不仅不反对朱子之学，甚至对所谓朱、陆之争也表示不同意，认为应该持学术之平和兼采众家之长"③。

针对宋学家对汉儒的批评与指责，江藩亦反驳说："周、程、张、朱所读之书，先儒之义疏也，读义疏之书，始能阐性命之理，苟非汉儒传经，则圣贤传久坠于地，宋儒何能高谈性命耶。"④ 指出汉儒传经是宋儒治学必要前提。江藩还以朱子治学尊崇康成（即郑玄。——引者）为例，认为朱子曾说"康成为好人"、"康成是大儒"和"康成毕竟是大儒"一类的话，所以"朱子服膺康成如此，而小生竖儒妄肆诋诃，果何谓哉"⑤。其中真切地透露出江藩汉宋兼采的学术思想倾向。

李慈铭论曰："江子屏于《汉学师承记》外，自有《宋学渊源录》一书，两不相屠越，何尝尽摈宋学？"⑥ 又梁启超、钱穆诸人也持此说。钱穆说："昔江子屏著《汉学师承记》、《宋学渊源记》，为记载清代理学之开始。或讥其汉、宋分编之不当，然就实论之，亦复无可厚非。义理、考据，境界固属互通，分编叙述，转可各尽其胜，惟江书仅迄乾嘉，又详汉略宋，

---

① 清代学者对于史学著述客观性的认识和今日有所不同，以清代国史馆编写的传记为例，其有一个不成文的规定即传记必须全取他人著述编辑成文，才是客观的。

② （清）戴震撰，杨应芹等主编：《戴震全书》（第六册），《与方希原书》，第 375 页。

③ 钟玉发：《阮元调和汉宋学思想析论》，《清史研究》2004 年第 4 期。

④ （清）江藩著，钟哲整理：《国朝汉学师承记·附国朝经义目录国朝宋学渊源记》，《国朝宋学渊源记》卷上，第 153 页。

⑤ （清）江藩、方东树：《汉学师承记》（外二种），生活·读书·新知三联书店 1998 年。

⑥ （清）李慈铭撰，由雲龙辑：《越缦堂读书记》，同治辛未（1875）四月初十日，北京图书馆出版社 2003 年。

殊闲不备。"① 梁启超亦认为："叙清代学术者有江子屏藩之《国朝汉学师承记》八卷，《国朝宋学渊源记》三卷，有唐海镜鉴之《国朝学案小识》十五卷。子屏将汉宋学门户显然区分，论者或病其隘执。然乾嘉以来学者事实上确各树一帜，贱彼而贵我，子屏不过将当时社会心理照样写出，不足为病也。"② 钟泰也曾经指出这一点，说："江藩纂《汉学师承记》，极力标榜汉学，亦取孙、李诸儒，纂为《宋学渊源记》。谓：'惧斯道之将坠，耻躬行之不逮。'愿学者求其放心，反恭律己，庶几可与为善。其欲调停两家之意，委屈可见。"③ 笔者赞同钟泰先生对江藩"欲调停两家"的评论。江藩作《国朝宋学渊源记》，所侧重彰扬的是宋学家的躬行实践，但彰扬宋学也是事实。

三　《国朝汉学师承记》之主旨

江藩于嘉庆十七年（1812）撰成《国朝汉学师承记》八卷，为清初至嘉庆年间的汉学家修史立传。可以说，此书与《国朝宋学渊源记》一书正相互补，一部为汉学家立传，一部为宋学家修史，两者共同揭示了清代当时学术发展的内在思路，二者之间的关系和分工是十分明确的。

《国朝汉学师承记》一书对所载汉学家们的渊源关系、学术思想进行了撰述和系统的介绍。所撰述之人，大多是乾嘉学派的著名学者。江藩本人即为汉学大师惠栋的再传弟子，编写是书的目的就是通过为清代汉学家修史立传的方式，彰显汉学，将汉学延续下去。此书一出，立即引起宋学家的强烈反对。同时，亦在汉学阵营中形成两种截然相反的意见。汪喜孙、阮元在是书序和跋中都给予了较高的评价，而兼容汉宋的龚自珍在看到书稿后，对书名"汉学"一词提出强烈质疑。其在《与江子屏笺》一文中明确指出"汉学"之名有"十不安"，建议改名为《国朝经学师承记》，以免徒立门户，增

---

① 钱穆：《钱宾四先生全集》，《清儒学案序目》（第 22 册），台北联经事业出版公司 1995 年。
② 梁启超著，朱维铮校注：《梁启超论清学二种》，《中国近三百年学术史》十五，《清代学者整理旧学之总成绩（三）》，第 437 页。
③ 钟泰：《中国哲学史》第四编，《近世哲学史》第一章，"清儒之标榜汉学"，辽宁教育出版社 1998 年。

加汉、宋学者之间的对立情绪。可见，当时汉、宋二学分帜十分明显，呈现出对峙之势。

《国朝汉学师承记》一书按照时间先后顺序和师承关系来撰述，尤为详细地辑录了乾嘉学派学者的生平言论、著述学说。江藩在书中着力凸显每个传主的学术性，详述其师承、交友及其学术特点。著名学者的传中还大量摘录了其重要论点，采取著而不述的形式。在史料的源流与选择方面，大部分选自当时学者所作行状、墓表和传记等，有的是原文照录，有的则是进行了删节或加工，或与当时他人著作中与传主有关之文章相结合。

江藩在《国朝汉学师承记》卷首叙述了经学的源流和自己的师承渊源、经学史观，以及著述主旨等。有关经学史观，江藩认为汉代是经学的兴盛时期，说："专门之学兴，命氏之儒起。六经、五典，各信师承，嗣守章句，期乎勿失。……自此以后，经学日渐衰落，至元、明之际，几乎绝灭，幸赖清帝贤明，尊崇汉儒，终于重现盛世，皆知崇尚实学，不务空言，游心六艺之囿，弛骛仁义之涂。"[1] 这一观点来源于余萧客、江声。江藩曾经说："藩绾发读书，授经于吴郡通儒余古农（即余萧客。——引者），同宗艮庭先生（即江声。——引者），明象数制度之原，声音训诂之学。乃知经术一坏于东西晋之清谈，再坏于南北宋之道学。元明以来，此道亦晦。至本朝，三惠之学，盛于吴中；江永、戴震诸君，继起于歙。从此汉学昌明，千载沉霾一朝复旦。暇日诠次本朝诸儒为汉学者，成《汉学师承记》一篇，以备国史之采择。"[2] 由此亦可看出，江藩传承的是汉学，此书的撰写动机就是要表彰汉学，通过为清代汉学家立传的方式将汉学延续下去。

此外，是书序中也包含了江藩对宋学的态度。他在谈及宋代经学之时，说："宋初，承唐之弊，而邪说诡言，乱经非圣，殆有甚焉。如欧阳修之《诗》，孙明复之《春秋》，王安石之《新义》，是已。濂、洛、关、闽之学，不究礼乐之源，独标性命之旨。义疏诸书，束诸高阁，视如糟粕弃等弁髦。

---

① （清）江藩著，钟哲整理：《国朝汉学师承记·附国朝经师经义目录国朝宋学渊源记》，《国朝汉学师承记》卷一，第3页。

② （清）江藩著，钟哲整理：《国朝汉学师承记·附国朝经师经义目录国朝宋学渊源记》，《国朝汉学师承记》卷一，第5—6页。

盖率履则有成余，考镜则不足。"①江藩对宋儒之学并非一概否定，认为其"率履则有成余，考镜则不足"。这一态度与惠士奇所倡导的"六经尊服郑，百行法程、朱"相一致。总之，江藩编撰作《国朝汉学师承记》的主旨在于表彰汉学，对于标榜汉学门户、激化汉宋之争并不是太在意。同时，"江藩也重视对所记学者事功之学的记载，对于终生未仕者的品行、遭遇也多有论述，尤其是江藩多次大发感慨，对自己和他所记学者的困顿生活和暗淡身世深鸣不平，此亦江氏书中一大特色"②。

《国朝汉学师承记》之后又附有《国朝经师经义目录》一卷。《国朝经师经义目录》是江藩为补《国朝汉学师承记》一书之不足而作。书中"入选的经师仅三十二人，经义诸书仅九十四种。其中入选三种以上的，有十四人，共七十二种。而入选五种以上的更少，依次为江永十二种，惠栋九种，顾炎武八种，阎若璩、戴震各六种，江声五种，共四十六种，就是说这六人的著作几占全部著作的半数"③。其选录的标准是"言不关乎经义小学，意不纯乎汉儒古训者，不著录"④。其有进一步彰扬汉学之意。

《国朝汉学师承记》成书于汉学鼎盛的嘉庆中期，江藩有表彰汉学的宗旨，不难理解。但此书刊刻之时已是嘉庆末年，虽然相隔时间不长，但学界风气已有所变化，汉宋兼采的潜流正在显现。所以，当《国朝汉学师承记》一书刊刻问世后，遭到一些学者的强烈批判和指责也是可以理解的。但仅仅十年之后，其《国朝宋学渊源记》问世，在这样一个大背景之下，顺应了当时学术发展之趋势，即顺应了当时汉宋兼采的学术思潮，同样也表明是书为江氏汉、宋兼采学术思想倾向之体现。

四　与《汉学商兑》之比较

江藩《国朝汉学师承记》一书问世后，立即引起了一些宋学家们的不

---

① （清）江藩著，钟哲整理：《国朝汉学师承记·附国朝经师经义目录国朝宋学渊源记》，《国朝汉学师承记》卷一，第4页。

② 漆永祥：《江藩与〈汉学师承记〉研究》，上海古籍出版社2006年，第275页。

③ 朱维铮：《中国经学史十讲》，复旦大学出版社2002年，第135页。

④ （清）江藩著，钟哲整理：《国朝汉学师承记·附国朝经师经义目录国朝宋学渊源记》，《国朝经师经义目录》江钧语，第147页。

满，纷纷发表言论或著书来与之进行对抗。其中，姚鼐的弟子方东树、姚莹等力揭汉学之弊。有学者认为方东树更是专门著《汉学商兑》一书来驳斥江藩。

方东树（1772—1851），字植之，晚号仪卫老人，安徽桐城人。曾师从同里姚鼐，与梅曾亮、管同、刘开并称"姚门四杰"。他能够潜心义理，讲求心性之学，一以朱子为依归。《汉学商兑》一书分上、中、下三卷，主旨是攻击汉学，极力为宋学辩护。"卷上追溯汉学家立说渊源，卷中辨析汉学中人主要学术主张，卷下集矢《国朝经师经义目录》，总论汉学流弊。全书仿照朱熹《杂学辨》体例，摘选汉学家语，逐条加以驳难。矛头所向，黄宗羲、顾炎武以下，迄于惠栋、戴震、钱大昕、江藩，汉学中人几乎无一幸免。"[①]

其写作方式方法是先摘录汉学著作中的原文，而后对其一一进行驳斥。凡是他认为与汉学有关之人，都在其攻击之列。他说："汉学家论文，每曰：'土苴韩、欧'，……扬州汪氏，谓文之衰，自昌黎始。其后扬州学派，皆主此论，力诋八家之文为伪体。阮氏著《文笔考》，以有韵者为文，其旨亦如此。江藩尝谓余曰：'吾文无他过人，只是不带一毫八家气息。'又凌廷堪集中，亦诋退之文非正宗。"[②] 据此，有学者则认为方东树《汉学商兑》一书即是专门针对江藩《国朝汉学师承记》一书而作，值得商榷。

由上可知，方东树著《汉学商兑》，其主旨是批判汉学，极力为宋学辩护，而且，在其言语中，自韩愈以下皆在其中，于此可以看出，不仅仅只是针对江藩，尚有诸如阮元、凌廷堪等人。事实上，方东树于是书中，对惠栋、戴震、钱大昕、阮元、江藩等人一一驳斥。他在是书序中这样讲道："近世有为汉学考证者，著书以辟宋儒，攻朱子为本，首以言心、言性、言理为厉禁。海内名卿巨公，高才硕学，数十家递相祖述。……名为治经，实足乱经；名为卫道，实则叛道。"[③]

为何人们单单就认为是针对江藩呢？是否因为此时江藩著有《国朝汉

---

① 陈祖武：《清代学术源流》第十八章，"汉宋学术之争与《国朝学案小识》"，北京师范大学出版社2012年，第347页。
② （清）方东树：《汉学商兑》卷下，第146页。
③ （清）方东树：《汉学商兑》卷首，"序例"，第1页。

学师承记》一书。吾认为可以假设有二：其一，如果说是针对江藩所著《国朝汉学师承记》一书，那么，此时恰恰仅就江氏所著这一书吗？答案是否定的。从上面引文中可知，此时尚有其他内容类似典籍出现，"数十家递相祖述"。这也就说明，方氏并非是针对江藩《国朝汉学师承记》一书所发。其二，如果说恰恰就此一部，那也不能就说是由江藩所著一书引起的，是否存有偶然性？而上述此文中，只有江藩所语，这也说明不了什么？只能说明当时方东树与江藩二人之关系的熟知程度。他与江藩在广州时同入阮元幕中，且共与论学。如果说江藩一书，是方东树著《汉学商兑》一书之缘起，尚算正确。

嘉庆二十四年（1819），两广总督阮元拟修《广东通志》，方东树应聘成其幕僚。当时，江藩亦以佐阮元辑《皇清经解》而同在幕署，且江藩《国朝汉学师承记》一书在阮元的资助下刊刻印行。《国朝汉学师承记》一书之宗旨自然激起方东树的强烈不满。在这一情形之下，"于是他改变不与论辩的故态，起而痛加驳诘"，于道光四年（1824）撰成《汉学商兑》一书，稿成，方东树试图谋求阮元的支持，然而求非其人，并没有得到阮元的资助。

此外，我们从江藩所著《国朝宋学渊源记》一书亦可以考见其与方氏之分歧。《国朝宋学渊源记》一书所录宋学诸家，"止穷檐苦行，摈南方浮华士。一命以上，才有政治声闻，亦斥不载"①。而遭到江藩摈弃的"南方浮华士"，就是针对桐城派理学家的，方东树即是桐城一派人士。《国朝宋学渊源记》所录宋学家，大都是北方人士。江藩曾说："北人质直好义，身体力行；南人习尚浮夸，好腾口说。"② 这是直接针对桐城派有感而发。方东树著《汉学商兑》，对朴学家们展开全面的攻击，指斥朴学之流尤异端冠仇乎程朱。方东树即使是针对江藩所著而发，实亦在情理之中，可以说，事实上其并非是针对江藩个人的，而是针对当时整个学风有感而发的。

总之，从方东树在《汉学商兑》一书中对汉、宋二学的评价可以看出，他是从宋学家的立场驳斥汉学，其中不少言论和主张充斥着门户之见。"《汉学商兑》中斥汉学之弊，颇有中肯语。惟方氏谓汉学家于立身行己之道不

---

① 支伟成：《清代朴学大师列传》第四，《吴派经学家列传》，《江藩》，第45页。

② （清）江藩著，钟哲整理：《国朝汉学师承记·附国朝经师经义目录国朝宋学渊源记》，《国朝宋学渊源记》卷上，《孙景烈》，第164页。

讲，这却不然。当时的汉学家，品行无甚坏者。"① 可以说，《国朝宋学渊源记》和《汉学商兑》两书"于道光初叶的问世，实非偶然。嘉道之际，国家多故，世变日亟，汉学日过中天，盛极而衰，学随世变，时代使然"。此时，"汉学中人，沉溺考证训诂，远离世事，如醉如痴，为历史潮流淘汰势所必然"②。汉学式微，宋学的空间越来越大，以致这种褒宋诋汉之著作能够刊刻，而且大行于世。此种现象，与当时学界存在的汉宋调和或汉宋兼采之风密不可分。

综上所述，在乾嘉汉学鼎盛之际，宋学地位下降，随之而来的是汉学与宋学之争日趋激烈。对此，皮锡瑞在《经学历史》中传述："乾隆以后，许、郑之学大明，治宋学者已是少。说经皆主实证，不空谈义理。"③ 到江藩著《国朝汉学师承记》、方东树著《汉学商兑》之后，汉宋之争就逐渐公开化了。江藩《国朝汉学师承记》成书于汉学鼎盛的嘉庆中期，到嘉庆末年，学界风气发生转变，汉宋兼采的趋势正在显现。汉学家倡导宋儒学行修养的呼声渐高，一些汉学家大多肯定宋学的修身主题。如段玉裁重视宋学，把包括"身心伦理"方面的"考核"作为"学问之全体"。他曾说："故考核者，在身心性命，伦理族类之间，而以读书之考核辅之。今之言学者，身心伦理不之务，谓宋之理学不足言，谓汉之气节不足尚，别为异说，簧鼓后生。此又吾辈所当大为之防者。"④ 可以看出，段玉裁对宋儒内圣修养的重视。嘉道时期，倡导宋儒德性之学的汉学家明显增多。如刘宝树、刘宝楠兄弟二人，精研训诂，博宗儒经，治汉学却无门户偏见，在治学上汲取宋学，更重视宋学的修身。还有陈寿祺，治汉学，又重视德性修养，将"尊德性"与"道问学"并重。同样，这一调和现象也体现在江藩身上，他不仅专研汉学，而且对性命之学也特别关注；不仅讲求名物训诂，同时也重视躬行实践。其《国朝汉学师承记》成书于汉学鼎盛的嘉庆中期，江藩有表彰汉学的宗旨，不难理解。但此书刊刻之时已是嘉庆末年，虽然相隔时间不长，但学界风气已有变化，所以，《国朝汉学师承记》遭到一些学者的强烈批判也是情理之中。

---

① 章太炎、刘师培等：《中国近三百年学术史论》，《清代学术之系统》，第 37 页。
② 陈祖武：《清代学术源流》第十八章，"汉宋学术之争与《国朝学案小识》"，第 348 页。
③ （清）皮锡瑞：《经学历史》十，《经学复盛时代》，第 355 页。
④ （清）段玉裁：《经韵楼集》卷八，《娱亲雅言序》，上海古籍出版社 2008 年。

而《国朝宋学渊源记》的撰写恰恰就顺应了这一时代风气。总之，江藩一生不仅受汉学影响，而且也深受宋学影响，《国朝汉学师承记》、《国朝宋学渊源记》二书正是其学术思想上的代表作。《国朝汉学师承记》为从清初至嘉庆年间的汉学家修史立传，对其渊源关系、学术思想进行了撰述和系统的介绍，意在表彰汉学。《国朝宋学渊源记》则是其姊妹篇，记载清代宋学渊源，意在表彰宋学。二者互为表里，相互补充，共同显示了清代学术发展理路，同时，两书也充分体现出江藩汉宋兼采的学术思想倾向。

第五章　今文经学下的陆王心学

　　嘉庆四年（1799），做了四年太上皇的清高宗病逝，仁宗亲政。太上皇临终之时交付给仁宗的江山，已非昔日从其父祖手上承继下来的盛世伟业，而是一个千疮百孔、衰象毕露、有如晚明动荡的乱局。嘉庆一朝，其衰颓不振集中表现为此起彼伏的南北民变。其中，尤以湘黔苗民起义、川楚陕白莲教大起义、东南沿海武装反清和畿辅天理教起义予以清廷的打击最为沉重。嘉庆二十五年（1820）七月，仁宗病逝，宣宗即位，改明年为道光元年（1821）。可以说，于道光统治的前二十年（即第一次鸦片战争前。——引者）间，宣宗也曾经试图重现盛世之辉煌，能够做到勤政图治，克勤克俭，亦曾经下令严禁鸦片输入，但是，宣宗又是一位性格疑虑重重，反复无常之人，尤其是对待鸦片一事，宣宗在严禁与弛禁之间摇摆不定；对待鸦片战争，在主战与主和之间反复无常；在用人之时，任贤与任奸不能分明，签订丧权辱国的《南京条约》，这一切都是后世无法回避的一段不堪回首的历史，时刻警醒着人们。宣宗去世，文宗即位，改明年为咸丰元年，即1851年。文宗即位之后，尽管能够重用汉族大臣，严惩贪污腐败，其改革力度可以说超过了嘉庆和道光两代君主。但是，此时的清王朝早已经是千疮百孔，政治腐败，国库亏空，民生凋敝，再加之在一个世界大变革的时代里闭关锁国，对于外部世界缺乏必要的了解和沟通，因此，咸丰帝最终也同样没能挽救大清王朝的衰落，使得清王朝一步步沿着下坡道滑向深渊。

　　面对这样一个衰败的局面，当时的最高统治者无力回天。而在当时，一大批的有识之士和爱国官僚们，却并没有消沉等待灭亡，而是奋起振臂呐喊，奔走呼号，力图唤醒自我陶醉的最高统治者，挽救大清王朝，挽救民族于危难之际。他们针对国家社会现实，从不同的角度进行深刻反思，试图找寻出摆脱困境、振兴国家的出路。于是，在学术思想文化领域内，被人们遗忘很久的清初经世思潮再度崛起，在鸦片战争前后空前高涨，从而揭开了中国近代思想史的新篇章。

诚然，此时兴起的经世思潮具有明显的理学特色，这是由传统社会和传统学术的特点决定的。"嘉道以后，理学发展进入晚清时期，出现了新的转机和新的发展趋向。在晚清时期（19 世纪初至 1912 年），理学（指其主流学派程朱理学）发展经历了由衰而兴和由盛而衰的历程。在嘉道年间，程朱理学由衰渐兴；至咸同及光绪初年，理学进入复兴的高潮；光宣时期，由于中国传统社会发生的重大变化及学风的改变，理学再次由盛而衰。"[1] 而与程朱理学密切相关的陆王心学亦同样如此，"嘉道年间，清朝所谓'盛世'成为过眼烟云，汉学也已盛极而衰，原来受到排斥和压抑的学术学派，诸如程朱理学、今文经学、经世之学等相继兴起，为陆王心学的复苏提供了大好时机"[2]，在这一形势之下，各种思潮相继而起。

第一节　道咸之际的社会思潮

如果说嘉庆一朝，清廷的衰微以民变迭起为象征，那么，道光前期的二十年（1821—1840），清王朝的危机则突出地反映为鸦片不断输入，白银大量外流。前者是内忧，后者则是外患，内外夹攻，交相打击，清王朝日薄西山。

鸦片为害，祸国殃民，并不自道光朝开始。早在雍正七年（1729），清廷即已经知晓鸦片祸害，明令禁绝。到了乾隆、嘉庆两朝，虽然朝廷禁令屡颁，但由于各种因素，西方殖民者却肆无忌惮，屡禁不止，为害反而日炽。到了道光元年（1821），鸦片危害愈演愈烈，清廷不得不以"鸦片流传内地，最为人心风俗之害"[3]，采纳两广总督阮元建议，重申禁烟严令。鉴于鸦片输入，白银外流，翌年二月，御史黄中模率先指出问题所在，奏请严禁海洋偷

①　史革新：《清代以来的学术与思想论集》，《理学与晚清社会》，第 117 页。
②　史革新：《晚清陆王心学复苏的若干考察》，《徐州师范大学学报》2005 年第 1 期。
③　《清宣宗实录》卷二十六，"道光元年十一月"条，中华书局影印本。

漏银两。清廷准奏，责成广东督抚及海关监督加强巡查，并重申禁烟严令。然而由于吏治败坏，官商勾结，鸦片屡禁不止，清廷禁令形同具文。至道光九年（1829）元月，作为一个问题的两个方面，鸦片输入、白银外流已经日渐严重。御史章沅以广东海关为例，发出警报，他这样指出，说："鸦片一物，流毒尤甚。该处伪标他物名色，夹带入粤。每岁易银至数百万两之多，非寻常偷漏可比。若不极力严禁，弊将何所终极！"① 尔后事态发展，不幸为章沅言中，烟害益盛，银荒日烈，二者若魑魅魍魉，形影相随，把清王朝一步步推向无底深渊。

当此危机，何去何从，清统治阶断内部出现明显分歧。道光十六年（1836）四月，太常寺卿许乃济，不顾国家和民族利益，竟然提出弛禁鸦片的荒谬主张。据云："鸦片烟例禁愈严，流弊愈大。近年以来，夷商不敢公然易货，皆用银私售，每岁计耗内地银一千万余两之多。"因此，他主张："变通办理，仍准其以货易货。"② 自许氏主张一出，弛禁之与严禁，议论纷纷，消长不一。在清廷为此争执不休之际，银荒则与日俱增，日甚一日。据史料记载，仅广东一地，道光三年（1823）以前，每岁白银外流为数百万两，道光三年（1823）至道光十一年（1831），增至一千七八百万两，至道光十四年（1834），已突破二千万两，至道光十八年（1838）中，则高达三千万两③。如果再加之福建、江浙及天津沿海各口岸，则岁出白银已近一亿两，白银流失已经达到了惊人的地步。面对如此危险的局势，朝廷内外严禁鸦片的声浪再度兴起。

道光十八年（1838）闰四月十日，鸿胪寺卿黄爵滋愤然上疏，请以死刑禁烟。清宣宗将黄爵滋奏疏随即批转各省督抚，责成商议对策。湖广总督林则徐、两江总督陶澍等南北互应，皆与黄爵滋唱为同调。五月，林则徐上《筹议严禁鸦片章程折》，支持黄议，且进而拟订六条禁烟章程，提出自己的禁烟主张。八月，他再次上《钱票无甚关碍宜重禁吃烟以杜弊源片》疏，其中指出："法当从严，若犹泄泄视之，是使数十年后，中原几无可以

---

① 《清宣宗实录》卷一百五十，"道光九年元月"条。
② 《清宣宗实录》卷二百八十二，"道光十六年四月"条。
③ 《清高宗实录》卷三百零九，"道光十八年闰四月"条。

御敌之兵，且无可以充饷之银。"①九月，清廷将许乃济革职，勒令其退休。旋即，召林则徐进京，商讨禁烟大策，决计严禁鸦片。结果，朝廷专任林则徐为钦差大臣，南下广东。道光十九年（1839）一月，林则徐抵任，雷厉风行地收缴鸦片，坚决打击不法洋商，以虎门销烟之伟大壮举高唱了一曲响彻云霄的民族正气歌。然而，以林则徐为代表的爱国军民挽救社会危机的努力，并未能得到清廷始终如一的大力支持。面对英国侵略军的强盗行径，在其步步紧逼的形势之下，腐朽的清政府并没有采取强有力的措施来予以回击，而是卑躬屈膝，节节退让，使中华民族蒙受了数千年文明史中从未遭遇过的奇耻大辱。

随着财政危机的加深，各种矛盾进一步尖锐、复杂重重；昏官、庸官众多，诸多大小官吏结党营私、贪污腐化成风。政府大员广收贿赂，"见黄金则喜"，以权谋私。而下级官吏，为了能够步步升迁或谋取更多的利益，对上阿谀奉承，"以博一喜"，贿赂公行，对下则严刑酷法，无情搜刮下层百姓的钱粮财物。还有众多皇室、贵族、官僚，以及大小地主也都纷纷通过各种不法手段，巧取豪夺，兼并土地。于社会下层，则是百姓负担更加沉重，当此时，占全国人口80%以上的农民，其耕地却仅占全国耕地面积的10%左右。农民失去土地意味着生活没有着落，便会陷入衣食无着的悲惨境地。大量失去土地的农民，"人几相食"，不得不到处流浪或者租种地主的土地，承受着超强度的剥削和压迫，致使阶级矛盾尖锐复杂，社会动荡不宁，整个社会已经衰败颓废，江河日下，再加之西方列强的野蛮入侵，清王朝开始进入"日之将夕"的衰世。

综上所述，从道光二十年（1840）始，中国社会发生巨大变化，即中国开始由传统社会向近代社会转变，而这一转变的契机便是这年爆发的鸦片战争，从此之后，中国社会开始步入半殖民地半封建社会，伴随而来的是思想文化领域的巨大变化。清朝统治者为了维护封建专制统治，推行文化专制的高压政策。他们在大力宣扬儒家正统思想的同时，严格规定科举考试程式和命题范围，把选举人才的科举考试变成了僵硬的统治工具，而且还屡兴文字狱，从而逼迫士人知识分子不问现实，不敢过问国家政事，埋头于故纸堆中

---

① 林则徐：《林则徐集·湖广奏稿》。

做些无用之学问，严重地偏离了社会现实，于国家于社会百无一用。这不仅是当时知识分子的悲哀，更是大清王朝乃至整个中华民族的悲剧。这一严酷的社会现实，促使一大批头脑清醒，具有远见卓识的有识之士们觉醒，他们怀着激愤的心情，纷纷走向街头，振臂呼号，呼唤"天公重抖擞"，改革这黑暗沉寂的局面，以挽救江河日下的大清王朝。

社会的巨大变革直接影响到清代后期的文化走向。在思想文化领域内，不仅出现了对传统文化形式的再选择问题，而且也出现了对传统文化内容的再修正问题。正如卢钟锋先生所语："这是由思潮的性质特点及其所面对的历史文化环境决定的。"①也正是在这一大的环境之下，沉寂已久的今文经学也随之再次复兴。

"清代今文经学的复兴，以江苏常州为中心。庄存与首倡于前，经其侄述祖传衍，至其外孙刘逢禄、宋翔凤而大张其帜，遂自成一独立学派。"②庄存与（1719—1788），字方耕，晚号养恬，江苏武进人。乾隆十年（1745）一甲二名进士，由翰林院编修累官至内阁学士兼礼部侍郎。庄存与著有《春秋正辞》一书，旨在阐发《春秋》"微言大义"。庄氏所处时代，已是"危机萌发，衰象渐显"。此时，庄存与首倡《春秋》公羊"大一统"之义，成为"于一代今文经学复兴最有影响者"。此后，孔广森、张惠言、庄述祖等学者承前启后，而至述祖外甥刘逢禄、宋翔凤等发扬光大之。

面对错综复杂的社会矛盾和严重的社会危机，一些有识之士们纷纷起来，从政治、经济和学术文化等各方面进行深刻反思，试图从中寻求摆脱困境的出路。于是，自康熙中叶以后已然沉寂的经世思潮再度崛起，在鸦片战争前后空前高涨，从而揭开了中国近代思想史的序幕。开此风气的代表人物应首推龚自珍和魏源两人。"龚自珍、魏源既从刘逢禄问《公羊》学，又立足现实，接过其据经议政的经世思想"，"他们于此期间纷纷发表批判现实、抨击当道、倡言'更法'、改革旧制的政论，提出'通经致用'的学术文化主张，从事中国边疆、史地和外国史地的研究等。所有这一切，无不出于

---

① 卢钟锋：《中国传统学术史》第十三章，"清代后期的文化走向与传统学术史的编修"，第417页。
② 陈祖武、汪学群：《清代文化志》第五章，"乾嘉学派与清中后期学术"，第205页。

经世致用的考虑；而魏源于此期间先后编成的《皇朝经世文编》一百二十卷和《海国图志》一百卷，更是具体反映了这一时期经世致用思潮再度兴起的历史事实。魏源称《皇朝经世文编》之作是'志在措正施行'，以备'经世'之用；称《海国图志》是'为以夷攻夷而作，为以夷款而作，为师夷长技以制夷而作'。因此，我们完全有理由将此两书的编纂问世，看作是这一时期经世致用思潮再度兴起的重要标志"①。

由上可知，清王朝发展到嘉道之时，社会、政治和文化等各方面危机不断加深，遂引起了一些士人知识分子们的忧虑和反思。他们从传统文化的角度出发，认为国家和社会之所以如此状况，皆是由于汉学压制理学所致，于是他们大力提倡宋明理学。他们在大力提倡程朱理学的同时，势必要涉及陆王心学，诸如倭仁、吴廷栋、何桂珍、方东树等，他们对于陆王心学，"无论是批评也好，反对也罢，陆王之学在此时已成学者们经常讨论的话题，越来越引人瞩目了"②。在他们的大力倡导和引领之下，陆王心学也随之复兴。

第二节　陆王学术著作的刊印

在今文经学复兴的同时，清代晚期的陆王心学也依自己的内在逻辑规律向前发展，呈现出不同于此前各时期情况的一些新特点。据史革新先生研究指出："此期间，一些人士开始刊刻出版王学著作，为王学复苏开了先河。王学复苏的地区主要在南方一些具有王学学术传统的省份，如浙江、江西、湖南等。讲习者主要是中下层士大夫。"③史革新先生言之有理。

据史革新先生研究统计，于嘉道期间，刊刻王守仁心学著述较著名者有：刘永宦刊刻的《王文成公集要》（嘉庆三年，即1798年。——引者），张恢等修补刊刻的《广理学备考》（道光五年，即1825年。——引者），萧名哲等刊刻的《王阳明先生全集》（道光六年，即1826年。——引者），曹溶等人编辑出版的《学海类编》（道光十一年，即1831年。——引者），李

①　卢钟锋：《中国传统学术史》第十三章，"清代后期的文化走向与传统学术史的编修"，第417页。
②　史革新：《晚清陆王心学复苏的若干考察》，《徐州师范大学学报》2005年第1期。
③　史革新：《晚清陆王心学复苏的若干考察》，《徐州师范大学学报》2005年第1期。

祖陶辑刊的《王阳明文选》（道光二十五年，即1845年。——引者）等。此外，还有如道光年间有人重刻的《阳明辑朱子晚年定论辨》，咸丰八年（1858），胡泉刊印的《王阳明先生书疏证》和《王阳明先生经说弟子记》两种。①

胡泉（1797—1868），字杖仙，江苏高邮人。他自幼好学，"博览载籍，虽小疾未尝释卷，既从事有宋诸儒之学，而于明《王文成全书》用力尤深，尝谓'文成固尊德性而不废问学，与朱子辞异旨同'"②。胡泉著有《王阳明先生书疏证》四卷，《王阳明先生经说弟子记》四卷，《王阳明先生经学拾余》一卷，除上述著述之外，胡泉还辑有《大学古本荟参》一卷，仪征贡生刘毓崧序而行之，又有《驳朱子晚年定论辩证》和《白水诗存》若干卷藏于家。

胡泉于《王阳明先生书疏证序》一文中语："以阳明之学准诸朱子，确有依凭。盖阳明讲学，删不尽格物传义在外，而朱子注经，包得尽良知宗旨在内。惟朱子精微之语，自阳明体察之以成其良知之学；惟朱子广博之语，自阳明会通之以归于致良知之效。……抑又思之，设非朱子剖析知行，剖析尊德性道问学，剖析致中致和，剖析博文约礼，编为章句，勒为遗书，……为之解释，著于后世，使后之读者无先后之可寻，无体用之可辨，……是阳明之学亦必附于朱子之学而并传，综而计之，拟而议之，则直以为阳明良知之学非出自象山而出自朱子云尔。"③胡泉认为如果没有朱子对于"知行"、"尊德性道问学"、"致中致和"、"博文约礼"等的剖析，则就不能有王守仁思想学说的出现。所以，他认为阳明之学亦一定是"附于"朱子之学而"并传"的，甚至还认为"阳明良知之学非出自象山而出自朱子"④这样的论断。当然，胡泉这一论断是值得商榷的。尽管胡泉对于王守仁心学思想有些看法，但毕竟经过自己的努力，花费相当的精力与时

① 请参见史革新：《晚清陆王心学复苏的若干考察》（《徐州师范大学学报》2005年第1期）一文相关内容。
② 《刘恭冕撰宝应胡泉墓志》，转引自《扬州晚报》2010年5月20日。
③ （明）王守仁撰，吴光等编校：《王阳明全集》卷四十一，《序说·序跋》，《王阳明先生书疏证序》，第1624—1625页。
④ （明）王守仁撰，吴光等编校：《王阳明全集》卷四十一，《序说·序跋》，《王阳明先生书疏证序》，第1625页。

间，对王守仁的思想学说进行了广泛搜集和系统整理，其整理之功是不可埋没的。

而在此时刊刻的陆九渊学术著作，相对而言数量不多，计有：道光年间重修的《陆象山先生文集》，并于同治十年（1871）重刻出版。方宗诚辑《陆象山集节要》六卷本（另有首一卷）（同治七年，即 1868 年，新建吴氏皖城刻本，收入吴坤修的《半亩园丛书》。——引者），此书专取《陆象山集》为节要一编，存其醇而去其疵，作为学陆之准则。彭定求的《儒门法语》和《姚江释毁录》等亦于嘉道以后再版重刊。其中，《儒门法语》一书嘉庆十九年（1814）重订刊刻，于道光二十九年（1849）重刊。后来，于同治五年（1866），彭定求六世孙彭慰高，以及到民国十一年（1922），其八世孙彭清鹏亦曾经对《儒门法语》一书进行刊刻并为之撰述序言。而于道光年间，彭定求的《姚江释毁录》、彭绍升的《二林居集》等著述也都有重刊本出现。①

方宗诚（1818—1888），字存之，号柏堂，安徽桐城人。他始受学于同邑许鼎，继师事族兄方东树。他论学宗程朱，辟陆王，排佛老，于"和合汉宋及专主汉学之说皆尝辨其误"②。著有《志学录》、《俟命录》、《柏堂集》、《柏堂经说》、《柏堂读书笔记》等。总体而言，方宗诚对陆王心学是持反对态度的，尽管如此，但他对陆九渊还是十分认可的，如其在所撰述《志学录》一书中，便将陆九渊列入贤儒行列之中，并且说："论品行践履之笃实，则陆子亦自有可法者在。"③这也说明方宗诚学术思想并非固守成说而不变化，而是面对当时形势，关心国计民生，寻求救世之方是其理学经世思想的重要方面，因此，他在反对陆王心学的同时，亦发出了这样的声音，实属难能可贵。也正是在这一思想的指导之下，他花费相当的时间和精力来编辑《陆象山集节要》一书也就十分容易理解了。

彭定求（1645—1719），字勤止，号访廉，晚号南畇人，彭珑子，长洲（今属苏州）人。康熙十五年（1676）会试、殿试皆列第一，授修撰，累迁

---

① 请参见史革新《明清陆王心学复苏的若干考察》（《徐州师范大学学报》2005 年第 1 期）一文相关内容。
② （清）方宗诚：《柏堂遗书》（第一册），卷首，《桐城方先生墓志铭》，光绪年间刻本。
③ （清）方宗诚：《柏堂遗书》（第三十三册），《志学录》卷八，《论从祀贤儒学术事迹》。

至侍讲，后丁内外忧，服阕起补，未几谢病归。他少承家学，淡于名利，读诸儒书，兼宗程朱、陆王，尤熟谙《易》。其为学以不欺为本，践行为要，服慕明七子、王守仁诸贤。其著有《易象附录》、《学易纂录》、《姚江释毁录》、《儒门法语》、《南昀文集》等。他在其《姚江释毁录》中讲道："当时之主持政本者，奸险鄙秽，不可究诘，岂因讲文成学之然乎？吁，设使有以致良知之说提撕警觉之，则必不敢招权纳贿，必不敢妒佞害贤，必不敢戕民纵盗，何致酿成丧乱之祸。"[1] 彭定求对晚明祸乱进行了分析，王学本是用来收拾人心的，但当时的执政者"奸险鄙秽"，使政治风气极端专制和腐败，统治者和民众之间逐渐离心离德，最终导致了明朝末年"天崩地解"式的大动乱。

其曾孙彭绍升著有《二林居集》一书，其中有《阳明先生诗卷跋》、《跋阳明先生与徐曰仁手书》等关于王学的篇章。其《阳明先生诗卷跋》曰："是卷所录诗，在滁州及南都作，时方游历显职，而林壑之思终不能以暂释，何邪？夫君子之学素其位而已，出处奚择焉。然在孔门若闵氏、漆雕氏往往逡巡咨且而不肯一试，诚有以自审矣。学者苟未至于不惑之地，其于作止进退间殆不可不早计也。"[2] 其《跋阳明先生与徐曰仁手书》亦曰："此阳明先生巡抚南赣时与徐曰仁书。时南赣汀漳山贼大炽，剽掠四出无宁岁。先生以正德十二年正月既望开府赣州，设门牌，选劲旅，旬日间督兵进剿，连破贼巢。不三月奏捷，逾年而大定。此书之作，正当军书旁午中，调遣方略具见端绪，而慰存故旧，训勉子弟，款款如平时，可谓好整以暇矣。明道有言百官万务、金革百万之众，饮水曲肱，乐在其中。万变皆在人，其实无一事，其先生之谓乎？他日与人书曰：'去山中贼易，去心中贼难。'夫苟不去心中贼，而能知饮水曲肱之乐者，未之有也。"[3]

实际上，"破山中贼易，破心中贼难"一语，出自《王阳明全集·与杨仕德薛尚谦书》一文。明正德十三年（1518）正月，王守仁在率兵围剿

---

① （清）彭定求：《姚江释毁录》，转引自邓艾民：《朱熹王守仁哲学研究》，华东师范大学出版社1989年，第114页。

② （清）彭绍升：《二林居集》四，《阳明先生诗卷跋》，续修四库全书本，上海古籍出版社2002年，第1461册，第366页。

③ （清）彭绍升：《二林居集》四，《阳明先生诗卷跋》，第366页。

暴动"山贼"的前夕，写信给弟子薛侃，其中语："即日已抵龙南，明日入巢，四路兵皆已如期并进，贼有必破之势。某向在横水，尝寄书仕德（即杨骥。——引者）云：'破山中贼易，破心中贼难。'区区剪除鼠窃，何足为异？若诸贤扫荡心腹之寇，以收廓清之功，此诚大丈夫不世之伟绩。"① 再联系前面《阳明先生诗卷跋》一文，清楚地知道，王守仁心学的最大特点即是"以正人心为本"。应当说，王守仁心学基本内容包括三个部分，即：心即理的人生论；知行合一、知行并进的认识论；致良知的修养学说。其内核即是："人者，天地万物之心也；心者，天地万物之主也。"② 一个人如果没有"心"的主体意识的参与，其一切社会实践活动是无法进行的。正如他所说："知是行的主意，行是知的工夫，知是行之始，行是知之成。"③ "致良知"就是通过主体自我的道德修养，从而合乎"天理"，体认"良知"。王守仁认为人们的各种私欲植根于心，必须通过内心修养，按照道德规范去行为和生活，加强对自己人格的修炼，以提高自己的人格魅力，事实上，这也正是王守仁思想之主旨。

除上述史革新先生所见诸陆王学术著作外，尚有俞樟华先生所著《王学编年》一书中所载陆王学术著作，计有：王贻乐编、陶浚霍批评《王阳明先生全集》十六卷，道光六年（1826）由柳廷刊行；日本佐藤一斋1830年编《传习录栏外书》；罗泽南著《姚江学辨》二卷，道光二十四年（1844）刊行；胡泉于咸丰三年（1853）作《王阳明先生书疏证序》一文；何国材著《虚谷遗书》三卷。"是编凡分四种，祖陆九渊求放心之说而为《心学释疑》，本王守仁致良知之说而为《格物质疑》，……大旨坚护陆、王，为门户而著书，非为学问而著书也。"④ 陈祖铭编《讲学》二卷，"国朝陈祖铭编。皆其师李培讲学语也。培号此菴，嘉兴人。其说皆阐姚江馀绪。上卷曰溯源委，同人我，端学术，定志趣，认本体，议功夫，求悟门，先默识，崇实际，重悟轻修，脱世味，凡十一条。下卷则皆杂论性理四书大

---

① （明）王守仁撰，吴光等编校：《王阳明全集》卷四，《文录一·书一》，《与杨仕德薛尚谦书》，第168页。
② （清）黄宗羲著，沈芝盈点校：《明儒学案》卷十，《姚江学案》，第196页。
③ （明）王守仁撰，吴光等编校：《王阳明全集》卷一，《语录一》，《传习录上》，第4页。
④ （清）永瑢等：《四库全书总目》卷九十八，《子部》，《儒家类存目四》，"虚谷遗书"条，第831页。

旨。观其立论，以悟为宗，而又讥世之讲学者重悟而轻修。特巧掩其迹，杜人攻诘而已矣"①。

同其他著述不同，罗泽南著《姚江学辨》二卷，并非是为陆王学术进行辩护，而是对当时陆王心学的重新复苏有着十分警醒的头脑，为了防止王学死灰复燃，重提陆王之辨，于是著《姚江学辨》一书。罗泽南（1808—1856），字仲岳，号罗山，一字培源，号悔泉，又字子畏，湖南双峰人。其一生以授徒教书为业，培养出了数百名精通理学思想、兼具经世与有远大抱负之人如李续宾、李续宜、蒋益澧、刘腾鸿、杨昌睿等。《姚江学辨》一书分上下两卷，从学理上对朱、王之辨进行了系统全面的论述。卷上主要依据程朱的"性"、"理"至上论，批判王守仁以"心即理"学说为核心的心性理论，卷下主要用朱熹的"格物致知"论批驳王守仁的"致良知"和"知行合一"说。罗泽南《姚江学辨》的出现，恰恰也符合了当时的社会现实，在当时的形势下，尽管陆王心学出现抬头之势，但仍然是处于汉学与宋学两大阵营之间的对垒，陆王心学依然是被涵盖于理学当中的。诚然，尽管罗泽南是持一种否定的态度来叙列王守仁心学思想的，但不管怎样，其在另外一个侧面，对于陆王心学思想学说的发展起到了一定的作用。

总之，清王朝到了嘉道年间，由于社会危机和文化危机的不断加深，而引起一些士人、知识分子的忧虑和反思。他们把当时社会"道德废，人心坏，风俗漓"的原因归结于理学遭受到汉学的压抑所致，因此，他们认为化解社会危机的出路在于提倡程朱理学。于是，回归传统、提倡宋明理学便成为当时一部分士人、知识分子的共识。在这一情形之下，一大批理学典籍的出版与再版重刊则是自然而然的。就在这一社会大环境之下，与程朱理学密切相关的陆王心学也随之成为学者们经常讨论的话题之一，他们无论是批评也好，反对也罢，陆王心学复苏的事实已是不可抗拒的。

① （清）永瑢等：《四库全书总目》卷九十八，《子部》，《儒家类存目四》，"讲学"条，第834页。

第三节 陆王心学的再度复兴

道光、咸丰之时，尽管清朝社会已经处于严重危机，此时最高统治者仍然推崇程朱理学，只不过是和其他王朝一样，当一个政权处于下坡路或者是即将崩溃的边缘之时，文化政策亦显得苍白无力，十分纤弱，不再会引起社会上层的高度重视。这时的学术思想和文化，也只能在少数有识之士或者一些颇具远大理想和眼光的官僚和士人、知识分子阶层中传播和发展着，而且他们也是推动学术思想文化向前发展的主力军。

和清朝此前各时期一样，在当时有一些信奉陆王心学的官僚，在地方上倡建阳明书院，招收生徒，来传授陆王心学思想学说。吴嵩梁（1766—1834），字子山，号兰雪，晚号澈翁，别号莲花博士、石溪老渔，江西东乡新田人，清代文学家、书画家，也是江西最杰出的诗人之一。曾先后主讲过临川兴鲁书院、庐山白鹿洞书院、铅山鹅湖书院等，在教学过程中，注重言教与身教结合，告诫生徒要"贵实学"。道光十年（1830），吴嵩梁任贵州黔西知州，次年，在东山开元寺阳明祠里建阳明书院，纪念王守仁当年在贵州劝学、传播文化和发展教育，并亲自在书院讲学，传授阳明心学。其在《八月二十八日还任黔西》之三中，这样写道："阳明书院即祠堂，讲学平生艺瓣香。旷世勋名推性理，诸罗俎豆始文章。千峰绕槛堆寒黛，十柏参天对老苍。我本山中猿鹤侣，归依犹认旧门墙。"[1] 还有当时与其事的士子张琚和诗《黔西阳明先生祠创自前刺使吴兰雪先生越十年，署刺使俞秋农先生始率诸生释行礼并置祠田，诗以记云》："阳明祠院旧山房，凿罩丛林辟讲堂。旷代儒宗新俎豆，一番典礼隶冠裳。黄花酒熟生辰奠，十柏阶联弟子行。谁继龙场勤劝学，新昌遗爱嗣东乡。"[2] 从两首诗中亦可以看出，吴嵩梁之心境与当年王守仁是不一样的，尤其是他对官场失意之情表现得极为直率。但不可否认的是，其对传播王守仁心学思想，同样有着举足轻重的作用。

---

[1] （清）吴嵩梁：《香苏山馆古体今体诗钞》卷十九，续修四库全书本，上海古籍出版社 2002 年，第 11 页。

[2] 转引自徐明德：《清道光间黔西知州吴嵩梁政功集传》，《贵州文史丛刊》1994 年第 4 期。

　　道光十九年（1839），为了纪念先贤王守仁，吉安知府鹿春如在青原山北面待月桥北侧净居寺旁重建传心堂、五贤（即王守仁、邹守益、聂豹、欧阳玉、罗洪先。——引者）祠及学舍、居室，并正式命名为"阳明书院"，研讨王守仁心学学说。鹿春如（即鹿泽长。——引者），山东福山（今属烟台）人，出身拔贡。曾任台湾府嘉义县知县，后因"玩视盗案"而被革职，道光十九年（1839），任吉安知府，在他的主持之下，历时三年，阳明书院建成。早在明正德五年（1510），时任庐陵知县的王守仁偕同著名理学家、教育家，一生把王守仁的"致良知"学说作为道德教育根本的邹守益在青原山讲习"良知之学"，后来，会讲者众，并置学田。王守仁去世后，每年春秋两季，于青原山都要举办王学讲会。每到讲会之时，大江南北的王门弟子和一些崇奉王学者不远千里而来。由此，青原山也就成了当时王学研讨的中心，而庐陵则被誉为"理学之邦"。到明万历四十年（1612），吉安名士邹元标（1551—1624，吉水人，历任刑部侍郎，左都御史等职。——引者）、郭子章（1542—1618，泰和人，官至兵部尚书。——引者）接纳净居寺僧本寂建议，筹资把会馆从寺内迁至寺外山前重建。历五十年风雨，改朝易代，会馆亦随之破损，于是，在清康熙五年（1666），湖西道守施闰章倡议对其进行修葺。此后，又经历百年沧桑，会馆失修倾塌，为了重振阳明之学，于道光十九年（1839），时任知府鹿春如又再次倡建阳明书院。阳明书院建成后，又"劝捐储费，建库储书"，选拔吉安九县优秀士子就读其中，弘扬儒学精神，继承庐陵文脉。道光二十三年（1843），聘刘绎（字瞻岩，永丰县人，曾任提督山东学政。——引者）为首任院长，主讲书院达三十年之久。阳明书院一度成为当时著名的理学讲坛，有"江西杏坛"之美称，而吉安亦被誉为"理学之邦"。

　　阳明书院位于江西赣州郁孤台下，原名濂溪书院。明朝正德年间，南赣巡抚、佥都御史王守仁巡抚赣南，镇压当地农民起义，并在此聚众宣讲其"致良知"学说，以期"破心中贼"。当时，从学者甚众，如何廷仁、黄宏纲、何春、刘潜、谢魁、赖元等。到崇祯十三年（1640），知县陈履忠改名为濂泉书院，迁于光孝寺左。清道光二十二年（1842），知府王藩倡捐于郁孤台原址重建书院，命名为"阳明书院"。订立规制，课文校艺，祀王守仁，以何廷仁、黄宏纲配祀。次年，王藩再次扩建，并自为记。其中有语，曰：

"先生（即王守仁。——引者）甫抚赣，即修濂溪书院以居学者，而自置讲堂于后，阐良知之说，与周子至诚无伪之旨相发明，学者翕然师尊之。"[1] 同治年间，知府刘瀛修建，又重订章程。到同治十二年（1873）巡抚刘坤一向书院赠送书籍，书院生童近二百名。

王文成公祠坐落在贵州龙场驿旁的龙岗山上，是一组四合院建筑。明朝嘉靖三十年（1551），巡抚贵州监察御史赵锦建阳明祠三楹于龙岗书院北旁，仍题匾额为"龙岗书院"。乾隆十年（1745），贵州布政使陈德荣、学政邹一桂和知县王肯谷重建。嘉庆年间，又多次进行修缮。道光二十六年（1846），贵州巡抚乔用迁令知县许大纶维修改建，更名为"王文成公祠"，并刻王守仁著作于石，嵌入王文成公祠内。次年知县甘雨施修葺，并增置祭田。黔西知州俞汝本于道光二十七年（1847）率州人释奠王文成公祠，并讲学其中，当时，参与释奠的郑珍撰有《阳明祠释奠记》一文。后在咸丰、光绪、民国年间曾经多次维修、增修和改建，形成了以正殿、东厢、西厢、元气亭等为一体的四合院建筑。阳明书院及王文成公祠的多次修复和重建，以及一些信奉王学的官僚致祀王守仁等，这些史实告诉我们，陆王心学学说在当时人们心中仍是有其地位的。

由上可知，"随着王学著述的刊行，王学思想开始受到士人们的重视，在潜移默化中复苏。只是由于受到理学正统的抵制，一时无人公开打出王学的旗号，标立门户。提倡王学的言论主要反映在程朱派、汉学派、今文经学派学者的有关著述中"[2]。事实确实如此。在当时，就有一些士人关注和研究陆王心学学说，引用王学观点来阐发自己的思想主张，如龚自珍、魏源等。龚自珍曾说："孔门之道，尊德性、道问学，二大端而已矣。二端之初，不相非而相用，祈同所归；识其初，又总其归，代不数人，或数代一人，其余则规世运为法。入我朝，儒术博矣，然其运实为道问学。自乾隆初元来，儒术而不道问学，所服习非问学，所讨论非问学。比之生文家而为质家之言，非律令。小生改容为闲，敢问问学优于尊德性乎？"[3] 龚氏认为儒家传统学问不出"尊德性"和"道问学"两途。但同时，我们亦能够

---

[1]　《赣州府志》卷二十六，《书院》，《重建阳明书院记》，清同治十一年（1872）刻本。

[2]　史革新：《晚清陆王心学复苏的若干考察》，《徐州师范大学学报》2005年第1期。

[3]　（清）龚自珍著，夏蓝田编：《龚定庵全集类编》卷二，《江子屏所著书序》，第24页。

意识到，龚氏所语是存有偏向性的，他是明显偏向了"尊德性"，甚至认为"儒尊德性，问学次焉；德性曷尊？万物备与"①。龚自珍在"尊德性"的同时，还特别强调"自我"。他说："天地，人所造，众人自造，非圣人所造。圣人也者，与众人对立，与众人为无尽。众人之宰，非道非极，自名曰我。我光造日月，我力造山川，我变造毛羽肖翘，我理造文字言语，我气造天地，我天地又造人，我分别造伦纪。"②对"自我"的推尊和夸大达到了无以复加的地步，进而推及其对"心力"的重视。他认为："心无力者，谓之庸人。报大仇，医大病，解大难，谋大事，学大道，皆以心之力。"③这种对"心"的作用的夸大，正是王守仁"心外无物"、"心外无理"理论的具体化。因此，龚自珍还是以王守仁的"心学"来作为其哲学基础的。可以说，龚自珍不仅将由清初发展起来的强调"自我"的意向推向了一个新的高潮，而且也将清代的王学推向了一个新的高潮。

魏源深受王学影响。魏源（1794—1857），名远达，字默深，又字墨生、汉士，号良图，湖南邵阳隆回金潭人，道光二十五年（1845）进士，官高邮知州，晚年弃官归隐，潜心佛学，法名承贯。据史料记载，魏源于县学中便开始接触王守仁心学学说。他认为王守仁的"心外无理"、"我心即理"这些理念比之程朱理学家"存天理，灭人欲"，以实现"天人合一"、"万物同体"的圣人境界，要现实得多。因为王守仁倡导人的内心先天具有一切道德原则，有良知，无须湮灭现世的各种欲望，人只需在"致良知"上下功夫，扩充自己的存在，这些恰恰适合魏源从小便好独坐深思的喜静性格。

最终，魏源晚年弃官归隐，潜心向佛，这也与他一贯奉行的心性学说有一定的关系。他认为"明心即佛"、"即心即佛"、"性体圆融"、"无情无性"，等等，皆与孟子的"性善论"，与陆九渊的"宇宙便是吾心，吾心即是宇宙"等是一致的，尽管魏源没有关于王学方面系统的论述，但他所指出的这些范畴和理念，可以说是深受阳明学影响的。而他最终走上浮图之路，也可以说与王守仁心学不无关系，因为他解佛用"心"是处处可见的。如"人

---

① （清）龚自珍：《龚自珍全集》（第六辑），《南岳大师像赞》，第398页。
② （清）龚自珍著，夏蓝田编：《龚定庵全集类编》卷五，《壬癸之际胎观第一》，第107—108页。
③ （清）龚自珍著，夏蓝田编：《龚定庵全集类编》卷五，《壬癸之际胎观第四》，第110页。

人心中有无量寿佛"、"'观经是心作佛,是心即佛'。此言较之宗门见性成佛,尤为直捷"、"以制心一处,无事不为,为参究之要",等等。

在龚自珍、魏源等先驱者的努力之下,王学再次受到士人们的关注,在潜移默化中慢慢复苏开来。王学的复苏,首先遭受一部分主张程朱理学者们的反对,在当时,一度出现程朱陆王之辩的激烈讨论。据史革新先生研究,在道光年间,一些程朱理学派人士编写著作来痛诋陆王心学,计有罗泽南的《姚江学辨》、唐鉴的《国朝学案小识》、刘廷诏的《理学宗传辨证》。罗泽南"用程朱理学的观点系统地批判了王学,为时人声讨王学的一部力作"①,而唐鉴所著"该书以程朱理学派的观点对清代学术进行了梳理,将王学派学者及倾向于王学的学者'皆厘而剔之'",刘廷诏所作则"批驳了清初学者孙奇逢《理学宗传》调和程朱陆王的观点,在论辩理学道统、尊崇程朱的同时,把陆王心学排斥于正宗儒学之外"②。

但是,史革新先生研究认为,"晚清学界关于程朱陆王之辨的讨论并没有发展成为大规模的学术论争。其原因在于:一是由于陆王之学的复兴仅处于萌动状态,尚未形成独立的派别,也无代表人物,在思想学术界未成气候,并不具备还击责难者的条件。因此,在讨论中只有程朱派的侃侃而谈,而无对方的回应。没有对手的讨论是不能形成论争的。二是当时学界主张各种不同学派并存并立,兼收并蓄的思想盛行起来,使不少理学家对旷日持久的学术论争日趋淡漠,转而主张不同学派的调和。这就使得程朱陆王两派思想由'分'而趋于'合'。这些主张程朱陆王调和的理学士大夫对陆王之学的复兴起到一定的作用。"③道出了当时状况之原委。

史革新先生进而论述晚清学界对程朱陆王调和论的阐扬。他认为主张调和程朱陆王的理学士人情况十分复杂,可以划分成两大类:一类是陆王之学倾向比较明显的学人,有莫晋、胡泉、佟景文、宗稷辰、吴嘉宾和刘光蕡等。在学术思想上,他们赞成王守仁心学学说,对陆王学说做出自己的解释。吴嘉宾在其所著《释学》中语:"夫道尝出于吾心之自然,而为吾

---

① 史革新:《晚清陆王心学复苏的若干考察》,《徐州师范大学学报》2005 年第 1 期。
② 史革新:《晚清陆王心学复苏的若干考察》,《徐州师范大学学报》2005 年第 1 期。
③ 史革新:《晚清陆王心学复苏的若干考察》,《徐州师范大学学报》2005 年第 1 期。

道者尝出于学。"①他还用孟子的话来强调"心"之本体意义，说："孟子曰：
'养其大体为大人。'所谓大体者，非心之谓乎。"②宗稷辰则认为："阳明之
学从天道入者也。惟其得天之圆，是以有觉于一心，即可觉人人之心；有
格于一物，即可格物物之事。而其人我事物之无不周偏者，实大圆之中藏
大方焉，天道之中涵人道焉。"③可见，二人思想皆带有明显的主观唯心论
特征。

在程朱陆王之辨的问题上，宗稷辰等人反对把陆王与程朱截然分割
对立起来，提出"王学即朱学"的观点，试图调和程朱陆王，以抬高陆王
之地位。宗稷辰曾说："自有明以来，讲学宗朱者辄与阳明为敌，众口一
词，坚执不破。幸得深如高景逸（即高攀龙。——引者）、刘蕺山（即刘
宗周。——引者），笃信如孙夏峰（即孙奇逢。——引者）、汤孔伯（即汤
斌。——引者），乃克观其会通而定于一，嗟呼！亦知阳明子之学，即朱子
之学乎哉！"④宗稷辰还说："诚原两先生（即指王守仁和朱熹。——引者）
救世之心以教人。学朱子者，当以阳明之警悚牖之使明；学阳明者，尤当
以朱子之精严约之使固。有兼资之益而无偏胜之忧，化町畦之私而宏进修
之域。圣学自此明，大道自此公，名世之儒自此出。"⑤他从治学宗旨、治学
内容、治学方法等方面来论述了王守仁和朱熹的共同点。并且还断言，王
学与朱学一旦相互补充，相辅而进，便可使圣学圣道发扬光大。可以看出，
宗稷辰强调二者互补，实际上是借朱学而肯定王学，为王学的复兴提供合
法的理论根据。

总体而言，"嘉道以后，随着清代学术转换期的到来，在学界涌现出一
批陆王之学的提倡者，沉寂了百年之久的陆王之学开始复苏。然而，在程朱
理学的制约下，复苏中的陆王之学并未公开打出自己的旗帜，没有成为学界
的一个独立派别，恢复到明代中后期的规模。它的复苏需要借助程朱理学的
帮助。尽管如此，宗稷辰、吴嘉宾等人的新异言论毕竟给陆王之学提供了一

① （清）吴嘉宾：《求自得之室文钞》卷一，广州刻本 1866 年，第 1 页。
② （清）吴嘉宾：《求自得之室文钞》卷一，第 16 页。
③ （清）宗稷辰：《躬耻斋文钞》卷二，咸丰间越岘山馆刻本，第 30 页。
④ （清）宗稷辰：《躬耻斋文钞》卷二，第 4 页。
⑤ （清）宗稷辰：《躬耻斋文钞》卷二，第 4 页。

个有限的生存空间，为它在 20 世纪初的复兴准备了条件"[①]。

另一类是理学正统派中的一些人士持调和程朱陆王学术者。如曾国藩、李棠阶、朱次琦等人，他们从维护程朱理学的立场出发，并不赞成绝对排斥陆王学术，而是吸收其精华来光大儒学，因此，主张调和程朱陆王学术，不能视王学为异端，反对门户之别。李棠阶曾说："阳明之学，实能自得，诋为异端，固属过当。"[②]肯定了王学对孔孟儒学的发挥有独到之处，是"圣学"不可分割的一部分。曾国藩说："孔孟之学，至宋大明，然诸儒互有异同，不能屏门户之见。……朱子主'道问学'，何尝不洞达本原？陆子主'尊德性'，何尝不实征践履？……当湖学派极正，而象山、姚江亦江河不废之流。"[③]徐桐亦说："程朱陆王，资禀不同，故所由之途亦不同，而及其所至则一。程子主一，朱子居敬，陆子先立其大，王子致良知，名目虽分，实则一贯。陆王之学，尊程朱者诋之，抑知陆子之学非主一居敬，何能致良知乎？方氏（即方东树。——引者）恪守程朱，痛诋陆王，亦是门户之见未化，正坐务博未能返约之病。"[④]于此，曾国藩肯定了陆王之学与"圣学"之间的关系。而徐桐更是认为二者之间，只是治学方法上的不同，而其治学宗旨和目的是一致的。同时，徐氏对方东树在《汉学商兑》等著述中的不当言论提出了质疑。

同时，他们还极力反对大张旗鼓地抨击王学，不主张门户之争。李棠阶针对明代理学家陈建《学蔀通辨》一书，就曾指出："看《学蔀通辨》前编、续编，看完。主程朱以攻陆王，击无完肤。然吾有心性，吾自认真理会，那得如许闲力争此等闲气也。"[⑤]《学蔀通辨》作为明末论战朱陆异同的斗士，陈建对朱陆之争和儒释之辨的辨析是系统、深入、有说服力的，但是局限于自己尊崇理学的学术立场，对圣贤之学的笃信，所以并未逃脱门派相争之嫌。因此，李棠阶认为陈建之《学蔀通辨》一书不足为训。徐桐则认为："今之言学者，病王甚于病陆，皆蹈袭清献（即陆陇其。——引者）之绪言，未尝

①　史革新：《晚清陆王心学复苏的若干考察》，《徐州师范大学学报》2005 年第 1 期。
②　（清）李棠阶：《李文清公日记》卷三，天津刻本 1915 年。
③　（清）曾国藩：《曾国藩全集·书信》五，《复夏教授》，岳麓书社 1992 年，第 3466—3467 页。
④　引自（清）豫师：《汉学商兑赘言》，光绪年间刻本。
⑤　（清）李棠阶：《李文清公日记》卷三。

深体其用意之所在也。清献知明季讲学之辨，全在光景门头，卖弄精魂，故力辟王学以卫吾道。此而谓不善学王者承流之弊则可。若王氏良知之正非无据，未可尽情诋毁也。"① 当今学风和清初辨学风气没有什么两样，尤其是和当时的陆陇其倡学一样，起不到任何好的作用，反而起到消极作用，于学术、于社会、于国家皆是无补的。

为了进一步加以说明自己的观点，他们还从不同的方面对陆王学术进行了肯定。史革新先生研究认为他们对陆王及其学术的肯定主要表现在学理、事功和文学三大方面。

于学理方面，李棠阶较有代表性。李棠阶在其所著《志节篇》、《四书约解》、《语录》及书信、日记中皆有所体现。他认为陆王之学和程朱之学都同属于"圣人之学"，同源殊流，各有特点，二者之间为互补关系。他曾说："学者只须为己，毋庸多辨。程朱陆王，皆可至道，要在真修真悟，实实用功。彼此掊击，于己何与焉，即陆王程朱，亦岂以此为加损哉！"② 李棠阶既赞同朱子的渐进修德之方，同时又肯定陆王简捷易行的成圣之途，要想真的学到"圣人之学"，皆必须下一番功夫，否则，皆是无益的。

于事功方面，可以说晚清学界对于王守仁事功方面，基本上持肯定态度。方宗诚说："陆、王、陈（即陈献章。——引者）三先生，行谊、气节、功烈、政绩、忠孝大端，固皆可为后世师表。"③ 罗泽南作为激烈的王学反对者，也特别推崇王守仁事功之学，他曾经这样讲道："若陆子品谊，阳明勋业，固有不可磨灭处，但欲废讲学，以求顿悟，窃禅门之宗旨为吾儒之工夫，有害吾道非浅。"④ 倭仁对陆王心学抱有成见，但却十分赞成其经济之才，他说："陆王之学阁下已洞悉其弊，较然不感矣。若象山之知荆门，姚江之抚江西，政绩具在，不当效法乎？今且将学术之辨暂行撤开，不须再议，取两贤经济仿而行之，不尚虚词，惟求实用。"⑤ 由上可见，正统理学派尽管于学术方面不认可陆王心学，但于其事功之学还是持肯定

① 引自（清）豫师：《汉学商兑赘言》。
② （清）李棠阶：《李文清公日记》卷三。
③ （清）方宗诚：《志学录》卷八，清末刻本 1877 年。
④ （清）罗泽南：《罗山遗集》卷六，长沙刻本 1863 年。
⑤ （清）倭仁：《倭文端公遗书》卷一，安徽六安求我斋刊本 1875 年。

态度的。

文学方面也是如此，如曾国藩作为晚清文坛桐城派的中坚，并不赞成王守仁的思想观点，但却肯定王守仁文章的风格。在其选编的《鸣原堂论文》中，就收录有王守仁的《申明赏罚以厉人心疏》。此文于内容上讲的是经国安邦之策，但其文法上也颇具功底，体现了王守仁较深厚的古文造诣，深受曾国藩称许和赞赏。他曾说："吾尝取姚姬传先生之说，文章之道分阳刚之美，阴柔之美。大抵阳刚者气势浩瀚，阴柔者韵味深美。浩瀚者喷薄而出之，深美者吞吐而出之。"[①]认为王守仁的文章带有十足的阳刚之气，值得一读，他如是评价说："文章之道，以气象光明俊伟为最难而可贵。如久雨初晴，登高山而望旷野；如楼俯大江，独坐明窗净几之下，而可以远眺；如英雄侠士，褐裘而来，绝无龌龊狷鄙之态。此三者皆光明俊伟之象。文中有此气象者，大抵得于天授，不尽关乎学术。自孟子、韩子而外，惟贾生及陆敬舆、苏子瞻得此气象最多。阳明之文亦有光明俊伟之象，虽辞旨不甚渊雅，而其轩爽洞达，如与晓事人语，表里粲然，中边俱彻，固自不可几及也。"[②]把王守仁的文章抬到如此高度，并且与孟子、韩愈、苏轼等文坛大师相提并论，充分反映了曾国藩对王守仁文学成就的肯定。

总之，"在晚清学术的发展变化中，陆王之学的复苏是一个值得重视的学术动向。随着汉学的衰落，各种学术思想开始活跃起来，为陆王心学的萌动创造了客观条件。大致在中日甲午战争以前，陆王之学尽管受到理学正统派的压抑，未能恢复到明代时的规模，发展成为独立的学派，但是，陆王学说的许多思想内容通过持调和论学者的阐发，保留下来，得到潜在性的传播，为在 20 世纪初的兴起打下了思想基础。也要看到，这一时期赞成陆王之学的学者不少都是程朱理学的信奉者，他们对陆王之学的肯定、发挥，都用程朱理学的观点进行过滤，阐扬的内容只限于那些对封建统治无妨害的和与程朱理学不相悖的东西，而陆王之学中的精华成分、与程朱理学教条相矛盾的内容却被掩而不彰，受到禁锢"[③]。

---

① （清）曾国藩：《求阙斋日记类钞》卷下，清末刊本 1876 年。
② （清）曾国藩：《曾国藩全集·读书录》，《集》，《阳明文集》，岳麓书社 1989 年，第 367 页。
③ 史革新：《晚清陆王心学复苏的若干考察》，《徐州师范大学学报》2005 年第 1 期。

第四节　康有为的陆王心学思想

梁启超于 1899 年发表的《康有为传》一书中曾语："九江（即朱次琦。——引者）之理学，以程朱为主，而兼采陆王，先生（即康有为——引者）则独好陆王。"[①] 而侯外庐先生在很早以前也曾经说过："南海之思想，以陆王心学为体，史学西学为用。"[②] 梁启超和侯外庐二先生皆看到了康有为思想学说之主旨。可以说，康有为在哲学思想上十分推崇陆王心学，并把其运用到社会实践中，使陆王心学学说成为其变法理论的主要来源。

一　康有为生平学行

康有为（1858—1927），原名祖诒，字广厦，号长素，又号明夷、更甡、西樵山人、游存叟，广东南海（今属佛山）人，人们因地望习称"康南海"。康有为祖父康赞修为道光年间举人，升用教授连州训导，信奉宋明理学，父亲康达初曾做过江西补用知县。他自幼跟随祖父学习儒家经典，十分刻苦，他自己曾经回忆这段时光，说："于时神锋开豁，好学敏锐，日昃室暗，执卷倚檐柱，就光而读，夜或申旦，务尽卷帙。先祖闻之，戒令就寝，犹篝灯如豆于帐中，隐而读书焉。"[③] 受中国传统习俗影响，家人希望康有为走科举一途，光宗耀祖，极力督责其读圣贤书，为他延聘塾师，但终因不喜八股文，或者是其他原因，经过两次参考才通过了童子试，于光绪二年（1876），参加乡试，结果又名落孙山。

乡试失败后，始师事广东理学名儒朱次琦。朱次琦（1807—1881），字稚圭，号子襄，广东南海人，世称"九江先生"。其一生著述甚丰，如《国朝名臣言行录》、《性学源流》、《五史实征录》等，但在他去世前夕，自己

---

① 康有为著，楼宇烈整理：《康南海自编年谱（外二种）》附录，"康有为传"第三章，中华书局1992年，第240页。
② 侯外庐：《近代中国思想史》，上海书店出版社1989年，第686页。
③ 康有为著，楼宇烈整理：《康南海自编年谱（外二种）》，"同治七年（1868）十一岁"条，第4页。

焚毁了全部书稿。后来，他的学生简朝亮，辑有《朱九江先生集》一书。朱次琦虽是一位理学大师，但也兼采陆王学说，治经则扫除汉、宋门户，而归宗于孔子，认为读经的目的在于"济人经世"，这种观点比较接近今文经学派的思想主张。朱次琦非常赞赏清初民族主义思想家顾炎武与王夫之的儒家学说，强烈抨击充斥当时社会上的浮华和罪恶现象。朱次琦的道德文章，启沃了康有为为国家和民族"立德、立言、立功"的鸿鹄之志，"以圣贤为必可期，以群书为三十岁前必可尽读，以一身为必能有立，以天下为必可为。从此谢绝科举之文，士芥富贵之事，超然立于群伦之表，与古贤豪君子为群，信乎大贤之能起人也"①。康有为二十二岁那年离开了先生朱次琦。虽说康有为拜在朱次琦门下学习时间不算太长，并且最后几个月还处于一种"病狂"状态，但这段时间，对康有为学问的丰富、国学水平的提高起到了重要作用。梁启超就认为："其理学政学之基础，皆得诸九江。"② 此话是正确的。

康有为离开朱次琦回到家乡，于光绪五年（1879），来到西樵山白云洞读书，其间，还曾游历香港。在这段时间里，康有为先后阅读了顾炎武的《天下郡国利病书》、顾祖禹的《读史方舆纪要》等具有"经世致用"思想观点的典籍，以及《海国图志》、《瀛环志略》等"睁眼看世界"的一些典籍。这些典籍使得康有为眼界大开，心胸更阔，参与社会的心志更加坚定，与此同时，康有为还写下了大量的有关治国理民的心得笔记。另外，这也是康有为关于中西比较，思想观念上发生重要变化的开始。

光绪八年（1882），对科举并不感兴趣的康有为在家人的强烈要求下参加了顺天乡试，结果仍是未中，但他并没有感到丝毫的气馁。在京城，他谒太学、叩石鼓、瞻宫阙、购碑刻、访友朋。而此次进京赶考收获最大者，应当说是他在南归途经上海时，购得到江南制造局翻译出来的大量西学著述。这些著述涉及政治、经济、历史、舆地、宗教和自然科学等诸多方面，进一步地接触和了解到了资本主义的事物，尤其是西方的进化论和政治观点。

———————

① 康有为著，楼宇烈整理：《康南海自编年谱（外二种）》，"光绪二年（1876）十九岁"条，第7页。
② 康有为著，楼宇烈整理：《康南海自编年谱（外二种）》附录，"康有为传"第三章，第240页。

光绪十四年（1888），康有为再次束装北上参加顺天乡试。此时，民族危机深重，在京城，他想到了"天下兴亡，匹夫有责"，决不能随波逐流，一定要为革新国政勇敢建言。于是，他第一次上书德宗，指出日本"伺吉林于东，英启藏卫而窥川滇于西，俄筑铁路于北而迫盛京，法煽乱民于南以取滇粤"，痛陈祖国的危亡，批判因循守旧，要求变法维新，提出了"变成法、通下情、慎左右"三条纲领性革新主张。此次乡试，尽管康有为成绩颇优，但因有大臣语"如此狂生不可中"①，终被弃，结果，又一次榜上无名。次年秋天，便打点行装南归。

光绪十七年（1891），康有为在广州开办万木草堂学馆，聚徒讲学。万木草堂的创办宗旨为"脱前人之窠臼，开独得之新理"，为此，康有为专门撰写了《长兴学记》一文作为草堂学规，以《论语》中的"志于道，据于德，依于仁，游于艺"为纲，对学生施以德、智、体全方位的教育。在德育方面，康有为提倡厉节、慎独、主静、养心、检摄威仪、敦行孝悌、崇尚任恤、同体饥溺等传统道德修养。草堂共计开设四种课程，即义理之学、经世之学、考据之学和词章之学。义理之学，包括孔学、佛学、周秦诸子之学、宋明理学、泰西哲学等。最初，有学生不满二十人，到了后来，骤然增加至一百多人。经过多年努力，先后培养出一大批著名的维新变法人才，如陈千秋、梁启超、麦孟华、徐勤、韩文举、曹泰等人。后来，梁启超为万木草堂拟定了教学大纲，即《万木草堂小学学记》，光绪二十二年（1896）十月，梁启超又来到湖南长沙，主持时务学堂讲席，次年，制订了《湖南时务学堂学约》。《学记》和《学约》，一方面充分体现了梁启超继承了乃师康有为的学术宗旨，另一方面，也体现出了梁启超于陆王心学方面的思想特点，其把陆王心学思想融入到了自己的思想体系中，来指导自己的社会变法维新实践。可谓与其师康有为一脉相承。

光绪二十一年（1895），日本胁迫清廷签订丧权辱国的《马关条约》，全国为之震动。正在北京参加会试的康有为激起强烈的爱国热忱，发动在京应试的一千三百名举子联合上书清廷，提出"拒和、迁都、练兵、变法"等一

---

① 康有为著，楼宇烈整理：《康南海自编年谱（外二种）》，"光绪十四年（1888）三十一岁"条，第18页。

系列主张，这即是有名的"公车上书"。会试榜发，中进士，授予工部主事，不就。随即，康有为又上书光绪帝，阐述中国必须尽快变法，并提出自强雪耻的策略，即富国、养民、教士、练兵。这些主张深得光绪帝的赞许。从"公车上书"起至光绪二十四年（1898）的戊戌变法这段时间内，他领导了爱国维新运动。在这期间，康有为先后六次上书光绪帝，目的是想通过德宗的权力，通过自上而下的改革，挽救清王朝。但最终被反对变法革新的慈禧太后集团镇压下去，这一自上而下的改良运动，最终以改良派流血失败而告终。

戊戌变法失败后，康有为不得不流亡海外。随着革命运动的深入，他仍然坚持改良的路线，拒绝与资产阶级革命派孙中山等人合作，并组织保皇会，反对孙中山领导的资产阶级民主革命。辛亥革命后，康有为在上海创办《不忍杂志》，陆续发表反对共和与保存国粹的言论，从事孔教会活动，鼓吹尊孔复古。总之，康有为是中国近代第一个高举宪法旗帜对封建专制进行质疑和挑战的学者和改革家，虽然仓皇改革的思想具有明显的历史局限性，但这并不妨碍他作为近代中国变法思想启蒙的第一人。

二　康有为的陆王心学思想

康有为的思想是庞杂的，在他庞杂的思想体系中，陆王心学思想学说成为他变法维新理论的主要来源和基础，诚然，其心学思想主张并没能够指导这场政治运动走向胜利，而是以失败告终。康有为在当时为何选择陆王心学思想主张来作为其变法指导思想呢？因此，探讨康有为与陆王心学学说之间的关系，对于正确认识康有为思想学说的本来面目具有十分重要的意义。

（一）家学渊源和师承传授

据史料记载，康有为的高祖中过举，诰封荣禄大夫、广西布政使。曾祖则诰封资政大夫、福建按察使。祖父康赞修，道光二十六年（1846）丙午科举人。咸丰四年（1854），选任合浦县教谕，后调任钦州学正，历主龙门书院、海门书院和东坡书院讲席。同治七年（1868），改补连州训导兼南轩书院山长。可以说，其祖父一生主要担任地方管理教育的官职，且崇信宋明理学，笃行盛德，袒怀接物，以和为贵，以孝悌友爱著称当时，深得乡里称誉。其叔祖康同器，因参与镇压太平天国革命运动有功，而被清政府加封护理广西巡抚，晚年回到家乡，大兴土木，修筑祖宗祠堂和园林宅地。其中，尚建有"澹如楼"和"二万卷书楼"用来收藏图书和供子孙们学习，以及研讨学问。康有为对自己的家世十分自豪，自称："吾家自九世祖惟卿公为士人，至于吾为二十一世，凡为士人十三世矣。"[①]可见，当时康氏家族对于收藏图书和读书学习还是十分看重的，康有为少年时代就是在这样一个良好的环境下接受启蒙教育和慢慢成长起来的。

康有为自幼除跟随祖父康赞修学习儒家经典外，还学习其他传统典籍，如《纲鉴》、《大清会典》、《东华录》、《明史》、《三国志》等，十分刻苦。如前所述，他曾回忆说自己小时候能够刻苦好学，即使于"日昃室暗"之时，也仍然是"执卷倚檐柱，就光而读"，甚至于学习到"申旦"而不倦。[②]正因为如此，祖父才强制他"就寝"，但他仍把灯藏于帐内坚持读书学习。接受严格的封建正统教育，家人希望康有为走科举一途，极力督责其读圣贤书。

从史料中可知，康有为在光绪六年（1880）前后，仍然是信奉宋明理学的。如在其《自编年谱》中就记载，他在二十三岁那年，"是岁，治经及公羊学，著《何氏纠谬》，专攻何邵公（即何休。——引者）者"[③]。直到光绪九年（1883），他仍勤奋攻读各种有关历史、制度、音乐、声韵以及地理等方面的典籍，可以说，这些书籍皆为当时的古文学家们所致力学习和研究者。尽管在光绪五年（1879），康有为曾经游历香港，首次接触外面世界，于光绪八年（1882）到北京参加会试，回归途中经过上海，购置大批西学典籍，进一步接触到资本主义的事物，逐步认识到西方资本主义制度比中国的封建制度要先进得多。但此时，甚至直到光绪十四年（1888），占据康有为头脑的主要还是中国传统文化。1888年，康有为到北京再次参加会试时，第一次上书德宗，提出改变成法等三条主张，表明其治学方向发生了改变，

---

① 康有为著，楼宇烈整理：《康南海自编年谱（外二种）》，"咸丰八年（1858）一岁"条，第2页。
② 康有为著，楼宇烈整理：《康南海自编年谱（外二种）》，"同治七年（1868）十一岁"条，第4页。
③ 康有为著，楼宇烈整理：《康南海自编年谱（外二种）》，"光绪六年（1880）二十三岁"条，第10页。

把主要精力放在了变法维新。诚然，康有为思想上的巨大转变，并非一蹴而就，譬如光绪十七年（1891），他在广州创办万木草堂学馆，聚徒讲学，其所开设四种课程，即义理之学、经世之学、考据之学和词章之学，全部属于中国传统文化之范畴。这也是值得我们所注意和深思的一个地方。

固然，康有为之所以如此，除却家庭渊源因素外，更加重要者还是当时的社会大环境。清王朝到了光绪时期，尽管已经是"日之将夕，悲风骤至"的境地，但是，传统的儒家文化教育和科举考试制度，依然是当时人们，尤其是一些文人家族和官宦人家子弟求取功名、进入仕途和光宗耀祖的必经之路。可以说，传统儒家教育仍然占据着主体地位。这在文人家族内部体现得尤为明显。这种诗书传家的文化传统是各文化家族内部传承和外部联系的重要工具。因此，康有为当时所研习的依然是以包括儒家在内的中国传统文化为主要内容。

一个人的思想学说主张，也与自己的启蒙老师的学术好尚息息相关。康有为就是这样。康有为的启蒙教师是当时著名的"岭南大儒"朱次琦。朱次琦于论学方面除强调会通外，还强调平易笃实，他既反对清中叶以来汉学家们考据的烦琐和门户之见，同时也反对宋明理学的空疏玄谈，试图以一种平易笃实的方式向学生阐明儒学的本来面目，他主张扫去"汉学"和"宋学"的门户之见，一切归宗于孔子。朱次琦还指出读书的目的就是修德致用，要注意个人身心的修养，而不应当只专注于八股科举应试的这些与世无补的知识。他一生培养出了康有为、简朝亮、黄鲁逸、梁耀枢、凌鹤书等著名学者和人才。朱次琦原本是康有为父亲康达初的老师，后来，康有为亦跟随朱次琦学习。当时，朱次琦已是一位著名儒师，被学者奉为岭表大儒，称之为"南海名珠"。朱次琦传授给康有为最关键的也是最为宝贵的东西即是"经世致用"思想，即反对当时脱离实际的纯考证之学，抨击当时的科举制度，为康有为后来的"以天下为己任"的思想和决心奠定了坚实基础。

朱次琦认为学习的目的就在于把自己培养成为有用人才，即读书的目的在于"明理"，明理的目的在于"处事"，从而能够使学生"先以自治其心，随而应天下国家之用"。因此，他提出"四行五学"的教育理念，"四行"即"敦行孝悌，崇尚名节，变化气质，检摄威仪"；"五学"即提倡扫除汉学，归宗于孔子，努力学习经学、史学、掌故之学、性理之学和辞章之学等各种学问。朱次琦对学子们要求十分严格，要求学子们"处子耿介，守身如玉，谷暗兰熏，芳菲自远"，提出四条治学标准，即"诚心、谨慎、克己、力行"。朱次琦对于程朱陆王之争持折中的态度，主张调和二者，因此，他的学术思想是"以程朱为主，兼采陆王"。朱次琦晚年曾说："吾著述有七焉：……有论国朝儒宗者，仿黄梨洲《明儒学案》，而不分汉学宋学，以辨江郑堂（即江藩。——引者）《师承记》之非。"[1] 梁启超在1899年发表的《南海康先生传》一文中也曾经说："九江之理学，以程朱为主而间采陆王。"[2] 清楚地表明了朱次琦的学术思想倾向。之所以如此，是朱次琦意识到了陆王心学的思想学说之特点，即是讲求实用，注重践履，身体力行，切于世用。

对于程朱理学和陆王心学，朱次琦皆有自己的看法。如对朱熹，他曾这样说："会同六经，权衡四书，使孔子之道，大著于天下。宋末以来，杀身成仁之士，远轶前古，皆朱子力也，朱子百世之师也。"[3] 又说："明姚江之学，以致良知为宗，则攻朱子之格物。乾隆中叶至于今日，天下之学多尊汉而退宋，以考据为宗，则攻朱子为空疏。一朱子也，而攻之者乃相矛盾。"[4] 朱次琦认为朱熹道学集汉学、宋学之大成，应为经学的正宗，站在朱熹理学的立场上，极力处处为朱子辩护。

朱次琦在为程朱理学辩护的同时，也并不反对陆王心学。朱次琦曾说："陆子静善人也，未尝不学。"[5] 朱次琦还说："夫良知良能，皆原孟子，今举所知而遗所能。夫既不读书，何以致良知也？不读书而致良知，宜姚江不以佛氏明心为非也。……昔者姚江谪龙场驿，忆其所读书，而皆有得。姚江之学，由读书始也。故其知且知兵，其能且能御乱。"[6] 可以说，他对于陆九渊和王守仁也同样是持一种认可的态度。朱次琦的这一思想倾向自然而然会影响到学生康有为的。所以，梁启超在《南海康先生传》一文中认为朱次琦学

① 简朝亮：《清朱九江先生次琦年谱》，"光绪七年（1881）七十五岁"条，台湾商务印书馆1978年，第41页。

② 康有为著，楼宇烈整理：《康南海自编年谱（外二种）》附录，"康有为传"第三章，第240页。

③ 简朝亮：《清朱九江先生次琦年谱》，"咸丰八年（1858）五十二岁"条，第24页。

④ 简朝亮：《清朱九江先生次琦年谱》，"咸丰八年（1858）五十二岁"条，第25页。

⑤ 简朝亮：《清朱九江先生次琦年谱》，"咸丰八年（1858）五十二岁"条，第26—27页。

⑥ 简朝亮：《清朱九江先生次琦年谱》，"咸丰八年（1858）五十二岁"条，第27页。

术取向是"以程朱为主而间采陆王"的，而康有为学术取向不同于其师，他则是"独好陆王"。朱次琦与康有为有师承渊源，但同时，二人的思想主张却又不完全相同。

诚然，一种思想在传承的过程中发生变化这是自然的，也是符合学术思想文化发展规律的。一种学术思想发生转变，其原因也是多方面的。康有为继承了乃师朱次琦的思想学说，却又不是简单地盲从师教，而是更多地能够独立思考，形成了自己的思想体系，所以，康有为与其师朱次琦思想重心是不一样的。而这一转变的原因，梁启超认为"先生则独好陆王，以为直捷明诚，活泼有用。故其所以自修及教育后进者，皆以此为鹄焉"[1]。从梁启超此语来看，康有为之所以信奉陆王心学学说，是因为其"直捷明诚，活泼有用"，从形式上来看是有一定的道理，但实质上也并非如梁启超所语这样简单，还有陆王心学学说自身深层次的原因。

（二）康有为心学思想之特点

康有为之所以"独好陆王"，既有康有为个人自身的原因，同时，也与陆王心学学说方面的特点密切相关。陆王心学自从陆九渊创始，到了明朝中叶之时，王守仁继承和发展了陆九渊的心学思想学说，在宋明理学中形成了一个异于程朱理学派的陆王心学学术流派。就其思想体系而言，其核心是"致良知"。它包括"心即理"、"知行合一"、"致良知"，以及"万物一体之仁"等几个方面。陆九渊强调发明本心，蔑视一切权威，"六经皆我注脚"。而王守仁则讲求理于心。总之，他们二人皆强调主观意志、自立精神、独立意识，不依赖于他人，还蔑视权威，不拘泥于旧的传统习俗，对封建伦理道德、对僵化了的程朱理学敢于进行挑战，起到了巨大的冲击和破坏作用，对于封建时代的进步思想家、改革家和政治家皆有启迪作用。康有为即是其中之一。

康有为在万木草堂讲宋明理学时，着重讲授陆九渊和王守仁的心学思想，这也是万木草堂讲学的重要内容之一。梁启超著草堂弟子籍时，曾向康有为请教"为学方针"，康有为当即回答说，首先教之以陆王心学，而后再讲授一些史学、西学等方面的内容。这是因为当时的士子，一无所志，又一

---

[1] 康有为著，楼宇烈整理：《康南海自编年谱（外二种）》附录，"康有为传"第三章，第240页。

无所知，唯利是图，学习"唯帖括之学"，思想上受传统程朱理学的束缚尤其严重。他向学生讲授陆王心学学说，就是要求人们注重精神，贯彻德育，强调发挥人的主观精神作用，从而培养出一批著名的维新人才。在万木草堂开设的课程当中，义理之学居于首位，而在义理之学内容中，宋明理学又占据重要地位，而当梁启超求教"主学之方"时，康有为即刻回答说先教之以陆王心学，由此可见陆王心学在康有为心中所占地位和分量。总体而言，康有为心学思想之特点，大致有以下几个方面。

其一，康有为在认识来源问题上强调"自得"。康有为认为："人之灵明，包含万有。"[①]人只有向内心追求，在心上用功夫，不断地扩充本心，这样就可以掌握真理了。因此，康有为反对到书本中找寻答案。他说："后世之泥一二训诂文字以求《诗》者，必不足与言《诗》矣；泥一二文字经典以求孔子者，必不足与知孔子矣。"[②]即拘泥于某些注释文字去理解《诗》，这样的人并不是真正懂得了《诗》，依照孔老夫子的标准，是不能与之谈论《诗》的；同样，拘泥于某些文字经典片面地去求取孔子的形象、德行，也是不能求得其真容的。诚然，康有为在认识来源上是强调"自得"的，是要求人们在熟读经典、读注解，了解外部世界的同时，一定要用心，保持独立思考，才真正能够理解圣人之言和看懂社会人生。所以，康有为呼吁："舍尽一切，专求本心，扫尽葛藤，荡涤薮泽。"[③]

可以说，康有为在认识来源问题上和王守仁十分相似。王守仁曾说："学贵乎自得也，古人谓'得意忘言'，学苟自得，何以言为乎？若欲有所记札以为日后印证之资，则直以己意之所得者书之而已，不必一一拘其言辞，反有所不达也。"[④]"自得"当然是得之于心，所以，他又说："夫君子之论学，要在得之于心。众皆以为是，苟求之心而未会焉，未敢以为是也；众皆以为非，苟求之心而有契焉，未敢以为非也。"[⑤]由上可知，读书重在心

① 康有为撰，姜义华等编校：《康有为全集》（第五集），《孟子微》，中国人民大学出版社 2007 年，第 422 页。

② 康有为撰，姜义华等编校：《康有为全集》（第六集），《论语注》，第 386 页。

③ 康有为撰，姜义华等编校：《康有为全集》（第五集），《孟子微》，第 439 页。

④ （明）王守仁撰，吴光等编校：《王阳明全集》卷五，《文录二》，《与杨仕鸣三》，第 186 页。

⑤ （明）王守仁撰，吴光等编校：《王阳明全集》卷二十一，《外集三》，《答徐成之二》，第 808—809 页。

得，切不可人云亦云。王守仁曾说："人心是天渊，心之本体无所不该，原是一个天，只为私欲障碍，则天之本体失了。心之理无穷尽，原是一个渊，只为私欲窒塞，则渊之本体失了。"① 又说："君子之学唯求得其心，虽至于应天地得万物，未得出于吾心者也。"② 他甚至认为如果看书不明白，只"须于心体上用功，凡明不得，行不去，须反在自心上体当即可通。盖四书、五经不过说这心体，这心体即所谓道。心体明即是道明，更无二，此是为学头脑处"③。王守仁也认为读书不能只局限在字面上去解释与理解，一定要用心灵去读，去体察，才可能"即可通"，这是为学研讨学问最重要的地方。实际上，王守仁并不是教人不读书，而是教人读书学习的方法，强调读书须知出入法，读书不仅要入得进书，还必须要出得来书，即不能死读书，读死书。总之，人们无论是学文化、学科学、学礼仪、学做人，都要始终做到内化于心，外化于行，求得知行合一。可见，康有为也是教人只要向内心追求，在心上用功夫，不断地扩充自己的本心，这样，就可以掌握真理。

如何才能够"自得"呢？康有为认为，欲有自得，必须要静坐养心，"自得之功，全在养出端倪"。在万木草堂，康有为以孔子的"志于道，据于德，依于仁，游于艺"四言为纲，分注条目，制订了《万木草堂学规》。"据于德"则为其修养方法。在"据于德"纲目中，第一曰"主静出倪"，第二曰"养心不动"，这实质上是把周敦颐之"主静立人极"和陈献章之"静中养出端倪"合二为一。同样，其得意弟子梁启超在万木草堂和湖南时务学堂之时，继承了其师的衣钵，也提倡生徒们要立志和养心，他先后为两个学堂制订有《万木草堂小学学记》和《湖南时务学堂学约》。在《学记》和《学约》中，皆有"立志"和"养心"两目，除此之外，《学约》还有"治身"一目。我们从两份教学大纲中能够清楚地看出：梁启超认为"养心"为"学中第一义也"，是"治事之大原也"，于此，梁启超提及"静坐之养心"、"敛其心"，恰恰如同孟子的"尽心"说，以及陆九渊的"发明本心"说。实际上，陆九渊所谓的"存心"、"养心"、"求放心"就是"发明本心"。本来，

---

① （明）王守仁撰，吴光等编校：《王阳明全集》卷三，《语录三》，《传习录下》，第95—96页。
② （明）王守仁撰，吴光等编校：《王阳明全集》卷七，《文录四》，《紫阳书院集序》，第239页。
③ （明）王守仁撰，吴光等编校：《王阳明全集》卷一，《语录一》，《传习录上》，第14—15页。

"存心"、"养心"是源自于孟子的"尽心"说，陆九渊充分发挥了孟子的这一学说，把它拿来当作自己方法论的中心内容。

陆九渊认为，"明理"在于"立心"，通过扩充主观自我的思维过程，最后落实到"做人"上来。基于此，他反对从客观事物中寻求知识，认识真理，认为"此心此理，我固有之"，"人皆有是心，心皆具是理"。所以，他提出了自己的修养方法，即"存心"、"养心"、"求放心"。他认为通过这样的自我反省、自我认识、自我完善，最终能够实现自己的道德境界。同样，这也是康有为"自得"之方法，为此，"绝学捐书，闭户谢友朋，静坐养心"[①]，在他静坐时，"忽见天地万物皆我一体，大放光明，自以为圣人，则欣喜而笑。忽思苍生困苦，则闷然而哭"[②]，自此，康有为走向了陆王心学的道路。康有为如此反复强调"自得"，实际上是在强调人的主观能动性的同时，也在向人们暗示，人在学习中所显示出来的创造性思维和创新精神是十分可贵的，有助于培养人们的想象与拓展思维的能力。

其二，康有为在真理标准问题上主张"自立宗旨"。为何如此呢？他认为孔子就是这样做的。梁启超在其所著《清代学术概论》一书中也是如此界定其师康有为的，他说："孔子盖自立一宗旨而凭之以进退古人，去取古籍。孔子改制，恒托于古。尧舜者，孔子所托也。其人有无不可知，即有，亦至寻常。经典中尧舜之盛德大业，皆孔子理想上所构成也。"[③]康有为这一观点是否正确于此不加以讨论，但我们可以看出，其实这就是康有为自己的真理标准。而事实上，康有为在自己的实践过程中就是这样做的。

如其在解说《春秋》经时，每论一事，必上下古今，旁征博引，多方进行比较，以究其沿革得失。对于隐公元年"春，王正月"句，康有为解释曰："王者，往也，天下所归往谓之王。……乃可改元立号，以统天下。……盖文王为君主之圣，尧、舜为民主之圣。……孔子以人世宜由草昧而日进于文明，故孔子曰以进化为义，以文明为主。"[④]对于桓公十四年"宋人以齐人、蔡人、卫人、陈人伐郑"句，康有为解释曰："民者，君之

① 康有为著，楼宇烈整理：《康南海自编年谱（外二种）》，"光绪四年（1878）二十一岁"条，第8页。
② 康有为著，楼宇烈整理：《康南海自编年谱（外二种）》，"光绪四年（1878）二十一岁"条，第8页。
③ 梁启超著，朱维铮校注：《梁启超论清学二种》，《清代学术概论》二十三，第64—65页。
④ 康有为撰，姜义华等编校：《康有为全集》（第六集），《春秋笔削大义微言考》，第11页。

本也。使人以其死，非正也。此专发民贵之义，而恶轻用民命。国之所立，以为民也。国事不能无人理之，乃立君焉。故民为本而君为末，此孔子第一大义，一部《春秋》皆从此发。"① 还有如襄公十四年"春，王正月，季孙宿、叔老会晋士匄、齐人、宋人、卫人、郑公孙虿、曹人、莒人、邾人、滕人、薛人、杞人、小邾人会吴于向"句。康有为解释曰："此明大夫专政，以见时会之变。近者各国行立宪法，以大夫专政，而反为升平之美政者，以立宪之大夫出自公举，得选贤与能之义，非世袭而命之君者也。据乱世同为世爵，则贬大夫而从君。既在升平，则舍世袭君而从公举，各有其义也。"②

就是这样，康有为赋予《春秋》经与众不同的鲜明的先进的政治意义，在其整个的论述中皆在依自己的意图竭力地阐述传统经典中的"微言大义"，来为其维新变法寻求理论根据。总之，康有为"出其理想之所穷及，悬一至善之格，以进退古今中外，盖使学者理想之自由，日以发达，而别择之智识，亦从生焉"③。至于康有为解经正确与否不加评论，而就其解经方法，对于当时学界而言，则可谓一枚重磅炸弹，于无声处响惊雷，这对于破除士大夫对于圣人和经典的迷信与盲从，无疑具有积极意义。

康有为曾经说："公理本无善恶是非，皆听圣者之所立。"④ 认为"公理"具有相对性，他说："善恶难定，是非随时，惟是非善恶皆由人生，公理亦由人定。我仪图之，凡有害于人者则为非，无害于人者则为是。"⑤ "公理"是由人来定的，衡量一种伦理道德、社会制度和法律条文是否符合人道的根本原则是"去苦求乐"。他说："故夫人道者，依人以为道。依人之道，苦乐而已。为人谋者，去苦以求乐而已，无他道矣。"⑥ 康有为所谓"去苦求乐"自然是依个人意志为转移的，具有相对主义的性质。可见，康有为完全认为真理具有相对性，这对于传统的"天不变道亦不变"论无疑是一个沉重的打击，应当说还是具有一定的积极意义。但同时，他又完全否定了

① 康有为撰，姜义华等编校：《康有为全集》（第六集），《春秋笔削大义微言考》，第51页。
② 康有为撰，姜义华等编校：《康有为全集》（第六集），《春秋笔削大义微言考》，第225页。
③ 康有为著，楼宇烈整理：《康南海自编年谱（外二种）》附录，"康有为传"第三章，第242页。
④ 康有为：《大同书》辛部，《去乱界治太平》，上海古籍出版社2005年，第273页。
⑤ 康有为：《大同书》辛部，《去乱界治太平》，第273页。
⑥ 康有为：《大同书》辛部，《去乱界治太平》，第5页。

事物的相对稳定性，把真理看作是可以凭主观愿望随意创造的，这是不正确的。也正因为如此，康有为意识不到事物发展的规律，不得不回到传统的道路，而在这一传统的道路上，他选择了敢于冲破传统束缚的陆王心学学说。

其三，康有为在方法论上继承了陆王心学"六经注我"的主观唯心主义方法论。光绪十七年（1891），康有为在广州刊行《新学伪经考》一书，到光绪二十四年（1898）又刊行《孔子改制考》一书。这两部著述皆是康有为采用"六经注我"的方法，在戊戌变法前完成并刊行的，一部是以破除守旧理论的古文经典为主，一部则是以树立孔子改制的变法理论为主。

《新学伪经考》从辨伪、纠谬出发，对于一千多年来居于正统地位的古文经学施以总攻击。康有为通过对古文经的怀疑和否定，进而公然怀疑和否定封建政治制度。他指责两千年封建腐朽统治是由于"奉伪经为圣法"造成的。他宣布，自新莽以来两千年的政治制度和思想体系都是尊奉伪经而形成的，这就从根本上否定了两千年专制统治和思想文化的合法性和合理性，从而为鼓吹维新变法提供了理论依据。

《孔子改制考》是康有为通过阐释孔子"改制"学说来宣传变法的合法性和迫切性。在是书中，康有为首先考证"六经以前，无复书记"。中国历史，从秦汉之后才有考信。他考证出先秦诸子皆创教改制。孔子是"改制立法之教主圣王"，"六经皆孔子改制所作"。由此，便推翻了孔子"述而不作"的传统观点，促进思想大解放。他用历史进化论的观点重新解释公羊家"张三世"说，他说："盖自据乱世进为升平，升平进为太平，进化有渐，因革有由；验之万国，莫不同风。……孔子之为《春秋》，张为三世，……盖推进化之理而为之。"① 孔子于此摇身一变而成了一位伟大的进化论者。康有为的这一整套变法理论，皆是用这种方法来构筑建立起来的。

康有为"六经注我"的方法是来源于陆九渊和王守仁二人。陆九渊曾明白地讲道，"六经皆我注脚"，而王守仁也采用了这一方法对儒家传统经典进行阐释，王守仁在《答李明德》一文中曾说："千经万典，颠倒纵横，皆为

---

① 康有为撰，姜义华等编校：《康有为全集》（第六集），《论语注》，第 393 页。

我之所用。"①而康有为继承了两人"六经注我"的方法。相对于陆九渊、王守仁二人而言，康有为走得更远一些。在解经的过程中，他为了将经典思想与当时维新运动密切联系起来，不得不突破经典文本的宥限，而具有一种解释的主观随意性。实际上来说，这并非是孔子托古改制，而是康有为要托古改制，也可以说其是托孔改制。也是康有为要改革封建君主专制制度，挽救国家的危亡，而假托孔子以实行维新变法。正是康有为先自立一变法的宗旨，采用"六经注我"的方法，而凭之以进退古人孔子、去取古籍六经，把自己变法的理想假托在孔子身上，把孔子塑造成改制变法的圣人，把六经解释为改制变法的圣经。

　　总之，康有为宣传孔子托古改制，是为自己托古改制提供理论根据。康有为"六经注我"的方法，就是要跳出传统经典文字的束缚，利用孔子的名义宣传变法维新，对维新运动起到重要的推动作用。因此，梁启超比喻这两部著作为思想界的一大飓风，是火山大喷发、大地震。

第五节　梁启超心学思想之特点

　　晚清时期，随着中华民族危机的加深，救亡图存运动日益高涨，而陆王心学学说对当时维新志士的影响也是越来越强，如梁启超即是受其影响者之一。梁启超为近代著名的资产阶级改良主义政治活动家，一生致力于倡导变法维新，推动君主立宪。在这一过程中，指导梁启超行动的思想还是中国传统文化，而在中国传统文化当中，仍然是以儒家思想学说为主，而在儒家思想之中，梁启超受到陆王心学，尤其是王守仁思想的影响较大。

一　梁启超生平学行

　　梁启超（1873—1929），字卓如，一字任甫，号任公、饮冰子，别署饮冰室主人，广东新会人。他自幼年起即接受系统的良好的家庭教育，"八岁

---

① （明）王守仁撰，吴光等编校：《王阳明全集》卷六，《文录三》，《答季明德》，第314页。

学为文，九岁能缀千言"①，其祖父维清，号镜泉，为道光末秀才，"肆志于学，以忠厚仁慈，颇得乡里敬重"。梁启超自四五岁起便跟随祖父学习四书五经。"四五岁就王父及母膝下授四子书、《诗经》，夜则就睡王父榻，日与言古豪杰哲人嘉言懿行，而尤喜举亡宋、亡明国难之事，津津道之。"②父亲宝瑛，字莲涧，少承家学，后因久困于场屋，志不得伸，遂绝意仕进，而后设教于乡。"莲涧先生恪守淑身济物之道，不苟言笑，一介必谨，并以此为家风，课督子侄群从。梁启超的学业根底，立身藩篱，就是这样的家庭环境之中树立起来的。"③

光绪八年（1882），梁启超以十岁之龄就童子试。两年之后，补为博士弟子员。十五岁，游学广州，从学于石星巢先生，并肄业于著名的学海堂。翌年，成为学海堂正班生，其间，他的经学词章大进，在来年的乡试中，榜列举人第八名。光绪十六年（1890）春，梁启超入京会试，落第。初秋返粤，再入学海堂。此时，结识了陈千秋。"既而通甫相语曰：'吾闻南海康先生上书请变法，不达，新从京师归，吾往谒焉，其学乃为吾与子所未梦及，吾与子今得师矣。'于是乃因通甫修弟子礼事南海先生。时余以少年科第，且于时流所推重之训诂词章学，颇有所知，辄沾沾自喜。先生乃以大海潮音，作师子吼，取其所挟持之数百年无用旧学更端驳诘，悉举而摧陷廓清之。自辰入见，及戌始退，冷水浇背，当头一棒，一旦尽失其故垒，惘惘然不知所从事，且惊且喜，且怨且艾，且疑且惧，与通甫联床竟夕不能寐。明日再谒，请为学方针，先生乃教以陆王心学，而并及史学、西学之梗概。自是决然舍去旧学，自退出学海堂，而间日请业南海之门。生平知有学自兹始。"④在此之前，梁启超自以颇通晓经学词章之学而沾沾自喜，及至在陈千秋的引导之下得见康有为，聆听到康有为之语后，如"冷水浇背，当头一棒"，"竟夕不能寐"，内心受到极大的刺激和震撼。次日，便虚心向康有为"请为学方针"，康有为便教之以"陆王心学而并

---

① 梁启超：《饮冰室合集》，《饮冰室文集》之十一《三十自述》，第16页。
② 梁启超：《饮冰室合集》，《饮冰室文集》之十一《三十自述》，第16页。
③ 陈祖武、汪学群：《清代文化志》第七章，"晚清七十年的思想潮流"，第348页。
④ 梁启超：《饮冰室合集》，《饮冰室文集》之十一，《三十自述》，第16页。

及史学、西学之梗概"[①]。从此,梁启超便进入一个更高的政治、学术思想境界。由此,梁启超对王守仁思想学说推崇备至,称颂王守仁是"千古大师"和"百世之师"。

二 梁启超心学之特点

梁启超接触到陆王心学之后,一发不可收拾。此后,便极力颂扬阳明心学,他曾经深有感触地说:一提到阳明心学,就"像打针一般,令人兴奋"[②],称颂阳明心学"高尚纯美,优入圣域"[③]。光绪二十三年(1897)十月,梁启超应湖南巡抚陈宝箴之邀来到湖南长沙,就任长沙时务学堂中文总教习,主持时务学堂讲席。时务学堂是由岳麓书院山长王先谦倡议创办的。王先谦(1842—1917),湖南长沙人,字益吾,号葵园,同治年间进士,充任翰林院庶吉士,曾任长沙城南书院和岳麓书院院长,学者称为"葵园先生",其一生著述甚丰。1896年冬,王先谦上书时任湖南巡抚的陈宝箴,请求设立时务学堂。在时务学堂,梁启超一扫书院旧规制,于1897年着手制订《湖南时务学堂学约》十章。此前,于1896年,梁启超就为万木草堂拟定了教学大纲,即《万木草堂小学学记》。可以说,梁启超所拟定的这两份教学大纲,树起两面大旗,从其内容来看:一是大讲陆九渊、王守仁的修养论;一是借《春秋》公羊说和《孟子》来提倡民权,鼓吹变法。他在时务学堂之时,基本上每天日间讲课四小时,到了夜间,则认真仔细地批阅学子们的札记,往往每条或至千言,彻夜不眠。

《万木草堂小学学记》的内容包括八个方面:即立志、养心、读书、穷理、经世、传教、学文和卫生等。《湖南时务学堂学约》的内容则包括十大方面内容:一曰立志、二曰养心、三曰治身、四曰读书、五曰穷理、六曰学文、七曰乐群、八曰摄生、九曰经世、十曰传教。从两份教学大纲中可以看出,二者内容基本上是一致的,《学记》中的"卫生",同《学约》中的"摄生"意思是一样的,只不过是名称的不同罢了。另外,《学约》只不过是多

---

① 梁启超:《饮冰室合集》,《饮冰室文集》之十一,《三十自述》,第16页。
② 梁启超:《饮冰室合集》,《饮冰室文集》之十一,《三十自述》,第16页。
③ 梁启超:《饮冰室合集》,《饮冰室专集》之四,《新民说·论私德》,第140页。

出了"治身"和"乐群"两目而已。

《万木草堂小学学记》八章中,梁启超于第一章即阐明其为学取向,即"立志"。他说:"孔子曰,天下有道,某不与易也。……伊尹思天下之民,有匹夫匹妇,不被尧舜之泽者,……孟子曰如欲治平天下,当今之世,舍我其谁也。朱子谓惟志不立,天下无可为之事。"[1] 同样,梁启超于《湖南时务学堂学约》十章中,也是开宗明义,第一章即为"立志"。其中语:"《记》曰:'凡学士先志。'孟子曰:'士何事?曰尚志。'朱子曰:'书不熟,熟读可记;义不精,细思可精;惟志不立,天下无可为之事。'又曰:'学者志不立,则一齐放倒了。'"[2] 此后,又列举孔子、孟子、范文正(即范仲淹。——引者)、顾亭林(即顾炎武。——引者)等古代先圣先贤能够立大志,成就大事业者来规劝士子们。

梁启超于此劝诫士子们,要想成就大事业,就必须要先立志,确立一远大目标。"先立乎其大者,则其小者不能夺"[3],志之不辨,则此心会茫无定向,失去远大理想。这实际上与陆九渊教人以辨志为入门始事同出一辙。陆九渊的两个弟子傅子渊和陈正己,曾经就关于陆九渊教育弟子以什么为先进行过讨论。陈正己曾经问傅子渊,语:"陆先生教人何先?"傅子渊回答:"辨志。"陈正己又问:"何辨?"傅子渊回答:"义利之辨。"当陆九渊听说此事后,说:"若子渊之对,可谓切要。"[4] 陆九渊认为傅子渊真正领悟到了自己的主旨。的确如此,在宋孝宗淳熙八年(1181),陆九渊到南康郡访朱熹。朱熹请陆九渊登白鹿洞书院讲席。陆九渊便为诸生讲解《论语》中"君子喻于义,小人喻于利"一章。阐明了自己对"义利之辨"的看法。他说:"此章以义利判君子小人,辞旨晓白,然读之者苟不切己观省,亦恐未能有益也。某平日读此,不无所惑:窃谓学者于此,当辨其志。人之所喻由其所习,所习由其所志。志乎义,则所习者必在于义,所习在义,斯喻于义矣。志乎利,则所习者必在于利,所习在利,斯喻于利矣。故学者之志不可不辨

---

[1] 梁启超:《饮冰室合集》,《饮冰室文集》之二,《万木草堂小学学记》,第33页。

[2] 梁启超:《饮冰室合集》,《饮冰室文集》之二,《万木草堂小学学记》,第23页。

[3] 梁启超:《饮冰室合集》,《饮冰室文集》之二,《万木草堂小学学记》,第34页。

[4] (宋)陆九渊著,钟哲点校:《陆九渊集》卷三十四,《语录上》,第398页。

也。"① 接着，陆九渊又联系当时的科举考试制度，认为由于当时实行了科举制度，使得士子们皆去追逐利，与圣人所提倡的仁义礼智背道而驰。所以，他认为："诚能深思是身，不可使之为小人之归，其于利欲之习，怛焉为之痛心疾首，专志乎义而日勉焉，博学审问，慎思明辨而笃行之"，然后，"由是而进于场屋，其文必皆道其平日之学，胸中之蕴，而不诡于圣人。由是而仕，必皆共其职，勤其事，心乎国，心乎民，而不为身计"。② 正如刘宗贤先生所语："陆九渊讲'义利之辨'，是要人在做人的根本目标上进行一次价值的转换，确立以封建道德为核心内容的人生价值观；并用此价值观去指导读书求知和道德践履。他以为，在这一'本心'的作用下，无论是读书，还是科举，都是为了义，为了公，而不是为了利，为了私。这样，他便从确立封建道德的价值观方面，找到了维系道问学与尊德性两种方法的共同理论支柱。"③ 正因如此，朱熹才被深深打动，恳求陆九渊书写讲义刻石以记之。

于此，尽管梁启超对"义利之辨"没有进行深入议论，但实际上二者是一致的。梁启超随之讲道："科第衣食，最易累人。学者若志在科第，则请从学究以游；若志在衣食，则请由市侩之道。"这即是义利之辨，要求士子"先立乎其大者，则其小者不能夺也，此为大人而已矣。立志之功课，有数端。必须广其识见，所见日大，则所志亦日大。陆子所谓'今人如何便解有志？须先有智识始得'"④。梁启超严格要求士子们，无论是"读一切书，行一切事，皆依此宗旨"⑤ 来做，不可偏离方向。

"立志"之后是"养心"。梁启超在《学记》中讲道："孔子自得之学，在从心所欲。孟子自得之学，在不动心。……天下学问，不外成己成物二端。欲求成己，而不讲养心，则眼耳鼻舌身意根尘相引，习气相熏，必至坠落。欲求成物，而不讲养心，则利害毁誉称讥苦乐，随在皆足以败事。故养心者，学中第一义也。"⑥ 梁启超在《学约》中也同样认为："孔子言：'仁者不忧，智者不惑，勇者不惧。'而孟子一生得力，在不动心。此从古圣贤所

① （宋）陆九渊著，钟哲点校：《陆九渊集》卷二十三，《讲义·白鹿洞书院论语讲义》，第275页。
② （宋）陆九渊著，钟哲点校：《陆九渊集》卷二十三，《讲义·白鹿洞书院论语讲义》，第276页。
③ 刘宗贤：《陆王心学研究》第三章，"陆九渊'心即理'的唯理性心学"，第91—92页。
④ 梁启超：《饮冰室合集》，《饮冰室文集》之二，《湖南时务学堂学约》，第24页。
⑤ 梁启超：《饮冰室合集》，《饮冰室文集》之二，《万木草堂小学学记》，第34页。
⑥ 梁启超：《饮冰室合集》，《饮冰室文集》之二，《万木草堂小学学记》，第34页。

最兢兢也。学者既有志于道，且以一身任天下之重，而目前之富贵利达，耳目声色，游玩嗜好，随在皆足以夺志。八十老翁过危桥，稍不自立，一落千丈矣。他日任事，则利害毁誉，苦乐生死，樊然淆乱，其所以相撼者，多至不可纪极；非有坚定之力，则一经挫折，心灰意冷，或临事失措，身败名裂。此古今能成大事之人所以希也。曾文正在戎马之间，读书谈学如平时，用能百折不回，卒定大难。大儒之学，固异于流俗哉！今世变益亟，乱机益剧。他日二三子所任之事，所历之境，其艰巨危苦，视文正时，又将过之；非有入地狱手段，非有治国若烹小鲜气象，未见其能济也。故养心者，治事之大原也。"① 于此，梁启超力倡孟子"养心"之志。

梁启超在《学记》"养心"中还讲道："养心有二法门，一曰静坐养心，二曰遇事之养心。学者初学多属伏案之时，遇事盖少，但能每日静坐一二小时，求其放心，常使清明在躬，志气如神，梦剧不乱，宠辱不惊，他日一切成就，皆基于此，毋曰迂远云也。"② 梁启超在《学约》中亦同样强调这一观点，曰："养心之功课有二：一静坐之养心，二阅历之养心。学者在学堂中，无所谓阅历，当先行静坐之养心。……所课亦分两种：一敛其心，收视返听，万念不起，使清明在躬，志气如神；一纵其心，遍观天地之大，万物之理，或虚构一他日办事艰难险阻，万死一生之境，日日思之，操之极熟，亦可助阅历之事。此是学者他日受用处，勿以其迂阔而置之也。"③ 于此，梁启超提及的"静坐之养心"、"敛其心"，恰恰如同孟子的"尽心"说，以及陆九渊的"发明本心"说。

实际上，陆九渊所谓的"存心"、"养心"、"求放心"就是"发明本心"。本来，"存心"、"养心"是源自于孟子的"尽心"说，于此，陆九渊充分发挥了孟子的这一思想，把它拿来当作自己方法论的中心内容。他曾说："古先圣贤未尝艰难其途径，支离其门户。……人孰无心，道不外索，患在戕贼之耳，放失之耳。古人教人，不过存心、养心、求放心。此心之良，人所固有，人唯不知保养而反戕贼放失之耳。苟知其如此，而防闲其戕贼放失之端，日夕保养灌溉，使之畅茂条达，如手足之捍头面，则岂有艰难支离

① 梁启超：《饮冰室合集》，《饮冰室文集》之二，《湖南时务学堂学约》，第24页。
② 梁启超：《饮冰室合集》，《饮冰室文集》之二，《万木草堂小学学记》，第34页。
③ 梁启超：《饮冰室合集》，《饮冰室文集》之二，《湖南时务学堂学约》，第24—25页。

之事？今日向学，而又艰难支离，迟回不进，则是未知其心，未知其戕贼放失，未知所以保养灌溉。此乃为学之门，进德之地。得其门不得其门，有其地无其地，两言而决。得其门，有其地，是谓知学，是谓有志。既知学，既有志，岂得悠悠，岂得不进。"[①]陆九渊认为，"明理"在于"立心"，通过扩充主观自我的思维过程，最后落实到"做人"上来。基于此，他反对从客观事物中寻求知识，认识真理，认为"此心此理，我固有之"，"人皆有是心，心皆具是理"。所以，他提出了自己的修养方法，即"存心"、"养心"、"求放心"。他认为通过这样的自我反省、自我认识、自我完善，最终能够实现自己的道德境界。

《湖南时务学堂学约》第三条为《治身》，曰："颜子请事之语曰：'非礼勿视，非礼勿听，非礼勿言，非礼勿动。'曾子将卒之言曰：'定容貌，正颜色，出辞气。'孔子言：'忠信笃敬，蛮貊可行。'斯盖不得以小节目之也。他日任天下事，更当先立于无过之地。与西人酬酢，威仪言论，最易见轻，尤当谨焉。扫除习气，专务笃实，乃成大器。名士狂态，洋务膻习，不愿诸生效也。治身之功课，当每日于就寝时，用曾子三省之法，默思一日之言论行事，失检者几何，而自记之。始而觉其少，苦于不自知也；既而觉其多，不可自欺，亦不必自馁。一月以后，自日少矣。"[②]陆九渊曾说："为学有讲明，有践履。《大学》致知、格物，《中庸》博学、审问、慎思、明辨，《孟子》始条理者圣之事，此讲明也。《大学》修身、正心，《中庸》笃行之，《孟子》终条理者圣之事，此践履也。'物有本末，事有终始，知所先后，则近道矣。''欲修身者，先正其心；欲正其心者，先诚其意；欲诚其意者，先致其知；致知在格物。'自《大学》言之，固先乎讲明矣。自《中庸》言之：'学之弗能，问之弗知，思之弗得，辩之弗明，则亦何所行哉！'未尝学问思辨，而曰吾唯笃行之而已，是冥行者也。自《孟子》言之，则事盖未有无始而有终者。讲明之未至，而徒恃其能力行，是犹射者不习于教法之巧，而徒恃其有力，谓吾能至于百步之外，而不计其未尝中也。"[③]可见，陆九渊十分重视讲明。而朱熹讥陆九渊

---

①　（宋）陆九渊著，钟哲点校：《陆九渊集》卷五，《书·与舒西美》，第63—64页。

②　梁启超：《饮冰室合集》，《饮冰室文集》之二，《湖南时务学堂学约》，第25页。

③　（宋）陆九渊著，钟哲点校：《陆九渊集》卷十二，《书·与赵泳道》，第160页。

只是专务践履，确乎是有些言过其实了。梁启超于"治身"一条中所语，实际上与陆九渊所讲践履意思一致。皆是要求士子们注重修身，达到封建道德标准，成为一个贤者。

《学记》第三为"读书"，而《学约》的第四为"读书"，二者只是先后顺序稍些变化，而其内容则是一致的。《学记》曰："今之读书，当扫除莽榛，标举大义，专求致用。"[①]《学约》中亦云："今与诸君子共发大愿，将取中国应读之书，第其诵课之先后，或读全书，或书择其篇焉，或读全篇，或篇择其句焉，专求其有关于圣教，有切于时局者。"[②]陆九渊曾说："虽不识一字，亦须还我堂堂地做个人。"[③]于鹅湖之会上也曾经诘问朱熹，说："尧舜之前，何书可读？"[④]可见，就连当时著名的学者朱熹、陈淳等都误以为陆九渊教人不读书。[⑤]但这是不正确的。

陆九渊说："何尝不读书来？只是比他人读得别些子。……某何尝不教人读书，不知此后然有什么事。"[⑥]陆九渊对于读书还有自己的看法，认为读书要有选择，要会读，他说："书亦政不必遽尔多读，读书最以精熟为贵。"[⑦]"圣哲之言，布在方册，何所不备？传注之家，汗牛充栋，譬之药笼方书，搜求储蓄，殆无遗类。良医所用，不必奇异，惟足以愈疾而已。苟厌其常，忽其贱，则非求医之本意也。"[⑧]还说："读书不必穷索，平易读之，识其可识者，久将自明，毋耻不知。子亦见今之读书谈经者乎？历叙数十家之旨而以己见终之。开辟反复，自谓究竟精微，然试探其实，固未之得也，则何益哉？"[⑨]由上可知，陆九渊对于读书是十分重视的，他不是不教人读书，而是教人读书的方法与别人不同。陆九渊教人读书的方法是要人精通文理，掌握要旨。而梁启超在《学记》和《学约》中亦同样要求士子

① 梁启超：《饮冰室合集》，《饮冰室文集》之二，《万木草堂小学学记》，第34页。
② 梁启超：《饮冰室合集》，《饮冰室文集》之二，《湖南时务学堂学约》，第26页。
③ （宋）陆九渊著，钟哲点校：《陆九渊集》卷三十五，《语录下》，第447页。
④ （宋）陆九渊著，钟哲点校：《陆九渊集》卷三十六，《年谱》，第491页。
⑤ （宋）朱熹：《朱子全书》卷三十一，《答张敬夫》，上海古籍出版社、安徽教育出版社2002年，第1350页。
⑥ （宋）陆九渊著，钟哲点校：《陆九渊集》卷三十五，《语录下》，第446页。
⑦ （宋）陆九渊著，钟哲点校：《陆九渊集》卷十四，《书·与胥必先》，第186页。
⑧ （宋）陆九渊著，钟哲点校：《陆九渊集》卷七，《书·与颜子坚》，第92页。
⑨ （宋）陆九渊著，钟哲点校：《陆九渊集》卷三十五，《语录下》，第471页。

们读书，强调读书一定要得方法和要领，不能乱读。诚然，梁启超尤其是要人们读书，一定要读"专求其有关于圣教，有切于时局者"，换言之，即"专求致用"。

总之，梁启超在时务学堂亲手制订学约十章，以及在万木草堂拟订教学大纲八章，皆充满了儒家传统的治学修身精神，要求士子们要以天下为己任，为救亡而献身，要求士子们忠信笃敬，努力践行封建道德，要破苦乐，破生死，破毁誉，威武不屈，富贵不淫，贫贱不移，学以致用，全面发展，服务于救亡图存和变法维新当中。于此，梁启超实际上是以陆王心学理念为轴心，"参以古典儒学、西洋科技、史地等，再发挥他的政治理想和学术宗旨，把康有为在万木草堂的教学方法搬过来，使时务学堂变成为维新变法服务的速成政治学堂"①。事实亦是如此，在时务学堂开办之后，"在梁启超等人的谆谆教导下，这些学生不仅学到了新知识，而且接受了新思想，他们'常常谈论国家大事'，国家的破败，清廷的昏庸，使他们以救亡图存为己任；对世界的了解，通过新学问的钻研，又使他们决心效法西方，改革内政"②。

换言之，梁启超即是利用阳明心学来陶铸其所倡导的变法维新理论。具体表现为：

一是用阳明学的"扩大公无私之仁"、以天下为己任精神，树立为天下国家献身的志向。从上述《学记》和《学约》中可以清楚地知道，其治学方针在于培养一代"经邦济世"的维新人才。他把"养心"视作人才成长过程中的中心环节，认为："孔子言：'仁者不忧，智者不惑，勇者不惧。'而孟子一生得力在不动心。此从古圣贤所最兢兢也。学者既有志于道，且以一身任天下之重，而目前之富贵利达，耳目声色，游玩嗜好，随在皆足以夺志。"强调"养心"的主旨在于"率吾不忍人之心，以忧天下，救众生。悍然独往，浩然独来。破苦乐、生死、毁誉，富贵不能淫，贫贱不能移，威武不能屈"③。提倡主静养心，声称："他日一切成就，皆基于此。"他严厉批评那种指斥心学为"逃禅"的说法，认为："孔子自得之学在从心所欲，孟子自得

---

① 李喜所、元青著：《梁启超传》四，《初涉政治舞台》，人民出版社 1993 年，第 63 页。
② 李喜所、元青著：《梁启超传》四，《初涉政治舞台》，第 65 页。
③ 梁启超：《饮冰室合集》，《饮冰室文集》之二，《湖南时务学堂学约》，第 24 页。

之学在不动心。后人言及心学，辄指为逃禅，此大误也。"①

二是用阳明学无所畏惧，圣人、超人的精神，要人们解放思想，"除心中之奴隶"，积极投身于社会实践当中去，为争取自由而奋斗。梁启超在其所著《论自由》中，要求人们为自由而生和敢于为自由而死。他说："自由者，天下之公理，人生之要具，无往而不适用者也。综观欧美自由发达史，其所争者不出四端：一曰政治上之自由；二曰宗教上之自由；三曰民族上之自由；四曰生计上之自由。"②可以看出，梁启超所谓的自由，是民族的自由，是国家的自由，并不是个人的自由。如何来取得我们的自由呢？梁启超认为，我们之所以没有自由，皆是由"奴隶主义"所造成。因此，要想获得自由，就必须破除这一桎梏，即："一曰勿为古人之奴隶也，……二曰勿为世俗之奴隶也，……三曰勿为境遇之奴隶也，……四曰勿为情欲之奴隶也。"③因此，梁启超在其所著《清代学术概论》一文中，又从学术思潮的角度，把清代学术分成几个时期。"综观二百余年之学史，其影响及于全思想界者，一言以蔽之，曰'以复古为解放'。第一步，复宋之古，对于王学而得解放。第二步，复汉唐之古，对于程朱而得解放。"④所谓的"复古"，并非是过去简单的重复再现，而是用当代新的理念、新的方法和新的认识去解释古代的东西，来阐发自己的新知，复古只不过是一种手段而已，而最终目的是求得学术进步，社会发展。而在整个的复古过程中，梁启超把陆王心学放在了第一步。他发挥心学独立不惧的精神，致力于反对当时的"奴隶积习"，要求人们冲破传统，做中流砥柱，力挽狂澜，做顶天立地的大丈夫，如此，才能够真正地获得自由。

三是用阳明学倡导的"事上磨炼"的精神来陶铸刚毅和坚忍不拔的气质。如梁启超在谈及清代学者之时，认为清初的孙奇逢和李颙是其中较有代表性的。认为他们皆崇奉陆王派的心学，但他们"注重实践，不尚空谈"，且为北方讲学大师，开创了新的学风。梁启超强调自强不息，坚毅刚强。他曾引用心学家钱绪山的话，反对安于现状，"钱绪山云：'学者功夫不得伶俐

---

① 梁启超：《饮冰室合集》，《饮冰室文集》之二，《万木草堂小学学记》，第34页。
② 梁启超：《饮冰室合集》，《饮冰室专集》之四，《新民说·论自由》，第47页。
③ 梁启超：《饮冰室合集》，《饮冰室专集》之四，《新民说·论私德》，第47—49页。
④ 梁启超著，朱维铮校注：《梁启超论清学二种》，《清代学术概论》二，第6页。

直截，只为一虞字作祟。良知是非从违，何尝不明！但不能一时决断，如虞度日，此或无害于理否？或可苟同于俗否？或可欺人于不知否？或可因循一进以图迁改否？只此一虞，便是致吝之端。'又曰：'平时一种姑容因循之念，常自以为不足害道。由此观之，一尘可以朦目，一指可以敝天，良可惧也。'呜呼！此又不啻一字一句，皆为吾徒棒喝也。"[1] 只有在"磨炼"二字上下功夫，才能够养成坚忍不拔的毅力。

四是要求像阳明学一样，强调恢复孔孟之真道，作为社会变革的理论依据。梁启超以孟子"欲平治天下，当今之世，舍我其谁"的论断，引申发挥，响亮地提出了"以天下为己任"的目标，要求能够为国家民族利益做出牺牲。因此，立志必"先立乎其大者，则其小者不能夺。此志既定，颠扑不破。读一切书，行一切事，皆依此宗旨"[2]。他还以王阳明之"拔本塞源"论相标尚，主张"于心髓入微处痛下自治力"，正心正本，诚心诚意地为天下国家做出贡献。我们从其所拟《湖南时务学堂学约》和《万木草堂小学学记》中可以知道，他十分注重陆王学派的修养论，强调内心的志向和心性的培养是走上经世致用获得治世之才的必由途径。在上述学约、学记中，梁启超沿着传统儒学的诚意、正心、修身、齐家、治国、平天下的内圣外王秩序，把立志、养心、治身、穷理放在重要位置上。[3]

三　梁启超"知行合一"论

1926 年，梁启超向青年学生发表了题为《王阳明知行合一之教》的演讲，对王守仁的知行合一说进行了分析和阐释。其包括四个方面的内容，即"知行合一的具体内容"、"知行合一的哲学理论根据"、"知行合一与致良知的关系"、"阳明说与现代青年之关系"。事实上，梁启超于此讲明王守仁的知行合一，目的是反对当时社会上只是空谈、不重实际的风气，希望在社会上形成一种务实的风气。

"知"与"行"，是中国古代哲学史上认识论和伦理观的一对重要范畴。

---

[1]　梁启超：《饮冰室合集》，《饮冰室专集》之四，《新民说·论私德》，第 41 页。
[2]　梁启超：《饮冰室合集》，《饮冰室文集》之二，《万木草堂小学学记》，第 34 页。
[3]　上述参考了吴雁南先生所撰《梁启超的维新观与心学》（《近代史研究》1993 年第 3 期）一文。

它最早出现于《尚书·说命中》，曰："非知之艰，行之惟艰。"① 意思是说，对于一件事知道它的道理并不难，但实行起来却很不容易。"知"，指知道、知识、认知。"行"本义是道路，引申为行动、践履。儒家的所谓"知行"，主要是指对伦理规范的认识和践履。有人讲先知后行，有人则称行而且知，而明儒王守仁则提出"知行合一"说，他说："知行工夫，本不可离。"② 在他的心学本体论的统摄下，他认为知与行是一个工夫的两个方面，知中有行，行中有知，二者不能分离，即：知与行是相互包含的，一旦知了，便就是行。这样他无限扩展了"行"的内容和范围，从而把知与行看作是完全同一的。而梁启超则十分认同王守仁"知行合一"论，专门做《王阳明知行合一之教》一文加以阐述自己的这一观点。

因为这是梁启超专门为青年学生发表的演讲，所以，他就针对当时学校教育的弊端进行了猛烈批评和抨击。他说："现代学校式的教育，种种缺点，不能为讳，其最显著者，学校变成'知识贩卖所'，……只是一间发行知识的'先施公司'，教师是掌柜的，学生是主顾客人。顶好的学生，天天以'吃书'为职业，吃上几年，肚子里的书装的像蛊胀一般，便算毕业。毕业以后，对于社会上实际情形不知相去几万里，想要把所学见诸实用，恰与宋儒高谈'井田封建'无异，永远只管说不管做。再讲到修养身心磨炼人格那方面的学问，越发是等于零了。"③ 他认为当时的学校教育只是注重向学生进行知识的灌输，不注重实践，忽略了学生适应社会实际能力的培养。学校教育已经成了一个只是"知识贩卖"的场所，学生变成被动吸收的"吃书"者，而对外面世界所发生的一切却一概不知，严重脱离了社会实际。

"就修养方面论，把'可塑性'最强的青年时代白白过了，到毕业出校时，品格已经成型，极难改进，投身到万恶社会中，像烘炉燎毛一般，捆着边便化为灰烬。就实习方面论，在学校里养成空腹高心的习惯，与社会实情格格不入，到底成为一个书呆子，一个高等无业游民完事。"④ 这就是当时学

---

① 叶绍钧编：《十三经注疏》二，《尚书注疏》第十卷，《商书·说命中》，第 175 页。

② （明）王守仁撰，吴光等编校：《王阳明全集》卷三，《语录二》，《传习录中》，第 42 页。

③ 梁启超：《王阳明知行合一之教》一，《引论》，中华书局 1936 年，第 1 页。

④ 梁启超：《王阳明知行合一之教》一，《引论》，第 1 页。

校培养出来的所谓"人才"，一无是处，这样学到的知识完全是无用的，无益于个人，无益于国家，无益于社会，于此，梁启超深感忧虑。针对这一现实，梁启超向莘莘学子劝诫道："青年们啊！你感觉这种痛苦吗？你发现这种危险吗？我告诉你唯一的救济法门，就是依着王阳明知行合一之教做去。"① 在他看来，"知行合一"是"明代第一位大师王阳明先生给我学术史上留下最有名而且最有价值的一个口号"，"阳明知行合一这句话，总算最有永久价值而且最适用于现代潮流的了"。② 要求学校教育必须以此为行动指南，注重理论与实际的结合，注重学生解决实际问题能力的培养，不能让我们的文化教育流于空谈。

梁启超认为："'知行合一'这四个字，阳明终身说之不厌，一部《王文成全书》，其实不过这四个字的注脚。"③ 因此，他把王守仁这一学说归之为三点：第一，"未有知而不行者，知而不行，只要未知"；第二，"知是行的主意，行是知的工夫，知是行之始，行是知之成"；第三，"知行原是两个字说一个功夫，知之真切笃实处便是行，行之明觉精察处便是知"。④ 在这三点之中，梁启超认为最重要的是第三点，前两点是讲"知"和"行"的关系，而第三点则是论证"知行合一"的真正目的。

随后，梁启超对以上三点进行了详细的阐述，来表达自己对王守仁"知行合一"说的理解。他认为："第一组的话是将知行的本质为合理的解剖说明，阳明以为凡人有某种感觉，同时便起某种反应作用，反应便是一种行为，感觉与反应，同时而生，不能分出个先后。"⑤ 梁启超认为王守仁的知行不能分开，"可谓深切著明极了"，但他还认为其"然犹不止此，阳明以为感觉（知）的本身，已是一种事实，而这种事实早已含有行为的意义在里头"。⑥ 可以看出，梁启超的知行合一说，较之王守仁知行合一说又向前迈进了一步。

梁启超对于第二点的阐述，他认为："第二组的话，是从心理历程上看

① 梁启超：《王阳明知行合一之教》一，《引论》，第1—2页。
② 梁启超：《王阳明知行合一之教》一，《引论》，第3页。
③ 梁启超：《王阳明知行合一之教》二，《知行合一说之内容》，第5页。
④ 梁启超：《王阳明知行合一之教》二，《知行合一说之内容》，第5页。
⑤ 梁启超：《王阳明知行合一之教》二，《知行合一说之内容》，第5页。
⑥ 梁启超：《王阳明知行合一之教》二，《知行合一说之内容》，第6页。

出知行是相倚相待的，正如车之两轮，鸟之双翼，缺了一边，那一边也便不能发生作用了。"① 随之，具体论述道："凡人做一件事，必须先打算去做，然后会着手做去。打算便是知，便是行的第一步骤。换一面看，行是行个什么？不过把所打算的实现出来，非到做完了这件事时候最初的打算不会完成。然则行也只是贯彻所知的一种步骤。"② 总之，他认为知是行的主意，知是行之始。但梁启超认为"行是知的工夫"、"行是知之成"这两句尤为重要，因为，他认识到"真知识非实地经验之后是无从得着的"，而不是"从书本可以得来"，也不是"从听讲演或谈论可以得来"，也不是"用心冥想可以得来"的。因此，你如果想知道西湖风景如何，"除非亲自游历一回"方才可以。据梁启超的体悟，王守仁所讲知行合一，主要是反对空谈"性理"，不注重实际，希望在社会上形成务实的风气。梁启超明确指出，王守仁之所以苦口婆心地讲明"知行合一"，着眼点就在于从实际来求得真知。于此，梁启超真正地意识到知识是来源于实践的，必须通过亲自感受得来。

梁启超于第三点则是来充分论证"知行合一"的真正目的。首先，梁启超引用王守仁关于知行观的论述，如王守仁在答友人问中语："知行原是两个字说一个工夫，这一个工夫须著此两个字，方说得完全无弊病。"③ 其后，梁启超又引用了王守仁《答顾栋桥书》、《答友人问》和《传习录》中的句子来加以说明。他认为王守仁对于知与行解释得十分明白了。但是，如果我们"若把他的话只当作口头禅玩弄，虽理论上辨析得很详尽，却又坠于'知而不行只是不知'的痼疾，非复阳明本意了"。王守仁所谓真知真行到底是什么呢？梁启超用当时通行的话解释道："则'动机纯洁'四个字，庶几近之。动是行，所以能动的机括是知。纯是专精不疑贰。洁是清醒不受蔽。质而言之，在意念隐蔽处（即动机）痛切下功夫。如孝亲，须把孝亲的动机养得十二分纯洁，有一点不纯洁处务要克治去。如爱国，须把爱国的动机养得十二分纯洁，有一点不纯洁处务要克治去。纯洁不纯洁，自己的良知当然会看出。这便是知的作用。看出后登时绝对服从良知命令做去，务要常常保持纯洁的本体。这便是行的作用。若能如此，自能'如善如好好色，恶恶如恶

---

① 梁启超：《王阳明知行合一之教》二，《知行合一说之内容》，第6—7页。
② 梁启超：《王阳明知行合一之教》二，《知行合一说之内容》，第7页。
③ （明）王守仁撰，吴光等编校：《王阳明全集》卷六，《文录三·书三》，《答友人问》，第209页。

恶臭'。便是大学诚意的全功。也即是正心修身致知格物的全功。所以他说：'君子之学，诚意而已矣。'意便是动机，诚是务求纯洁。阳明知行合一说的大头脑，不外如此。"[1]

事实上，王守仁"排斥书册上知识，口耳上知识"，但并不是不讲求知识，而是讲求"要有个头脑"。人有了头脑之后，知识才越多越好，否则，人如果没有头脑，知识越多，反而会越坏事。也就是说，人一定要学以致用，如果说用不到正处、实处，恰到好处，还不如没有知识。"知识是诚心发出来的"，"有了诚心（即头脑）"便可以去讲习讨论，如何"在这千头万绪千变万化中"讲起呢？梁启超认为便是这"致良知"。最后，梁启超引王守仁《答欧阳崇一书》做结论，曰："良知不由见闻而有，而见闻莫非良知之用。故良知不滞于见闻，而亦不离于见闻。……大抵学问工夫，只要主意头脑是当，若主意头脑专以致良知为事，则凡多闻多见，莫非致良知之功。"[2]

梁启超在其实践过程中，较多地还是采用中国传统的手段，特别是儒家传统的修养工夫，其中又以陆王学派的"致良知"和"知行合一"学说最为突出。梁启超推崇陆王心学学说，尤其是阳明学派，认为王守仁指出的"致良知"、"知行合一"的道德修养论能够"专治痛根"。"致良知"是人们道德修养的根本途径，"致良知"的根本精神是一个"诚"字，即"不欺良知"。当然，仅仅"不欺良知"还是不够的，"知"与"行"还应该统一，即"知行合一"，只有把"知"与"行"二者统一起来，才会达到一个完美的结合。总之，梁启超思想受"陆王心学"特别是王守仁思想学说的影响较深。在他看来，只有"心"才是实有的，他曾经说："境者心造也，一切物境皆虚幻，惟心所造之境为真实。"[3] 还说："人世间一切之境界，无非人心所自造。"[4] 又说："思想者，事实之母。"[5] 这些显然是王守仁"心外无事"、"心外无物"的另一种说法而已。

---

① 梁启超：《王阳明知行合一之教》二，《知行合一说之内容》，第 11 页。
② 梁启超：《王阳明知行合一之教》二，《知行合一说之内容》，第 14 页。
③ 梁启超：《饮冰室合集》，《饮冰室专集》之二，《自由书·惟心》，第 45 页。
④ 梁启超：《饮冰室合集》，《饮冰室专集》之四，《新民说·论尚武》，第 116 页。
⑤ 梁启超：《饮冰室合集》，《饮冰室文集》之六，《国家思想变迁异同论》，第 12 页。

因此，梁启超特别强调，学校教育不能只注重向学生进行知识的灌输，而忽略学生适应社会实际能力的培养，学校教育必须以此为行动指南，注重理论与实际的结合，注重学生解决实际问题能力的培养，不能让我们的文化教育流于空谈。梁启超在宣传王守仁"知行合一"思想的过程中，强调学校教育在于解决实际问题，理论与实际的结合，这在今天来说，还是具有现实意义的。

四　梁启超学术思想归属论

对于梁启超学术思想归属问题，诸说不一。但有诸多学者都指出王学是其思想的核心。例如严复在探索梁启超思想渊源之时，即强调梁启超"宋学主陆王"，因此，"凭随时之良知行之"，发出"偏宕之谈，惊奇可喜之论"。① 贺麟也强调梁启超"全部思想的主要骨干，仍为陆王，……在他去世前两三年，我们尚曾读到他一篇斥朱子支离，发挥阳明良知之学的文章"②。他们的观点是有道理的。要想了解梁启超学术思想归属，就必须对其思想渊源进行深入探讨和研究。我们不妨从以下几个方面来详细梳理。

其一，梁启超早年接受的是传统儒学教育。梁启超的祖父和父母对他的一言一行都要求十分严格，立志将他培养成一位具有"仁义礼智信"的道德修养和"修身齐家治国平天下"能力的封建社会的"强人"。1902 年，梁启超著《我之为童子时》一文，于文中这样写道："我家之教，几百罪过，皆可饶恕，惟说谎话，斯断不饶恕。……今说谎者，则明知其罪过而故犯之也。不维故犯，且自欺欺人，而自以为得计也。人若明知罪过而故犯，且欺人而以为得计，则与窃盗之性质何异？天下万恶，皆起于是矣。"③ 可见，幼年时期的梁启超所接受的是严格的传统教育，而这种教育可以说是根深蒂固的，成年之后，即使环境有所改变，也很难从根本上突破。

1882 年，刚满九岁的梁启超去广州考秀才，未中。1884 年，十一岁的梁启超再次前往广州应考，中秀才，补博士弟子员。中秀才后仅五年，就考

---

①　严复：《严复集》（第三册），中华书局 1986 年，第 648 页。
②　贺麟：《当代中国哲学》，（南京）胜利出版社 1945 年，第 4 页。
③　梁启超著，文明国编：《梁启超自述》第一编，《我之为童子时》，人民日报出版社 2011 年。

中举人。在这期间，他曾就读于学海堂，并且还是菊坡精舍、粤秀书院、粤华书院、广雅书院的院外生，这使其有更多的机会接触到各种学术流派和较广泛地涉猎到经典古籍，并打下了深厚的汉学根基。1890 年始受学于康有为，1891 年随康有为就读于万木草堂，从此，不再研习古文经学，而是皈依今文经学，并开始接触和涉猎陆王心学和佛学等。他在《三十自述》中说，1890 年秋天，他前去谒见康有为，"先生乃以大海潮音，作狮子吼，取其所挟持之数百年无用旧学更端驳诘，悉举而摧陷廓清之。自辰入见，及戌始退，冷水浇背，当头一棒，一旦尽失其故垒，惘惘然不知所从事，且惊且喜，且怨且艾，且疑且惧，与通甫联床竟夕不能寐。明日再谒，请为学方针，先生乃教以陆王心学，而并及史学、西学之梗概。自是决然舍去旧学，自退出学海堂，而间日请业南海之门。生平知有学自兹始"①。从此以后，梁启超对陆王心学，尤其是阳明学说极为钦佩，长期研习不倦。经过十几年的积累，为他日后利用陆王心学发展和丰富自己的思想学说提供了知识储备和思想基础。这一点，从梁启超在 1897 年为湖南时务学堂拟定的《湖南时务学堂学约》十章中便能够体现出来。梁启超接手时务学堂之后，改变其创办宗旨，为维新变法以及后来的一系列政治运动输送了一大批干才。《学约》十章内容分别是立志、养心、治身、读书、穷理、学文、乐群、摄生、经世、传教等。其总目标是学以致用，全面发展，服务于救亡图存和变法维新。不论梁启超是为湖南培养维新人才，还是把其作为宣传个人政治主张的阵地，不能否认，其《学约》十章思想来源是传统儒家思想精华，尤其是来源于陆王心学方面。

其二，梁启超王学思想与日本阳明学之关系。日本学者狭间直树在戊戌维新一百周年纪念文集中发文，题目为《关于梁启超称颂"王学"问题》。于本文中，他认为："戊戌政变之后，日中两国关系在文化、思想和学术领域都进入了新的历史时期，而这方面的主要功勋首推梁启超。"对于这一点，大家是不会有什么疑义的，但是，狭间直树又认为梁启超只是表面上回归传统道德，而实际上是受日本"大和魂"和"武士道"观念的启发。得出结论："想来大家都同意，从 19 世纪末到 20 世纪初期，在西方近代文明传入

① 梁启超：《饮冰室合集》，《饮冰室文集》之十一，《三十自述》，第 16—17 页。

中国的过程中，日本是一个重要环节。这从一些源自日本的名词术主语上也可窥见，是比较容易理解的。在思想或学说方面，正像伯伦知理的国家学说在被接受的过程中所体现的那样，存在着西洋—日本—中国这样一种可以称为'知层'的层次结构。梁启超的王学称颂问题，在看似对传统道德的回归的同时，实质上也内含着这样一种知识层次。也就是说，在国民国家形成这一国家主义的基底之上，阳明学是作为明治日本的国民道德之重要组成部分而得以再兴的。正是基于这样一种可做借鉴的背景，才有了梁启超对王学的称颂。"①

狭间直树认为梁启超所提倡的固有道德，是以日本"大和魂"和"武士道"为模范的国民精神，"深受尚武精神和武士道的触动而将其根源视为日本魂的梁启超，为了有助于树立中国魂、张扬国民精神，编辑出版了《中国魂》一书"②。于此，狭间直树的思路是有问题的，其过分强调梁启超思想与中国传统之间的非连续性，即有意识或无意识地忽略了梁启超思想与中国传统思想的连续性。可以说，在任何时候、任何情况下决不能够忽略梁启超在去日本之前即对儒家等传统典籍和传统文化的根深蒂固的观念。我们可以这样认为，梁启超之所以会出现这一现象，很好理解，这只是一个参照，一种形式而已，最根本的还是中国传统的东西并没有丢失和被抛弃。在这里，梁启超把"中国魂"与阳明学说联系在一起，这与他成长的经历是密不可分的。梁启超自幼即沉浸于儒家传统文化，尤其是宋明理学的思想氛围之中。如上文所揭，梁启超从 1890 年起在万木草堂之时，在康有为的指导下系统地研习陆王心学、史学和西学等诸多传统文化。

继《中国魂》之后，梁启超又撰写了《中国之武士道》一文，恰恰回答了这一个问题。如他在该书《自序》中所述，他认为尚武才是中国民族"最初之天性"，"不武"只不过是秦始皇和汉武帝以后的"第二之天性"，书中呼吁必须恢复那"最初之天性"。什么是"最初之天性"，"最初之天性"原本就是中国所固有的，这并非是源自日本。换言之，日本之"大和魂"和"武士道"亦皆源自于中国，这又怎么能说成是日本的东西呢？既然不是日

---

① 〔日〕狭间直树：《关于梁启超称颂"王学"问题》，《历史研究》1998 年第 5 期。
② 〔日〕狭间直树：《关于梁启超称颂"王学"问题》，《历史研究》1998 年第 5 期。

本的东西，那又如何说成是源自日本呢！另外，即使不了解这一层面，其后，梁启超还讲道，用作《中国之武士道》书名的，是中文词汇里所没有的，只不过是"取日本输入通行之名词"的"武士道"罢了。[①] 这里所讲只是取一个"名词"而已，并没有说明其他。

还有，在 1904 年梁启超发表了《论私德》一书。在是书中，关于涵养"私德"，梁启超提出了三种挽救"私德"的主张，即"正本"、"慎独"、"谨小"三纲领。这三纲领也是以王守仁心学的基本思想为主。他大量引用王守仁"拔本塞原"论和"致良知"等言论，作为自己的立论依据。如在说明"正本"时，多处引用王守仁"拔本塞原"论中有关排除"功利"的论述，曰："呜呼！何其一字一句，皆凛然若为今日吾辈说法耶。"同时，在《论私德》一书中梁启超提到日本的道德问题，他是这样说："日本政术，几匹欧美，而社会道德，百不逮一。"[②] 这实际上是在批评日本的道德。无独有偶，梁启超在其他地方也曾经论及此，他说："在日本，自三十年来，震于欧西文明，专求新智识之输入，而于德育未尝留意，既已举千年来所受儒教之精神，破坏一空，而西人伦理道德之精华，亦不能有所得，青黄不接，故风俗日坏，德心日衰。"[③] 可见，梁启超心目中最美好的东西依然是我们以儒家为主的传统文化和传统美德，而不是日本所谓的"大和魂"和"武士道"之类的东西。

1905 年，梁启超又出版了《节本明儒学案》一书。他把计六十二卷七十余万言的黄宗羲《明儒学案》一书，节抄为计二十卷二十六万字的《节本明儒学案》，为原书的三分之一左右。梁启超在是书《例言》中说："启超自学于万木草堂，即受《明儒学案》。十年来以为常课，每随读随将精要语圈出，备再度研览，代书绅云尔。乃今取旧读数本，重加厘订，节抄以成是编。"[④] 是年十二月，梁启超又在新民社出版了《德育鉴》一书。是书计约七万言，为儒家修身进德之语录汇编，以陆王心学的相关文献为主，有相当大一部分采自《明儒学案》。"梁启超以数万字的篇幅来节抄孔孟以来儒家著作的有关

① 梁启超：《饮冰室合集》，《饮冰室专集》之二十四，《中国之武士道》，第 23 页。
② 梁启超：《饮冰室合集》，《饮冰室专集》之四，《新民说·论私德》，第 124 页。
③ 梁启超：《饮冰室合集》，《饮冰室文集》之十，《论教育当定宗旨》，第 58 页。
④ 梁启超：《节本明儒学案》卷首，"例言"，商务印书馆 1916 年。

部分，其择录显然较《节本明儒学案》更为精练。其中约一半内容，是梁启超所加按语。他在按语中一再表达对王阳明的景仰和服膺，阐发自己对阳明心学的见解。这些按语当然也具有比较重要的史料价值。从内容来看，梁氏编印该书的宗旨与出版《节本明儒学案》相同。"①

"《明儒学案》是阳明之学最为核心的文献之一。梁启超将其置于如此重要的位置，是因为他此时已将阳明学与他思想体系的核心新民学说联系到一起。早在 1904 年底，在长时间遨游新大陆之后，梁启超返回日本，续写《新民说》系列文章中的《论私德》、《论民气》和《论政治能力》诸篇，陆续在《新民丛报》上发表。其中长达数万言的《论私德》尤为值得注意。他在《论私德》中，强调以养成国民'私德'为要务，而养成'私德'之方，在正本、慎独、谨小等等，均以王学为其论述纲领。《论私德》的中心思想之一，就是以王学在当世的复兴作为提升民德、保国保种之关键。"② 吴义雄先生所言有其道理。总之，梁启超称颂"王学"，并非是受以日本"大和魂"和"武士道"为模范的国民精神的影响，而是来自于根深蒂固的中国传统文化。

黄克武说："简言之，任公在清末转向'称颂王学'的历史意义在于，他企图依赖传统的精神资源来会通中西，以建立现代国家所需要的道德基础。在这个意义上，同样倾向陆王、批判程朱，又肯定佛学与康德思想的新儒家无疑地继承了任公的志业，共同抗拒五四反传统思想，开创出中国传统与西方现代性如何接轨的严肃议题。"③ 总之，梁启超在长期的阅读、思索和研讨之中，越来越亲近王学，也将宋明理学应用到实际生活当中，以从事个人身心的修养。1900 年，他曾写信给麦孟华和罗普等人，在信中就谈到自己是以克己、诚意、主敬、习劳、有恒等条目来自我要求的，认识到"非学道之人，不足以任大事"。1926 年，在政局纷扰、社会混乱之际，梁启超仍不改其志，向青年学子们大声疾呼，说："青年们啊，你们感觉这种苦痛吗？你发现这种危险吗？我告诉你唯一的救济法门，就是依着王阳明知行合一之教做去。"④ 可以说，不论梁启超是在欧美，抑或在日本，以及后来回归中国，

① 吴义雄：《王学与梁启超新民学说的演变》，《中山大学学报》2004 年第 1 期。

② 吴义雄：《王学与梁启超新民学说的演变》，《中山大学学报》2004 年第 1 期。

③ 黄克武：《梁启超与儒家传统：以清末王学为中心之考察》，《历史教学》2004 年第 3 期。

④ 梁启超：《王阳明知行合一之教》一，《引论》，第 1—2 页。

王学皆是他所坚持的。也正因为如此，使得梁启超"在'化合'新文化的根本问题上，他死守民族文化特质不放，从而陷入东方文化本位主义的泥沼之中，拒不接受西方近代精神文化，特别是对俄国十月革命及马克思主义顽斥固拒，丧失了与历史大潮同潮共涌的大好时机，这样他所顽固坚持的儒家文化的现代转化也就必然带上了旧时代的烙印，落在了时代潮流的后面"①。

① 张昭军：《儒学与梁启超文化思想的演进》，《安徽史学》2001 年第 1 期。

余论　关于清代陆王心学的几点思考

　　清朝定鼎中原，于思想文化领域采取"崇儒重道"的基本国策，推尊朱熹，把朱子学确立为官学。可以说，这一文化政策对于稳定当时的社会秩序，促进经济和文化诸方面的恢复和发展，起到了重要的作用；另一方面也因政治与封建文化专制合流，从而导致了陆王心学思想中理性思维光辉在清中期以前的暗淡无光。尽管如此，在一代代陆王心学家和认可陆王心学的思想家们的充实、修正和表彰之下，陆王心学在清代不同时期呈现出不同的特色，以其特有的理念服务于当时社会和政治，发挥其特质。不仅如此，清代的陆王学术对后世亦产生较大影响，清代的陆王心学在清代历史发展过程中，尤其是在清代学术发展史上占有极其重要的历史地位。

一　清代陆王心学与清代政治

　　关注现实政治，是我国学者自古以来的一大特质。我国历代学者不论其关注点在政治、经济、法律、军事，还是哲学、史学、文学、美学、伦理，以及在天文、历法、科技等任何领域内，极少把学术与政治分离开来，都是直接面对现实，服务于社会和国家政治的。如先秦时期的诸子百家，儒家是以"仁"、"礼"为核心来构建其政治哲学的，墨家则是以"明鬼神"和"言天志"来论证其政治主张的，而法家和纵横家们则自身就是政治家。可以说，他们站在不同的立场，以自己敏锐的眼光从不同的层面来关注社会现实政治和描绘理想的国家和社会蓝图。此后，不论是汉初贾谊的《过秦论》，还是汉武帝时期董仲舒的"天人三策"和《春秋繁露》，以及唐代韩愈的

"道统论"，还有宋明时期的理学家和明清之际以顾炎武、王夫之、黄宗羲三大思想家为代表的众多思想家们，他们的一言一行从未离开过现实政治，即便是他们的谈天论地和考察自然，其最终目的仍然在于以天喻人和治国安邦。总之，中国古代的一切学术思想文化，几乎都成为服务于现实政治的统治工具。因为在一个新的特殊的历史环境之下，要求人们迎接新的挑战，而在这个时候，学术思想文化便充当了一把利剑，用其特殊的方法影响着每一代人，甚至于左右着一个国家的发展方向。可见，学术与政治的关系是密不可分的。

同样，清代的陆王心学思想学说，在清朝特殊的政治体制下，依照其内在逻辑不断地向前发展着。在这其中，陆王心学受清代政治影响至深，但同样反过来，清代的陆王心学思想，和宋明时期的陆、王心学一样，一刻也没有脱离过当时的社会和政治，为清代社会的发展提供了原动力，总之清代的陆王心学与清代政治是密不可分的。

清初，最高统治者采取"崇儒重道"的基本国策，把朱子学确立为官方哲学，而此时的陆王心学则处于在野地位。之所以如此选择，并非真的就是程朱理学完美无缺能够救国救民，而陆王心学则一无是处，于国家、于社会无补无益。我们从顺治二年（1645），钦定王守仁、陈献章等配飨孔庙，以及圣祖对朱子学选择的深层原因就能够了解得十分清楚。圣祖在为《日讲易经解义》一书所作序中讲道："帝王立政之要，必本经学。"[1] 进而又断言："治天下以人心风俗为本，欲正人心、厚风俗，必崇尚经学。"[2] 还说："凡人读书，宜身体力行，空言无益也。"[3] 于此，我们明显地看出，帝王所需求的是能够人心"正"、风俗"厚"和"身体力行"的东西，"空言"则是"无益"的。而圣祖当年惩治崔蔚林和李光地等人，也并非是因为他们的学术价值取向，而是因为其个人行为"不检点"。封建帝王所关心的是是否能够有益于社会、有益于国家、有益于自己的统治，而对于学术自身的本质却并非十分关注。这也同秦始皇"焚书坑儒"，汉武帝选择"儒术独尊"，唐宋皇帝尊崇道教是一样，他们的手段和目的皆是完全相同的。当然，这也

① 《清圣祖实录》卷一百一十三，"康熙二十二年十二月"条。
② 《清圣祖实录》卷二百五十八，"康熙五十三年四月"条。
③ 《清圣祖实录》卷二百六十六，"康熙五十四年十一月"条。

同样说明了任何学术皆与政治是密不可分的。还有，每当一个王朝覆亡另一个王朝建立之际，一些学者则会对其进行深刻的反思，找寻其症结所在，如西汉王朝建立之初，贾谊便指出强秦的覆灭是由其暴政导致的，又写出《过秦论》一文，为西汉统治阶级提供借鉴；而当明王朝灭亡之时，他们首先想到的是亡国是由明末王学"空疏"造成的，而不认为其与当时最高统治者有至关重要的联系。顾炎武著《天下郡国利病书》，梁启超称其为"政治地理学"①，而顾祖禹则著《读史方舆纪要》，"其著述本意，盖将以为民族光复之用"②。由此，我们亦可以想象得到，学术思想文化与现实政治之关系的密切程度。

到了清中期，考据学术发达，学术界掀起一股返古思潮，在这一思潮之下，陆王心学处于弱势，但却并没有彻底消沉，依然是依自己的内在逻辑向前发展。此时的王学家以及一些汉学家们，他们和清初学者一样，治学目的恰如学者汪中所语，在于"推六经之旨，以合于世用"③，即博通经史、学以致用成为当时各派学者所用力之处。治各种专门学问的同时，势必离不开陆王心学学说，甚至于一些汉学大家也非常认同陆王心学宗旨，对其进行深入研究和探讨。如戴震为当时著名的考据学大师，但其又著有《孟子字义疏证》一书，他自认为是书为自己"生平论述最大者"，是为"正人心之要"而作，开启了一种通过"训诂"以明"义理"的新学风。龚自珍则大力倡导人们要"自我"，使人向真、向善、向美、向勇，号召人们觉醒起来，打破这个沉默的旧世界，充分体现出了龚自珍要求思想解放和个性解放的精神和理想。

到了清朝末期，陆王心学处于一种复苏状态。陆王心学复苏的明显标志则体现在陆王心学对维新志士的巨大影响，其有力的代表者则为康有为和梁启超。康有为的老师朱次琦传授给康有为最关键最为宝贵的即是"经世致用"思想。朱次琦认为学习和研讨学问的目的就在于把学生培养成为对国家

① 梁启超著，朱维铮校注：《梁启超论清学二种》，《中国近三百年学术史》（十五），《清代学者整理旧学之总成绩（三）》，第460页。
② 梁启超著，朱维铮校注：《梁启超论清学二种》，《中国近三百年学术史》（十五），《清代学者整理旧学之总成绩（三）》，第461页。
③ （清）汪中：《新编汪中集》，《文集》第五辑，《与巡抚毕侍郎书》，广陵书社2005年，第428页。

和社会有用的人才，即读书的目的在于明理，明理的目的在于处事，从而能够使学生"先以自治其心，随而应天下国家之用"。可以说，康有为一生也正是这样做的，他把陆王心学运用到自己的维新变法和实践之中。譬如康有为在方法论上也是继承了陆王心学"六经注我"的主观唯心主义方法论。康有为"六经注我"的方法，对维新运动起到重要的推动作用。梁启超也是以陆王心学学说相标尚，呼唤人们投入到救亡图存、改造中国的运动中去。梁启超推崇陆王心学，尤其是阳明学派，认为王守仁指出的"致良知"、"知行合一"的道德修养论能够"专治痛根"。

总之，有清一代的陆王心学亦和其他学说一样，影响着清代的政治方向，为清代社会向前发展提供了原动力。

二 清代陆王学术发展与学者之间的关系

学术发展与学者之间的关系是密不可分的，一方面，学术发展有时左右着学者治学的方向，而另一方面，学者的治学有时亦能改变学术发展的方向，诚然，在这其中，还有封建王朝最高统治集团的干扰，使得学术发展以及学者们的治学领域或者理念发生大的偏差和变化。同样，清代陆王心学之发展与学者之间亦存在着这样一个关系，同时，陆王心学在清代的发展与最高统治者的干预亦不无关系。

明朝末叶，一代王朝盛极而衰，"一些有识之士鉴于国家的衰败和王学流弊造成的空疏浮华之风，开始对王学进行反思，寻找新的思想出路，致使思想学术领域出现了若干新的发展动向"[①]。入清之后，清人考论宋明理学，每每把陆王与程朱对立，过分强调两派之间学术主张之差异，王学的"空谈误国"成为当时学者舆论的主流。学术大家顾炎武、王夫之、陆陇其、熊赐履、李光地等人，相继不遗余力地对王守仁心学进行了批判，再加之圣祖崇尚朱子学之举，遂使得陆王心学处于一个低潮时期。

陆王心学尽管于清初处于一个低潮时期，但有一点是不可否认的，那

---

① 史革新：《清代以来的学术与思想论集》，《清初学术思潮转换刍议》，第1页。

就是此时主持学术坛坫风会者依然是王学大儒孙奇逢、李颙、黄宗羲等人。他们面对陆王学术自身的深刻危机，各自从不同的层面，采取了修正陆王学术的做法，积极地去为陆王学术争正统地位。孙奇逢治学"原本象山、阳明，以慎独为宗"，一生笔耕不辍，即使到了晚年也仍能"秉烛之光不熄"。其著述甚丰，最著名者要数其《理学宗传》一书。孙奇逢历时三十年，几易其稿，著成是书。他利用《周易》一书中"元、亨、利、贞"的循环轨迹来归纳宋明理学发展史，认为儒学近古之统，元其周子，亨其程、张，利其朱子，那么谁又是"今日之贞乎"？他断言："接周子之统者，非姚江其谁与归？"肯定王守仁是继朱子之后的道统传人。孙奇逢在河南辉县苏门山创立书院，设立学社，授徒讲学，著书立说，当时四方学子慕名而至，门人弟子达数百人。李颙为学不专主一家之说，对于程朱陆王学术采取折中的态度，认为"朱子教人，循循有序"，且"中正平实，极便初学"，而"陆之教人，一洗支离锢蔽之陋，在儒者中最为徹切"①，提出"悔过自新"说，试图通过"力扶义命，力振谦耻"的途径，达到"救世济时"之目的。李颙一生无意于著述，而是致力于授徒讲学以传播自己的思想。总之，经历明清更迭的政治变动，李颙满怀家国之痛，立足陆王心学，会通朱、陆，以"明体达用"学说和"道学即儒学"的主张，重倡儒学经世传统，对宋明理学进行了积极的修正。也正因如此，梁启超将李颙归入清初"王学后劲"则是有其道理的。黄宗羲于抗清失败之后，转而从事学术研究，在理学、史学、天文、历算等方面均有高深的造诣。在理学方面，黄宗羲为了表彰王学，在其所著《明儒学案》一书中，所收学者及其学术观点和思想渊源，无论其内容还是其分量，都是以王守仁为中心。在整个《明儒学案》一书中，王门学案几乎占据了整个学案的一半以上，可见黄宗羲学术思想之倾向。总之，黄宗羲的思想源于王守仁和刘宗周，但又与王守仁思想有着极大的不同，尤其是他对于明末王学流弊不遗余力地进行了批判和修正。

正是在清初诸大儒的努力之下，清初的陆王学术得以不绝，在极其艰难的条件下依然依自己的内在逻辑向前迈进。但有一点不能否认，陆王心学

---

① （清）李颙著，陈俊民点校：《二曲集》卷四，《靖江要语》，第36页。

尽管没有成为绝学，但坚持心学宗旨者，实处弱势，发展是极其艰难的。譬如孙奇逢弟子众多，如汤斌、崔蔚林、陈㳦等皆为学宗陆王，但亦有不少学宗程朱者，如耿介、冉觐祖、申涵光等。可见，随着时间的推移，加之清朝统治政策的调整与稳固，以及最高统治者的强制干预，学术氛围发生大的变化，因之也使得学术走向发生分歧。

任何一种学术在发展过程中，并非是一成不变的。在其发展过程中，由于种种原因，有些后学偏离了原先学术的研究方向，甚至于走得更远，背道而驰；但仍有一些后学立场坚定，抱定信念，死守先前学术；亦有一些后学在坚守原则的前提下，对此前的学术进行修正，发扬光大，使之传衍发展下去。这也是符合学术发展之规律的，清代的陆王心学亦是如此，如上文所揭，陆王心学在清初学界一片怀疑和批评的声浪冲击之下，促使原来的王学群体发生了分化，出现了或宗主陆王，或宗主程朱，或者调和陆王与程朱的不同路径，甚至于出现了脱离原先学术之藩篱，朝着另外学术方向发展等不同的状况，陆王心学随之走向衰退。在这其中，宗主陆王者有之，如李绂和邵廷采等人为其突出代表。

到了雍正、乾隆之时，社会发生了极大的变化，李绂意识到作为一介学者"躬行实践可矣"，然在中国历史上注重躬行实践者莫过于宋代的陆九渊和明代的王守仁二位大学者。与此同时，李绂又深刻地认识到陆王心学思想也并不是都有益于治道，要想有益于治道，切于世用，还必须对其进行修正。要想张扬陆王心学思想，在当时的思想学术环境之下首先就必须讲明朱陆两者之关系，朱陆之间的关键问题即是朱陆之辩。于是，李绂著《陆子学谱》、《阳明学录》等书，为陆王心学争正统，大力宣扬陆九渊王守仁躬行实践之思想。而浙东著名学者邵廷采更是兼采众家之说，扩大"致知"之范围，将邵氏王学引入"性理"与"格物"并重的学术。邵廷采上承刘宗周、黄宗羲，坚守王学阵地，对来自其他派别的攻击进行了不遗余力的反击，固守"良知"本体，完善邵氏王学，使其成为浙东王学的主干之一。梁启超认为，李绂"结江右王学之局"，而邵廷采和全祖望则"结浙中王学之局"，不管其结论正确与否，但证明了一点，即李绂和邵廷采在清代雍乾之时陆王心学的发展过程中起到了至关重要的作用。也正如梁启超所语："凡一个有价值的学派，已经成立而且风行，断无骤然消灭之理，但到了末流，流弊当然相缘而生。继起的人，往往对于该学派，内容有所修正，给他一种新生命，然后可以维持于不敝。"① 而李绂、邵廷采等就是这"继起的人"，对于陆王心学进行了修正，赋予其新的生命。

在李绂、邵廷采等学者之后，历史的脚步进入了乾嘉时代，与之相适应的学术文化也发生了巨大变化，即由清初的批判总结理学思潮转变为乾嘉汉学，形成了与治经专讲义理的宋学不同特色的学术。稍后江西安远的尧祖韶、江苏甘泉的江藩、浙东的邵晋涵等人继起，他们亦如李绂、邵廷采等先辈一样，继续对陆王心学进行再修正，使其得以向前迈进。总体而论，清代的陆王心学学说经历了"由隐蔽走向公开、并再度演进为高潮的流变过程"，可以说，使陆王心学最后"再度演进为高潮"者应该说是于清末的一大批热衷于革命的学者，尤其是那些熟知陆王学术和倾向于陆王心学的学者，在这其中，较为著名者要数康有为和梁启超。在清朝晚期，陆王心学学说不仅对于批评程朱理学，冲决传统网罗，解放思想起到一定的积极作用，而且在鼓舞人们的主观奋斗精神，激发斗争意志方面也能够起到一定的作用。康有为、梁启超等人也正是看到了这一点，于是把陆王心学学说当作自己斗争的思想武器，引导人民同传统思想做斗争，进行维新变法。

固然，学术自身的发展，离不开一代代有志于学术文化和思想的学者们的努力，而另一方面学术发展与当时统治阶级之间亦有着千丝万缕的联系。同样，陆王心学于清代的发展亦是符合这一规律的。于清朝初期，顺治帝之时，无暇顾及文化建设，于思想文化领域内采取了兼收并蓄的态度，如于顺治二年（1645）年钦定王守仁、陈献章等人配享孔庙，即使到了康熙一朝，圣祖对于学术文化领域内的政策，也只有他自己最清楚。尽管圣祖极力推尊朱子，把"崇儒重道"定为基本国策，但他自己也常读王守仁等王学家的典籍，深深了解陆王心学，而其对于崔蔚林和李光地的处罚，皆并非因其学术倾向，而是他们的所作所为违背了统治者的意志。还有如清代各时期于各地所建姚江书院和阳明书院，以及对于陆王学术著作的不断刊刻，等等，皆说

---

① 梁启超著，朱维铮校注：《梁启超论清学二种》，《中国近三百年学术史》（五），《阳明学派及其修正》，第 138 页。

明了清初统治者对陆王心学并非采取严厉禁止措施，而是采取了不加干涉的态度。到了乾嘉时期更是如此，高宗南巡时御赐王阳明墓"名世真才"题额，有许多朝廷要员、地方大员和地方名士不断地拜谒阳明墓和修葺姚江书院和阳明书院，同样，陆王心学典籍与前朝各代一样也在不断地涌现并被刊刻印行传播。可见，包括最高统治者在内的清统治阶层，对于陆王心学学说是不加禁止的，而在某些时候甚至是提倡的，这为陆王心学的传播和发展起到了重要作用。

总之，清代陆王心学学说在清初诸大儒的努力之下得以不绝，继续向前发展；而陆王心学的不绝如缕，又深深地吸引着一批批学者心向往之，前仆后继为之努力奋斗终生。同时，我们亦不应忽略当时统治阶级对于学术发展的作用。也正是在他们的努力之下，才使得陆王心学在极其艰苦的环境下缓慢地一步步向前迈进。

三　清代陆王心学的历史地位

清代的陆王心学不仅是清代学术发展史上的一个重要组成部分，而且还是整个中国古代学术发展史上的一个重要组成部分。与此同时，清代陆王心学学说更是中国封建社会后期理学发展史上的一个重要组成部分，具有重要的历史地位。

陆王心学是由南宋陆九渊创立、明代王守仁发展起来的，是宋明理学中的一个主要学术派别，当然也是中国哲学史和思想史上的一个重要学派。陆王心学源远流长，其发展经历了一个漫长的历程，一般认为其肇始于先秦的孟子，兴于宋代初期的程颢，发扬光大于南宋的陆九渊，由明代中期的王守仁集其大成，不仅吸收了先秦时期思孟学派，尤其是孟子的一系列思想学说，而且亦充分吸收了外来佛教派别的禅宗"顿悟"修炼方法和启示，然后加以继承、丰富并光大之，到明代王守仁之时，便形成了一整套庞大完备的主观唯心主义思想体系。可以说，陆王心学所倡导的主观唯心主义思想，在中国封建社会后期产生了广泛而深刻的影响。

陆九渊创立的心学在南宋当时可以说是有市场、有影响的，但是，这种局面并没有持续太长的时间，到了南宋末年，心学便"已泯然无闻"① 了。此后直至明中期的二百多年间，程朱理学占据着统治地位，而陆九渊心学思想学说则处于一种默默无闻的状态当中。只是到了明朝英宗之时，这一状况发生了转变。英宗之时，明王朝已经进入了它的中期。这时的大明王朝，已失去了往日的风采，统治日益腐败，土地兼并日趋激烈，皇庄、王庄遍布各地，内部矛盾重重，宦官集团与官僚集团之间长期斗争；而宦官集团内部以及官僚集团内部各派也相互倾轧不已；一些地方藩王也心存不满，伺机而动，企图利用下层百姓乘机反叛。在其外部，来自于外族的威胁亦十分严重，鞑靼贵族屡次对明朝进行袭扰，在长城沿线烧杀掳掠，严重消耗了明朝的实力。总体而言，当时的明王朝处于一种内外交困的境地。

面对这一困境，有识之士意识到了国家的严重危机，纷纷行动起来，从政治、经济、军事、思想文化诸方面积极寻求对策。面对日益严重的社会危机，程朱理学已经显得无能为力。有人在努力试图寻求一种新的学说来代替已经僵化了的程朱理学，挽救明王朝的社会危机。正是在这一背景下，在当时学者如陈献章、湛若水、王守仁、邹守益、罗洪先、钱宽、王畿、王艮等的大力推动和弘扬下，陆九渊创立的心学渐渐复兴开来。尤其是王守仁，从"破心中贼"的目的出发，吸收前辈思想成果，提出了"致良知"、"反求诸身"的心学主张，强调人的主观精神，建立起自己的一整套主观唯心主义学说，成为心学的集大成者，至此，人们也把这一学派称之为"陆王学派"，其学术称之为"陆王学术"。可以说，陆王心学主张在一定程度上能够起到思想启蒙的作用，在诸多倾向于陆王心学的学者们的努力之下，于明朝嘉靖、隆庆、万历年间，王学势力几乎遍及全国，尤其是在江淮以南，影响甚大，程朱理学的独霸地位被打破。

诚然，陆王心学并非是完美无缺的，譬如其过分强调人的主观精神，而往往会使人们脱离对于客观事物的探讨和关注，陷入空疏的境地。再加之王守仁后学于传承过程中，由于各自的经历与资质，以及各自对师说的理解诸多方面的差异，使得陆王心学在王守仁之后出现了一些问题。如邹守益、罗洪先等尚能够恪守师说，坚持王学正统观点，可目为王学正宗，

---

① （清）黄宗羲著，陈金生等点校：《宋元学案》卷五十八，《象山学案》，第 1920 页。

但其在理论上并没有什么特色和建树。而王畿和王艮则"不满师说",各自提出自己的见解和主张,于王学"多所发明"。王畿为王守仁的得意门生和重要助手,"亲炙阳明最久,习闻其过重之言"①,可见其关系最为密切,同时,对王守仁的思想学说也了解的最为深刻,由此,他对于王学思想体系的内在矛盾也是有所觉察,所以,在后来的学习和体认过程中,自觉不自觉地偏离了师说,最终走向了"虚寂"的道路,同当时社会所维护的封建伦常发生了矛盾,背道而驰。王艮出身于一个贫苦家庭,后来经商逐渐富裕起来,在他三十八岁时于江西拜王守仁为师,开始接触到陆王心学学说,后长期讲学于泰州地方,遂形成了一个势力庞大的学派即"泰州学派"。王艮以保君父、保国家、保天下的目的为出发点,提出了自己的"尊身"和"保身"说,希望天下人人从"保身"的愿望出发,推己及人,互爱互敬,不断地反躬自责,不苛求他人。王艮的这一思想学说,在理论上势必要承认"人欲"的合法性,这与王学"去人欲"的根本主张明显是不相符的。当然,今天看来,他的这一思想主张有其合理性,但在当时,同传统的"去人欲,存天理"是严重相违背的,这不利于统治阶级政权的稳固,势必要遭到维护封建传统者的强烈不满和反对。另外,泰州学派的重师友之谊和豪侠之风也是为当时统治者多所忌讳的。所以,到了晚明时期,王学便逐渐走向衰落。也正如黄宗羲所语:"阳明先生之学,有泰州、龙溪而风行天下,亦因泰州、龙溪而渐失其传。"②成也萧何,败也萧何啊!到了明朝的天启、崇祯年间,在日益加剧的社会危机面前,陆王心学已是强弩之末,盛极而衰,学人为了挽救明王朝的命运,于学术思想领域内开始进行反思和寻求新的学术出路。有人认为正是由于王学的"空谈"造成明王朝的覆灭,因此,他们出于对王学末流的不满,对其进行了深刻反思和猛烈批判。总体而言,这一思潮既有来自王学外部的,亦有来自王学内部的。如当时的蕺山学派既是从王学内部对陆王心学进行修正,试图为正在衰落的陆王心学找寻出一条新的出路。

　　到了明末清初,陆王心学学说尽管处于"余波"、"残局"状态,但并

---

① (清)黄宗羲著,沈芝盈点校:《明儒学案》卷十一,《浙中王门学案一》,第225页。
② (清)黄宗羲著,沈芝盈点校:《明儒学案》卷三十二,《泰州学案一》,第703页。

没有成为一种绝学，仍然保持着一定的学术声势，在其自身的不断发展过程中，也丰富和充实着程朱理学的发展，成为清代理学发展史上的一个重要组成部分。也就是说，陆王心学在清代学术发展史上，不仅是陆王心学自身在修正的过程中向前迈进，而且也是在与程朱理学既斗争又融合的过程中共同向前发展，二者皆为清代历史的发展提供思想资源。

陆王心学讲求"尊德性"，而程朱理学则讲求"道问学"，这也成为区分程朱和陆王之学的基本特征之一。这一范畴自宋代肇始，经历元明，直至清代，一直为学者们讨论的议题之一。清初魏冰叔（即魏禧。——引者）曾语："阳明之学与考亭诚有异同，然皆原本于尊德性、道问学之旨。"① 施闰章一方面肯定王守仁的"良知"之学，而另一方面又认为道德修养必须建立在广博的学识上面，"其实尊德性未有不道问学者"②，"夫不尊德性，所学何事？不道问学，德性又安在？"③ 把"尊德性"和"道问学"二者有机地结合在一起，认为二者不可偏废。黄宗羲也同样如此，虽然学术倾向为陆王心学，但他也不轻视"道问学"，认为二者各有先后。全祖望在谈及二者之时，也是持同样的观点，语："斯盖其从入之途，各有所重。"④ 就整体而言，可以看出，在陆王心学发展的同时，也发展了程朱理学，这也符合学术发展之规律。到了清中期，时代发生变化，与之相适应的学术思想也发生了极大变化。到了此时，经典考证之风盛行，在这一风气之下，"道问学"取代了"尊德性"，在当时儒学发展中占据主导地位。尽管如此，对于"尊德性"的讨论并没有停止。譬如郑燮就曾说："朱子主'道问学'，何尝不开达本原；陆子主'尊德性'，何尝不实征践履。"⑤

再如"天理人欲"之辨，也是清代学者讨论的议题之一。清初陈确指出："饮食男女皆义理所以从出，功名富贵即道德之最。人心本无天理，

① （清）朱鹤龄：《愚庵小集》（下）卷十三，《书阳明先生传习录后》，清人别集丛刊，上海古籍出版社1979年，第650页。

② （清）施闰章：《施愚山集·愚山文集》卷二十七，《复孙钟元》，第337页。

③ （清）施闰章：《施愚山集·愚山文集》卷二十五，《朱陆异同论》，第304页。

④ （清）全祖望撰，朱铸禹汇校集注：《全祖望集汇校集注·鲒埼亭集外编》卷十四，《淳熙四先生祠堂碑文》，第1003页。

⑤ 郑炳纯辑：《郑板桥外集》一"家书"，《复同年孙幼竹》，第17—18页。

天理正从人欲中见。"① 到了清中期，戴震著《孟子字义疏证》一书，对"情"和"欲"进行了深刻的探讨，认为"理"和"欲"二者是不可分割的。还有更为重要的一点，到了清代中期，经典考证之风盛行，而清代的陆王学者，此前就已经开始致力于经典的考证之学。其中，较有代表性的学者如李绂，我们从其所著中即可了解。其所著《穆堂初稿》和《穆堂别稿》两书中，有大量的考证性著述，而在其所著《朱子晚年全论》和《陆子学谱》中亦是如此。其考证性著述和言论，尽管存在着这样那样的不足之处，不像后来的考证学者那样既深且严，但他在考证过程中特别注重文献和对于问题的考证，皆是以详尽的文献资料为前提，为学术由清初理学向乾嘉考据之学发展开启了风气。还有，在其他学术领域内陆王学者亦做出重要贡献，如于经学和史学方面，浙东邵氏几代，前赴后继，邵曾可花费相当精力，对余姚王学文献资料进行了收集和整理，同时，对姚江书院的学术活动情况进行了详细地记录，为后来邵廷采编辑《王门弟子所知传》和《姚江书院传》等王学学术史提供了丰富的资源。而邵晋涵于经学、古音韵学、金石学等无所不通，他还参与编写《四库全书》，辑佚《旧五代史》，著述《尔雅正义》，同时，还力辩《魏书》非"秽史"，以实践量虚实。

到了清朝末期，陆王心学又重新活跃起来，亦和其他学术一样，积极投入到社会大变革之中。在鸦片战争之后，中国开始从封建社会进入到半殖民地半封建社会。一批批中国人苦苦寻求救国救民的真理，最终陆王心学又重新受到人们的重视，被用来当作理论武器。康有为、梁启超就是其中著名代表者，他们充分发挥陆王心学学说之特点，打击程朱理学，冲决传统网罗，解放人民的思想，为当时的维新革命注入新的活力。还有谭嗣同、章太炎等人，他们对陆王心学学说亦同样有自己的认识和立场。相较而言，谭嗣同的思想尤为复杂，但他却认为"人力或做不到，心当无有做不到者"②，而章太炎则曰："余观其学（即王守仁心学。——引者），欲人勇改过而促为善，犹自孔门大儒出也。"③ 总

① （清）陈确：《陈确集》，《别集》卷五，《无欲作圣辨》，第 261 页。
② 蔡尚思、方行编：《谭嗣同全集》（增订本）（下册），《书简》，《上欧阳中鹄》，中华书局 1981 年，第 460 页。
③ 章太炎：《章太炎全集》五，《王文成公全书题辞》，上海人民出版社 1985 年，第 115 页。

之，由上可以清楚地看出，他们在发展陆王心学的同时，对于清代其他领域的学术思想亦做出了应有的贡献。

综上所述，明中期以降的中国学术，经历了陆王心学的扩张式发展，陆王心学的鼎盛到明末清初时期陆王心学的修正逐渐和衰退。清康熙之时，程朱理学被定为正统，又大大挤压了陆王心学学说的生存空间，乾隆年间的进一步打压更是使得陆王心学的发展举步维艰。可见陆王心学学说受当时政治文化政策影响颇大，其所表现出的时代特征是当时的学术所特有的。清朝末期，时代的大变革又促使陆王心学再度复苏，和其他思想一起成了当时人们进行革命斗争的主要武器之一。

四　清代陆王学术对后世的影响

清代陆王心学经过诸多心学家的修正之后，依自己的内在逻辑一步步向前迈进，为清代的政治与社会发展做出了应有的贡献，其不仅仅在清代学术史上具有重要的历史地位，而且其对于后世的影响也是较大的。

陆王心学到了清代时期，相对于宋明时期而言，发生了巨大的变化，但其重视主观意志，注重气节品德，讲求以理统情，自我节制，奋发图强，以及强调人的社会责任感和历史使命等最根本的东西却是永恒的，对塑造中华民族优秀的道德品性发挥了积极作用。后世一些学者和政治家们也正是看中了这一点，他们充分吸收了陆王心学学术中有价值的成分，服务于社会现实。而最具代表性且最为著名者如孙中山、蒋介石、毛泽东、熊十力、贺麟、徐复观等人。

革命的先行者孙中山为探索救国之路，曾潜心研究王守仁心学。1905 年8 月，孙中山在东京留学生欢迎大会上发表演说，其中语："五十年前，维新诸豪杰沉醉于中国哲学大家王阳明知行合一的学说，故皆具有独立尚武的精神，以成此拯救四千五百万人于水火中之大功。"[①] 对王守仁"知行合一"说持一种认可观点。1918 年，孙中山提出了自己的"知难行易"说，他认为人

---

① 　李吉奎：《孙中山论明治维新》，《中山大学学报论丛》1994 年第 1 期。

类对于许多事情很早以前就会做，但只是无意识地去做，却一直不知其中的道理和缘由，只有经历了数百年，甚至于千年的"行"之后，才逐渐明白过来，这即说明了"知"和"行"二者相较而言，"行"容易，而"知"却是不容易做到的。这一认知和王守仁的"知行合一"说是相一致的，也可以说是孙中山在吸取了王守仁"知行合一"说之后建立起自己的"知难行易"学说。因为，在王守仁这一学说当中，"知"是第一位的，"知"中就包含了"行"。与此同时，孙中山受陆王心学等诸多传统思想的影响，再加之其总结辛亥革命以来的经验和教训，提出了"心为万事之本"的理论。在其后的许多次演讲中，即就革命的未来发展与"民心"的关系进行了阐发。他的这一思想学说，高度肯定了人的主观能动性作用，揭示出人的精神对革命与建设成败、国家的兴衰的关系，这一理论亦成为孙中山注重民意、关切民生，并注重激励革命精神和调动人们的积极因素的理论依据，诚然这一理论明显夸大了人的精神与意识作用。

蒋介石一生当中特别崇敬王守仁，曾经三次拜谒贵阳修文阳明洞，1946年4月，他第三次游览阳明洞时，于洞口旁的君子亭下石壁上题刻"知行合一"四个大字。据史料记载，蒋介石早年之时思想尤为激进，但自"五四"运动以后，其思想焦点却转到了中国传统文化上来，开始对王守仁、曾国藩等人大力推崇起来，如他改名为"中正"，其实，这"中正"二字便来自于王守仁心学中的"大中至正"之语。蒋介石在1932年6月的一次演讲中，号召大家要把王守仁的心学学说奉为中国的立国精神，此后，蒋介石更是视王守仁为自己的精神偶像，并对其大肆宣扬和鼓吹。甚至在1949年败逃台湾之后，把台北的草山改名为"阳明山"，以示敬仰之情。诚然，其用意十分明显，是立志仿效当年王守仁贬谪贵州龙场的阳明洞悟道之举，期待东山再起。同时还要求儿子蒋经国苦学阳明心学。

毛泽东少年时期在他的老师兼岳父杨昌济的推荐下，就曾仔细阅读过王守仁的《王阳明全集》和《传习录》等书，且逐字逐句仔细进行批注，并写下一篇名为《心之力》的作文，得到杨昌济的高分奖励。据王元化研究，早年毛泽东的很多思想本来就同王守仁比较接近。其"求是"的思想，原本典出王守仁。如曾任美国历史学会和社会科学研究会会长的汉学家、历史学家、加利福尼亚大学伯克利分校教授魏斐德在其研究毛泽东思想巨著《历史与意志》一书中这样写道："任何受过中文教育的读者读到毛泽东《实践论》的最后一行文字，就会立刻联想起王阳明。毛泽东的'知行合一'使人想起王的'知行合一'。"① 从是书中我们可以清楚地了解到，虽然毛泽东一生涉及政治、军事、经济和文化等诸多领域，但这一切都是以他早年对阳明心学的学习和体认为基础的，阳明心学对毛泽东的修身立志、求知做事、思维方法以及对马克思主义理论的运用起到了不容忽视的作用。毛泽东对王守仁思想的吸收和利用则是结合了当时中国的社会现实，进行批判与创新，领导中国革命一步步从失败走向胜利。

熊十力以心学路向建构起了自己的"新唯识论"体系。在中国儒学发展史上，熊十力特别推崇宋明理学，他认为程朱理学有其合理之处，但陆九渊的"尊德性"更能体现中国哲学的本体追求，因此，他更加推崇明代的王守仁，认为："儒者之学，唯阳明善承孔孟。阳明以天也、命也、性也、心也、理也、知也（良知之知，非知识之知）、物也打成一片，此宜深究。程朱支离，只在将心性分开，心与理又分开，心与物又分开。"② 所以，他把王守仁学说目为"儒家正脉"而"非袭自禅师"。熊十力的"新唯识论"对 20 世纪心学产生了重要影响，譬如，沿着熊十力的思路，贺麟建构起了"新心学"，唐君毅建构起了"心通九境论"，而牟宗三则建构起了"两层存有论"等哲学范畴，成为 20 世纪心学的主要形态。

贺麟由于在抗战期间创立了"新心学"而被目为第一代现代新儒家的重镇之一。"新心学"是以心学为宗，力图整合心学与理学，并且注重发掘其他诸子学说，又兼括了西方哲学创造出来一种新的学说体系。表面看来，贺麟的"新心学"依然是一种"人同此心，心同此理"的陆王"心外无物"的传统，但事实上却不如此，其哲学思想范畴中的"心"或"理"已经不仅仅是陆王心学中传统道德意义上的"心"或"理"，而是包含了其对程朱和陆王学说的整合，以及其他诸子学说和西方康德等人学说，从"道体"的高度来调和朱陆异同，以谋求儒家思想在新形势下的新发展。

徐复观在哲学思想上受熊十力的影响较深，与唐君毅、牟宗三同为熊

---

① 〔美〕魏斐德：《历史与意志：毛泽东思想的哲学透视》（第四部分），《必然性》，中国人民大学出版社 2005 年。

② 熊十力：《熊十力文集》第四卷，《十力语要》，湖北教育出版社 2001 年，第 296 页。

十力学派的主要成员。他特别推崇陆王心学，认为陆王心学实际上代表了中国文化发展的正统。陆九渊所讲的"心即理"，便是实理、实事、实行，实实在在地立足于人们的现实生活当中；而王阳明的"致良知"，更是与人们的现实生命和实践活动密切相关。徐复观从心学路向出发，继承和发挥了其师友的心学路向，形成了自己的哲学思想特色，他认为："人生价值的根源在心的地方生根，也即是在具体的人的生命上生根。具体的生命，必生活在各种现实世界之中。因此，文化根源的心，不脱离现实；由心而来的理想，必融合于现实现世生活之中。"[①] 人生价值的"心"，不是外在于人和超越于人的天上之物，而是人的生命形体中的一个组成部分，即"心"是通过人的个体生命存在和活动呈现出来的，与人的个体的生命存在和活动是密不可分的。

时至今日，陆王心学倡导的以心为本体，抬高"心"之地位，强调主体的自觉意识，这对于思想界有着巨大的冲击力，主张实时实地反复磨炼来开启"良知"。针对"知"和"行"分离的观念，提倡"知行合一"，强调"知"和"行"二者并重。陆王心学学说的这些内涵十分丰富却又简洁了当，对于人性的强调又表现出相当的开放性。清代的陆王心学在陆王学原有基础上对心学进行了修正，他们对内心的求取更加虔诚，对外在的"格物"更加勤勉，这使得清代的陆王心学在现代社会中仍然具有非凡的意义。

我们今天的物质生活极为丰富，但物质的追求仅仅是我们人生追求的一小部分，更为重要的是关注人们心灵的发展，只有将丰富的物质世界和物质生活纳入到崇高精神的"主宰"之中，才不至于使真实的自我丧失在物质资料之中。只有物质生活与精神生活和谐统一，人们才能真切的感受生活的幸福。只有物质的丰富是不能构建和谐社会的，精神的匮乏势必造成信仰的缺失，清代陆王心学的作用就在于让人可以时时观照内心，探求"良知"，使人们的行为达到"知行合一"。

"知行合一"强调的是人的精神世界与行为活动的一致性，也就是现代心理学中的"人格完善"。我们生活的世界，是"人格完善"的人自己开辟与创造出来的。我们需要的生活与世界取决于我们自己的心灵状态，心灵若

---

① 徐复观：《中国思想史论集》，《心的文化》，台湾学生书局 1988 年，第 249 页。

是光明磊落，世界就会光明磊落；心灵若是阴幽黑暗，生活就会阴幽黑暗。我们的行为是在我们心灵状态主导下的行为，而我们的世界就是我们行为的直接结果，这便是最直白的"良知"，清代陆王心学强调的"良知"自在我们心中，我们需要追随着自己的本心去规范自己的行为。阳明心学在对待这一点上并没有具体的规则，但到了清代陆王学者这里便有着自己笃实的学风，以圣人之道来约束自己的身心。在这一意义上来讲，经过清代陆王学者修正之后的陆王心学比最初的陆王心学更加符合当代社会的需求，毕竟清代离我们相对而言要接近许多，历史的承继性决定了这一点，我们从中吸取的精华更多的是来源于清代的。

"良知"本身就可以作为我们人生的信仰加以追求，只是在追求良知本体的过程中，我们还应该按照固有的礼法加以约束，完全的自由等于没有自由，自由只有在规范的范围内才能达到更加舒适的境界。清代的陆王学者们皆深谙这一点，他们根据社会的需要和自己内在的执着来调整着陆王学术，使之更加符合当时社会发展的需要。

同时，清代陆王学者们对践履的重视程度也是值得我们加以学习和发扬的。在观照好自己内心世界的同时，也要不断了解外在的世界，如同孙奇逢、李颙、黄宗羲、李绂、邵晋涵、康有为、梁启超等一代代学人那样，居庙堂之高而忧其民，处江湖之远而忧其君。不论身处何时何地，他们都在一如既往地在自己的领域内不断的求知格物，以达到物我一体。现在的中国处于飞速发展的时期，很多人已经意识到优秀的传统文化对于当今社会的重要性，相信清代的陆王心学也会在新的时代大放异彩。

参考文献

《陆九渊集》，（宋）陆九渊著，钟哲点校，中华书局，1980。

《朱子语类》，（宋）朱熹撰，黎敬德编，王星贤点校，中华书局，1986。

《朱子全书》，（宋）朱熹著，上海古籍出版社、安徽教育出版社，2002。

《慈湖遗书》，（宋）杨简著，文渊阁四库全书本，台湾商务印书馆，1983。

《王阳明全集》，（明）王守仁著，吴光等编校，上海古籍出版社，1992。

《篁墩文集》，（明）程敏政著，嘉靖刊本，四库全书存目丛书，齐鲁书社，1995。

《王心斋全集》，（明）王艮著，陈祝生主编，江苏教育出版社，2001。

《陈白沙集》，（明）陈献章著，文渊阁四库全书本，台湾商务印书馆，1983。

《泾皋藏稿》，（明）顾宪成著，文渊阁四库全书本，台湾商务印书馆，1983。

《小心斋札记》，（明）顾宪成著，四库全书存目本。

《顾端文公遗书》，（明）顾宪成著，清光绪间刊本。

《高子遗书》，（明）高攀龙著，文渊阁四库全书本，台湾商务印书馆，1983。

《刘子全书》，（明）刘宗周撰，四库全书本。

《刘宗周文集》，（明）刘宗周著，吴光主编，浙江古籍出版社，2012。

《刘宗周全集》，（明）刘宗周著，何俊点校，浙江古籍出版社，2007。

《刘子全书遗编》，（明）刘宗周撰，沈复粲编，道光二十九年（1849）刻板。

《吕晚村先生文集》，（清）吕留良著，国家图书馆出版社，2003。

《张杨园先生年谱》，（清）苏惇元编，道光二十一年（1841）刊本。

《陈确集》，（清）陈确著，中华书局，1979。

《思辨录辑要》，（清）陆世仪著，四库全书本。

《思复堂文集》，（清）邵廷采著，祝鸿杰点校，浙江古籍出版社，2010。

《日知录集释》，（清）顾炎武著，黄汝成集释，上海古籍出版社，2006。

《亭林诗文集》，（清）顾炎武著，中华书局，1959。

《顾炎武文选》，（清）顾炎武著，张兵选注，苏州大学出版社，2001。

《宋元学案》，（清）黄宗羲著，全祖望补，陈金生等点校，中华书局，1986。

《明儒学案》，（清）黄宗羲著，沈芝盈点校，中华书局，1985。

《南雷文定》，（清）黄宗羲著，丛书集成初编本。

《黄梨洲文集》，（清）黄宗羲著，中华书局，1959。

《黄宗羲全集》，（清）黄宗羲著，浙江古籍出版社，1985。

《黄宗羲年谱》，（清）黄炳垕著，王政尧校，中华书局，1993。

《船山遗书》，（清）王夫之著，金陵湘乡曾氏清同治四年（1865）。

《张子正蒙注》，（清）王夫之著，章锡琛点校，中华书局，1975。

《正学隅见述》，（清）王宏撰著，文渊阁四库全书本。

《理学宗传》，（清）孙奇逢著，山东友谊书社，1989。

《夏峰先生集》，（清）孙奇逢著，朱茂汉点校，中华书局，2004。

《夏峰先生集补遗》，（清）孙奇逢著，清道光二十五年（1845）大梁书院刻本。

《清孙夏峰先生奇逢年谱》，（清）汤斌著，台湾商务印书馆，1982。

《孙征君日谱录存》，（清）孙奇逢著，续修四库全书本。

《杨园先生全集》，（清）张履祥著，陈祖武点校，中华书局，2002。

《施愚山集》，（清）施闰章著，文渊阁四库全书本，台湾商务印书馆，1983。

《冯少墟集》，（明）冯从吾著，台湾商务印书馆，1986。

《巽书》，（清）毛先舒著，清代诗文集汇编本，上海古籍出版社，2011。

《王学质疑》，（清）张烈著，中华书局，1985。

《二十七松堂集》，（清）廖燕著，清代诗文集汇编本，上海古籍出版社，2010。

《三鱼堂文集》，（清）陆陇其著，清同治七年（1868）刊本，上海古籍出版社，1983。

《三鱼堂外集》，（清）陆陇其著，清同治七年（1868）刊本，上海古籍出版社，1983。

《陆清献公年谱》，（清）吴光酉著，中华书局，1993。

《愚庵小集》，（清）朱鹤龄著，清人别集丛刊，上海古籍出版社，1979。

《经义斋集》，（清）熊赐履著，四库全书存目丛书本。

《榕村全书》，（清）李光地著，陈祖武点校，福建人民出版社，2013。

《榕村语录　榕村续语录》，（清）李光地著，陈祖武点校，中华书局，1995。

《榕村谱录合考》，（清）李清馥著，北京图书馆出版社，1997。

《二曲历年纪略》，（清）惠罴嗣著，台北广文书局，1966。

《新编汪中集》，（清）汪中著，田汉云校，广陵书社，2005。

《汤斌集》，（清）汤斌著，中州古籍出版社，2003。

《南江文钞》，（清）邵晋涵著，归安姚氏粤东署刻，清光绪七年（1881）刊本。

《尔雅正义》，（清）邵晋涵著，光绪十七年（1891）石印本。

《陆稼书先生年谱》，（清）吴光酉辑，乾隆六年（1741）精景堂刊本。

《八旗通志》（初编），（清）鄂尔泰等修，李洵、赵德贵主点，东北师范大学出版社，1985。

《穆堂初稿》，（清）李绂著，乾隆庚申（1740）无怒轩刻本。

《穆堂别稿》，（清）李绂著，道光辛卯（1831）奉国堂藏板。

《陆子学谱》，（清）李绂著，四库全书存目丛书本，齐鲁书社，1995。

《陆子学谱》，（清）李绂著，杨朝亮点校，商务印书馆，2016。

《朱子晚年全论》，（清）李绂著，段景莲点校，中华书局，2000。

《李穆堂年谱》（抄本），（清）李绂编，浙江图书馆善本，乙登记号：021984。

《啸亭杂录》，（清）昭梿著，中华书局，1980。

《小仓山房诗文集》，（清）袁枚著，周本淳标校，上海古籍出版社，1988。

《随园诗话》，（清）袁枚著，江苏古籍出版社，2000。

《春融堂集》，（清）王昶著，陈明洁等点校，上海文化出版社，2013。

《九经古义》，（清）惠栋著，商务印书馆，1937。

《方苞集》，（清）方苞著，刘季高校点，上海古籍出版社，1983。

《乐善堂集》，（清）弘历著，乾隆二年（1737）刻本。

《戴震集》，（清）戴震著，上海古籍出版社，1980。

《戴震全书》，（清）戴震著，杨应芹等主编，黄山社，1995。

《清诗别裁集》，（清）沈德潜选编，吴雪涛等点校，河北人民出版社，1997。

《双池先生年谱》，（清）余龙光著，北京图书馆藏珍本，北京图书馆出版社，1999。

《二曲集》，（清）李颙著，陈俊民点校，中华书局，1996。

《四书反身录》，（清）李颙著，四库全书存目丛书本。

《汉学商兑》，（清）方东树著，万有文库本，商务印书馆，1937。

《袁枚全集》，（清）袁枚著，王英志主编，江苏古籍出版社，1993。

《龚定庵全集类编》，（清）龚自珍著，夏蓝田编，中国书店，1991。

《龚自珍全集》，（清）龚自珍著，上海古籍出版社，1975。

《章氏遗书》，（清）章学诚著，文物出版社，1985。

《文史通义校注》，（清）章学诚著，叶瑛校注，中华书局，1994。

《述朱质疑》，（清）夏炘著，新文丰丛书集成三编本。

《清邵念鲁先生廷采年谱》，（清）姚名达著，台湾商务印书馆，1981。

《清朱九江先生次琦年谱》，简朝亮著，台湾商务印书馆，1978。

《清邵二云先生晋涵年谱》，黄云眉著，台湾商务印书馆，1982。

《潜研堂集》，（清）钱大昕著，上海古籍出版社，1989。

《经韵楼集》，（清）段玉裁著，上海古籍出版社，2008。

《雕菰楼集》，（清）焦循著，丛书集成初编本。

《孟子正义》，（清）焦循著，中华书局，1987。

《孟子字义疏证》，（清）戴震著，何文光整理，中华书局，1961。

《梦陔堂文集》，（清）黄承吉著，燕京大学图书馆铅印本，民国二十八年（1939）。

《国朝汉学师承记》，（清）江藩著，钟哲整理，中华书局，1983。

《汉学师承记》（外二种），（清）江藩、方东树著，生活·读书·新知三联书店，1998。

《郑板桥外集》，郑炳纯著，山西人民出版社，1987。

《抱经堂文集》，（清）卢文弨著，上海涵芬楼影印本，1928。

《二林居集》，（清）彭绍升著，续修四库全书本，上海古籍出版社，2002。

《北江诗话》，（清）洪亮吉著，丛书集成初编本。

《天真阁集》，（清）孙原湘著，上海古籍出版社，1995。

《林则徐集》，（清）林则徐著，福建人民出版社，1985。

《南畇文稿》，（清）彭定求著，康熙年间刻本。

《求自得之室文钞》，（清）吴嘉宾著，广州刻本，1866。

《躬耻斋文钞》，（清）宗稷辰著，咸丰间越岘山馆刻本。

《李文清公日记》，（清）李棠阶著，天津刻本，1915。

《曾国藩全集》，（清）曾国藩著，岳麓书社，1992。

《求阙斋日记类钞》，（清）曾国藩著，清末刊本，1876。

《志学录》，（清）方宗诚著，清末刻本，1877。

《柏堂遗书》，（清）方宗诚著，光绪年间刻本。

《罗山遗集》，（清）罗泽南著，长沙刻本，1863。

《学余堂文集》，（清）施闰章著，台湾商务印书馆，1986。

《倭文端公遗书》，（清）倭仁著，安徽六安求我斋刊本，1875。

《大同书》，康有为著，上海古籍出版社，2005。

《康南海自编年谱》，康有为著，楼宇烈整理，中华书局，1992。

《孟子微》，康有为著，中华书局，1987。

《康有为全集》，康有为著，姜义华等编校，中国人民大学出版社，2007。

《瓶水斋诗集》，（清）舒位著，中华书局，1985。

《船山诗草》，（清）张问陶著，中华书局，1986。

《渊雅堂编年诗稿》，（清）王岂孙著，常州王氏清嘉庆年间刻本。

《越缦堂读书记》，（清）李慈铭撰，由云龙辑，北京图书馆出版社，

2003。

《香苏山馆古体今体诗钞》，（清）吴嵩梁著，续修四库全书本，上海古籍出版社，2002。

《江西理学编》，（清）尧祖韶著，清乾隆刊本。

《清儒学案小识》，（清）唐鉴著，上海商务印书馆，1947。

《章太炎全集》，章太炎著，上海人民出版社，1985。

《谭嗣同全集》，（清）谭嗣同著，蔡尚思、方行编，中华书局，1981。

《张文襄公全集》，（清）张之洞撰，北平文华斋刻本，1928。

《清儒学案小传》，徐世昌纂，周俊富辑，清代传记丛刊本。

《国朝诗人征略初编》，（清）张维屏著，道光十年（1830）刊本。

《清代名人轶事》，葛虚存原编，琴石山人校定，马蓉点校，书目文献出版社，1994。

《昭代名人尺牍小传》，（清）吴修编，清代传记丛刊本。

《汉名臣传》，清国史馆编，清代传记丛刊本。

《国朝名臣言行录》，（清）王炳燮编，清代传记丛刊本。

《从政观法录》，（清）朱方增辑，清代传记丛刊本。

《国朝臣工言行记》，（清）梁章钜辑，清代传记丛刊本。

《清史列传》，清国史馆编，王钟翰点校，中华书局标点本。

《清稗类钞》，徐珂著，中华书局，1986。

《宋会要辑稿》，（清）徐松辑，中华书局，1957。

《四库提要分纂稿》，（清）翁方纲著，上海书店出版社，2006。

《樗庵存稿》，（清）蒋学镛著，嘉庆十七年（1812）刻本。

《儆居集》，（清）黄式三著，光绪十四年（1888）刻本。

《研经室集》，（清）阮元著，商务印书馆，1936。

《碑传集》，（清）钱仪吉著，清代传记丛刊本。

《国朝耆献类征初编》，（清）李桓著，清代传记丛刊本。

《国朝先正事略》，（清）李元度著，易孟醇点校，岳麓书社，1991。

《清代七百名人传》，蔡冠洛著，中国书店，1984。

《清代朴学大师列传》，支伟成著，岳麓书社，1998。

《今世说》，（清）王晫原著，陈太庚译注，东方出版社，1996。

《清儒学案》，徐世昌著，陈祖武点校，河北人民出版社，2008。

《全祖望集汇校集注》，（清）全祖望撰，朱铸禹汇校集注，上海古籍出版社，2000。

《中国近三百年学术史》，钱穆著，商务印书馆，1997。

《中国近三百年学术史论》，章太炎、刘师培等撰，徐亮工整理，上海古籍出版社，2006。

《清儒学案新编》，杨向奎著，齐鲁书社，1985—1994。

《文献征存录》，（清）钱林辑、王藻编，清代传记丛刊本。

《宋明理学史》，侯外庐等主编，人民出版社，1997。

《梁启超论清学史二种》，梁启超著，朱维铮校注，复旦大学出版社，1985。

《王阳明知行合一之教》，梁启超著，台湾中华书局，1936。

《饮冰室合集》，梁启超著，中华书局，1989。

《梁启超自述》，梁启超著，文明国编，人民日报出版社，2011。

《历史与意志：毛泽东思想的哲学透视》，〔美〕魏斐德著，中国人民大学出版社，2005。

《陆王心学初探》，张锡勤、霍方雷著，黑龙江人民出版社，1982。

《二十五史》，上海古籍出版社、上海书店出版社，1986。

《清世祖实录》，中华书局影印本。

《清圣祖实录》，中华书局影印本。

《清高宗实录》，中华书局影印本。

《清宣宗实录》，中华书局影印本。

《清通典》，商务印书馆万有文库本。

《清通志》，商务印书馆万有文库本。

《清通鉴》，章开沅主编，岳麓书社，2000。

《康熙起居注》，中国第一历史档案馆整理，中华书局，1984。

《雍正起居注》，中国第一历史档案馆整理，中华书局，1993。

《乾隆起居注》，中国第一历史档案馆整理，广西师范大学出版社，2002。

《嘉庆帝起居注》，中国第一历史档案馆整理，广西师范大学出版社，2006。

《大清会典事例》，中华书局，1991。

《经学历史》，皮锡瑞著，民国丛书、上海书店出版社，1996。

《经学通论》，皮锡瑞著，中华书局，1959。

《观堂集林》，王国维著，民国丛书、上海书店出版社，1989。

《熊十力文集》，熊十力著，湖北教育出版社，2001。

《中国思想史论集》，徐复观著，台湾学生书局，1988。

《清史纪事本末》，黄鸿寿著，上海书店出版社，1986。

《朱子学提纲》，钱穆著，生活·读书·新知三联书店，2002。

《钱宾四先生全集》，钱穆著，台北联经事业出版公司，1995。

《宋明理学史》，侯外庐、邱汉生、张岂之主编，人民出版社，1997。

《中国思想史纲》，侯外庐著，中国青年出版社，1981。

《近代中国思想史》，侯外庐著，上海书店出版社，1989。

《新编中国哲学史》，冯文达、郭齐勇主编，人民出版社，2004。

《中国哲学史》，钟泰著，辽宁教育出版社，1998。

《中国思想通史》，侯外庐、赵纪彬、杜国庠、邱汉生著，人民出版社，1997。

《明清史讲义》，孟森著，中华书局，1981。

《周予同经学史论著选集》，周予同著，上海人民出版社，1996。

《群经概论》，范文澜著，北平朴社，1933。

《清代通史》，萧一山著，中华书局，1986。

《明末清初的学风》，谢国桢著，人民出版社，1982。

《清初遗民社会：满汉异质文化整合视野下的历史考察》，孔定芳著，湖北人民出版社，2009。

《清初三礼学》，林存阳著，社会科学文献出版社，2002。

《清儒学记》，张舜徽著，齐鲁书社，1991。

《清史探微》，郑天挺著，北京大学出版社，1999。

《王钟翰学术论著自选集》，王钟翰著，中央民族大学出版社，1999。

《清代学术与文化》，王俊义、黄爱平著，辽宁教育出版社，1993。

《中国儒学》，庞朴主编，东方出版中心，1997。

《中国传统学术史》，卢钟锋著，河南人民出版社，1998。

《清初学术思辨录》，陈祖武著，中国社会科学出版社，1992。

《中国学案史》，陈祖武著，台湾文津出版社，1994。

《清儒学术拾零》，陈祖武著，湖南人民出版社，1999。

《旷世大儒：顾炎武》，陈祖武、朱彤窗著，河北人民出版社，2000。

《清代学术源流》，陈祖武著，北京师范大学出版社，2012。

《乾嘉学术编年》，陈祖武、朱彤窗著，河北人民出版社，2005。

《乾嘉学派研究》，陈祖武、朱彤窗著，河北人民出版社，2005。

《清代文化志》，陈祖武、汪学群著，上海人民出版社，1998。

《东林书院志》，本志整理委员会整理，中华书局，2004。

《中国哲学史》，任继愈著，人民出版社，2014。

《清朝典制》，郭松义、李新达、李尚英著，吉林文史出版社，1993。

《钱穆学术思想评传》，汪学群著，北京图书馆出版社，1998。

《王夫之易学》，汪学群著，社会科学文献出版社，2002。

《李绂与〈陆子学谱〉》，杨朝亮著，中国社会科学出版社，2005。

《清代人物传稿》，何龄修等主编，中华书局，1984—2001。

《清代全史》，王戎笙等主编，辽宁人民出版社，1991—1993。

《清代哲学》，王茂等著，安徽人民出版社，1992。

《18 世纪的中国与世界》（思想文化卷），黄爱平著，辽海出版社，1999。

《中国儒家》，陈志良等著，宗教文化出版社，1996。

《陆王心学研究》，刘宗贤著，山东人民出版社，1997。

《中国古代思想史稿》，王云等著，山东友谊出版社，1997。

《理学的演变》，蒙培元著，福建人民出版社，1998。

《陆九渊哲学思想研究》，李之鉴著，河南人民出版社，1985。

《宋明理学》，陈来著，辽宁教育出版社，1991。

《朱子哲学研究》，陈来著，华东师范大学出版社，2000。

《理学纲要》，吕思勉著，东方出版社，1996。

《阳明学述要》，钱穆著，九州出版社，2010。

《宋明理学概述》，钱穆著，九州出版社，2010。

《国史大纲》，钱穆著，商务印书馆，1994。

《中国经学史十讲》，朱维铮著，复旦大学出版社，2002。

《朱陆学术考辨五种》，吴长庚主编，江西高校出版社，2000。

《朱陆之辩：朱熹陆九渊哲学比较研究》，彭永捷著，人民出版社，2002。

《王阳明与明末儒学》，冈田武彦著，吴光、钱明、屠承先译，上海古籍出版社，2000。

《清代以来的学术与思想论集》，史革新著，社会科学文献出版社，2011。

《清代学术思想的变迁与文学》，马积高著，湖南人民出版社，2002。

《中国思想传统的现代诠释》，余英时著，江苏人民出版社，1998。

《论戴震与章学诚》，余英时著，生活·读书·新知三联书店，2000。

《从理学到朴学》，艾尔曼著，赵刚译，江苏人民出版社，1997。

《清代康雍乾三朝禁书原因之研究》，丁原基著，台湾华正书局，1983。

《优入圣域：权力·信仰与正当性》，黄进兴著，陕西师范大学出版社，1998。

《明清文化史散论》，冯天瑜著，华中工学院出版社，1984。

《康熙传》，蒋兆成、王日根著，人民出版社，1998。

《雍正传》，冯尔康著，人民出版社，1985。

《乾隆传》，唐文基、罗庆泗著，人民出版社，1994。

《朱熹王守仁哲学研究》，邓艾民著，华东师范大学出版社，1989。

《儒家文化面面观》，杨朝明等著，齐鲁书社，2000。

《康雍乾三帝统治思想研究》，高翔著，中国人民大学出版社，1995。

《近代的初曙》，高翔著，中国社会科学出版社，2000。

《谈艺录》（修订本），钱锺书著，中华书局，1984。

《走向心学之路：陆象山思想的足迹》，张立文著，中华书局，1992。

《乾嘉考据学研究》，漆永祥著，中国社会科学出版社，1998。

《江藩与〈汉学师承记〉研究》，漆永祥著，上海古籍出版社，2006。

《晚清理学研究》，史革新著，文津出版社，1994。

《明清论丛》，朱诚如、王天有主编，紫禁城出版社。

《清史论丛》，中国社会科学院历史研究所编，中华书局等出版社。

《清代学者象传》，叶衍兰、叶恭绰编，上海书店出版社，2001。

《清代学者整理旧学之总成绩》，梁启超著，商务印书馆，2003。

《论中国学术思想变迁之大势》，梁启超撰，夏晓虹导读，上海古籍出版社，2001。

《三礼馆：清代学术与政治互动的链环》，林存阳著，社会科学文献出版社，2008。

《清代宫史论丛》，清代宫史研究会编，紫禁城出版社，2001。

《清末社会思潮》，吴雁南、冯祖贻、苏中立主编，福建人民出版社，1990。

《黄宗羲与清代浙东学派》，吴光著，中国人民大学出版社，2009。

《刘宗周与蕺山学派》，何俊、尹晓宁著，中国人民大学出版社，2009。

《清康乾盛世》，李治亭著，江苏教育出版社，2005。

《清史新论》，赵秉忠、白新良著，辽宁教育出版社，1992。

《近代经学与政治》，汤志钧著，中华书局，1989。

《梁启超传》，李喜所、元青著，人民出版社，1993。

《论浙东学术》，方祖猷、滕复主编，中国社会科学出版社，1995。

《越魂史笔：全祖望诞辰三百周年纪念文集》，鄞州区政协史委编，宁波出版社，2005。

《全祖望评传》，王永健著，南京大学出版社，1996。

《严复集》，严复著，中华书局，1986。

《章太炎学术史论集》，章太炎著，傅杰编校，云南人民出版社，2008。

《姚江书院派研究》，钱茂伟著，中国社会科学出版社、文化艺术出版社，2005。

《当代中国哲学》，贺麟著，（南京）胜利出版社，1945。

《江西通志》，（清）刘坤一等修，刘铎、赵之谦等纂，清光绪七年（1881）刻本。

《抚州府志》，（清）许应锵修，谢煌等纂，清光绪二年（1876）刊本，成文出版社有限公司印行。

《西安府志》，舒其绅、严长明等纂，中国地方志集成本。

《潮州府志》，吴颖纂，中国地方志集成本。

《赣州府志》，魏瀛、鲁琪光等纂，清同治十一年（1872）刻本。

《畿辅通志》，黄彭年主纂，河北人民出版社，1985。

《十三经注疏》，叶绍钧编，中华书局，1983。

《四库全书总目》，（清）永瑢等撰，中华书局，1981。

《续修四库全书总目》，中国科学院图书馆整理，中华书局，1993。

《贩书偶记》，孙殿起著，中华书局，1959。

《清人文集别录》，张舜徽著，中华书局，1963。

《清史史料学》，冯尔康著，沈阳出版社，2004。

《清代人物传记史料研究》，冯尔康著，商务印书馆，2000。

《江西地方文献索引》，真安基、王河主编，江西社会科学院情报资料研究所编，1984。

《明清儒学家著述生卒年表》，麦仲贵著，台湾学生书局，1977。

《清人别集总目》，李灵年、杨忠主编，安徽教育出版社，2000。

《清人诗文集总目提要》，柯愈春著，北京古籍出版社，2002。

《王学编年》，俞樟华编，吉林大学出版社，2010。

后　记

　　我从事清代陆王学领域的探研当是从 2000 年开始的，至今已经过了十几个春秋。回顾这段心路历程，可谓历历在目。2000 年，我踏着新千年的脚步迈入中国社会科学院研究生院，开启了我的陆王学研读历程。这一起点是在我的导师陈祖武先生的授意之下选择的。初涉陆王心学，真的是惴惴不安，自己深知其中难度。陆王心学虽是由儒家学者陆九渊和王阳明发展出来的，但却是肇始于孟子，兴于程颢，发扬于陆九渊，由王守仁集其大成。与此同时，陆王心学还深受佛教禅宗影响，是一个多源头、源远流长的学术流派。

　　进入研究生院后，陈先生为我制定了详细的阅读计划。于是，我便从梁启超先生的《清代学术概论》和《中国近三百年学术史》，以及钱穆先生的《中国近三百年学术史》读起，开始了在清代学术史领域内的学习与探索，先后通览了诸多清代专史，由博闻到专精，逐渐掌握了清代学术发展之大势。后来，我选取了《李绂与〈陆子学谱〉》这一题目，作为我攻读博士学位阶段学习的毕业总结和汇报。之所以选择李绂及其代表作《陆子学谱》，一是自己尤其喜爱李绂这个人物。李绂为清代最具代表性的陆王学者之一，钱穆先生称其为"清代陆王学术最后一重镇"，在清代学术史上尤其是清代陆王学术发展史上具有重要的历史地位；一是以个案研究为切入点，相对容易驾驭，通过微观研究，能够逐渐掌握史学研究规律，为将来进一步的学术研究奠定坚实基础。经过三年的不懈努力和探研，我终获得博士学位。毕业之后，回到自己的教学工作岗位，我并没有停止对清代陆王学术的梳理和探讨，仍然钻研这一领域。

　　在读书的过程中，我清楚地了解到，对于清代陆王学术史的研究和总结，自清之时即已开始。如江藩即著有《国朝汉学师承记》和《国朝宋学渊源记》二书，而方东树则专门撰述了《汉学商兑》一书同江藩进行讨论，开启了清代汉宋学之争。唐鉴则著《国朝学案小识》一书，其中设一"心学学案"对陆王心学持否定态度。由于历史的局限性，他们尚都不能正确地认识和看待陆王心学，而系统论述清代陆王心学的梁启超先生所著《中国近三百年学术史》中"阳明学派之余波及其修正"一节，则对清代的陆王心学进行了梳理。整体而论，本节对于清代陆王心学的梳理仍显得十分简要。后来，钱穆先生著《中国近三百年学术史》一书，其中有对清代陆王心学者的论述，但仍还只算是一部个案研究，不能够全面系统深刻地反映陆王心学于整个清代学术发展之脉络。而徐世昌著《清儒学案》、杨向奎先生著《清儒学案新编》两部学案体清代学术史著作，它们的最大特色就在于对史料的梳理和集中，为后人学习和研究清代学术史奠定了基础。除却上述论著外，尚有诸多研究论文对清代陆王学术从不同角度进行了探讨。总之，经过一个多世纪前哲时贤的辛勤耕耘，成就斐然，硕果累累。

而另一方面，对于清代陆王心学的认识，至目前仍然没有达成共识。"学术界一般认为，王学及其影响在清代由衰落而逐渐消失。"还有学者认为，"王学在清代不仅没有销声匿迹，而是经历了由隐蔽走向公开、并再度演进为高潮的流变过程"。两种截然相反的观点并存，值得深思。诚然，二者之中，必然有一种是站得住脚的，这亦值得并促使我们进一步去思考和探索，寻求更加客观、正确的答案。

一次胞兄送我一部书，力荐我要好好阅读，仔细思考，会对我今后的学习和研究有很大的启迪和帮助，这部书即刘宗贤先生所著的《陆王心学研究》。刘先生是书从心学渊源之一——先秦心性之学；中经陆九渊"心即理"的唯理性心学；再到心学之大成——王守仁"致良知"的实践道德说，使我从中了解到了心学渊源、心学框架结构与旨趣，再到心学集大成者王守仁。只是刘先生是书下限即到明朝王守仁，并没有继续向下叙列和探研。鉴于此，自己尝试着从历史发展的角度撰写一部关于清代陆王心学脉络的专著，以期向人们介绍和展示整个清代陆王学术于清代历史上的发展演变之轨迹。至此，在教学之余，我便开始致力于清代陆王心学方面的学习和研究，阅读相关典籍，逐渐积累了一些成果。为了该研究的顺利完成，2010 年我便以"清代陆王学研究"为题，顺利申请到山东省社科规划办重点资助项目；2012年，我又以"清代陆王心学发展史"为题，申请到了国家社会科学基金一般项目。这两项目的申请成功，更加坚定了我的研究决心。我协调研究团队，齐心协力，尽可能保质保量地完成这一课题的梳理和研究，力争于清代陆王心学领域内有所创获。

2016年12月，"清代陆王心学发展史"项目顺利结项。本课题的完成，不唯我个人之努力，更多凝聚着诸多师友的殷切之情。首先，我要感谢的是陈先生，每当与先生谋面和通电话，皆是满满的教诲和激励，促使我克服种种困难不断进步。其次，袁立泽、林存阳、孔定芳、徐道彬、杨艳秋、唐明贵、李立民、梁仁志、朱羲林等诸多学友亦有诸多启益。最后，课题组主要成员林存阳、王云、曹家恒、黄佑辰、翟晓蕾、宫兴梅诸同志皆鼎力相助，协同努力，受益匪浅。本书能够付梓，还得到国家社科基金的资助和商务印书馆的大力支持，尤其是商务印书馆丁波先生和责任编辑贺茹女士的大力帮助和付出，借此谨表示衷心的感谢！

本人虽想努力将本课题加以深化，但由于诸多客观条件的制约，如有些相关文献资料难以查找，还有一些王学家自身资料的阙如等，使得本书的架构、结论等存有缺憾。假如将来条件许可，我将会对本领域做进一步深入研究，以期能对清代的陆王心学有一个更加全面和深刻的认识。限于学识和能力，本课题肯定存在诸多不足和纰缪，祈盼大家指教，当感激不尽。

杨朝亮谨识

2017年6月26日

于东昌静心斋